普通化学

王延安　梅　冬　原健安　编

科学出版社
北　京

内 容 简 介

本书根据教育部《高等教育面向21世纪教学内容和课程体系改革计划》和工科普通化学课程教学指导小组讨论通过的《非化工类专业普通化学教学内容基本框架》的要求编写而成。

全书共8章，内容包括化学热力学、化学动力学、化学平衡、溶液化学、电化学、结构化学，以及元素与化合物化学等。这些教学内容既包含了化学学科的基本理论和基础知识，也考虑了工程专业的实际需要。在保持知识传授的严谨性、科学性、系统性的同时，注重学生的科学思维模式和思维方法的培养，以及创新意识和创新能力的构筑与形成。

本书可作为高等院校非化学化工类专业的化学基础课教材，也可供相关工程技术人员参考使用。

图书在版编目(CIP)数据

普通化学/王延安，梅冬，原健安编．—北京：科学出版社，2010.5

ISBN 978-7-03-027237-9

Ⅰ.①普… Ⅱ.①王…②梅…③原… Ⅲ.①普通化学-高等学校-教材 Ⅳ.O6

中国版本图书馆CIP数据核字(2010)第067249号

责任编辑：赵晓霞 魏晓焱/责任校对：陈玉凤
责任印制：张 伟/封面设计：耕者设计工作室

科学出版社 出版
北京东黄城根北街16号
邮政编码：100717
http://www.sciencep.com
北京凌奇印刷有限责任公司 印刷
科学出版社发行 各地新华书店经销
*
2010年5月第 一 版 开本：B5(720×1000)
2023年8月第十二次印刷 印张：18 插页：1
字数：360 000

定价：39.00元

(如有印装质量问题，我社负责调换)

前　言

化学是研究物质的组成、结构、性质及其变化规律的学科。作为自然科学的一个重要组成部分，化学在研究和解决人类社会的生产、生活，尤其是在研究和解决当今人类社会所面临的能源、环境、粮食、人口、资源五大全球性问题方面发挥着重大作用。作为基础学科，化学已深入并融合到材料、机械、电气、热力、建筑、地质、信息以及生命等众多学科，并有力地推动着相关学科的拓展和技术的进步。

作为现代工程技术人员，掌握化学学科的基本理论、基础知识和基本技能，对于从事工程设计、施工、技术研究与开发等工作至关重要。但是，受学科、专业所限，在有限的时间内，要全面掌握化学学科的知识与技能是不可能的，也是不现实的。有鉴于此，普通化学(课程)应运而生。

普通化学课程反映了当代化学学科的基本原理、基本知识及其应用，是高等工科院校工程技术专业必修的基础课，是培养具有创新意识和创新能力的现代工程技术人员整体知识结构及能力的重要组成部分，体现了化学学科与工程技术学科间的桥梁作用。

随着高等教育在教育体系、教育模式、教学内容及教学方法等方面改革的不断深入、拓展和推进，作为高等教育层次上的科学素质教育的重要内容，普通化学课程建设和教学改革已经呈现出良好的局面，尤其是版本不同、特色各异的《普通化学》教材的相继出版和使用，有力地推动了普通化学教学的开展和教学质量的提高。但是，当前的普通化学教学仍然存在诸如教学内容与教学学时之间的矛盾等问题。如何在有限的学时内有效地进行普通化学教学并提高教学质量，始终是教师必须认真应对和解决的重要问题。

本书是根据教育部《高等教育面向21世纪教学内容和课程体系改革计划》的原则要求和工科普通化学课程教学指导小组讨论通过的《非化工类专业普通化学教学内容基本框架》的要求，查阅、研究了大量相关教材和若干专著，并结合编者在普通化学课程建设和教学改革的长期实践中所积累的经验及体会编写而成。编写时，力图使教材体系和内容安排合理，阐述科学、准确、严谨、通俗，并着力于引导、培养学生创新性思维以及全新的学习方法和能力的构筑与形成，从而提高学生发现问题、分析问题和解决问题的能力。具体来说，主要考虑并注重了以下几个方面：

1. 整合内容　聚焦原理

化学基本原理(包括化学热力学、化学动力学、化学平衡、溶液化学、电化学以及结构化学等)是普通化学课程的核心内容,是培养和提升学生科学素质、建立科学方法、应对和解决工程技术问题的知识保障。考虑到课程内容的数量和学时安排,编写时注重了这些内容的有效整合和衔接,力求做到选材合理、资料翔实、结构严谨、条理清晰。

2. 科学界定 诱导启发

与其他基础课程一样,作为工科大学的基础课,普通化学课程的教学目的,不仅在于知识的传授和继承,更重要的是使学生能够建立科学的思维模式和思维方法,逐步建立辩证唯物主义的世界观和方法论,使学生具有创新意识和创新能力。为此,编写时在知识传授(阐述)的准确性的前提下,通过分析和讨论,诱导、启发学生注重对基本概念的内涵与外延、基本原理的思路与方法的实质的理解和揭示,避免学生在接受时的被动性和对概念、原理的误解,甚至由此产生的混乱现象,从而调动学生思考问题的主动性、自觉性,真正成为学习的主体。

3. 面向工科 联系实际

作为非化学化工类工科学生,毕业后必然要应对和解决很多与化学有关的工程技术问题,因此,在重点介绍化学的基本原理和基本知识及方法的同时,有针对性地联系工程实际是非常必要的。为此,本书紧紧围绕这些内容介绍、分析、拓展其应用性。例如,金属的腐蚀及其防止、胶体化学、表面化学以及物质(单质、化合物)的结构与其性质的关系及其应用等。此外,考虑到化学学科的发展动态及其应用,书中还增加了少量难度较大的内容(已用“*”标出,这些内容讲授与否均不会对后续知识的学习和掌握产生影响),读者可根据不同情况灵活选用。

本书系集体编写,由王延安任主编。具体分工如下:王延安编写第1、2、4章;原健安编写第3、8章;梅冬编写第5、6、7章以及附录。全书由王延安统稿。

在本书编写过程中得到了西安交通大学曹瑞军教授的大力支持,他提出了很多宝贵的意见和建议;编写中还参考了兄弟院校的同类教材及若干专著,在此一并表示感谢。

限于编者的水平和能力,书中难免有不妥和疏漏之处,敬请读者批评、指正。

编 者

2010年2月

目　　录

第 1 章　化学热力学基础

自然界由形形色色的物质构成。无论是从事化学科学本身的研究工作，还是从事其他科学技术工作，人们总是要接触、使用和利用物质，尤其是要利用物质或材料的性质和功能。这就需要对物质本性及其变化规律进行系统、全面的认识。化学是研究物质的组成、结构、性质及其变化规律的学科。化学学科对物质的研究通常聚焦于化学反应。化学反应的研究及利用正是化学研究并获取物质信息的主要手段和有效途径。

化学反应进行时，通常伴随着能量的变化。能量概念在化学研究中占有重要的地位。**研究自然界热能与其他形式的能量之间相互转化的规律，以及能量转化时对物质性质的影响的科学称为热力学。**热力学是专门研究能量相互转变过程中所遵循的法则的一门科学。它可以研究各种能量之间的转换关系，能量效应以及在某一条件下变化是否能够自动发生，如果变化能够发生，又将发生到什么程度。因此，热力学的应用范围是极其广泛的，它可以应用于工程学、物理学、化学以及其他学科。

把热力学的基本原理用于研究化学现象以及和化学有关的物理现象的科学称为化学热力学。化学热力学的主要任务是研究和解决化学变化中能量转化和化学反应进行的方向、限度等问题。从内容上看，热力学有三大定律，而最主要、最基本的是热力学第一定律。

本章将对热力学第一定律做扼要介绍，并用以解决化学反应的能量转化和反应进行的方向性等问题。

1.1　基 本 概 念

1.1.1　系统与环境

众所周知，自然科学的研究对象是非常复杂的自然界。为了研究问题的方便，在热力学中首先要确定研究对象的范围和界限。通常，把某一部分物体或空间人为地与自然界的其余部分划分开作为研究的重点。**作为研究对象的这一部分物体或空间称为系统(又称体系)，系统以外与其密切相关的其他部分，称为环境。**例如，为了研究锌与盐酸的反应(图 1.1)，系统就是盛有锌粒的盐酸溶液，环境就是烧杯及外围的空气。

从图 1.1 可知,系统中产生的物质 H_2 逸出,进入空气——环境;同时,系统中产生热量,环境吸热。系统和环境之间进行了物质和能量的交换。根据交换的情况不同,系统又可以分为以下三种类型:

(1) **敞开系统** 系统与环境之间既有物质交换,又有能量交换。图 1.1 中由锌粒和盐酸构成的系统就是敞开系统。

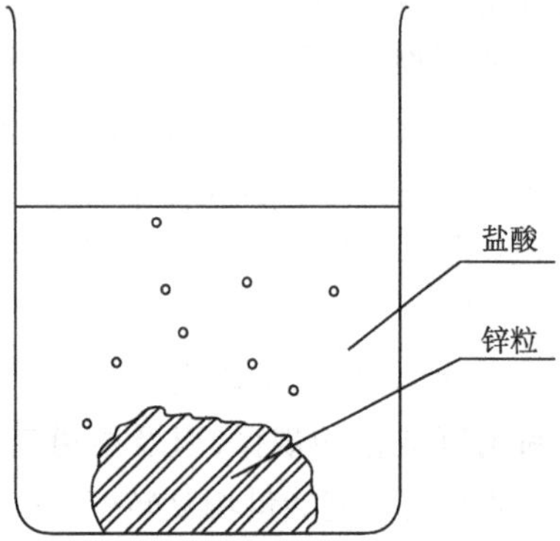

图 1.1 系统与环境示意图

(2) **封闭系统** 系统与环境之间只有能量交换,而没有物质交换。例如,图 1.1 中盛有锌粒和盐酸的烧杯上面,如果用密封盖密封,此时,该系统就成为封闭系统。系统与环境之间只有能量(热量)交换,而无物质交换。这种封闭系统是化学热力学研究中最常见的系统。如果没有特别说明,本书所分析和讨论的系统都是封闭系统。

(3) **孤立系统** 系统与环境之间既无物质交换,又无能量交换。这类系统又称为隔离系统。例如,将上述用密封盖密封的烧杯再用绝热材料包裹起来,并假定该绝热层的绝热性极好,此时,该系统就成为孤立系统。显然,孤立系统是科学上的一种抽象系统,事实上,绝对的孤立系统是不存在的。但是,在有限的时间和空间的范围内,孤立系统在热力学中是一个不可缺少的重要概念。在热力学中,通常把与系统有关的环境部分和系统合并在一起视为孤立系统。

此外,基于研究工作的需要,根据系统内所含的相的数目的多少,可将系统分为单相系统(又称均相系统)和多相系统。**相是指系统中具有相同的物理性质和化学性质的均匀部分**。相与相之间有界面隔开,超过此界面时,性质会发生突变。对于完全由气态物质形成的系统而言,无论是只有一种气态物质,还是由多种气态物质形成的气体混合物,均为单相系统,或称均相系统。对于完全由液态物质形成的系统而言,如果其组分是完全互溶的,则为单相系统(如液态乙醇与水形成的混合液);如果不互溶,则可以是两相系统(如油和水形成的混合液),也可以是三相系统(如由汞、油和水所形成的混合液)等。两相及两相以上的系统均为多相系统。对于完全由固态物质形成的系统而言,除固溶体(固态溶液)外,有多少种纯物质,就有多少个相。

应当指出,相与物态(物质的聚集态,如气态、液态、固态等)的概念不同,相的定义要求其物质(或成分)的均匀度达到分子或离子大小的数量级。例如,由油和水所形成的混合物,虽然只有一种物态——液态,但是却包含油和水两个相。

1.1.2　性质、状态、状态函数

在热力学上，**系统的性质**是用那些由系统本身的组成、结构所决定并受环境所影响的众多物理量来表征的，如温度 T、压力 p、体积 V、物质的量 n 等。每一个物理量代表系统的一种性质。

根据与系统内所含物质数量的关系，可以将系统的性质分为两类：

(1) **广度性质**　又称容量性质，其数值与系统内物质的量有关，且具有加和性。例如，一瓶混合气体的质量就是瓶内所有气体质量的总和。所以，质量是系统的广度性质。此外，体积、热容以及将要介绍的热力学能、焓、熵等都是系统的广度性质。

(2) **强度性质**　其数值与系统内物质的量无关，不具有加和性。例如，两杯 298 K 的水混合，水的温度仍是 298 K，不是 596 K。所以，温度是系统的强度性质。此外，压力、密度、黏度等都是系统的强度性质。

应当指出：

(1) 一般来说，两个广度性质之比就成为强度性质。例如，体积和物质的量都是广度性质，二者之比就是强度性质。

(2) 虽然系统的性质很多，但是，实际上系统的这些性质并不都是独立无关的，而是彼此间有一定关系存在的。例如，对于理想气体而言，在 p、V、T、n 之间就有 $pV=nRT$ 关系式存在，如果 p、V、n 的数值确定，那么，温度 T 的数值也可确定。因此，只要确定其中几个性质，其余的性质也就随之确定。

状态是由描述系统性质的物理量表征、规定的系统的既定存在态(或既定存在方式)，它是系统的物理性质和化学性质的综合表现。如果系统中物质的化学成分、数量和聚集态均已知，并且系统的温度、压力、体积等都有确定值，就称这个系统处在一定的状态。例如，当讨论的对象是一定量的某种纯气体(理想气体)时，气体就是系统，温度、压力、体积等就是系统的性质，当它们都具有确定的数值时，该系统的状态也就确定了。如果改变这些性质中的任何一项，系统的状态就会改变。这种由一种状态变为另一种状态的变化称为状态变化。变化前的状态称为**始态**，变化后的状态称为**终态**。例如：

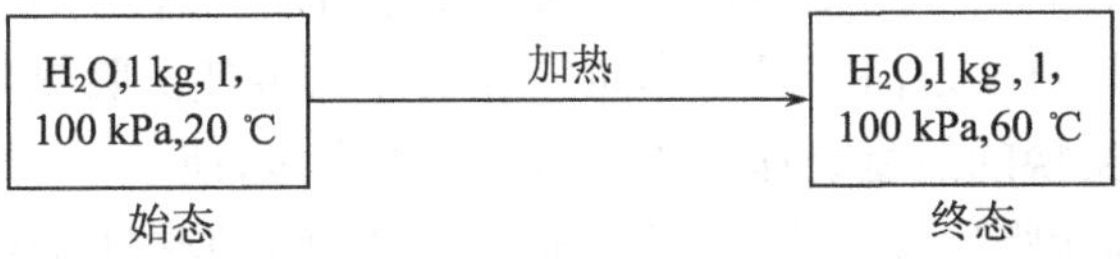

系统的性质与其状态之间存在一一对应的关系，即存在一定的函数关系。用于描述系统状态及其变化，反映系统性质的变量称为**状态函数**。常见的温度、压力、体积以及以后将要讨论的热力学能、焓、熵等都是状态函数。

状态函数有以下三个重要特征：

(1) 状态函数是系统状态的单值函数。也就是说，系统有定态，状态函数必有定值。

(2) 状态函数的增量(变化量)只与始、终态有关，而与变化的途径无关。例如，系统的温度就是系统的状态函数。一杯 25 ℃(始态)的水，将其加热到 55 ℃(终态)，无论加热的方式如何，是一次性加热到 55 ℃，还是先加热到 60 ℃，再降温到 55 ℃，其终态和始态的温度差(温度的增量)$\Delta T = T_2 - T_1 = 55\ ℃ - 25\ ℃ = 30\ ℃$，总是定值。显然，压力、体积也是如此。

(3) 状态函数之间通常是有相互关系的。例如，对于理想气体而言，其 p、V、T、n 之间的关系为 $pV = nRT$。

1.1.3 过程与途径

在热力学中，系统状态发生变化的经过称为热力学**过程**。过程经历的具体步骤称为**途径**。

完成一个过程，可以通过不同的途径。若在完成这个过程中，温度恒定，称为**恒温过程**；过程中系统的压力不变，并等于环境的压力，则称为**恒压过程**；系统的体积保持不变，则称为**恒容过程**；系统与环境之间没有热交换的过程，称为**绝热过程**。在热力学中，过程进行的每一步都可在相反的方向进行而不在环境中引起其他变化的过程称为**可逆过程**。也就是说，如果在过程进行中，系统处于无摩擦的理想状态，而且变化速率无限慢，时间无限长，变化无限小，以致在任何时刻系统都接近于平衡状态，则可将这样的过程视为可逆过程，如绝热可逆、恒温可逆、可逆相变等。显然，可逆过程是一种理想化的过程，是不可逆过程的界限。在热力学研究中，尤其是对于状态函数的理解和处理，可逆过程的概念十分重要。

1.1.4 热和功

系统的状态发生变化并导致系统的能量发生变化，这种能量的变化必然依赖于系统与环境之间的能量交换(传递)来实现。系统与环境之间的能量交换(传递)形式有两种：一种是热，另一种是功。

系统与环境之间由于温度差而交换的能量称为热。这是一种大量质点无序热运动所造成的能量自发地由高温物体向低温物体的传递。**除热以外，系统与环境之间以其他形式交换的能量统称为功。**功的种类很多，使气体发生膨胀或被压缩，做了体积功(又称膨胀功)；电池放电时，做了电功；将橡胶拉长，做了拉伸功。热力学中将功分为体积功和非体积功两类。习惯上，将非体积功称为有用功。

应当指出，热和功总是与系统所进行的具体过程相联系的，没有过程，就没有热和功。因此，热和功不是系统的性质，也不是系统的状态函数。

在热力学中，热用符号 Q 表示，系统吸热，为正值，$Q>0$；系统放热，为负值，$Q<0$。功用符号 W 表示，系统对环境做功，为负值，$W<0$；环境对系统做功，为正值，$W>0$。体积功 $W=-p\Delta V=-p(V_2-V_1)$。

1.1.5　反应进度

反应进度（ξ）是一个衡量化学反应进行程度的物理量。

对于任一化学反应：$aA+bB \longrightarrow gG+dD$，用 I 表示其中的任何一种物质，并用 ν_I 表示其相应的化学计量数（简称计量系数），并且规定：反应物的计量系数 ν_I 取负值，产物的计量系数 ν_I 取正值，当该反应系统中的任一物质 I 的物质的量从始态（$t=0$ 时）的 n_1 变到终态（$t=t$ 时）的 n_2 时，则反应进度 ξ 定义为

$$\xi=\frac{n_2-n_1}{\nu_I}=\frac{\Delta n_I}{\nu_I}$$

显然，反应进度表示反应物消耗的物质的量或产物生成的物质的量分别与其计量系数（取值有正、负号规定）的比值。

具体来说，如果用 $n_{A(0)}$、$n_{B(0)}$、$n_{G(0)}$、$n_{D(0)}$ 和 $n_{A(t)}$、$n_{B(t)}$、$n_{G(t)}$、$n_{D(t)}$ 分别表示上述反应系统中各物质 A、B、G、D 在 $t=0$ 和 $t=t$ 时的物质的量，那么，对于任一反应系统：

	aA	+	bB	$\longrightarrow$	gG	+	dD
当 $t=0,\xi=0$ 时	$n_{A(0)}$		$n_{B(0)}$		$n_{G(0)}$		$n_{D(0)}$
当 $t=t,\xi=\xi$ 时	$n_{A(t)}$		$n_{B(t)}$		$n_{G(t)}$		$n_{D(t)}$

根据上述定义，有

$$\xi=\frac{n_{A(t)}-n_{A(0)}}{-a}=\frac{\Delta n_A}{-a}\qquad \xi=\frac{n_{B(t)}-n_{B(0)}}{-b}=\frac{\Delta n_B}{-b}$$

$$\xi=\frac{n_{G(t)}-n_{G(0)}}{g}=\frac{\Delta n_G}{g}\qquad \xi=\frac{n_{D(t)}-n_{D(0)}}{d}=\frac{\Delta n_D}{d}$$

于是，对于反应系统中任一物质 I，则

$$\xi=\frac{\Delta n_I}{\nu_I}$$

如果反应进行的时间为 dt（时间极短），那么，反应系统中任一物质 I 的物质的量的变化量 dn_I 也就极小，相应的反应进度 $d\xi$ 为

$$d\xi=\frac{dn_I}{\nu_I}$$

从上述分析来看，引入反应进度这个物理量，就可以用任一反应物或生成物来表示该反应在任意时刻所进行的程度，而且其数值总是相等的。

$$\xi = \frac{\Delta n_A}{-a} = \frac{\Delta n_B}{-b} = \frac{\Delta n_G}{g} = \frac{\Delta n_D}{d}$$

当反应恰好按所给反应式的计量系数的数量进行了一个单元的化学反应时，即反应物 A 消耗了 a mol，B 消耗了 b mol，生成了 g mol 的产物 G 和 d mol 的产物 D 时，反应进度 ξ 就等于 1 mol(反应进度的量纲为 mol)。此时，我们就说已经进行了 1 mol 的上述化学反应。由此可见，反应进度是以给定化学反应方程式为单元来表征反应进行程度的，当然，反应进度并非总是等于 1 mol，应该说，它是时间为 t 时反应进行的程度。

应当指出：

(1) 反应进度 ξ 的数值与选择化学反应方程式中的哪一种物质无关。

(2) 由于 ξ 与计量系数 ν_I 有关，因此，反应进度 ξ 与化学反应方程式的写法有关。涉及反应进度时，必须同时给出既定的化学反应计量方程式。

1.2　热力学第一定律　焓

1.2.1　热力学第一定律

19 世纪初，人们在长期的生产实践的基础上，发现并建立了能量守恒与转化定律。该定律指出：能量有各种不同的形式，能够从一种形式转化为另一种形式，从一个物体传递给另一个物体，而在转化和传递过程中能量的总值(数量)保持不变。这是包括机械运动和热运动在内的自然界的一个普遍规律。将能量守恒与转化定律应用于热力学中就成为热力学第一定律。

任何物体都具有一定的能量。系统是由物质构成的，也就相应地具有一定的能量。化学热力学研究的是宏观静止系统，并不考虑系统整体运动的动能和系统在外力场(如电磁场、离心力场等)中的势能，只考虑系统的内部能量。**系统内部能量的总和称为热力学能**，用 U 表示。系统的热力学能包括系统内部分子的平动能、转动能、振动能、分子间势能、原子间键能、电子运动能以及核能等。由于物质内部的结构和运动形式的复杂性，人们还不知道系统热力学能的绝对数值。但是，系统在变化过程中吸收或放出了多少能量，也就是热力学能的变化量 ΔU，却是可知的。

热力学能 U 既然是系统内部能量的总和，它也是系统自身的性质，如果系统的状态确定，热力学能就应该具有确定的数值。因此，**热力学能 U 是系统的一个状态函数**，其变化量(增量)ΔU 只取决于系统的始态和终态，而与变化的具体途径无关。例如，系统从状态 1 变化到状态 2，可以经过多种途径，但是，由于热力学能 U 是状态函数，所以其增量都是 $\Delta U = U_2 - U_1$。

当系统的温度 T、压力 p、体积 V 或者化学组成发生变化时，系统的热力学能

U会随之发生相应的变化。对于封闭系统来说，系统与环境之间必然发生能量的交换。这种能量交换通常有热和功两种形式。假设某一系统的始态的热力学能为U_1，当它在发生变化，达到终态的过程中，从环境吸收热量为Q，环境对系统做功为W，根据热力学第一定律——能量守恒与转化定律，系统在终态时的热力学能U_2应为

$$U_2 = U_1 + Q + W$$

$$U_2 - U_1 = Q + W$$

$$\Delta U = Q + W \tag{1.1}$$

式(1.1)就是封闭系统中热力学第一定律的数学表达式。该式的物理意义是在封闭系统中，状态发生变化时，系统热力学能的变化量等于在变化过程中系统所吸收的热量与环境所做的功之和。下面就式(1.1)作进一步讨论。

(1) $\Delta U = U_2 - U_1$ 是系统的终态热力学能与始态热力学能之差。当 $\Delta U > 0$ 时，表示系统的热力学能增加；当 $\Delta U < 0$ 时，表示系统的热力学能减少。

(2) 式(1.1)中，各物理量所用的单位应一致。在SI单位中一律用J或kJ。

(3) 式(1.1)中，等式两边虽然都是能量，而且数值相等，但是意义不同：U是系统的一种热力学性质，是状态函数，而Q和W并不是系统的性质，也不是状态函数。

(4) 在孤立系统中，系统与环境之间不交换能量，$Q = 0$，$W = 0$，因此，$\Delta U = 0$，即热力学能为常数。也就是说，孤立系统的热力学能保持不变。

1.2.2　化学反应的热效应

前已提及，系统与环境之间的能量交换或传递形式有两种：一种是热，另一种是功。在化学反应系统中，常伴随着热量的吸收或放出。在一般条件下，化学反应也主要做体积功。如果要做非体积功，则通常需要特殊的装置。例如，设计、构成原电池，可以做电功。应用热力学第一定律，可以定量地研究化学反应中的热量变化规律，这也正是热化学研究的主要内容。**在热化学中，通常将在始态和终态温度相同、只做体积功的过程中，反应吸收或放出的热量称为化学反应的热效应。**

由于热不是状态函数，热量的数值与所进行的具体过程有关，下面结合具体的反应过程，讨论和介绍在化学反应中常见的两种热效应。

1. 恒容热效应 Q_V

在密闭容器中进行的化学反应，体积保持不变，就是恒容过程：$\Delta V = 0$。

根据热力学第一定律，有

$$\Delta U = Q + W$$

在恒容条件下，有

$$\Delta U = Q_V + W$$

由于系统只做体积功，体积功为

$$W = -p\Delta V = -p(V_2 - V_1)$$

因为 $\Delta V = 0$

所以 $W = 0 \qquad \Delta U = Q_V$

即 $$Q_V = \Delta U \tag{1.2}$$

式(1.2)表明，化学反应的恒容热效应 Q_V 在数值上等于该反应系统热力学能的增量。

2. 恒压热效应 Q_p

事实上，大多数化学反应是在恒压条件下进行的，因此，研究恒压热效应更具有现实意义。

通常，在开口容器中液体的反应和在恒压下气体的反应都属于恒压过程。

由于只涉及体积功，则热力学第一定律可改写为

$$\Delta U = Q + W = Q_p - p\Delta V$$

$$\begin{aligned} Q_p &= \Delta U + p\Delta V \\ &= (U_2 - U_1) + p(V_2 - V_1) \\ &= (U_2 + pV_2) - (U_1 + pV_1) \end{aligned}$$

因为在恒压过程中

$$p = p_1 = p_2$$

上式可改为

$$Q_p = (U_2 + p_2V_2) - (U_1 + p_1V_1)$$

由于 U、p、V 均为系统的状态函数，因此可以用另一状态函数来表示这三者之间的关系。在热力学上用符号 H 表示，将 H 称为焓，定义为

$$H = U + pV$$

这样，上式可写为

$$Q_p = (U_2 + p_2V_2) - (U_1 + p_1V_1) = H_2 - H_1 = \Delta H$$

即 $$Q_p = \Delta H \tag{1.3}$$

式(1.3)表明，在系统只做体积功的恒压条件下，化学反应的恒压热效应 Q_p 在数值上等于该反应系统的焓变(ΔH)。

3. 两种热效应(Q_p 与 Q_V)的关系

就数值而言，因为

$$Q_p = \Delta H \qquad Q_V = \Delta U$$

$$H = U + pV$$

所以 $$\Delta H = \Delta U + \Delta(pV)$$

在恒压下 $$\Delta H = \Delta U + p\Delta V$$

即 $$Q_p = Q_V + p\Delta V \tag{1.4}$$

这就是两种热效应的关系。显然，恒压热效应 Q_p 与恒容热效应 Q_V 在数值上的差别就是在恒压过程中所做的体积功 $p\Delta V$。下面对式(1.4)作进一步讨论。

(1) 在式(1.4)中，ΔV 为恒压过程的体积变化。就化学反应而言，由于其体积变化主要是气态物质所为，因此，反应系统中如果没有气态物质参与或生成，那么，溶液始、终态体积的变化就很小，$\Delta V \approx 0$，所以 $p\Delta V \approx 0$，此项可以忽略不计，则

$$Q_p = Q_V \tag{1.4a}$$

(2) 反应系统中如果有气态物质参与或生成，系统的体积变化就比较大，需要对此予以考虑。

由于在低压下的实际气体可以近似看作理想气体，所以

$$pV = nRT$$

$$\Delta(pV) = \Delta(nRT) = \Delta nRT \quad （根据反应的热效应的定义知，T_2 = T_1）$$

在恒压下 $$\Delta(pV) = p\Delta V$$

所以 $$p\Delta V = \Delta nRT$$

此处 $\Delta n = n_2 - n_1 = \sum n_{产物,气态} - \sum n_{反应物,气态}$，$n$ 为反应方程式中气态物质的计量系数，只取正值；R 为摩尔气体常量，所以

$$Q_p = Q_V + \Delta nRT \tag{1.4b}$$

这就是两种热效应(Q_p 和 Q_V)的具体关系。

应当指出：

(1) 无论是恒容热效应 Q_V，还是恒压热效应 Q_p，都是反应热。确切地说，是两种不同过程的反应热。由于热量的大小不仅与进行的具体过程有关，而且与反应进行的程度有关，所以在研究具体的反应热效应(Q_V 和 Q_p)时，必须考虑反应进行的程度。**反应的热效应是指反应进行了 1 mol 时(ξ=1 mol)反应的热量变化**。也就是说，无论是恒容热效应 Q_V，还是恒压热效应 Q_p，实际上都是指**每摩尔反应的热效应**，又称**摩尔反应热**，简称**反应热**，即

$$Q_V = Q/\xi \tag{1.5}$$

$$Q_p = Q/\xi \tag{1.6}$$

这里的 Q 是在相应的反应过程中，反应系统与环境之间所交换的热量值。Q_V、Q_p 的单位均为 $kJ \cdot mol^{-1}$。

(2) 为了简化计算和方便使用，在分析上述 Q_p 与 Q_V 的关系时，用 n 作为反应方程式中气态物质的计量系数(纯数字)，而且，只是在以后运用 Q_p 与 Q_V 的关系式时使用。

(3) 从上述分析过程来看，化学反应在恒压下进行时，体积功 $W=-p\Delta V=-\Delta nRT$。在 Q_p 和 Q_V 的关系确定之后，就能够通过 Q_V 计算同一反应的 Q_p。

另外，需要说明的是，在进行反应热效应计算时，反应方程式中每一种物质的聚集态必须以括号方式在相应物质之后标出。括号内的 g 表示气态，l 表示液态，s 表示固态，aq 表示水合或水溶液。

例 1.1 已知反应 $C_2H_4(g)+3O_2(g)=\!=\!=2CO_2(g)+2H_2O(l)$，在 290 K 时的 $Q_V=-1390.2\ kJ\cdot mol^{-1}$。试计算在 290 K 时该反应的恒压热效应 Q_p。

解 写出该化学反应的计量方程式：

$$C_2H_4(g)+3O_2(g)=\!=\!=2CO_2(g)+2H_2O(l)$$

根据式(1.4b)，有

$$Q_p=Q_V+\Delta nRT$$

其中，$\Delta n=n_2-n_1=2-(1+3)=-2$，$T=290\ K$，$R=8.314\ J\cdot mol^{-1}\cdot K^{-1}$，代入相关数据，得

$$Q_p=-1395.02\ kJ\cdot mol^{-1}$$

4. 恒容热效应 Q_V 的测定

实验室测定恒容热效应 Q_V 是用热量计进行的。图 1.2 是弹式热量计测量装置的结构示意图。将已知精确质量的反应物装入钢弹 B 内，密封后将钢弹放入金属容器(该钢质容器与外界之间有一绝热外套)中，然后，在金属容器中加入足够的已知精确质量的水(作为吸热介质)，使钢弹淹没在水中。用温度计 A 精确测定水等吸热介质的环境温度 T_1 之后，通过电热丝 C 点火，引发反应，钢弹内反应放出的热，能使包括钢弹本身、水以及金属容器等整个环境的温度升高。D 为搅拌器。温度计所示的最高读数就是环境的终态温度 T_2。这里是把钢弹内发生的反应作为系统。显然，系统放出的热等于环境吸收的热。假定反应(系统)放出的热量为 Q，水吸收的热量为 Q_{H_2O}，钢弹组件(包括钢弹本身和金属容器等)所吸收的热量为 Q_b，则有

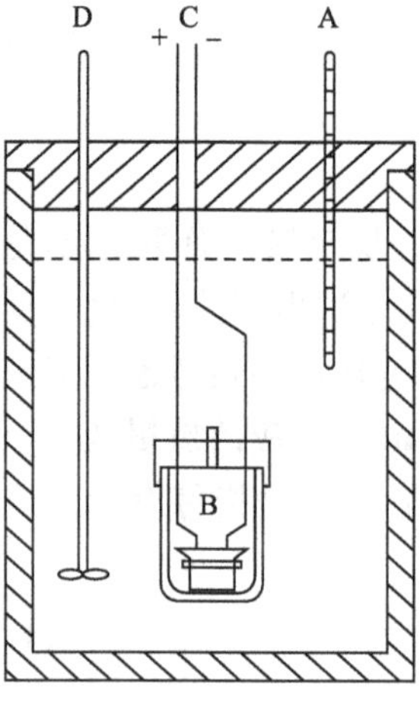

图 1.2 弹式热量计示意图

$$Q=-(Q_{H_2O}+Q_b) \tag{1.7}$$

因为

$$Q_{H_2O}=c_{H_2O}m\Delta T=C_{H_2O}\Delta T$$

$$Q_b=C_b\Delta T$$

所以

$$Q=-(C_{H_2O}\Delta T+C_b\Delta T)=-(C_{H_2O}+C_b)\Delta T \tag{1.8}$$

式中，c_{H_2O}为水的比热容，等于 4.184 $J\cdot g^{-1}\cdot K^{-1}$；$m$ 为水的质量，g；C_{H_2O}为水的热容，$J\cdot K^{-1}$；C_b为钢弹组件的总热容（C_b 值由仪器供应商提供，使用者应做校验）。热容是指系统每升高 1 K 时所吸收的热量，单位为 $J\cdot K^{-1}$，所以，比热容就是单位质量的热容：$c=C/m$，其单位为 $J\cdot g^{-1}\cdot K^{-1}$。据此可得到反应的恒容热效应 Q_V 为

$$Q_V=Q/\xi$$

例 1.2　将 1.000 g N_2H_4(l)（联氨）在盛有 1200 g 水的弹式热量计的钢弹内（通入氧气）完全燃烧。吸热介质（水）的温度由 298.15 K 上升到 301.45 K。已知水的比热容为 4.184 $J\cdot g^{-1}\cdot K^{-1}$，钢弹组件的总热容为 848 $J\cdot K^{-1}$。计算在此条件下 N_2H_4(l)完全燃烧反应的恒容热效应 Q_V。

解　N_2H_4(l)在氧气中完全燃烧的反应为

$$N_2H_4(l)+O_2(g)=\!=\!=N_2(g)+2H_2O(l)$$

在此条件下，1.000 g 反应物 N_2H_4(l)完全燃烧反应放出的热量为 Q。根据式(1.8)，有

$$Q=-(C_{H_2O}+C_b)\Delta T$$

$$\begin{aligned}Q&=-(c_{H_2O}m+C_b)\Delta T\\&=-(4.184\times1200+848)\times(301.45-298.15)\\&=-19367.04(J)\approx-19.37(kJ)\end{aligned}$$

根据反应进度定义式，有

$$\xi=\Delta n_{\mathrm{I}}/\nu_{\mathrm{I}}=(0-1.000\ g/32.0\ g\cdot mol^{-1})/(-1)$$

式中，32.0 $g\cdot mol^{-1}$为 N_2H_4 的摩尔质量。

根据式(1.5)，有

$$Q_V=Q/\xi=-19.37\times(32.0/1.000)=-619.84(kJ\cdot mol^{-1})$$

例 1.2 中，用弹式热量计测得了反应的恒容热效应 Q_V，通过计算就可得到同一反应的恒压热效应 Q_p。然而 $Q_p=\Delta H$，H 究竟是什么呢？下面对此作进一步讨论。

1.2.3　焓的特点及焓变的计算

1. 焓的特点

(1) 根据定义式 $H=U+pV$ 可知，H 是系统的热力学性质之一，H 本身是系

统的状态函数。

(2) H、U 都是与系统内物质的数量有关的广度性质，其值具有加和性。

(3) 与系统的热力学能 U 一样，H 的绝对值尚不知道，但是其变化量 ΔH 却可以通过有关方法计算得到。

(4) 对于恒温、恒压、只做体积功的封闭系统来说，$\Delta H = Q_p$。如果 $Q_p > 0$，则 $\Delta H > 0$，即 $H_2 - H_1 > 0$，$H_2 > H_1$。

由此可见，吸热将使系统的焓值增加，反之，降低。具体来说：

(1) 对于一定量的并没有发生化学反应的同一物质而言，温度不同，焓值不同。高温时的焓应该大于其低温时的焓，即 $H_{高温} > H_{低温}$。

(2) 对于化学反应而言，有

$$Q_p = \Delta H = H_{生成物} - H_{反应物}$$

吸热反应：$Q_p > 0$，$\Delta H > 0$，$H_{生成物} > H_{反应物}$，系统吸热，焓增；

放热反应：$Q_p < 0$，$\Delta H < 0$，$H_{生成物} < H_{反应物}$，系统放热，焓减。

(3) 根据状态函数的性质，当过程向相反方向进行时，ΔH 的数值要改变符号。也就是说，正、逆过程的热效应数值相等，符号相反。

2. 化学反应焓变的计算

前面已经介绍了化学反应的热效应，引入了 H 这个重要的状态函数，并对其特点进行了具体分析，目的在于用焓来处理化学反应问题。为此，需要进行有关化学反应焓变的计算。

1) 标准状态与物质的标准摩尔生成焓

在热力学中，为了建立一套系统的热力学数据，首先规定了一个参考状态——热力学标准状态，简称标准状态或标准态。

热力学规定，凡在标准压力下的纯气体(理想气体)、纯固体、纯液体都是物质的标准态，对于溶液来说，其标准态是指处在标准压力及标准浓度时的状态。根据最新的国家标准规定，标准压力 $p^{\ominus} = 100$ kPa(过去曾规定为 101.325 kPa)，标准浓度 $c^{\ominus} = 1\ \mathrm{mol \cdot dm^{-3}}$(严格地讲是质量摩尔浓度为 $1\ \mathrm{mol \cdot kg^{-1}}$ 的理想溶液，质量摩尔浓度是指在 1 kg 溶剂中所含溶质的物质的量。由于在很稀的溶液中质量摩尔浓度与物质的量浓度数值近似相等，故可用 $c^{\ominus}$ 代替)。

(1) 热力学规定的标准状态对温度并无限定。许多化学反应都是在温度为 298.15 K 时进行的，当然其有关数据是在这个温度下测定的(在有关的热力学数据表上已经标出)，所以在使用这些数据时应予以注意。

(2) 热力学规定的标准状态实际上只是对条件的一种限定。

在标准状态条件下，单位反应进度($\xi = 1$ mol)时化学反应的标准焓变称为该化学反应的**标准摩尔焓变(简称标准焓变)**，以 $\Delta_r H_m^{\ominus}$ 表示。此处，符号中的下标

“r”表示反应，上标“$\ominus$”代表标准状态(读作“标准”)，“m”表示反应进度为1 mol时的焓变。反应的标准摩尔焓变取决于该反应系统内每一种物质的焓变。热力学上是用其**标准摩尔生成焓**来进行有关计算的。物质的标准摩尔生成焓是指在标准状态下，由处于稳定状态的单质反应生成单位物质的量的该纯物质时反应的焓变。并且规定在标准状态下，任何处于稳定状态的单质的标准摩尔生成焓为零。热力学同时规定，水合氢离子的标准摩尔生成焓为零。一般选 $T=298.15$ K 为参考温度。298.15 K 时各物质的标准摩尔生成焓以 $\Delta_f H_m^{\ominus}(298.15\ K)$表示，下标“f”表示“生成”，常用单位为 $kJ \cdot mol^{-1}$。标准摩尔生成焓是体现物质热力学性质的重要数据，在化学、化工手册或热力学数据手册中可以查到，一些物质的标准摩尔生成焓数据已在附录2中列出。需要说明的是，热力学上所规定的“稳定状态的单质”通常是指在选定温度 T 和标准压力 $p^{\ominus}$时的最稳定单质，如 $H_2(g)$、$N_2(g)$、$O_2(g)$、$Cl_2(g)$、Na(s)等。但也有个别例外情况。例如，对于磷来说，规定的“稳定状态的单质”是指白磷，而不是红磷。因此，在有些教材中将“稳定状态的单质”改为“指定单质”或“参考态单质”。

从上述物质的标准摩尔生成焓的定义来看，标准摩尔生成焓实际上是指规定反应、规定条件下生成规定量的该纯物质时反应的标准摩尔焓变。例如，NaCl(s)的标准摩尔生成焓 $\Delta_f H_m^{\ominus}(NaCl, 298.15\ K)$就是下列反应在标准状态、298.15 K 时的标准摩尔焓变：

$$Na(s)+1/2Cl_2(g) \xlongequal{} NaCl(s)$$

$$\Delta_r H_m^{\ominus}=\Delta_f H_m^{\ominus}(NaCl, 298.15\ K)=-411.15\ kJ \cdot mol^{-1}$$

根据上述热力学的规定，在标准状态、298.15 K 时稳定状态的单质 Na(s)和 $Cl_2(g)$ 的标准摩尔生成焓均为零。

2) 化学反应焓变的计算

(1) 热化学反应方程式。许多化学反应通常是在恒温、恒压、只做体积功的条件下进行的，此时反应的恒压热效应 $Q_p=\Delta H$，所以，通常用焓变$\Delta H(298.15\ K)$来表示化学反应的热效应。

焓变作为化学反应的热效应(严格地讲，是反应热效应的一种)，总是和具体的热化学反应方程式相联系的，因此要解决焓变的计算问题，首先必须明确热化学反应方程式及其写法要求。通常将既能表示出化学反应过程中的物质的聚集态和反应条件，又能表明该反应的热效应的化学反应方程式称为热化学反应方程式。书写要求主要在于以下几个方面：

第一，反应方程式中的计量系数必须确定。

第二，反应物和生成物的聚集态必须注明。因为它涉及反应系统的状态(始态和终态)及其变化等问题。

第三，反应过程及反应条件（如温度、压力等）应注明。注明是恒温恒容过程，还是恒温恒压过程，以及温度、压力等的数值。如果是在 100 kPa、298.15 K 时进行的恒温恒压反应（过程），可以不注明。

第四，反应热效应的符号、数据以及单位应写在反应方程式之后，且与其隔开。其数据表示反应按既定反应方程式完成所要吸收或放出的热量。如果变化过程是恒温恒压过程，而且是在 298.15 K、标准状态进行的，则用 $\Delta_r H_m^\ominus(298.15\ K)$ 表示，或用 $\Delta_r H_m^\ominus$ 表示。例如：

$$2H_2(g)+O_2(g)=2H_2O(l) \quad \Delta_r H_m^\ominus(298.15\ K)=-571.7\ kJ\cdot mol^{-1}$$

这个热化学反应方程式表明：在 298.15K、标准状态条件时进行 1 mol 此反应（消耗 2 mol H_2，1 mol O_2，同时生成 2 mol 水）时放出 571.7 kJ 的热量。

第五，当反应方向逆向时，$\Delta_r H_m^\ominus$ 的符号应改变。例如：

$$2H_2O(l)=2H_2(g)+O_2(g) \quad \Delta_r H_m^\ominus(298.15\ K)=571.7\ kJ\cdot mol^{-1}$$

人们已经注意到，很多化学反应的焓变可以通过实验测定。但是，仍有相当多的反应，实验测定有困难，而且，有些反应进行得非常慢，需要的时间很长，在这种情况下，因热量计散热必然导致所测数据不准确。那么，可否根据已知的有关反应及其实验数据通过计算的方法来解决呢？赫斯（G. H. Hess）回答并解决了这个问题。

（2）赫斯定律——热化学反应的重要定律。科学理论的建立促进科学的发展，科学的发展带动技术的进步。然而，任何科学理论的提出、建立都必须来源于科学实践。19 世纪 40 年代，在热力学定律建立之前，赫斯在总结大量实验事实的基础上，提出了一条重要定律——赫斯定律。**赫斯定律指出，不管化学反应是一步完成还是分几步完成，其热效应总是相同的。**也就是说，总反应的热效应等于各分步反应的热效应之和。此定律既适用于恒压热效应，也适用于恒容热效应。例如，C（石墨，s）和 $O_2(g)$ 的燃烧反应，可以一步生成 $CO_2(g)$，也可以分两步进行：

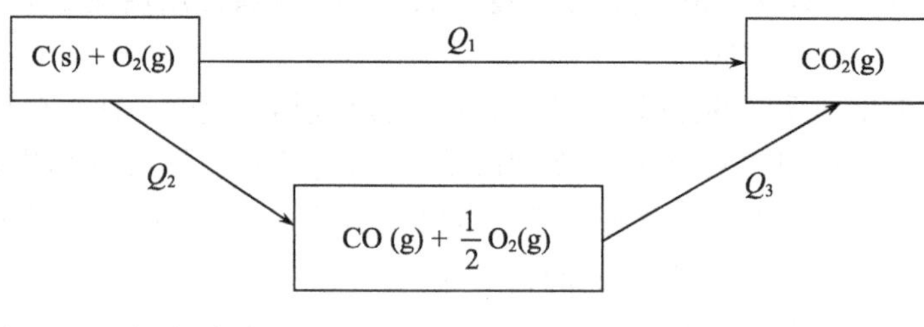

在工业生产上，反应热效应 Q_2 很重要。根据赫斯定律：$Q_1=Q_2+Q_3$，$Q_2=Q_1-Q_3$，据此，就可以得到 Q_2。事实上，在对化学反应的研究和利用中，赫斯定律的用途很多。

从赫斯定律的内容来看，这一定律实际上是说化学反应的热效应只取决于始态和终态,而与变化的途径无关。这种说法似乎与之前对热的分析和定性(热不是系统的状态函数)相矛盾,其实不然。

在热力学第一定律建立以后,赫斯定律实际上是热力学第一定律的必然推论。事实上,作为化学反应的两种常见热效应,无论是恒容热效应,还是恒压热效应,都是化学反应在特定条件下的热效应。如前所述,在恒温、恒容、只做体积功的特定条件下,恒容热效应在数值上等于系统的热力学能的增量,即 $Q_V=\Delta U$;在恒温、恒压、只做体积功的特定条件下,恒压热效应在数值上等于系统的焓变,即 $Q_p=\Delta H$。而 U 和 H 都是状态函数,作为其增量 ΔU 和 ΔH 只与始、终态有关,而与变化的途径无关。所以,从恒容热效应和恒压热效应的数值来看,由于它们分别取决于 ΔU 和 ΔH,必然会得出上述结论。

赫斯定律的建立与应用,使我们能够利用已经测得的反应及其热效应(焓变)数据,用计算的方法间接求得许多反应的热效应数据。具体来说,就是可以把热化学反应方程式当作代数式,进行有关计算。

(3) 反应的标准摩尔焓变的计算。根据焓(H)的特点和赫斯定律等热力学原理,对于下列任一化学反应:

$$a\mathrm{A(s)}+b\mathrm{B(l)} = g\mathrm{G(l)}+d\mathrm{D(g)}$$

反应的标准摩尔焓变(省略了温度)的计算式为

$$\Delta_r H_m^\ominus = g\Delta_f H_m^\ominus(\mathrm{G,l}) + d\Delta_f H_m^\ominus(\mathrm{D,g}) - a\Delta_f H_m^\ominus(\mathrm{A,s}) - b\Delta_f H_m^\ominus(\mathrm{B,l}) \tag{1.9a}$$

或

$$\Delta_r H_m^\ominus = [g\Delta_f H_m^\ominus(\mathrm{G,l}) + d\Delta_f H_m^\ominus(\mathrm{D,g})] - [a\Delta_f H_m^\ominus(\mathrm{A,s}) + b\Delta_f H_m^\ominus(\mathrm{B,l})] \tag{1.9b}$$

应当注意:

第一,式(1.9a)和式(1.9b)是等效的。但是,在运用式(1.9b)进行计算时,由于已经进行了数学处理,因此,所有计量系数均用正值。

第二,在运用式(1.9a)或式(1.9b)计算反应的标准摩尔焓变时,要特别注意物质的聚集态。同一物质聚集态不同,其标准摩尔生成焓 $\Delta_f H_m^\ominus(298.15\ \mathrm{K})$ 的数值不同。

第三,如果反应系统的温度不是 298.15 K,反应的焓变会有些改变,但一般变化不大,因此在进行一般近似计算时,可以认为**反应的焓变基本不随温度而变**,即 $\Delta_r H_m^\ominus(T)\approx\Delta_r H_m^\ominus(298.15\ \mathrm{K})$。

例 1.3 利用物质的标准摩尔生成焓数据，计算乙炔完全燃烧反应的标准摩尔焓变。

解 首先，写出乙炔完全燃烧反应的化学反应方程式，然后，从附录 2 中查出各有关物质的标准摩尔生成焓 $\Delta_f H_m^\ominus(298.15\ K)$ 数据：

	$C_2H_2(g)$	$+\ \frac{5}{2}O_2(g)$	$=\!=\!=\ 2CO_2(g)$	$+\ H_2O(l)$
$\Delta_f H_m^\ominus(298.15\ K)/(kJ \cdot mol^{-1})$	226.73	0	−393.509	−285.83

根据反应的标准焓变的计算公式[式(1.9b)]，得

$$\Delta_r H_m^\ominus = [2\Delta_f H_m^\ominus(CO_2, g) + \Delta_f H_m^\ominus(H_2O, l)] - \left[\Delta_f H_m^\ominus(C_2H_2, g) + \frac{5}{2}\Delta_f H_m^\ominus(O_2, g)\right]$$

代入数据，得

$$\begin{aligned}\Delta_r H_m^\ominus &= [2\times(-393.509) + (-285.83)] - [(226.73 + 0)] \\ &= -1299.6(kJ \cdot mol^{-1})\end{aligned}$$

计算结果表明，在标准状态下，298.15 K 时，乙炔完全燃烧反应的标准摩尔焓变为 $-1299.6\ kJ \cdot mol^{-1}$。

例 1.4 计算在标准状态下，298.15 K 时，碳酸钙分解反应的标准摩尔焓变，并说明该反应是吸热反应还是放热反应。

解 碳酸钙分解反应的反应方程式及有关物质的标准摩尔生成焓数据为

	$CaCO_3(s)$	$=\!=\!=\ CaO(s)$	$+\ CO_2(g)$
$\Delta_f H_m^\ominus(298.15\ K)/(kJ \cdot mol^{-1})$	−1206.92	−635.09	−393.509

根据式(1.9b)，得

$$\begin{aligned}\Delta_r H_m^\ominus &= [\Delta_f H_m^\ominus(CaO, s) + \Delta_f H_m^\ominus(CO_2, g)] - \Delta_f H_m^\ominus(CaCO_3, s) \\ &= [(-635.09) + (-393.509)] - (-1206.92) \\ &= 178.32(kJ \cdot mol^{-1})\end{aligned}$$

计算结果表明，碳酸钙分解反应的标准摩尔焓变为 $178.32\ kJ \cdot mol^{-1}$，而且，该反应为吸热反应。

焓变作为化学反应的热效应的重要标志，其研究和应用已经为热化学的研究，特别是对化学反应能量的传递与转化的研究提供了有效手段和重要方法。那么，作为能量，焓及焓变是否就是化学反应能够自发(自动)进行的推动力呢？或者说，能否将其作为反应自发进行的判断依据？**在既定条件下，导致化学反应自发进行的推动力到底是什么？**这是学习和掌握化学热力学的主要目的之一，也是本章讨论、研究化学反应问题的焦点。

事实上，有很多自发进行的化学反应都是放热的，即反应的焓变($\Delta_r H_m$ 是在任意条件下的反应的焓变值，在普通化学课程中只介绍和考虑反应的标准焓变)为负值。因此，人们曾试图用焓变作为化学反应的推动力及反应能否自发进行的判断依据，并且认为反应放热越多，反应自发进行的可能性越大。实际上，有些化

学反应是向吸热方向自发(自动)进行的。例如,在 1183 K 时,$CaCO_3(s)$能剧烈地热分解,生成 CaO 和 CO_2 并吸热,其焓变为正值。显然,对于这些情况,仅用焓变解释,或者用焓变作为判断依据是不合适的。要探寻导致化学反应自发进行的推动力,确定化学反应能否自发进行的判断依据,还需要对化学反应过程做深入研究。

1.3 热力学第二定律 熵

1.3.1 热力学第二定律

前面应用热力学第一定律,讨论和分析了化学反应中能量的变化。但是,并没有涉及能量传递的方向和过程进行的方向性问题。例如,通过热力学第一定律,我们知道,在标准状态、298.15 K 下,1 mol CO(g)与 3 mol $H_2(g)$在镍(Ni)催化下反应生成 1 mol $CH_4(g)$和 1 mol $H_2O(l)$时,放出 250.1 kJ 的热量(此数据是通过计算该反应的标准焓变得到的,这是将煤气中的 CO(g)和 $H_2(g)$进行催化甲烷化的重要反应)。在同一条件下,1 mol $CH_4(g)$与 1 mol $H_2O(l)$反应生成 1 mol CO(g)和 3 mol $H_2(g)$,吸收 250.1 kJ 的热量。但是,无法说明在此条件下,究竟是 CO(g)与 $H_2(g)$反应生成 $CH_4(g)$和 $H_2O(l)$?还是 $CH_4(g)$与 $H_2O(l)$ 反应生成 CO(g) 和 $H_2(g)$?反应是向某一方向一直进行下去?还是有一定限度?反应进行的推动力到底是什么?这些问题只能依据热力学第二定律才能说明。

1. 自发过程的方向性 热力学第二定律

大量的实验事实表明,自然界所发生的任何过程都有一定的方向性。这里所讲的过程,既包括物理过程,也包括化学过程。

例如,热自动从高温物体传递给低温物体;电流自动从高电势处流向低电势处;水自动从高处流向低处等,直到进行到两处的差别消失为止,即达到了平衡状态。但是,它们的逆过程都是不能自动进行的。**在一定条件下,不靠外力做功就能自动进行的过程,称为自发过程。**通过对观察到的大量自然现象和实验事实的分析,人们总结出了表征、反映自然界这些普遍现象的经验规律——热力学第二定律。热力学第二定律指出:没有外界帮助,热不能从低温物体自动地传递给高温物体,也就是说,热只能从高温物体自动地传递给低温物体,而相反过程是不能自动进行的。推而广之,**一切自发过程都是不可逆的。**热力学第二定律似乎只解决了热传递的方向性问题,实际上,各种自发过程都是相互联系的,在一定条件下,热能与各种形式的能量之间能够相互转化。也就是说,可以从热传递的方向研究、推断其他过程的方向和限度。热力学第二定律是自然界的一个普遍定律,其主要作用在于概括和揭示自然界一切自发过程的方向性。

2. 自发过程推动力的定性分析

如前所述，就自发进行的物理过程而言，它们均具有方向性。其中水自动流动（进行）的方向是从高水位处 h_1 流向低水位处 h_2，过程自发进行的条件是 $\Delta h<0$，进行的限度是 $\Delta h=0$，自发进行的推动力（原因）是 Δh；电流总是自动地从高电势 E_1 处流向低电势 E_2 处，自发进行的条件是 $\Delta E<0$，进行的限度是 $\Delta E=0$，过程自发进行的推动力是 ΔE；热从高温物体 T_1 自动传递到低温物体 T_2，过程自发进行的条件是 $\Delta T<0$，进行的限度是 $\Delta T=0$，过程自发进行的推动力是 ΔT。

同样，一切自发进行的化学反应（过程）也都有其相应的推动力。

通过对上述物理、化学的自发过程的深入分析，人们发现有两大因素在制约着过程自发进行的方向性。这两大因素是能量和混乱度。在自发过程中，**系统倾向于取得最低的能量状态，系统倾向于取得最大的混乱度。**具体来说，**在封闭系统中，能量降低；在孤立系统中，混乱度增大，都是自发过程进行的推动力。**

自发过程总是向着其中的一个倾向或者同时向着两个倾向进行。例如，整齐排列的一盒（敞口）粉笔翻落到地上呈现散乱状态是两种倾向兼有的实例，既降低了势能（能量），又增大了混乱度；在常温、常压下，彼此并不发生反应的两种气体的相互扩散过程是混乱度增大的实证。由此可见，混乱度是物质系统的又一重要特征。

1.3.2 混乱度 熵

1. 混乱度

混乱度是与物质内部的质点（微观粒子，如分子、原子、质子、中子、电子等）运动直接相关的概念。物质内部的质点处在不停地运动中，时刻改变着自己的微观状态。然而，物质内部质点的微观状态又与物质的聚集态有关。当物质处于固态时，其内部质点（分子、原子、离子）的排列比较有序，尤其是在晶体内部，质点只是在其晶格内的平衡位置附近振动，可以认为固体物质的混乱度很低；当物质处于液态时，质点的运动更自由，液态物质的混乱度较大；当物质处于气态时，质点的运动范围更广，能级状态更多，气态物质的混乱度最大。

2. 熵 熵变

系统内微观粒子的任何微观性质，都必然表现为系统一定的宏观性质。正如系统内微观粒子平均动能的总表现为系统的温度一样，**系统内微观粒子运动混乱度的宏观量度称为系统的熵**，用 S 表示。系统的混乱度小或处在较有秩序的状态，其熵值小；系统的混乱度大或处在较无秩序的状态，对应的熵值就较大。

正如密度、热力学能、焓等是物质系统的特征性质一样，熵也是系统重要的特征性质（广度性质）之一。系统的状态一定，其混乱度的大小也一定，相应也就有确定的熵值。因此，**熵也是系统的一个状态函数**。也就是说，系统若有定态，其熵值便有定值。从其本身的定义来看，熵是反映、描述系统内“粒子”运动的混乱程度的一个物理量。

但是，熵与热力学能、焓有所不同，热力学能和焓的绝对数值是无法测定的，通常考虑的只是它们的相对值，即增量值。单质的热力学能（U）和焓（H）也不等于零，稳定单质的标准摩尔生成焓等于零只是人为规定的，而每种物质本身的熵值是可以测出或算出的。在标准状态、298.15 K下，稳定单质的熵并不等于零。从熵本身的定义来看，熵是温度的函数。也就是说，在任一温度下，任何物质都有一确定的熵值。在绝对零度时，任何纯物质的完整晶体混乱度等于零，熵值等于零（热力学第三定律，此定律也可以表述为，**在绝对零度时，任何纯物质的完整晶体的熵等于零**），即 S(0 K，完整晶体)＝0。由此可见，在绝对零度以上的任何温度时，物质的熵值总是正值（请注意，这里是说物质本身，并不是说物质的组分，如离子等）。这样，就可以把物质在任意温度 T 时的熵值称为该物质在该温度时的绝对熵。温度为 T 时，1 mol 任一物质的绝对熵（摩尔绝对熵，简称摩尔熵）就等于将 1 mol 该物质从 0 K 提高到 T(K)时的熵变 ΔS，即

$$\Delta S = S(T) - S(0) = S(T)$$

物质的摩尔熵用符号 $S_m(T)$ 表示。若在标准状态下，则用 $S_m^\ominus(T)$ 表示，**称为标准摩尔熵（简称标准熵）**。在标准状态下，单位物质的量的纯物质的熵称为该物质的标准摩尔熵，其符号记为 $S_m^\ominus(T)$，单位为 $J \cdot mol^{-1} \cdot K^{-1}$。本书附录 2 列出了一些物质及离子在 298.15 K 时的标准熵数据。例如，氮气的标准熵为 $S_m^\ominus(N_2, g, 298.15\ K) = 191.50\ J \cdot mol^{-1} \cdot K^{-1}$，液体水的标准熵为 $S_m^\ominus(H_2O, l, 298.15\ K) = 69.91\ J \cdot mol^{-1} \cdot K^{-1}$。**热力学规定水合氢离子的标准熵为零**，即 $S_m^\ominus(H^+, aq, 298.15\ K) = 0$。

3. 化学反应熵变的计算

通过上述分析和讨论知道，熵和焓都是系统的状态函数，其增量（变化量）只与系统的始、终态有关，而与变化的途径无关，因此，就计算方法来说，反应熵变的计算与反应焓变的计算完全类似。在标准状态下，单位反应进度（ξ＝1 mol）时反应的熵变称为该反应的标准摩尔熵变，用符号 $\Delta_r S_m^\ominus(T)$ 或 $\Delta_r S_m^\ominus$ 表示。对于任一反应：

$$aA(s) + bB(l) = gG(l) + dD(g)$$

反应的标准熵变为

$$\Delta_r S_m^\ominus = [gS_m^\ominus(G, l) + dS_m^\ominus(D, g)] - [aS_m^\ominus(A, s) + bS_m^\ominus(B, l)] \qquad (1.10)$$

(1) 在用式(1.10)计算反应的标准熵变时，由于已经进行了数学处理，所以，所有计量系数均取正值。

(2) 在引用物质的标准摩尔熵数据时，要特别注意物质的聚集态。同一物质，聚集态不同，其标准摩尔熵的数值不同。

(3) 熵是温度的函数。对于同一物质来说，温度不同，熵值不同。但是，对于化学反应来说，在大多数情况下，产物的熵随温度的变化值与反应物的熵随温度的变化值相差不大。所以，通常在近似计算中，可以认为**反应的熵变基本不随温度而变**。

$$\Delta_r S_m^\ominus(T) \approx \Delta_r S_m^\ominus(298.15\ \text{K})$$

例 1.5 计算石灰石($CaCO_3$)热分解反应的 $\Delta_r S_m^\ominus(298.15\ \text{K})$。

解 先写出 $CaCO_3$ 热分解反应的反应计量方程式，然后，从附录 2 中查出有关物质的标准摩尔熵数据。

	$CaCO_3(s) = CaO(s)$		$+\ CO_2(g)$
$S_m^\ominus(298.15\ \text{K})/(\text{J}\cdot\text{mol}^{-1}\cdot\text{K}^{-1})$	92.9	39.75	213.74

根据式(1.10)，得

$$\begin{aligned}\Delta_r S_m^\ominus(298.15\ \text{K}) &= [S_m^\ominus(CaO,s,298.15\ \text{K}) + S_m^\ominus(CO_2,g,298.15\ \text{K})] - S_m^\ominus(CaCO_3,s,298.15\ \text{K})\\ &= (39.75+213.74)-92.9\\ &= 160.59(\text{J}\cdot\text{mol}^{-1}\cdot\text{K}^{-1})\end{aligned}$$

例 1.6 试利用物质的标准摩尔熵数据计算反应 $2H_2(g)+O_2(g) = 2H_2O(l)$ 的 $\Delta_r S_m^\ominus(298.15\ \text{K})$。

解

	$2H_2(g)$	$+O_2(g)$	$= 2H_2O(l)$
$S_m^\ominus(298.15\ \text{K})/(\text{J}\cdot\text{mol}^{-1}\cdot\text{K}^{-1})$	130.7	205.1	69.9

根据式(1.10)，得

$$\begin{aligned}\Delta_r S_m^\ominus(298.15\ \text{K}) &= 2S_m^\ominus(H_2O,l,298.15\ \text{K}) - [2S_m^\ominus(H_2,g,298.15\ \text{K}) + S_m^\ominus(O_2,g,298.15\ \text{K})]\\ &= 2\times69.6-(2\times130.7+205.1)\\ &= -327.3(\text{J}\cdot\text{mol}^{-1}\cdot\text{K}^{-1})\end{aligned}$$

上述两例及大量的实验事实表明：

(1) 对于有气态物质参与或生成的反应，如果反应的结果是使气态物质的物质的量增加，则反应的熵值增大(例 1.5)，即 $\Delta_r S_m^\ominus>0$。相反，如果反应的结果是使气态物质的物质的量减少，则反应的熵值减少(例 1.6)，即 $\Delta_r S_m^\ominus<0$。

(2) 熵是系统内部质点混乱度的宏观量度，那么，影响系统内部质点混乱度的因素就是影响其熵的因素。这些因素主要有聚集态、温度、压力、物质的内部结构和摩尔质量(相对分子质量)以及物质的物质的量等。

① 聚集态：对于一定量的同一种物质而言，在相同条件下，气态时的熵值最大，液态时的熵值较大，固态时的熵值最小，即

$$S_m(g) > S_m(l) > S_m(s)$$

例如：$S_m^\ominus(Br_2, g, 298.15\ K) = 245.463\ J \cdot mol^{-1} \cdot K^{-1}$

$S_m^\ominus(Br_2, l, 298.15\ K) = 152.231\ J \cdot mol^{-1} \cdot K^{-1}$

② 温度：对于聚集态相同，而且其物质的量也相同的同一种物质来说，由于温度升高，物质内部质点的热运动加快，混乱度增大，其熵值也必然相应增大，因此，高温时的熵值大于低温时的熵值，即

$$S_{m,高温} > S_{m,低温}$$

例如：$S_m^\ominus(C_2H_6, g, 298.15\ K) = 229.6\ J \cdot mol^{-1} \cdot K^{-1}$

$S_m^\ominus(C_2H_6, g, 400\ K) = 246.8\ J \cdot mol^{-1} \cdot K^{-1}$

③ 压力：当温度不变时，压力增大通常会使物质的熵值减小。物质的聚集态不同，减小的程度不同。压力对气态物质的熵值影响较大，但对液态、固态物质的熵值影响较小。对于同一种气态物质来说，低压时的熵值大于高压时的熵值，即

$$S_{m,低压} > S_{m,高压}$$

④ 分子结构：对于温度相同、聚集态相同、由相同元素组成的不同物质来说，复杂分子(内部微观粒子较多)的熵值通常大于简单分子的熵值，即

$$S_{m,复杂杂子} > S_{m,简单分子}$$

例如：$S_m^\ominus(C_2H_5OH, l, 298.15\ K) = 160.07\ J \cdot mol^{-1} \cdot K^{-1}$

$S_m^\ominus(CH_3OH, l, 298.15\ K) = 126.80\ J \cdot mol^{-1} \cdot K^{-1}$

⑤ 溶液或混合物：在聚集态、温度等其他条件相同的条件下，溶液或混合物的熵值通常大于纯物质的熵值，即

$$S_{m,混合物} > S_{m,纯物质}$$

热力学第二定律指出：在孤立系统中发生的任何变化或化学反应，总是向着熵值增大的方向进行，即向着 ΔS(孤立，总) 0 的方向进行，称为熵增加原理。但是，我们通常所研究的系统并非严格的孤立系统，因此，只能将系统和与系统直接相关的环境合并在一起，作为孤立系统来对待。这样，ΔS(孤立，总)$=\Delta S$(系统)$+\Delta S$(环境)。显然，这样就必然涉及环境的熵变值。但是，环境的熵变值的测定或计算实际上是比较复杂、困难的。用熵判据来判断反应是否自发进行不太现实。

通过前面的分析和讨论知道，任何化学反应在既定条件下能否自发进行(反应进行的方向性问题)，既取决于反应系统的能量变化(焓变 $\Delta_r H_m$)，又取决于反应系统的混乱度的变化(熵变 $\Delta_r S_m$)这两大因素(严格地讲，应该是 $\Delta_r H_m$ 和 $\Delta_r S_m$，只是在本课程中，在做了反应的条件限定之后，是用 $\Delta_r H_m^\ominus$ 代替 $\Delta_r H_m$、用 $\Delta_r S_m^\ominus$ 代替 $\Delta_r S_m$)。那么，是否可以将这两大因素合二为一使问题得到简化呢？

1.4　吉布斯函数及其应用

1.4.1　吉布斯函数

1. 吉布斯函数判据

如前所述，**决定反应(过程)的自发性有焓效应(焓变，ΔH)和熵效应(熵变，ΔS)两大因素。**考虑到 H、S 都是系统的状态函数，为了方便并使问题简化，美国化学家吉布斯(J. W. Gibbs)引入了一个新的状态函数——吉布斯函数 G，并定义：

$$G = H - TS \tag{1.11}$$

式(1.11)中，焓 H、热力学温度 T 以及熵 S 都是状态函数，因此，G 也是状态函数。这里，G 称为吉布斯函数或吉布斯自由能。

根据式(1.11)对于在恒温、恒压下发生的变化过程，有

$$\Delta G = \Delta H - T\Delta S \tag{1.12}$$

式(1.12)是化学上非常重要的方程式之一，通常将其称为吉布斯-亥姆霍兹(Gibbs-Helmholtz)方程，简称**吉布斯等温方程式**。

据此，可得到在恒温、恒压、只做体积功的条件下，判断过程(反应)自发性的判据——吉布斯函数判据：

$$\left.\begin{array}{ll}\Delta G < 0 & \text{自发过程，过程能向正方向自动进行} \\ \Delta G = 0 & \text{可逆过程或平衡状态} \\ \Delta G > 0 & \text{非自发过程，过程能向逆方向自动进行}\end{array}\right\} \tag{1.13}$$

在上述判据中，ΔG 称为系统的吉布斯函数变，此判据称为吉布斯函数判据(也称为最小自由能原理)。由于此判据所需要的恒温、恒压、只做体积功的条件正是通常化学反应进行的一般条件，所以，吉布斯函数判据就成为判断化学反应能否自发进行的最常用判据。

从上述判据来看，在恒温、恒压、只做体积功的条件下，任何自发进行的化学反应都是使系统本身的吉布斯函数降低的过程。当反应系统的吉布斯函数变等于零($\Delta G=0$)时，系统达到平衡状态，这就是反应进行的限度，此时，系统的吉布斯函数将保持最小值不变。如果系统的吉布斯函数变大于零，则必须依赖于外力做功，正向过程才能进行，即该过程本身是非自发过程。

利用上述吉布斯函数判据，就可以判断反应自发进行的方向或者判断反应所处的状态。

2. 吉布斯函数(*G*)和吉布斯函数变(ΔG)的物理意义

(1) 从吉布斯函数的定义式来看,因为 $G=H-TS$,所以,**吉布斯函数 *G* 是系统的状态函数**,是系统的热力学性质之一。

(2) 吉布斯函数 *G* 是可以利用的能量。

$$G=H-TS$$
$$H=G+TS$$

上式表明,系统的焓(*H*,能量)由两部分构成:一部分是 *TS*,这是用于维持系统本身的特定温度和其混乱度所需要消耗、而不能利用的能量,称为束缚能;另一部分是 *G*,即吉布斯函数,它是可以自由地转化为其他形式能量的能量。由此可见,在恒温、恒压下,如果系统所含的吉布斯函数越多,被转化、利用的能量就会越多。所以,可以将系统的吉布斯函数理解为系统提供有用功(非体积功)的能力。如果将系统(反应)在自发进行的过程(变化)中所产生的吉布斯函数变(ΔG)完全加以利用,那么,系统能做的最大有用功为 W'_{max}:

$$\Delta G=W'_{max}$$

(3) 吉布斯函数变 ΔG 是自发过程进行的推动力。

从式(1.13)所表示的吉布斯函数判据来看,在恒温、恒压、只做体积功的条件下,自发过程(反应)总是向着减少系统的吉布斯函数的方向进行。这也就是说,系统能够从一种状态(始态)自发地转变为另一种状态(终态),就是因为在这两种状态之间存在着吉布斯函数的差值(ΔG)。这与前面所分析和认定的导致热传导自发进行的推动力是温差 ΔT,导致水自动从高处向低处流动的推动力是水位差 Δh 一样,ΔG 是自发过程(反应)进行的推动力。

(4) 吉布斯函数 *G* 是系统相对稳定性的一种量度。

从上述分析中还可以发现,系统总是向着减少本身的吉布斯函数的方向自发进行(在恒温、恒压、只做体积功的条件下)的事实(结果)表明,吉布斯函数 *G* 越大的系统,越不稳定,有自动地向吉布斯函数减少的状态转变的倾向,即吉布斯函数 *G* 越小的系统就越稳定。由此可见,吉布斯函数 *G* 是系统稳定性的一种量度。据此,我们就可以判断系统或物质的相对稳定性。

(5) 吉布斯函数变 ΔG 是可知的。

由于 *U*、*H* 本身的绝对数值到目前为止仍然是无法知道的,所以 *G* 本身的绝对数值也是无法知道的。但是,由于它们都是系统的状态函数,其变化量(增量)ΔU、ΔH 以及 ΔG 却是可知的。而且,吉布斯函数 *G* 与 *U*、*H* 一样,具有状态函数的一切性质和特点,其增量 ΔG 只与系统的始、终态有关,而与变化的具体途径无关。

3. 吉布斯函数变 ΔG 与化学反应进行的方向

如前所述,在恒温、恒压、只做体积功的条件下,化学反应能否自发进行,取决

于该反应的吉布斯函数变 ΔG。从式(1.12)来看,对化学反应而言:

$$\Delta G = \Delta H - T\Delta S$$

显然,反应的吉布斯函数变 ΔG 的数值及符号取决于反应的焓变 ΔH、反应的热力学温度 T 以及反应的熵变 ΔS 的数值的大小。根据反应的焓变的符号及熵变的符号是否相同,可以将反应分为以下两类,并就反应的吉布斯函数变的相应情况及反应进行的方向的判断列入表 1.1。

表 1.1　ΔH、ΔS 和 ΔG 的符号与化学反应进行的方向

反应类别	ΔH	ΔS	ΔG 的符号	化学反应进行的方向
符号相同	+	+	低温为+,高温为−	高温下,反应能正向自发进行
	−	−	低温为−,高温为+	低温下,反应能正向自发进行
符号相反	−	+	−	任何温度下反应都能正向自发进行
	+	−	+	任何温度下反应都不能正向自发进行

表 1.1 表明:

(1) 当反应的焓变和熵变的符号相同时,温度的高低对反应自发进行的方向起着决定性作用。

(2) 任何正向自发进行的化学反应总是倾向于能量降低(ΔH 为负值)和混乱度增大(ΔS 为正值)。

1.4.2　化学反应的摩尔吉布斯函数变的计算

1. 标准态时反应的标准摩尔吉布斯函数变的计算

与反应的标准摩尔焓变($\Delta_r H_m^\ominus$)的定义类似,在标准状态下,单位反应进度(ξ=1 mol)时化学反应的吉布斯函数变称为该化学反应的**标准摩尔吉布斯函数变**,简称标准吉布斯函数变,以 $\Delta_r G_m^\ominus(T)$ 表示。

1) 298.15K 时反应的标准摩尔吉布斯函数变的计算

(1) 根据物质的标准摩尔生成吉布斯函数的计算。

反应系统是由物质构成的,物质既然存在着标准摩尔生成焓 $\Delta_f H_m^\ominus$,也就必然存在着标准摩尔生成吉布斯函数。热力学规定,**在标准状态下,处于稳定状态的单质生成单位物质的量的纯物质时反应的标准吉布斯函数变称为该物质的标准摩尔生成吉布斯函数**,以 $\Delta_f G_m^\ominus(T)$ 表示,单位为 kJ · mol^{-1}。同时规定,**任何稳定单质的标准摩尔生成吉布斯函数为零**。同样,对于水合离子,规定**水合氢离子的标准摩尔生成吉布斯函数为零**。附录 2 已经列出了一些常见物质的 $\Delta_f G_m^\ominus$(298.15 K)数据,以供查阅。

对于任一反应：

$$aA(s)+bB(l)=\!=\!=gG(l)+dD(g)$$

$$\Delta_r G_m^\ominus(298.15\ K)=[g\Delta_f G_m^\ominus(G,l,298.15\ K)+d\Delta_f G_m^\ominus(D,g,298.15\ K)]-[a\Delta_f G_m^\ominus(A,s,298.15\ K)+b\Delta_f G_m^\ominus(B,l,298.15\ K)] \tag{1.14}$$

应当指出，式(1.14)有关符号的意义及计算时的注意事项均与 $\Delta_r H_m^\ominus$[式(1.9b)]的计算类似。另外，虽然反应的焓变与熵变基本不随温度而变，但是，**反应的标准吉布斯函数变却是温度的函数**(因为 $\Delta G=\Delta H-T\Delta S$)。

例 1.7　试根据物质的标准摩尔生成吉布斯函数 $\Delta_f G_m^\ominus$(298.15 K)数据，计算下列反应在 298.15 K 时的标准摩尔吉布斯函数变 $\Delta_r G_m^\ominus$(298.15 K)，并判断反应进行的方向。

$$2CO(g)+O_2(g)=\!=\!=2CO_2(g)$$

解　先写出反应的计量方程式，然后，从附录 2 中查出有关物质的 $\Delta_f G_m^\ominus$(298.15 K)数据。

	$2CO(g)$	+ $O_2(g)$	$=\!=\!=2CO_2(g)$
$\Delta_f G_m^\ominus(298.15\ K)/(kJ\cdot mol^{-1})$	−137.168	0	−394.359

根据式(1.14)，得

$$\begin{aligned}\Delta_r G_m^\ominus(298.15\ K)&=2\Delta_f G_m^\ominus(CO_2,g,298.15\ K)-[2\Delta_f G_m^\ominus(CO,g,298.15\ K)+\Delta_f G_m^\ominus(O_2,g,298.15\ K)]\\&=[2\times(-394.359)]-[2\times(-137.168)+0]\\&=-514.382(kJ\cdot mol^{-1})\end{aligned}$$

计算结果表明 $\Delta_r G_m^\ominus(298.15\ K)<0$，在标准状态、298.15 K 时，该反应能够正向自发进行。

例 1.8　试根据物质的标准摩尔生成吉布斯函数 $\Delta_f G_m^\ominus$(298.15 K)数据，计算下列反应的标准摩尔吉布斯函数变 $\Delta_r G_m^\ominus$(298.15 K)，并判断反应进行的方向。

$$AgBr(s)=\!=\!=Ag^+(aq)+Br^-(aq)$$

解　先写出反应的计量方程式，从附录 2 中查出并写出有关物质和离子的 $\Delta_f G_m^\ominus$(298.15 K)数据。

	$AgBr(s)$	$=\!=\!=Ag^+(aq)$	$+Br^-(aq)$
$\Delta_f G_m^\ominus(298.15\ K)/(kJ\cdot mol^{-1})$	−96.90	77.107	−103.96

根据式(1.14)，得

$$\begin{aligned}\Delta_r G_m^\ominus(298.15\ K)&=[\Delta_f G_m^\ominus(Ag^+,aq,298.15\ K)+\Delta_f G_m^\ominus(Br^-,aq,298.15\ K)]-\Delta_f G_m^\ominus(AgBr,s,298.15\ K)\\&=[77.107+(-103.96)]-(-96.90)\\&=70.05(kJ\cdot mol^{-1})\end{aligned}$$

计算结果表明 $\Delta_r G_m^\ominus(298.15\ K)>0$，在标准状态、298.15 K 时，该反应不能正向自发进行。

（2）根据吉布斯等温方程式的计算。

因为

$$\Delta G = \Delta H - T\Delta S$$

$$\Delta_r G_m^\ominus(T) = \Delta_r H_m^\ominus(T) - T\Delta_r S_m^\ominus(T) \quad (1.15a)$$

所以

$$\Delta_r G_m^\ominus(298.15\ \text{K}) = \Delta_r H_m^\ominus(298.15\ \text{K}) - 298.15\ \text{K} \cdot \Delta_r S_m^\ominus(298.15\ \text{K}) \quad (1.15b)$$

使用该方法时，需要利用物质的 $\Delta_f H_m^\ominus(298.15\ \text{K})$ 和 $S_m^\ominus(298.15\ \text{K})$ 数据，先计算反应的 $\Delta_r H_m^\ominus(298.15\ \text{K})$ 和 $\Delta_r S_m^\ominus(298.15\ \text{K})$，然后再按式(1.15b)进行计算。

例 1.9 已知反应 $CaCO_3(s) \rlap{=}{=\!=} CaO(s) + CO_2(g)$ 的 $\Delta_r H_m^\ominus(298.15\ \text{K}) = 178.32\ \text{kJ} \cdot \text{mol}^{-1}$，$\Delta_r S_m^\ominus(298.15\ \text{K}) = 160.59\ \text{J} \cdot \text{mol}^{-1} \cdot \text{K}^{-1}$，试通过计算该反应的 $\Delta_r G_m^\ominus(298.15\ \text{K})$ 值，分析该反应在标准状态、298.15 K 时的自发性。

解 该反应的计量方程式为

$$CaCO_3(s) = CaO(s) + CO_2(g)$$

根据式(1.15b)，得

$$\begin{aligned}\Delta_r G_m^\ominus(298.15\ \text{K}) &= \Delta_r H_m^\ominus(298.15\ \text{K}) - 298.15\ \text{K} \cdot \Delta_r S_m^\ominus(298.15\ \text{K}) \\ &= 178.32 - 298.15 \times 160.59/1000 \\ &= 130.44(\text{kJ} \cdot \text{mol}^{-1})\end{aligned}$$

计算结果表明，该反应的 $\Delta_r G_m^\ominus(298.15\ \text{K}) > 0$，所以，上述反应在标准状态、298.15 K 时为非自发反应。

2）其他温度下反应的标准摩尔吉布斯函数变的计算

如前所述，反应的标准焓变 $\Delta_r H_m^\ominus$ 和标准熵变 $\Delta_r S_m^\ominus$ 基本不随温度变化，因此，根据式(1.15a)，得

$$\Delta_r G_m^\ominus(T) \approx \Delta_r H_m^\ominus(298.15\ \text{K}) - T\Delta_r S_m^\ominus(298.15\ \text{K}) \quad (1.15c)$$

利用式(1.15c)就可以进行其他温度下反应的标准摩尔吉布斯函数变 $\Delta_r G_m^\ominus(T)$ 的近似计算。

例 1.10 试根据 $CaCO_3(s)$ 分解反应的标准焓变 $\Delta_r H_m^\ominus(298.15\ \text{K})$ 数据和标准熵变 $\Delta_r S_m^\ominus(298.15\ \text{K})$ 数据(例 1.9 中已经提供)，近似计算该反应在1200 K时的 $\Delta_r G_m^\ominus(1200\ \text{K})$，并分析在此条件下该反应的自发性。

解 $CaCO_3(s)$ 分解反应的计量方程式为

$$CaCO_3(s) = CaO(s) + CO_2(g)$$

根据式(1.15c)，有

$$\Delta_r G_m^\ominus(T) \approx \Delta_r H_m^\ominus(298.15\ \text{K}) - T\Delta_r S_m^\ominus(298.15\ \text{K})$$

$$\begin{aligned}\Delta_r G_m^\ominus(1200\ \text{K}) &\approx \Delta_r H_m^\ominus(298.15\ \text{K}) - 1200\ \text{K} \cdot \Delta_r S_m^\ominus(298.15\ \text{K}) \\ &\approx 178.32 - 1200 \times 160.59/1000 \\ &= -14.39(\text{kJ} \cdot \text{mol}^{-1})\end{aligned}$$

从上述计算结果来看，由于 $\Delta_r G_m^\ominus(1200\ \text{K}) < 0$，所以，在标准状态、1200 K 时，$CaCO_3(s)$ 分解反应能够正向自发进行。

至此，我们已经讨论和介绍了化学反应的标准摩尔吉布斯函数变的计算，并将其用于在标准状态条件下，化学反应进行的方向的判断。事实上，化学反应并非总是在标准状态条件下进行的，而是在任意条件（非标准状态条件）下进行的，标准状态条件只是任意条件中的一种特定条件。因此，计算任意条件（任意态）下化学反应的摩尔吉布斯函数变，并将其用于反应进行的方向的判断，更具有现实意义。

2. 任意态时化学反应的摩尔吉布斯函数变的计算

热力学的研究结果表明，对于任一化学反应：

$$aA(aq) + bB(aq) = gG(aq) + dD(g)$$

$$\Delta_r G_m(T) = \Delta_r G_m^{\ominus}(T) + RT\ln\frac{[c(G)/c^{\ominus}]^g[p(D)/p^{\ominus}]^d}{[c(A)/c^{\ominus}]^a[c(B)/c^{\ominus}]^b} \tag{1.16a}$$

式中，$\Delta_r G_m(T)$为任意态时化学反应的摩尔吉布斯函数变；R为摩尔气体常量（8.314 $J \cdot mol^{-1} \cdot K^{-1}$）；$T$为反应温度（K）；$c$为其中以水合、溶液态方式存在的任一物质的浓度；$c^{\ominus}$为标准浓度，国家标准规定$c^{\ominus}=1\ mol \cdot dm^{-3}$；$c/c^{\ominus}$为其相对浓度；$p$为其中任一气态物质的分压力（是相对于该反应系统内混合气体的总压力而言）；$p^{\ominus}$为标准压力（100 kPa）；$p/p^{\ominus}$为其相对压力。通常，用J表示式（1.16a）中对数的真数项，即

$$J = \frac{[c(G)/c^{\ominus}]^g[p(D)/p^{\ominus}]^d}{[c(A)/c^{\ominus}]^a[c(B)/c^{\ominus}]^b}$$

将J称为**反应商**。如果物质是纯固体或纯液体，则不列入反应商表达式中。这样，式（1.16a）就可以简写为

$$\Delta_r G_m(T) = \Delta_r G_m^{\ominus}(T) + RT\ln J \tag{1.16b}$$

根据式（1.16b），可以计算在任意态时反应的摩尔吉布斯函数变，并判断反应的自发性（反应进行的方向）。显然，当$J=1$时，各种物质的浓度c均为标准浓度$c^{\ominus}$，各种气体的分压p均为标准压力$p^{\ominus}$时，任意态变成了标准态，就可以用$\Delta_r G_m^{\ominus}(T)$判断反应的自发性。

例 1.11 已知反应 $Zn(s)+2H^+(aq) = Zn^{2+}(aq)+H_2(g)$的$\Delta_r G_m^{\ominus}$(298.15 K)＝$-147.03\ kJ \cdot mol^{-1}$，计算$T$＝298.15 K，pH＝5，$p(H_2)$＝90 kPa，其他物质（离子）均处于标准状态时，该反应的摩尔吉布斯函数变$\Delta_r G_m(T)$，并判断反应进行的方向。

解 反应的计量方程式为

$$Zn(s)+2H^+(aq) = Zn^{2+}(aq)+H_2(g)$$

由于反应处于非标准状态，所以，应用式(1.16b)进行计算：

$$\Delta_r G_m(T) = \Delta_r G_m^{\ominus}(T) + RT\ln J$$

$$\Delta_r G_m(298.15\ \text{K}) = \Delta_r G_m^{\ominus}(298.15\ \text{K}) + RT\ln\frac{[c(Zn^{2+})/c^{\ominus}][p(H_2)/p^{\ominus}]}{[c(H^+)/c^{\ominus}]^2}$$

$$= -147.03 + 8.314/1000 \times 298.15\ \ln\frac{1\times 90/100}{(10^{-5}/1)^2}$$

$$= -90.21(\text{kJ}\cdot\text{mol}^{-1})$$

计算结果表明 $\Delta_r G_m(298.15\ \text{K})<0$，所以，该反应能够正向自发进行。

1.4.3 吉布斯函数的应用

1. *判断反应进行的方向与限度*

如前所述，吉布斯函数变是化学反应自发进行的推动力。因此，可以用反应的摩尔吉布斯函数变来判断反应进行的方向和限度。对于在任意条件下进行的任一反应来说，当反应的摩尔吉布斯函数变 $\Delta_r G_m(T)<0$ 时，反应能够正向自发进行；当反应的摩尔吉布斯函数变 $\Delta_r G_m(T)>0$ 时，反应逆向自发进行，为非自发反应；当反应的摩尔吉布斯函数变 $\Delta_r G_m(T)=0$ 时，反应处于平衡状态，这是该反应在该条件下所能进行的最大限度。当然，应当特别注意的是，只有在标准状态条件下，才可以用反应的标准摩尔函数变 $\Delta_r G_m^{\ominus}(T)$判断反应进行的方向与限度。

2. *判断物质的相对稳定性*

对于在标准状态、298.15 K 时进行的任一反应来说，如果该反应是自发性的，则

$$\Delta_r G_m^{\ominus}(298.15\ \text{K}) < 0$$

即

$$\Delta_r G_m^{\ominus}(298.15\ \text{K}) = \sum n_j \Delta_f G_m^{\ominus}(298.15\ \text{K},\text{生成物}) - \sum n_i \Delta_f G_m^{\ominus}(298.15\ \text{K},\text{反应物}) < 0$$

$$\sum n_i \Delta_f G_m^{\ominus}(298.15\ \text{K},\text{反应物}) > \sum n_j \Delta_f G_m^{\ominus}(298.15\ \text{K},\text{生成物})$$

在以上两式中，n_i 和 n_j 分别表示相应的反应物、生成物的计量系数(此处的 n_i 和 n_j 均为纯数字)。

由此可见，标准摩尔生成吉布斯函数 $\Delta_f G_m^{\ominus}(298.15\ \text{K})$越大的物质，在标准状态、298.15 K 时越不稳定；相反，标准摩尔生成吉布斯函数 $\Delta_f G_m^{\ominus}(298.15\ \text{K})$越小的物质，在标准状态、298.15 K 时越稳定。据此，可以利用物质的标准摩尔生成

吉布斯函数数据，判断物质在标准状态、298.15 K时的相对稳定性。例如，对于 AgCl(s)、AgBr(s)、AgI(s)这三种固体物质来说，在标准状态、298.15 K时，其标准摩尔生成吉布斯函数的数据如下：

	AgCl(s)	AgBr(s)	AgI(s)
$\Delta_f G_m^\ominus(298.15\ K)/(kJ \cdot mol^{-1})$	−109.789	−96.90	−66.19

在此条件下，其相对稳定性的大小次序为 AgCl(s)>AgBr(s)>AgI(s)。

应当指出，利用物质的标准摩尔生成吉布斯函数 $\Delta_f G_m^\ominus(298.15\ K)$的数据，可比较物质在标准状态、298.15 K时的相对稳定性的大小。但是，物质并非总是处在标准状态条件下，无论是从吉布斯函数本身的定义来看，还是从吉布斯等温方程式来分析，吉布斯函数本身总是温度的函数。因此，严格地讲，要判断物质的相对稳定性大小，必须根据具体条件，进行具体分析。当然，如果物质均处于标准状态，而且温度是 298.15 K，那么，直接利用物质的标准摩尔生成吉布斯函数 $\Delta_f G_m^\ominus(298.15\ K)$数据判断物质的相对稳定性大小，就非常方便和有效。

3. 估计(确定)反应在标准状态条件下自发进行的温度条件

反应在标准状态条件下自发进行的条件是 $\Delta_r G_m^\ominus(T)<0$，即

$$\Delta_r H_m^\ominus(T) - T\Delta_r S_m^\ominus(T) < 0$$

考虑到反应的焓变和反应的熵变基本不随温度而变，则

$$\Delta_r H_m^\ominus - T\Delta_r S_m^\ominus < 0 \tag{1.17}$$

式(1.17)就是反应在标准状态条件下自发进行的具体条件。据此，就可以估计(确定)反应自发进行的温度条件。

(1) 对于 $\Delta_r H_m^\ominus>0$，$\Delta_r S_m^\ominus>0$ 的反应而言，其自发进行的温度条件为

$$\Delta_r H_m^\ominus - T\Delta_r S_m^\ominus < 0$$

即

$$T > \Delta_r H_m^\ominus/\Delta_r S_m^\ominus$$

(2) 对于 $\Delta_r H_m^\ominus<0$，$\Delta_r S_m^\ominus<0$ 的反应而言，自发进行的温度条件为

$$\Delta_r H_m^\ominus - T\Delta_r S_m^\ominus < 0$$

即

$$T<\Delta_r H_m^\ominus/\Delta_r S_m^\ominus$$

(3) 如果将 $\Delta_r G_m^\ominus(T)=0$，即 $\Delta_r H_m^\ominus-T\Delta_r S_m^\ominus=0$ 时的温度定义为转变温度 $T_{转}$(由反应物转变为生成物)，则

$$T_{转} = \Delta_r H_m^\ominus/\Delta_r S_m^\ominus \tag{1.18}$$

例 1.12 已知反应 C(石墨)$+CO_2(g)$ ══ $2CO(g)$ 在标准状态、298.15 K 时的 $\Delta_r H_m^{\ominus}(298.15\ K)=172.10\ kJ\cdot mol^{-1}$，$\Delta_r S_m^{\ominus}=175.74\ J\cdot mol^{-1}\cdot K^{-1}$，试近似计算并估计该反应在标准状态条件下自发进行所需的温度条件。

解 该反应的计量方程式为

$$C(石墨)+CO_2(g) ══ 2CO(g)$$

根据题意，该反应的 $\Delta_r H_m^{\ominus}=172.10\ kJ\cdot mol^{-1}$，$\Delta_r S_m^{\ominus}=175.74\ J\cdot mol^{-1}\cdot K^{-1}$。根据式(1.18)，该反应的转变温度为

$$\begin{aligned} T_{转} &= \Delta_r H_m^{\ominus}/\Delta_r S_m^{\ominus} \\ &= 172.10/(175.74\times10^{-3}) \\ &= 979.29\ (K) \end{aligned}$$

计算结果表明，该反应的转变温度为 979.29 K。由于 $\Delta_r H_m^{\ominus}>0$，$\Delta_r S_m^{\ominus}>0$，所以，计算出的转变温度 $T_{转}$ 实际上是该反应在标准状态条件下自发进行的最低温度。

本章主要学习了热力学的第一定律和第二定律。运用这些热力学定律，可计算出反应的热效应(能量变化)，分析、讨论并找到了导致化学反应在既定条件下自发进行的推动力，明确了反应进行方向的判断方法，通过近似计算，估计了反应在标准状态条件下自发进行的温度条件等。所有上述问题的展开、讨论和解决，都是在遵循热力学原理的基础上，紧紧围绕并且利用四个热力学函数及其变化来进行的，即热力学能 U、焓 H、熵 S 以及吉布斯函数 G。它们都是系统的状态函数，而且都是系统的广度性质。对于系统的热力学能 U、焓 H 以及吉布斯函数 G，只能分析并利用其变化前后的差值(增量)，而并不是它们的“绝对值”，但是，我们却可以得到并且利用物质的绝对熵 S 以及系统的熵变值。按照热力学的规定，在标准状态下，稳定状态的单质的标准摩尔生成焓和标准摩尔生成吉布斯函数都为零，但是，在标准状态下，稳定单质的标准熵并不为零。

严格地讲，ΔH 、ΔS 均随温度而变，但对于化学反应来说，其变化并不大，因此，在近似计算时，可以认为它们基本不随温度变化。

按照热力学原理，如果反应(过程)的 $\Delta_r G_m(T)<0$，即 $\Delta_r G_m(T)$ 为负值，那么，这个反应(过程)是能够正向自发进行的。应当注意，热力学并不涉及反应(过程)进行的速率问题，也就是说，热力学只研究、解决反应进行的可能性问题，对于诸如反应实际进行的快慢，即速率，以及反应的机理等反应进行的现实性问题并未考虑。当然，这些问题属于化学反应的动力学问题，第二章将对此予以分析、讨论和介绍。

思 考 题

1. 化学热力学主要解决化学反应的哪些问题？它是怎样解决的？试进行方法性说明。

2. 什么是系统？什么是环境？在热力学中，将系统分为哪几种类型？分类依据是什么？

3. 什么是系统的性质？其类型、特点如何？

4. 何谓过程？何谓途径？在热力学中，将过程分为哪几类？其特点如何？

5. 什么是状态函数？状态函数有哪些特点？在化学热力学中，涉及的主要状态函数有哪些？其本身的物理意义如何？

6. 在化学热力学中，将系统与环境之间的能量交换（传递）方式分为几种？何谓热？何谓功？怎样计算体积功？

7. 什么是反应进度？引入反应进度的概念，有什么实际意义？

8. 何谓反应的热效应？反应的恒压热效应与其恒容热效应的关系如何？

9. 何谓赫斯定律？其实质是什么？怎样根据赫斯定律，利用已知热效应的反应计算未知热效应的反应的反应热效应？

10. 什么是物质的标准摩尔生成焓 $\Delta_f H_m^\ominus(298.15\ K)$？能否将反应的标准摩尔焓变 $\Delta_r H_m^\ominus(298.15\ K)$作为反应能否自发进行的判断依据？为什么？

11. 什么是熵？什么是物质的标准摩尔熵？影响熵值大小的因素有哪些？

12. 怎样计算反应的标准摩尔熵变 $\Delta_r S_m^\ominus(298.15\ K)$？如果反应的标准摩尔熵变 $\Delta_r S_m^\ominus(298.15\ K)$大于零，该反应是否一定能够正向自发进行？为什么？

13. 什么是系统的吉布斯函数？它有哪些物理意义？

14. 什么是物质的标准摩尔生成吉布斯函数？它与物质的标准摩尔生成焓有何异同？

15. 计算反应的标准摩尔吉布斯函数变 $\Delta_r G_m^\ominus(T)$的方法有哪些？计算时应注意哪些问题？

16. 将反应的摩尔吉布斯函数变 $\Delta_r G_m(T)$作为反应能否自发进行的判断依据，有无前提条件？

17. 反应在任意态时的摩尔吉布斯函数变 $\Delta_r G_m(T)$与其在标准态时的标准摩尔吉布斯函数变 $\Delta_r G_m^\ominus(T)$有何关系？

18. 何谓转变温度？怎样确定（估计）反应自发进行的温度条件？

习　题

1. 分别计算在下述两个过程中系统的热力学能的变化值 ΔU：

(1) 系统吸收热量 550 kJ，对外做功 700 kJ；

(2) 系统放出热量 150 kJ，环境对系统做功 300 kJ。

2. 6.40 g 固态硫与适量的氧气在弹式热量计的钢弹内发生燃烧反应：

$$S(s) + O_2(g) \longrightarrow SO_2(g)$$

已知热量计的热容为 848 $J\cdot K^{-1}$，水的比热容为 4.184 $J\cdot g^{-1}\cdot K^{-1}$，热量计内盛水 1335 g，反应结束后，水温升高了 9.20 K。试计算该反应的恒容热效应 Q_V。

3. 二甲基肼$(CH_3)_2N_2H_2$是一种重要的火箭液体燃料，其燃烧反应为

$$(CH_3)_2N_2H_2(l) + 4O_2(g) \longrightarrow 2CO_2(g) + N_2(g) + 4H_2O(l)$$

已知该反应的恒容热效应 $Q_V = -1897.8\ kJ\cdot mol^{-1}$，求该反应在标准状态、298.15 K时的恒压热效应 Q_p。

4. 利用物质的标准摩尔生成焓 $\Delta_f H_m^\ominus$(298.15 K)数据，计算下列反应的标准摩尔焓变 $\Delta_r H_m^\ominus$(298.15 K)：

(1) $Fe_2O_3(s)+3CO(g)$ ══ $2Fe(s)+3CO_2(g)$

(2) $3Fe_2O_3(s)+CO(g)$ ══ $2Fe_3O_4(s)+CO_2(g)$

(3) $Fe_3O_4(s)+CO(g)$ ══ $3FeO(s)+CO_2(g)$

5. 利用习题 4 所提供的 3 个反应及所计算出的相应标准摩尔焓变值，根据赫斯定律计算反应 $FeO(s)+CO(g)$ ══ $Fe(s)+CO_2(g)$ 的标准摩尔焓变 $\Delta_r H_m^\ominus$(298.15 K)。

6. 利用物质的标准摩尔生成焓 $\Delta_f H_m^\ominus$(298.15 K)数据，计算下列反应的标准摩尔焓变 $\Delta_r H_m^\ominus$(298.15 K)：

$$Zn(s) + Cu^{2+}(aq) = Zn^{2+}(aq) + Cu(s)$$

7. 铝热剂是铝粉和三氧化二铁的混合物，铝粉与三氧化二铁的反应如下：

$$2Al(s) + Fe_2O_3(s) = Al_2O_3(s) + 2Fe(s)$$

试利用标准摩尔生成焓的数据，计算此反应的标准摩尔焓变 $\Delta_r H_m^\ominus$(298.15 K)，并简单说明为什么铝热剂发生的反应能使铁熔化，从而被用于钢轨的焊接。

8. 利用物质的标准摩尔生成焓的数据，分别计算下列反应的标准摩尔焓变$\Delta_r H_m^\ominus$(298.15 K)，并对计算结果进行比较，说明原因。

(1) $Al(s)+\frac{3}{4}O_2(g)$ ══ $\frac{1}{2}Al_2O_3(s)$

(2) $2Al(s)+\frac{3}{2}O_2(g)$ ══ $Al_2O_3(s)$

9. 利用物质的标准摩尔熵 $S_m^\ominus$(298.15 K)数据，计算下列反应的标准摩尔熵变 $\Delta_r S_m^\ominus$(298.15 K)：

(1) $NH_4Cl(s)$ ══ $NH_3(g)+HCl(g)$

(2) $CO(g)+NO(g)$ ══ $CO_2(g)+\frac{1}{2}N_2(g)$

(3) $Ag_2CO_3(s)$ ══ $Ag_2O(s)+CO_2(g)$

10. 根据物质的标准摩尔生成吉布斯函数 $\Delta_f G_m^\ominus$(298.15 K)数据，判断在标准状态、298.15 K时，$Ag_2CO_3(s)$、$BaCO_3(s)$ 和 $CaCO_3(s)$的稳定性大小次序。

11. 根据有关物质的标准摩尔生成吉布斯函数 $\Delta_f G_m^\ominus$(298.15 K)数据，计算下列反应的标准摩尔吉布斯函数变 $\Delta_r G_m^\ominus$(298.15 K)，并判断反应进行的方向。

(1) $Al_2O_3(s)+3Cl_2(g)$ ══ $2AlCl_3(s)+\frac{3}{2}O_2(g)$

(2) $2NO(g)+O_2(g)$ ══ $2NO_2(g)$

(3) $CH_4(g)+2O_2(g)$ ══ $CO_2(g)+2H_2O(l)$

12. 通过计算反应 $CuO(s) + NO(g) = Cu(s) + NO_2(g)$ 的 $\Delta_r H_m^\ominus$(298.15 K)和 $\Delta_r S_m^\ominus$(298.15 K)，求该反应的 $\Delta_r G_m^\ominus$(298.15 K)。

13. 根据下列反应及有关数据，计算该反应在标准状态、298.15 K 时的 $\Delta_r S_m^\ominus$(298.15 K)。

	$PbO(s)$ +	$C(s)$ ══	$Pb(s)$ +	$CO(g)$
$\Delta_f H_m^\ominus$(298.15 K)/(kJ · mol^{-1})	−217.32	0	0	−110.525
$\Delta_f G_m^\ominus$(298.15 K)/(kJ · mol^{-1})	−187.89	0	0	−137.168

14. 已知下列反应及有关物质的 $\Delta_f H_m^\ominus(298.15\ K)$，$S_m^\ominus(298.15\ K)$数据：

	$B_2O_3(s)$ +	$2NH_3(g)$ ══	$2BN(s)$ +	$3H_2O(g)$
$\Delta_f H_m^\ominus(298.15\ K)/(kJ \cdot mol^{-1})$	−1272.77	−46.11	−232.80	−241.818
$S_m^\ominus(298.15\ K)/(J \cdot mol^{-1} \cdot K^{-1})$	53.97	192.45	14.81	188.825

(1) 计算反应在标准状态、500 K 时的标准摩尔吉布斯函数变 $\Delta_r G_m^\ominus(500\ K)$；

(2) 判断在标准状态、500 K 时，该反应能否自发进行；

(3) 估计该反应自发进行的温度条件。

第2章　化学反应速率与化学平衡

化学反应是物质的化学性质的主要表现形式，是化学研究的重要途径和有效手段。就研究的内容而言，化学反应主要包括两个方面：化学反应进行的可能性和现实性。如前所述，化学热力学主要研究化学反应进行的可能性，即反应进行的方向、限度等问题。而化学反应的现实性问题，即反应进行的速率和反应历程（反应机理）等的研究，则属于化学动力学的研究范畴。

化学动力学是研究化学反应速率和反应历程的学科。作为化学动力学的基础部分，本章首先讨论化学反应速率及影响因素。然后，根据热力学的原理，介绍和讨论化学平衡——化学反应进行的限度，目的在于建立平衡系统、探索平衡规律、了解影响平衡的因素，从而更好地控制反应、利用反应。

2.1　化学反应速率

2.1.1　化学反应速率的研究意义及表示方法

1. 化学反应速率的研究意义

化学反应速率是指化学反应进行得快慢。大量的实验事实表明：在相同的条件下，如果反应不同，则反应速率不同。有些反应进行的速率很快，甚至极快。例如，在常温、常压下，酸碱的中和反应、沉淀反应、炸药的爆炸等。而有些反应进行的速率很慢，如大多数有机化合物之间所发生的反应。即使是同一反应，如果反应的条件不同，反应进行的速率也不相同。例如，钢铁的腐蚀在高温、湿热环境中的腐蚀速率要比在常温、干燥的环境中快得多。事实上，在人类的生产和生活中，人们既需要适当地加快反应速率，如药物的合成反应、材料的制备反应等；在有些情况下，也需要有效地降低，甚至抑制反应速率，如高分子材料的老化、金属的腐蚀等。因此，对于化学反应速率的研究与掌握，不仅具有重大的理论意义，而且更具有重要的实用价值。具体来说，**化学反应速率的研究意义在于，表征既定反应在既定条件下进行的快慢程度，为人为地控制和利用化学反应提供重要依据。**

2. 化学反应速率的表示方法

以往的教材和文献中是用反应系统内任一物质的浓度随时间的变化率来表示化学反应速率的。但是，由于化学反应方程式中的计量系数往往不同，因而在同一时刻，有关物质的浓度的变化量不同，用不同物质的浓度随时间的变化率来表征同一反应的反应速率，其数值不同。这种传统的反应速率表示法有其一定的积极意义，但是，这种方法无论是对于反应速率本身的理论研究，还是对于反应的实际控制，无疑都造成了不便。因此，根据国际纯粹与应用化学联合会(IUPAC)的推荐，我国采用反应进度随时间的变化率 $\mathrm{d}\xi/\mathrm{d}t$ 来表示化学反应的速率。如果反应系统的体积为 V，而且不随时间变化，那么，就可以用单位体积内反应进度随时间的变化率来表示反应速率 v。

对于任一反应：

$$aA+bB = gG+dD$$

因为

$$\mathrm{d}\xi=\frac{\mathrm{d}n_\mathrm{I}}{\nu_\mathrm{I}}$$

所以

$$\frac{\mathrm{d}\xi}{\mathrm{d}t}=\frac{\mathrm{d}n_\mathrm{I}}{\nu_\mathrm{I}\mathrm{d}t}$$

$$v=\frac{1}{V}\frac{\mathrm{d}\xi}{\mathrm{d}t}=\frac{1}{V}\frac{\mathrm{d}n_\mathrm{I}}{\nu_\mathrm{I}\mathrm{d}t}$$

$$c_\mathrm{I}=\frac{n_\mathrm{I}}{V} \qquad \mathrm{d}c_\mathrm{I}=\frac{\mathrm{d}n_\mathrm{I}}{V}$$

则

$$v=\frac{\mathrm{d}c_I}{\nu_\mathrm{I}\mathrm{d}t} \tag{2.1}$$

对于有限量的变化：

$$v=\frac{\Delta c_\mathrm{I}}{\nu_\mathrm{I}\Delta t} \tag{2.2}$$

从式(2.1)和式(2.2)来看：

(1) 式(2.1)中，$\mathrm{d}c_\mathrm{I}/\mathrm{d}t$ 表示反应方程式中任一物质 I 的浓度随时间的变化率，这样，反应速率 v 就与物质的选择无关。对于同一反应，无论选用哪一种物质表示反应速率，其数值都是相同的。

(2) 严格地讲，式(2.1)表示的是反应的瞬时速率，而式(2.2)表示的是反应的平均速率。

(3) 从形式看，上述介绍的反应速率表示法是基于浓度的反应速率表示法，实际上却是基于反应进度的反应速率表示法；由于反应进度与反应方程式中物质的计量系数有关，因此，在表征反应速率时，必须给出既定的化学反应方程式。

(4) 反应速率的 SI 单位为 $\mathrm{mol\cdot m^{-3}\cdot s^{-1}}$、$\mathrm{mol\cdot dm^{-3}\cdot s^{-1}}$ 或 $\mathrm{mol\cdot L^{-1}\cdot s^{-1}}$。

例如，对于下列反应：

$$N_2(g)+3H_2(g) = 2NH_3(g)$$

根据式(2.2)，有

$$v=\frac{1}{\nu(N_2)}\frac{\Delta c(N_2)}{\Delta t}=\frac{1}{\nu(H_2)}\frac{\Delta c(H_2)}{\Delta t}=\frac{1}{\nu(NH_3)}\frac{\Delta c(NH_3)}{\Delta t}$$

假设反应物的起始浓度分别为 $c(N_2)=8\ mol\cdot m^{-3}$，$c(H_2)=24\ mol\cdot m^{-3}$，2 s 后，$c(N_2)=6\ mol\cdot m^{-3}$，$c(H_2)=18\ mol\cdot m^{-3}$，则分别用 N_2、H_2 和 NH_3表示的反应速率分别为

$$v(N_2)=\frac{1}{(-1)}\times\frac{6-8}{2}=1(mol\cdot m^{-3}\cdot s^{-1})$$

$$v(H_2)=\frac{1}{(-3)}\times\frac{18-24}{2}=1(mol\cdot m^{-3}\cdot s^{-1})$$

$$v(NH_3)=\frac{1}{2}\times\frac{4}{2}=1(mol\cdot m^{-3}\cdot s^{-1})$$

2.1.2 影响反应速率的因素

大量的实验事实表明，反应不同，反应的速率不同；同一反应，条件不同，反应的速率也不相同。因此，如果需要人为地、有效地控制和利用反应，就必须在对化学反应速率进行准确的表征的基础上，研究和确定影响反应速率的因素及其量化关系。事实上，影响反应速率的因素很多，为了研究问题的方便，我们从宏观角度将影响反应速率的因素归纳为内在因素和外在因素两个方面。下面，对此予以分别介绍和讨论。

1. 影响反应速率的内在因素——活化能 E_a

为了探寻影响反应速率的内在因素，人们通过对反应历程的研究，提出了两种理论，即化学反应的有效碰撞理论和过渡状态理论。

1) 有效碰撞理论

化学反应的有效碰撞理论是以气体分子运动论为基础的。该理论的基本要点如下：

(1) 反应物分子之间必须相互碰撞，才有可能发生反应。

(2) 反应物分子之间只有发生有效碰撞，才能真正发生反应。

实验事实表明，反应物分子之间所发生的绝大多数碰撞都是无效碰撞(弹性碰撞)。例如，碘化氢的分解反应是 $2HI \longrightarrow H_2+I_2$，当 $T=773.15$ K，$c(HI)=1\times10^{-3}\ mol\cdot dm^{-3}$ 时，反应物 HI 分子之间的碰撞次数应为 3.5×10^{28} 次 · $dm^{-3}\cdot s^{-1}$，但实际测出的该反应的速率仅为 $1.2\times10^{-3}\ mol\cdot dm^{-3}\cdot s^{-1}$，由此可见，在反应物 HI 分子所发生的如此大量碰撞次数中，能真正发生有效碰撞的次数是很小的。

(3) 能发生有效碰撞的分子称为活化分子。

活化分子与其他分子的差别在于它们各自所具有的能量不同。根据气体分子运动论，在给定温度下，系统中气态反应物分子的能量分布有一定的规律。图 2.1 中，N 代表气态反应物分子总数，E 代表气态反应物分子的能量，ΔN 代表其中能量为 ΔE 的气态反应物分子个数，阴影面积代表能量为 ΔE 的气态反应物分子在整个气态反应物分子总数中所占的比率 $\frac{\Delta N}{N}$。图 2.1 表明，具有低能量和高能量的气态反应物分子的比率都较小，而具有平均能量 $\overline{E}$ 的气态反应物分子的比率较大。显然，只有具有比平均能量更高的极少数气态反应物分子——活化分子（能量 $E \geqslant E^*$ 的气态反应物分子，此处 E^* 代表活化分子所具有的最低能量），才能真正发生有效碰撞。

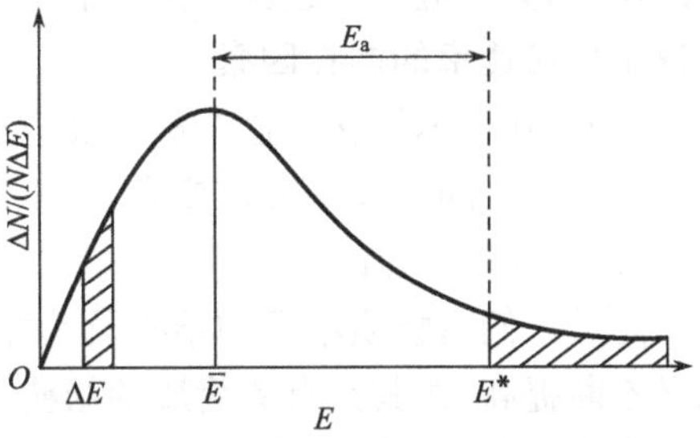

图 2.1　气态反应物分子的能量分布及反应活化能的示意图

通常，将活化分子所具有的最低能量 E^* 与反应物分子所具有的平均能量 $\overline{E}$ 之差称为活化能 E_a。

$$E_a = E^* - \overline{E}$$

显然，活化能可以被视为物质发生化学反应时，物质（反应物）本身必须具有的高于其反应物分子系统的平均能量的最低能量。那么，物质要发生化学反应，为什么必须具有足够的活化能呢？因为从反应机理来看，物质（反应物）在既定的外在条件下要发生化学反应，首先必须克服物质分子之间的斥力，这样物质分子才能彼此充分接近，才有发生反应的可能，这就需要消耗能量；其次，化学反应的实质是既定物质分子内部结构以及分子之间的改组、重新整合与变化的过程，即我们通常所说的是旧键的断裂与新键的形成过程。然而，在通常条件下，物质的分子是相对稳定的，要使物质分子内部原有的化学键断裂，物质分子本身必须具有足够高的能量，即由稳定态变为不稳定态，这同样需要消耗能量。由此可见，活化能是任何物质（反应物）发生化学反应时，物质本身必须克服的一个“能垒”。

此外，由图 2.1 还可以看出，在一定的温度下，反应的活化能越大，反应系统内活化分子在整个反应物分子中所占的比率（图 2.1 中右侧的阴影面积）就越小，单位时间内能够发生有效碰撞的次数就越小，反应进行的速率就越慢；相反，反应的活化能越小，活化分子在整个反应物分子中所占的比率就越大，单位时间内能够发生有效碰撞的次数就越多，反应进行的速率就越快。由此可见，活化能的大小决定着活化分子在整个反应物分子中所占的比率的大小，也就决定着反应物分子之间的有效碰撞次数的多少，而有效碰撞的次数的多少，直接决定着反应速率的大小。因此，**在外在条件一定的条件下，活化能的大小直接决定着反应速率的大小**。如果温度、浓度等外在条件一定，活化能越大的反应，其反应速率越慢；相反，活化能越小的反应，其反应速率越快。由于活化能是物质的本身因素所为，可以说，**活化能是决定反应速率的内在因素**。

当然，在考虑活化能这个影响反应速率的内在因素（能量）的同时，还必须考虑反应物分子之间碰撞的方位要求。

2）过渡状态理论

随着人们对物质本身的结构及其性质变化（反应）规律的研究不断深入，认识水平不断提高，尤其是有关物质的结构、性质等科学理论的建立、发展和创新以及更加先进的各种检测技术的运用，许多极为重要的化学过程（反应）的历程的探索与揭示已经成为可能，而且正在逐步变为现实。过渡状态理论就是在有效碰撞理论的基础上建立和发展起来的。

过渡状态理论认为，化学反应并不仅仅只是通过反应物分子之间的碰撞实现的，在反应进行的过程中，必须经过一个高能量的**过渡状态**，即活化体（又称活化配合物），才能实现由反应物转化为生成物。这里，仍然以 HI 的分解反应为例，予以说明。HI 分解的总反应为

$$2HI \xlongequal{} H_2 + I_2$$

该反应进行的具体过程为

$$HI + HI \longrightarrow H_2 + 2I \quad （慢） \qquad (1)$$

$$2I \longrightarrow I_2 \quad （快） \qquad (2)$$

根据过渡状态理论，该反应进行的过程为

$$\underset{反应物}{HI+HI} \xrightarrow{吸收能量} \underset{\substack{活化体\\（过渡状态）}}{I\cdots H\cdots H\cdots I} \xrightarrow{放出能量} \underset{生成物}{H_2+I_2}$$

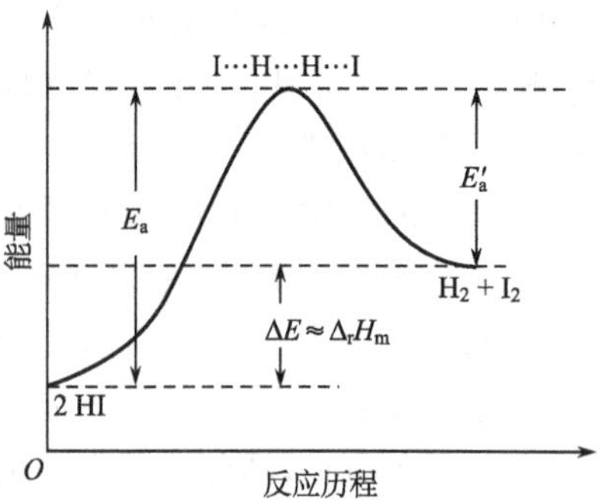

图 2.2　正、逆反应 $2HI \rightleftharpoons H_2+I_2$ 的活化能示意图

这里，将由基态（稳定）的反应物分子过渡到活化体的过程称为**活化过程，活化过程所吸收的能量称为活化能 E_a**。显然，活化能 E_a 是活化体所具有的平均能量与基态反应物分子所具有的平均能量的差值，如图 2.2 所示。

在图 2.2 中，E_a 代表正反应的活化能，E'_a 代表逆反应的活化能，ΔE 代表反应系统的能量变化。系统的能量通常就是指系统的热力学能 U，因此 $\Delta E = \Delta U$。对于大多数反应来说，考虑到其 ΔU 与 ΔH 的数值

差别很小，可以认为 $\Delta U \approx \Delta H$，得

$$\begin{aligned} \Delta E &= \Delta U \approx \Delta H \\ \Delta_r H_m(\text{正}) &\approx E_a - E'_a \\ \Delta_r H_m(\text{逆}) &\approx E'_a - E_a \end{aligned} \tag{2.3}$$

由于在 HI 的分解反应中，E_a 大于 E'_a，所以，该反应是吸热反应，而其逆反应则是放热反应。

从上述过渡状态理论的介绍和讨论中可以看出，过渡状态理论成功地吸收了有效碰撞理论的内容，从化学键的重新改组、原子间的重新组合的角度探讨反应的活化能，进一步揭示了活化能的本质以及活化能对反应速率的影响。系统由物质构成，在反应系统内，各种物质本身的分子结构不同，其化学键的键能不同，因而它们在各种反应中的反应历程以及改组化学键所需要的能量是不同的。而且，这些能量是使反应得以发生所必须具有的，所以，不同的反应必然具有不同的活化能，从而反应速率不同。因此，当外在因素（外在条件）一定时，**活化能是影响反应速率的内在因素**。

从活化能的数值来看，一般化学反应的活化能 E_a 为 $42 \sim 420\ \text{kJ} \cdot \text{mol}^{-1}$。当反应的活化能 $E_a < 42\ \text{kJ} \cdot \text{mol}^{-1}$ 时，其反应进行的速率很快，如中和反应等。当化学反应的活化能 $E_a > 420\ \text{kJ} \cdot \text{mol}^{-1}$ 时，其反应进行的速率就极慢。

2. 影响反应速率的外在因素

影响反应速率的因素较多，除内在因素外，还有外在因素。外在因素通常包括浓度、温度、催化剂等。这里，主要讨论浓度、温度和催化剂等对反应速率的影响。

1) 浓度对反应速率的影响

大量的实验事实表明，增加反应物的浓度能使反应速率加快。例如，燃烧反应中，物质在纯氧气中的燃烧反应要比在空气中的燃烧反应快得多，显然，这是由于作为反应物的氧气的浓度不同所致。反应不同，浓度对反应速率的影响程度不同，即使是同一反应，反应物不同，其浓度对反应速率的影响程度也不一定相同，那么，反应物的浓度与反应的速率之间究竟存在怎样的定量关系呢？

研究结果表明，浓度对反应速率的影响与反应历程有关，也就是说，与反应进行的具体途径有关。反应的历程不同，浓度对反应速率的影响程度就不相同。通常，为了研究问题的方便，首先根据反应历程将反应进行分类，然后，根据反应的具体类型，分别分析和研究浓度对反应速率的影响。在化学动力学中，将反应物微粒（如分子、原子、离子、自由基等）一步直接转化为产物的化学反应称为**元反应（一步完成的反应）**，**元反应是组成一切化学反应的基本单元**。凡是由一个元反应构成的化学反应称为**简单反应**；凡是由两个或两个以上元反应构成的化学反应称为**复杂**

反应，也称复合反应。显然，反应的类型不同，浓度对其速率的影响程度不同。

(1) 简单反应(元反应)。研究结果表明，**在给定温度条件下，元反应的反应速率与各反应物浓度(以其在化学反应方程式中的计量系数为指数，且只取正值)的乘积成正比**。这个定量关系通常称为**质量作用定律**。对于下列任一反应：

$$aA + bB = gG + dD$$

若该反应为元反应，有

$$v = k[c(A)]^a \cdot [c(B)]^b \tag{2.4}$$

式(2.4)称为**反应速率方程式**，也称**质量作用定律表达式**。式中，c 为浓度；比例常数 k 称为**反应速率常数**。对于某一给定反应来说，在同一温度、催化剂等条件下，其速率常数 k 是一个不随反应物浓度而改变的定值。从式(2.4)中可以看出，k 的物理意义是各反应物的浓度均为单位浓度(等于 1 $mol \cdot dm^{-3}$)时的反应速率。

应当注意到，反应不同，k 值不同；即使是同一反应，温度不同，其 k 值也不相同，当然，催化剂对其也有影响。另外，在式(2.4)中，各反应物浓度项的指数之和 $(a+b)$ 称为该反应的**反应级数**，其中的指数 a 或 b 称为反应物 A 或 B 的分级数。也就是说，对反应物 A 来说，为 a 级反应；对反应物 B 来说，为 b 级反应。指数 a、b 的数值分别体现了反应物 A、B 的浓度对反应速率的影响程度。

质量作用定律揭示了元反应的反应物的浓度与其反应速率之间的量化关系。根据质量作用定律可以比较容易地确定和写出元反应的速率方程式。例如，对于下列元反应来说，其反应的速率方程式及反应的级数分别为

$$SO_2Cl_2 \longrightarrow SO_2 + Cl_2 \qquad v = kc(SO_2Cl_2) \qquad 一级反应 \tag{1}$$

硫酰氯

$$2NO_2 \longrightarrow 2NO + O_2 \qquad v = k[c(NO_2)]^2 \qquad 二级反应 \tag{2}$$

$$2NO + O_2 \longrightarrow 2NO_2 \qquad v = k[c(NO)]^2 \cdot c(O_2) \qquad 三级反应 \tag{3}$$

应当指出，上述反应(1)、(2)、(3)的速率方程式成立的前提条件是该反应均为元反应。也就是说，质量作用定律只适用于元反应(包括复杂反应中的任一元反应)，对于复杂反应的总反应通常并不适用。另外，对于任一给定反应来说，是否为元反应，需要通过实验确定。

(2) 复杂反应。对于下列任一反应来说，如果该反应为复杂反应，则其反应速率方程式为

$$aA + bB = gG + dD$$

$$v = k[c(A)]^x \cdot [c(B)]^y \tag{2.5}$$

在式(2.5) 中，速率常数 k，指数 x、y 的数值均由实验确定。同样，将 x、y 的数值之和称为该反应的级数。

事实表明，反应的级数不同，反应的特点就不相同，浓度对反应速率的影响程

度也就不同。而且,反应物本身的浓度随时间的变化情况也会不同。

*下面,以零级反应和一级反应为例,对此分别予以简要介绍和讨论。

(Ⅰ)零级反应。

许多发生在固体表面的催化反应均为零级反应。**所谓零级反应,是指反应速率与反应物的浓度无关的一类反应。**对于下列一般的零级反应:

$$A \longrightarrow 生成物$$

如果用 c_0 代表反应物 A 的初始浓度,用 c 代表反应物 A 在时间为 t 时的浓度,那么,零级反应的速率方程为

$$v = -\frac{\mathrm{d}c}{\mathrm{d}t} = k \tag{2.6a}$$

即

$$-\frac{\mathrm{d}c}{\mathrm{d}t} = k \tag{2.6b}$$

对式(2.6b) 移项、积分,得

$$-c = kt + B$$

当 $t=0$ 时,$c=c_0$,可得到积分常数 $B=-c_0$,因此

$$c_0 - c = kt \tag{2.7}$$

式中,k 为速率常数。式(2.7)是**零级反应的动力学方程**。利用这个方程,可以求出任意时间 t 时的反应物浓度 c。当 $c=\frac{1}{2}c_0$ 时,对应的 $t= t_{1/2}$ 称为半衰期,即反应物消耗一半所需要的时间。零级反应的半衰期为

$$t_{1/2} = \frac{c_0}{2k} \tag{2.8}$$

此式表明,零级反应的半衰期与反应物的起始浓度成正比。

从广义的角度看,无论是速率方程 $v=f(c)$,还是动力学方程 $c=f(t)$,都是化学动力学方程。但是,考虑到这两类方程的表达形式及其意义不同,本书将 $c=f(t)$方程称为动力学方程,以便于与速率方程相区分,避免混淆。由此可见,通常所说的速率方程是指反应速率与反应物浓度的关系方程,即 $v=f(c)$,而反应的动力学方程是指反应物的浓度与反应时间的关系方程,即 $c=f(t)$。也就是说,反应的速率方程揭示的是反应速率与反应物的浓度之间的关系,而反应的动力学方程揭示的是反应物的浓度与反应时间之间的关系。反应的动力学方程建立之后,可以据此计算出在某一瞬时反应物或生成物的实际浓度,这不仅具有重要的理论意义,而且具有重大的实用价值。

此外,从上述零级反应的速率方程[式(2.6)]来看,其特点是,任何零级反应都是以匀速方式进行的,与浓度或时间无关。从零级反应的动力学方程[式(2.7)]来看,如果以浓度对时间作图,必然得到一条直线。

(Ⅱ)一级反应。

一级反应是指反应速率与反应物浓度的一次方成正比的反应。对于下列一般的一级反应:

$$A \longrightarrow 生成物$$

用 c_0 代表反应物 A 的起始浓度,用 c 代表反应物 A 在时间为 t 时的浓度,那么,一级反应的速

率方程的通式为

$$v = -\frac{dc}{dt} = kc \tag{2.9a}$$

即

$$-\frac{dc}{dt} = kc \tag{2.9b}$$

将式(2.9b)移项、积分，得

$$\int -\frac{dc}{c} = \int k dt$$

由此可得 $$-\ln c = kt + B$$

当 $t=0$ 时，$c=c_0$，积分常数 $B=-\ln c_0$，因此，一级反应的动力学方程通式为

$$\ln\frac{c_0}{c} = kt \tag{2.10a}$$

如果改用常用对数，则

$$\lg\frac{c_0}{c} = \frac{kt}{2.303} \tag{2.10b}$$

即

$$\lg c = -\frac{kt}{2.303} + \lg c_0 \tag{2.10c}$$

当 $c=\frac{1}{2}c_0$ 时，对应的 $t=t_{1/2}$，由式(2.10b)可得

$$t_{1/2} = \frac{2.303}{k}\lg 2 = \frac{0.693}{k} \tag{2.11}$$

从上述分析来看，一级反应的特点如下：

(1) 一级反应的动力学方程式(2.10c)是一直线方程，其斜率为 $-\frac{k}{2.303}$。

(2) 一级反应的半衰期[式(2.11)]与其速率常数 k 成反比，即速率常数 k 值大的反应，其半衰期短。

(3) 对于一级反应来说，其半衰期与反应物的初始浓度无关，是一个常数。

对于一级反应来说，利用式(2.10a)或式(2.10b)可以计算反应物在时间 t 时所剩余的浓度，也可以计算反应物的浓度降至某一数值时所需要的时间。

例 2.1 已知过氧化氢分解成水和氧的反应是一级反应，反应速率常数为 0.0410 min^{-1}。

$$2H_2O_2(l) = 2H_2O(l) + O_2(g)$$

(1) 若 H_2O_2 的起始浓度为 0.400 $mol \cdot dm^{-3}$，分解反应进行 8 min 后，H_2O_2 的剩余浓度是多少？

(2) 若将 H_2O_2 的浓度由 0.400 $mol \cdot dm^{-3}$ 降至 0.1 $mol \cdot dm^{-3}$ 时，需要多长时间？

解　(1) 由于 H_2O_2 的分解反应是一级反应，所以，将有关数据代入式(2.10b)，得

$$\lg\frac{0.400}{c(H_2O_2)}=\frac{0.0410\times 8}{2.303}$$

$$c(H_2O_2)=0.29(\mathrm{mol\cdot dm^{-3}})$$

(2) 由式(2.10b)，得

$$t=\frac{2.303}{k}\lg\frac{c_0}{c(H_2O_2)}=\frac{2.303}{0.041}\lg\frac{0.400}{0.100}=33.8\ (\mathrm{min})$$

上面讨论了浓度对反应速率的影响。显然，反应的类型不同，浓度的影响程度不同。

在化学反应系统中，如果有气态物质参与或生成，压力也会影响反应速率。通常将气体视为理想气体，根据理想气体状态方程式 $pV=nRT$，即 $p=\frac{n}{V}RT$，$p=cRT$。当温度一定时，气态物质的压力与其浓度成正比，所以，改变气体的压力实际上就相当于改变了气体物质的浓度，必然会造成反应速率的变化。因此，可以将压力对反应速率的影响归结为浓度的影响。另外，由于压力对固态和液态物质的浓度影响很小，对于没有气态物质参与或生成的反应系统而言，压力对反应速率的影响可以忽略不计。

2) 温度对反应速率的影响

大量的实验事实表明，温度对反应速率的影响非常显著。例如，在室温下，氢气和氧气化合生成水的反应速率极慢，但是，一旦温度超过 600 ℃，反应速率极快，甚至发生爆炸。当然，反应不同，温度对反应速率的影响程度不同。在通常条件下，大多数反应的反应速率随温度的升高而增大。那么，温度与给定反应的反应速率之间究竟存在怎样的量化关系呢?

前面在讨论浓度对反应速率的影响时，曾经根据反应的历程将化学反应分为简单反应和复杂反应两类。无论是简单反应，还是复杂反应，从其相应的速率方程来看，反应速率 v 均与其反应速率常数 k 有关，换句话说，速率常数 k 是决定反应速率 v 数值大小的一个重要因素。事实上，速率常数 k 本身是温度 T 的函数。**温度 T 影响速率常数 k，必然会影响反应速率 v。**有鉴于此，瑞典化学家阿伦尼乌斯(S. Arrhenius)根据大量的实验事实和理论研究，提出并建立了化学反应的速率常数 k 与温度 T 之间的量化关系：

$$k=A\mathrm{e}^{-E_a/RT}\tag{2.12a}$$

式中，T 为绝对温度；A 为指前因子；对指定反应来说，在温度变化不大时，A 和 E_a(活化能)都是与反应物的浓度及温度无关的常数；R 为摩尔气体常量($R=8.314\ \mathrm{J\cdot mol^{-1}\cdot K^{-1}}$)。若以对数形式表示，则

$$\ln k = \ln A - \frac{E_a}{RT} \tag{2.12b}$$

或

$$\lg k = \lg A - \frac{E_a}{2.303RT} \tag{2.12c}$$

式(2.12a)～式(2.12c)均为阿伦尼乌斯公式。下面，对此予以分析和讨论。

(1) 从式(2.12a)来看，速率常数 k 与温度 T 之间为指数函数关系，温度 T 的较小改变必然引起速率常数 k 的较大改变。

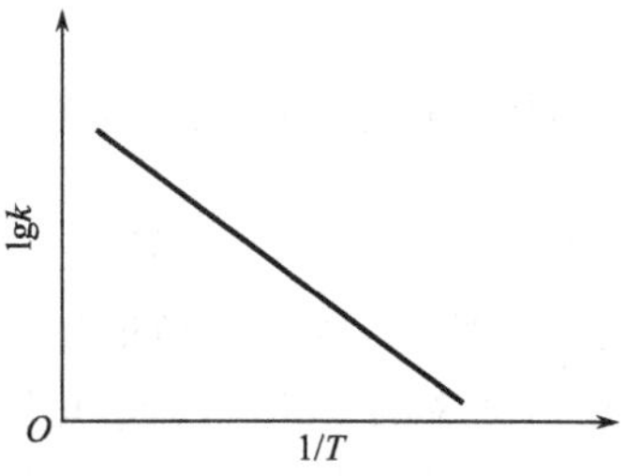

图 2.3　lg$k$ 与 $1/T$ 的关系图

(2) 从式(2.12c)来看，该式为直线方程。若将 lg$k$ 对 $1/T$ 作图，就可得到一条直线(图 2.3)，其斜率为 $-E_a/(2.303R)$，截距为 lg$A$，据此就可得到 E_a 和常数 A 的数值。

与此同时，从式(2.12c)还可以看出并理解活化能 E_a 对反应速率的影响。对于 A 值相近、处在相同温度 T 时的化学反应来说，活化能 E_a 的数值越大，其速率常数 k 的数值就越小，反应的速率就越小。

(3) 就同一反应而言，若温度 $T_1 \rightarrow T_2$，根据式(2.12c)：

温度为 T_1 时　　$\lg k_1 = \lg A - \dfrac{E_a}{2.303RT_1}$

温度为 T_2 时　　$\lg k_2 = \lg A - \dfrac{E_a}{2.303RT_2}$

两式相减并整理，得

$$\lg \frac{k_2}{k_1} = \frac{E_a}{2.303R}\left(\frac{T_2 - T_1}{T_2 T_1}\right) \tag{2.13a}$$

即

$$\ln \frac{k_2}{k_1} = \frac{E_a}{R}\left(\frac{T_2 - T_1}{T_2 T_1}\right) \tag{2.13b}$$

显然，式(2.13a)或式(2.13b)更具有实用价值。只要测出温度 T_1、T_2 时的相应速率常数 k_1 及 k_2 数值，就可据此求得反应的活化能 E_a。相反，若已知反应的活化能 E_a 和温度 T_1 时的速率常数 k_1 的数值，就可据此计算出温度为 T_2 时的速率常数 k_2。当然，若已知反应的活化能 E_a，可据此计算出不同温度时该反应的速率常数的比值 $\dfrac{k_2}{k_1}$，从而估计温度对反应速率的影响程度。

(4) 对于同一化学反应来说，由于反应速率与其速率常数成正比，即

$$v \propto k$$

$$v = \gamma k \quad (\gamma \text{ 为比例系数})$$

$$\frac{v_2}{v_1} = \frac{\gamma k_2}{\gamma k_1} = \frac{k_2}{k_1}$$

因此

$$\lg \frac{v_2}{v_1} = \lg \frac{k_2}{k_1} = \frac{E_a}{2.303R}\left(\frac{T_2 - T_1}{T_2 T_1}\right) \tag{2.14a}$$

即

$$\ln \frac{v_2}{v_1} = \frac{E_a}{R}\left(\frac{T_2 - T_1}{T_2 T_1}\right) \tag{2.14b}$$

式(2.14a)或式(2.14b)就是反应速率与温度的关系式，据此，就可以比较方便地通过有关计算确定温度对反应速率的影响。

例 2.2　计算当温度 T 从 283 K 升高到 293 K 时，N_2O_5 的分解反应的反应速率的变化(已知该反应的活化能 E_a=103.4 kJ · mol^{-1})。

解　根据式(2.14a)，得

$$\lg \frac{v_2}{v_1} = \frac{E_a}{2.303R}\left(\frac{T_2 - T_1}{T_2 T_1}\right)$$

$$= \frac{103.4 \times 1000}{2.303 \times 8.314}\left(\frac{293 - 283}{293 \times 283}\right) = 0.651$$

$$\frac{v_2}{v_1} = 4.48$$

计算结果表明，在题意条件下，当温度升高 10 K 时，该反应的速率增大到原来速率的 4.48 倍。

上面分析、讨论了温度对反应速率的影响。对于大多数化学反应来说，升高温度通常会使反应速率加快。那么，为什么温度升高反应速率会增大呢？从前面所介绍的速率理论来看，温度升高，使活化分子的比率增大，反应物分子之间的有效碰撞次数相应增大，因此，必然导致反应速率的增大。

应当指出，虽然阿伦尼乌斯所提出的反应速率常数与温度的关系式适用范围比较广。它不仅适用于简单反应，而且也适用于某些复杂反应。但是，它毕竟是经验式，基于对化学反应的复杂性和特殊性等现实情况之考虑，它对某些反应并不适用，而且事实也已证明的确如此，如爆炸反应、酶反应等。

3) 催化剂对反应速率的影响

根据化学学科本身的研究以及工业生产的实际需要，人们在研究影响反应速率的因素[如活化能、浓度(压力)、温度等]时发现，催化剂及相应的催化作用对反应的速率有显著影响。并且已经证明，催化剂及其催化作用的研究和应用不仅具有重要的理论意义，而且具有重大的实用价值。毋庸置疑，催化剂及其催化作用已经成为一个用途很广、发展迅速的重大研究领域。

催化剂是指能够显著改变反应速率，而本身的组成、物质的量及化学性质在反应前后均保持不变的物质。凡是能够加快反应速率的催化剂，称为**正催化剂**，也就是人们通常所说的催化剂。凡是能够降低反应速率的催化剂称为**负催化剂**。在实际工作中，负催化剂通常称为缓蚀剂、抗老化剂等，主要用于防止金属的腐蚀，塑料、橡胶等高分子材料的老化以及易于变质、分解的物质的保存等。这里所讨论和介绍的催化剂是指正催化剂。有催化剂参与的反应称为催化反应，催化剂改变化学反应速率的作用称为**催化作用**。

根据催化剂与反应物是否处于同一相，通常将催化反应分为均相催化反应和多相催化反应两类。其中，均相催化反应又称为单相催化反应，即在催化反应中，催化剂与反应物处于同一相。例如，以 NO(g)为催化剂，使 SO_2(g)氧化成 SO_3(g)的反应就是均相催化反应。然而，在合成氨反应中，虽然反应物和生成物都是气相，但是所用的催化剂铁却是固相，因此，合成氨反应就属于多相催化反应。事实表明，无论是在均相(单相)催化反应中，还是在多相催化反应中，催化剂的催化作用通常使相应的反应得到加速。那么，催化剂为什么能加快反应速率呢？

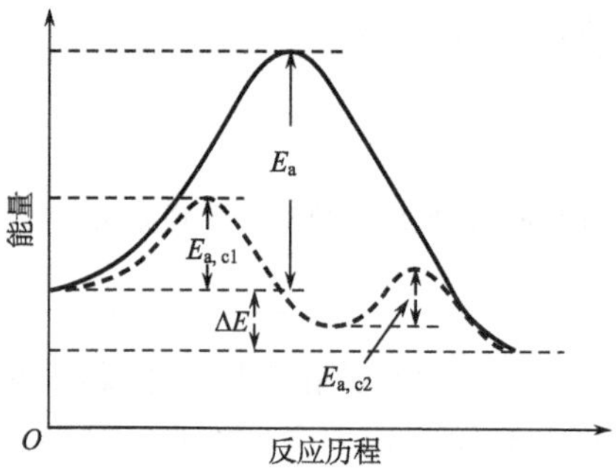

图 2.4　催化剂改变反应历程、降低反应活化能的示意图

研究结果表明，催化剂能加快反应速率，主要原因在于**催化剂与反应物形成了一种势能较低的中间化合物——活化配合物，改变了反应历程，降低了反应的活化能**，从而使反应速率加快，其过程如图 2.4 所示。

由图 2.4 可知，对于某一催化反应，没有使用催化剂时反应途径(图 2.4 中实线)对应的反应活化能为 E_a。使用催化剂后反应途径如图中虚线所示，相应的反应活化能为 $E_{a,c}$。显然，催化剂的使用，改变了反应历程，有效地降低了反应的活化能，必然使反应速率加快。

催化剂的特征主要体现在以下两个方面。

(1) 具有很高的选择性。

如前所述，催化剂能加快反应速率的根本原因在于催化剂改变了反应历程、降低了反应的活化能。也就是说，催化剂只有真正参与了某一反应并且降低了该反应的活化能，才能真正催化、加速该反应。由于催化剂具有确定的组成和结构，所以，必然导致催化剂具有确定的催化对象和活性。在一定条件下，一种催化剂通常只能加速一种或少数几种特定类型的化学反应，从而显示出其高度的催化选择性。事实上，有较多的化学反应能够向生成不同的产物方向进行，即使是同一种反应物也可能得到多种非期望的产物，在这种情况下，催化剂的高度选择性为人为地控制和利用反应提供了可能与现实。例如：

$$C_2H_5OH \xrightarrow[200\sim250\ ℃]{Cu} CH_3CHO + H_2$$

$$C_2H_5OH \xrightarrow[350\sim360\ ℃]{Al_2O_3} C_2H_4 + H_2O$$

(2) 用量小，效率高。

实验事实表明，在催化反应中，催化剂的用量比较小，但催化剂却能以其高度的催化活性使反应物分子被活化，从而使化学反应加速进行。但是，应当指出：

① 催化剂的催化活性会受到杂质(助催化剂除外)的影响。杂质会使催化剂的催化活性和选择性降低，甚至完全丧失，这种现象称为**催化剂中毒**。因此，选择和使用催化剂时，应考虑相应的应对措施。

② 催化剂并不能改变反应进行的方向和限度。前已述及，反应能否自发进行(反应进行的方向)取决于该反应的吉布斯函数变 $\Delta_r G_m$。由于催化剂的主要作用在于加速化学反应，而在反应前后本身的组成、物质的量以及化学性质并不改变，所以它并不能改变反应的始、终态，也就不能改变反应的 $\Delta_r G_m$，自然不能改变反应进行的方向和限度(平衡状态)。由此可见，催化剂能加快反应速率，实际上也只是指它能加快那些热力学上认为能够自发进行的化学反应。

4) 其他因素对反应速率的影响

随着对反应历程研究的不断深入，人们发现化学反应既有均相反应，又有多相反应。这样，影响反应速率的因素就比较多。

对于多相反应来说，除了上面讨论过的浓度(压力)、温度以及催化剂等因素外，由于多相反应主要是在相的界面上进行的，反应速率还与相之间的**接触面**大小、反应物之间的**扩散作用**等因素有关。例如，就固体锌与稀盐酸的反应而言，物质的量相同的锌粉和锌粒分别与一定量的稀盐酸发生反应(固-液反应)，锌粉的反应速率要快得多，这是由于相(反应物)之间的接触面增大所致。因此，增大不同相之间的接触面，会使反应速率增大。正因为如此，在工业生产上，通常采用破碎、研磨等方法将固态物质处理成小颗粒或细粉，对于液态物质，采用淋洒或喷雾等方式，增大相与相之间的接触面，从而加快反应速率。此外，扩散作用对多相反应的反应速率也会产生影响。例如，鼓风可以使煤炭的燃烧反应加速。对于液-固反应，甚至液-液反应，采用搅拌、振荡等方法都能够加速扩散过程，增大反应速率。

至此，我们已经分析和讨论了化学反应速率的研究意义、表示方法以及影响因素，那么，在既定条件下，化学反应以如此速率进行，最终会达到什么状态呢？这就是所谓的化学平衡问题。化学平衡，即化学反应进行的限度问题，是化学研究的重要问题之一。

2.2 化学平衡

人们已经注意到，对于任一给定反应来说，在一定条件下，当正、逆两个方向的反应速率相等时，该反应系统就达到平衡状态：

$$a\mathrm{A} + b\mathrm{B} \rightleftharpoons g\mathrm{G} + d\mathrm{D}$$

虽然反应不同，达到平衡状态时的情况不同，但它们却有着共同的特征。这些特征主要表现在：

(1) 当化学反应达到平衡时，从热力学的角度看，该反应的 $\Delta_r G_m = 0$。

(2) 当化学反应达到平衡时，从化学动力学的角度看，该反应的正、逆反应速率相等，即 v(正)$=v$(逆)。

(3) 当化学反应达到平衡时，平衡系统的性质不再随时间而改变。

(4) 反应平衡是有条件的，一旦条件改变，平衡就必然发生变化。

人们研究化学平衡问题，也就是试图将这些平衡特征作为切入点，去研究、把握并利用平衡规律，从而更好地控制和利用化学反应。考虑到物质的聚集态，尤其是气态的特殊性，我们首先分析和讨论气体的性质。

2.2.1 气体定律

1. 道尔顿分压定律

在工业生产和科学研究工作中，人们常会遇到由多种气体形成的气体混合物，即混合气体。为了研究问题的方便，通常把混合气体中的每一种气体称为组分气体。如果这些组分气体混合并不发生化学反应，而它们的分子本身的体积很小，分子之间的引力小到可以忽略不计，那么，可以认为它们互不干扰，如同单独存在一样。于是，混合气体中的每种组分气体都会对所在容器的器壁施加压力，组分气体所施加的压力称为该组分气体的分压力(此处所讲的“分压力”是相对于混合气体的总压力而言的)。**组分气体的分压力是指该组分气体单独占有与混合气体相同体积、相同温度时所具有的压力**。此时，**混合气体的总压力就等于各组分气体的分压力之和**。这就是道尔顿(J. Dalton)分压定律。

设混合气体的总压力为 $p_{总}$，其中的组分气体分别为 A、B、C、…其分压力分别为 p_A、p_B、p_C、…则

$$p_{总} = p_A + p_B + p_C + \cdots$$

即

$$p_{总} = \sum p_i \tag{2.15}$$

式中，p_i 代表混合气体内任一组分气体 i 的分压力。式(2.15)就是**道尔顿分压定律的数学表达式**。

下面对道尔顿分压定律予以分析和讨论：

(1) 设在体积为 V 的容器中的气体为混合气体，其组分气体分别为 A、B、C、…组分气体的物质的量分别为 n_A、n_B、n_C、…如果这些组分气体均为理想气体，那么，根据道尔顿分压定律，这些组分气体的分压分别为

$$p_A = \frac{n_A RT}{V}, \quad p_B = \frac{n_B RT}{V}, \quad p_C = \frac{n_C RT}{V}, \quad \cdots$$

式中，p_A、p_B、p_C 分别为组分气体 A、B、C 的分压，单位为 Pa；体积 V 的单位为 m^3；热力学温度 T 的单位为 K；物质的量 n 的单位为 mol；摩尔气体常量 $R = 8.314\ Pa \cdot m^3 \cdot mol^{-1} \cdot K^{-1} = 8.314\ J \cdot mol^{-1} \cdot K^{-1}$。

因此，混合气体的总压力 $p_总$ 为

$$\begin{aligned} p_总 &= p_A + p_B + p_C + \cdots \\ &= \frac{n_A RT}{V} + \frac{n_B RT}{V} + \frac{n_C RT}{V} + \cdots \\ &= (n_A + n_B + n_C + \cdots)\frac{RT}{V} \end{aligned}$$

令 $n_A + n_B + n_C + \cdots = n_总$，则

$$p_总 V = n_总 RT \tag{2.16}$$

式(2.16)表明，若组分气体均为理想气体，那么，由这些理想气体组成的混合气体仍然为理想气体，换句话说，理想气体的状态方程既适合于单组分理想气体系统，也适合于由多种理想气体形成的混合气体系统。

(2) 如果用 p_i 代表混合气体中的任一组分气体的分压，则

$$\frac{p_i}{p_总} = \frac{n_i}{n_总} = x_i \tag{2.17a}$$

$$p_i = x_i p_总 \tag{2.17b}$$

式中，x_i 为组分气体 i 的摩尔分数，也称组分气体 i 的物质的量分数。例如，对于混合气体中的组分气体 A 来说，其分压 p_A 为

$$p_A = x_A p_总$$

这样，利用式(2.17)就可以计算出混合气体中的任何一种组分气体的分压。

例 2.3 在 20 ℃时，将只含有 1.85 g 氯气和 1.28 g 氮气的混合气体装入一定体积的某种容器中，测得其压力为 95.8 kPa，试分别计算其中的氯气、氮气的分压。

解 已知 $p_{总} = 95.8\ kPa$，Cl_2 的摩尔质量为 $71.0\ g \cdot mol^{-1}$，N_2 的摩尔质量为 $28.0 g \cdot mol^{-1}$，Cl_2、N_2 的物质的量分别为 n_{Cl_2}、n_{N_2}，有

$$n_{Cl_2} = \frac{1.85}{71.0} = 0.026(mol) \qquad n_{N_2} = \frac{1.28}{28.0} = 0.046(mol)$$

$$n_{总} = 0.026 + 0.046 = 0.072(mol)$$

根据式(2.17b)，得

$$p_{Cl_2} = \frac{n_{Cl_2}}{n_{总}} p_{总} = \frac{0.026}{0.072} \times 95.8 = 34.6(kPa)$$

$$p_{N_2} = \frac{n_{N_2}}{n_{总}} p_{总} = \frac{0.046}{0.072} \times 95.8 = 61.2(kPa)$$

事实上，用压力表只能测得混合气体的总压力，组分气体的分压力是很难直接测得的，组分气体的分压力只能通过其摩尔分数计算得到。然而，在实际工作中，组分气体的摩尔分数 x_i 通常是通过对组分气体的体积的实际测量得到的。

2. 分体积定律

分体积是指组分气体的分体积，分体积是相对于混合气体的总体积而言的。组分气体的**分体积是指在与混合气体所处的温度、压力相同时组分气体所占有的体积**。实验事实表明，**混合气体的总体积等于其各组分气体的分体积之和**，这就是**分体积定律**。如果混合气体是由 A、B、C、…多种组分气体形成的，用 $V_{总}$ 表示混合气体的总体积，V_A、V_B、V_C、…分别为其组分气体 A、B、C 等的分体积，则

$$V_{总} = V_A + V_B + V_C + \cdots$$

$$V_{总} = \sum V_i \tag{2.18}$$

式中，V_i代表混合气体中任何一种组分气体的分体积。此式称为分体积定律的数学表达式。根据理想气体状态方程式，在同温、同压下，气体体积之比等于其物质的量之比，即

$$\frac{V_i}{V_{总}} = \frac{n_i}{n_{总}} = x_i \tag{2.19}$$

式中，$\frac{V_i}{V_{总}}$为混合气体中任何一种组分气体的**体积分数**。显然，**组分气体的体积分数在数值上等于其摩尔分数 x_i**。据此，就可以通过组分气体的体积分数和混合气体的总压力计算出该组分气体的分压力。在实际工作中，通常采用吸收法测定组分气体的分体积，然后计算其分压力。

无论是上述介绍的分压定律，还是分体积定律，都只适用于理想气体。在普通化学计算中，或者在精度要求不高的情况下，可以将真实气体作为理想气体处理。

2.2.2　平衡常数

1. 实验平衡常数

当化学反应处于平衡状态时，在反应系统内，各种物质的浓度（或分压）是相对稳定的，那么，产物的浓度（或分压）与反应物的浓度（或分压）之间是否存在定量关系呢？实验事实表明，这种关系是存在的。

对于任一反应：

$$a\mathrm{A(g)} + b\mathrm{B(g)} \rightleftharpoons g\mathrm{G(g)} + d\mathrm{D(g)}$$

在一定温度下，当该反应达到平衡时，其产物（生成物）的分压与反应物的分压之间存在下述关系：

$$\frac{[p^{\mathrm{eq}}(\mathrm{G})]^g[p^{\mathrm{eq}}(\mathrm{D})]^d}{[p^{\mathrm{eq}}(\mathrm{A})]^a[p^{\mathrm{eq}}(\mathrm{B})]^b} = K_p \tag{2.20}$$

若在该反应系统中，各种物质（组分）均以溶液方式存在，则

$$\frac{[c^{\mathrm{eq}}(\mathrm{G})]^g[c^{\mathrm{eq}}(\mathrm{D})]^d}{[c^{\mathrm{eq}}(\mathrm{A})]^a[c^{\mathrm{eq}}(\mathrm{B})]^b} = K_c \tag{2.21}$$

在式(2.20)、式(2.21)中，$p^{\mathrm{eq}}(\mathrm{I})$、$c^{\mathrm{eq}}(\mathrm{I})$分别表示相应物质 I 在平衡时的分压和浓度（如果物质为纯固体、纯液体或稀溶液中的溶剂则不写），**K_p、K_c 分别称为该反应在该温度时的压力平衡常数和浓度平衡常数**。由于式(2.20)、式(2.21)中的数据都是从实验中测得的，因此将 K_p、K_c 称为**实验平衡常数**。

从式(2.20)、式(2.21)来看，在一定温度下，当化学反应达到平衡时，产物分压或浓度（以其相应的计量系数作指数，只取正值）的乘积与反应物分压或浓度（同样，以其相应的计量系数作指数，只取正值）的乘积的比值为一常数，称为平衡定律。

由于实验平衡常数通常是有量纲的，其量纲随反应不同而不同，在使用时很不方便，因此，IUPAC 和我国现行国家标准都建议采用标准平衡常数（简称平衡常数）。

2. 标准平衡常数

对于任一反应：

$$a\mathrm{A(g)} + b\mathrm{B(g)} \rightleftharpoons g\mathrm{G(g)} + d\mathrm{D(g)}$$

在一定温度下，当该反应达到平衡时：

$$\frac{[p^{eq}(G)/p^{\ominus}]^g[p^{eq}(D)/p^{\ominus}]^d}{[p^{eq}(A)/p^{\ominus}]^a[p^{eq}(B)/p^{\ominus}]^b}=K^{\ominus} \tag{2.22}$$

若该反应系统内的物质均以溶液方式存在,则达到平衡时:

$$\frac{[c^{eq}(G)/c^{\ominus}]^g[c^{eq}(D)/c^{\ominus}]^d}{[c^{eq}(A)/c^{\ominus}]^a[c^{eq}(B)/c^{\ominus}]^b}=K^{\ominus} \tag{2.23}$$

在式(2.22)、式(2.23)中的 $K^{\ominus}$ 称为化学反应的**标准平衡常数**。

标准平衡常数 $K^{\ominus}$ 是一个重要的物理量,在书写和应用时应当注意:

(1) 标准平衡常数 $K^{\ominus}$ 是给定反应在一定温度下的特征常数。它的数值不随物质的浓度、分压的改变而改变。$K^{\ominus}$ **是温度的函数**,只要温度确定,$K^{\ominus}$ 就有定值。当然,温度改变,标准平衡常数 $K^{\ominus}$ 的数值就必然改变。

(2) $K^{\ominus}$ 的数值与反应方程式的写法有关。例如:

$$N_2O_4(g) \rightleftharpoons 2NO_2(g) \quad K^{\ominus}=\frac{[p^{eq}(NO_2)/p^{\ominus}]^2}{p^{eq}(N_2O_4)/p^{\ominus}}$$

$$\frac{1}{2}N_2O_4(g) \rightleftharpoons NO_2(g) \quad K^{\ominus}=\frac{p^{eq}(NO_2)/p^{\ominus}}{[p^{eq}(N_2O_4)/p^{\ominus}]^{1/2}}$$

(3) 从上述标准平衡常数的表达式[式(2.22)和式(2.23)]以及有关反应之间的相互关系可以看出:如果一个反应能够作为几个其他反应之和,那么,这个反应的标准平衡常数就等于同温度时这几个其他反应的标准平衡常数的乘积。例如:

反应(3) = 反应(1) + 反应(2)

则 $$K_3^{\ominus}=K_1^{\ominus}\cdot K_2^{\ominus}$$

相反,如果一个反应能够作为几个其他反应相减所得,那么,这个反应的标准平衡常数就等于同温度时这几个其他反应的标准平衡常数之商。例如:

反应(3) = 反应(2) − 反应(1)

则 $$K_3^{\ominus}=K_2^{\ominus}/K_1^{\ominus}$$

通常将这种运算规则称为**多重平衡规则**。利用多重平衡规则,可以根据一些已知反应的标准平衡常数,计算出其他相关反应在相同温度时的标准平衡常数。

例 2.4 已知下列反应在一定温度时的标准平衡常数:

(1) $SO_2(g)+\frac{1}{2}O_2(g) \rightleftharpoons SO_3(g) \quad K_1^{\ominus}=20$

(2) $NO_2(g) \rightleftharpoons NO(g)+\frac{1}{2}O_2(g) \quad K_2^{\ominus}=0.012$

试求该温度时反应(3) $SO_2(g)+NO_2(g) \rightleftharpoons SO_3(g)+NO(g)$ 的标准平衡常数 $K_3^{\ominus}$。

解　从以上 3 个反应之间的关系可以看出：

反应(3)=反应(1)+反应(2)

因此，根据多重平衡规则，得

$$K_3^\ominus = K_1^\ominus \cdot K_2^\ominus = 20 \times 0.012 = 0.24$$

例 2.5　已知下列反应在 1073 K 时的标准平衡常数：

(1) $Fe(s)+CO_2(g) \rightleftharpoons FeO(s)+CO(g)$　$K_1^\ominus=1.81$

(2) $Fe(s)+H_2O(g) \rightleftharpoons FeO(s)+H_2(g)$　$K_2^\ominus=2.00$

试计算在 1073 K 时反应(3)　$CO_2(g)+H_2(g) \rightleftharpoons CO(g)+H_2O(g)$的标准平衡常数。

解　根据题意知，反应(3)=反应(1)-反应(2)，根据多重平衡规则，有

$$K_3^\ominus = K_1^\ominus / K_2^\ominus$$

代入有关数据，得

$$K_3^\ominus = 1.81/2.00 = 0.905$$

计算结果表明，所求反应在 1073 K 时的标准平衡常数 $K^\ominus=0.905$。

(4) 在 $K^\ominus$ 表达式中，如果任一物质 I 以气态方式出现，则以其相对分压 $p^{eq}(I)/p^\ominus$ 表示；如果任一物质 I 以溶液方式出现，则以其相对浓度 $c^{eq}(I)/c^\ominus$ 表示；如果在反应系统内，物质为纯固体、纯液体或者是稀溶液中的纯溶剂，则在标准平衡常数表达式中不写。例如：

$$Zn(s) + 2H^+(aq) \rightleftharpoons Zn^{2+}(aq) + H_2(g)$$

$$K^\ominus = \frac{[p^{eq}(H_2)/p^\ominus][c^{eq}(Zn^{2+})/c^\ominus]}{[c^{eq}(H^+)/c^\ominus]^2}$$

(5) $K^\ominus$ 的数值是化学反应进行到最大程度时的数量标志。

作为反应在给定温度下的特征常数，标准平衡常数 $K^\ominus$ 的数值体现了反应在该温度下自发进行的限度，因此，$K^\ominus$ 是反应进行到最大程度时的数量标志。

另外，从标准平衡常数的表达式来看，$K^\ominus$ 的数值大小，体现了平衡系统内产物量与反应物量的相对大小。因此，可以根据平衡时有关物质的数值计算给定反应中某反应物的转化率以及某产物的最大产率：

$$\text{某反应物的转化率} = \frac{\text{已转化的某反应物的量}}{\text{该反应物的起始量}} \times 100\% \qquad (2.24)$$

$$\text{某产物的最大产率} = \frac{\text{平衡时某产物的量}}{\text{按反应式计算出的该产物的量}} \times 100\% \qquad (2.25)$$

例 2.6　在 298.15 K、100.0 kPa 下，在催化剂的催化下乙酸发生下列酯化反应：

$$CH_3COOH(l)+C_2H_5OH(l) \rightleftharpoons CH_3COOC_2H_5(l)+H_2O(l)$$

已知该反应在 298.15 K 时的 $K^\ominus=4.0$。如果用 2.0 mol CH_3COOH 和 2.0 mol C_2H_5OH 在体积为 V (dm^3)的容器中混合，并在此条件下进行反应。试计算平衡时 $CH_3COOC_2H_5$ 的

量及 CH_3COOH 的转化率。

解 设平衡时生成 $CH_3COOC_2H_5$ 的量为 x mol。

$$CH_3COOH(l)+C_2H_5OH(l) \rightleftharpoons CH_3COOC_2H_5(l)+H_2O(l)$$

起始浓度/$(mol \cdot dm^{-3})$ $\quad \frac{2}{V} \quad \frac{2}{V} \quad 0 \quad 0$

平衡浓度/$(mol \cdot dm^{-3})$ $\quad \frac{2-x}{V} \quad \frac{2-x}{V} \quad \frac{x}{V} \quad \frac{x}{V}$

该反应的标准平衡常数表达式为

$$K^{\ominus}=\frac{[c^{eq}(CH_3COOC_2H_5)/c^{\ominus}][c^{eq}(H_2O)/c^{\ominus}]}{[c^{eq}(CH_3COOH)/c^{\ominus}][c^{eq}(C_2H_5OH)/c^{\ominus}]}$$

代入有关数据，得

$$K^{\ominus}=\frac{\frac{x}{V}\times\frac{x}{V}}{\left(\frac{2-x}{V}\right)\left(\frac{2-x}{V}\right)}=4.0$$

$$x=1.33\ \text{mol}$$

CH_3COOH 的转化率为 $\quad \frac{1.33}{2.0}\times 100\%=66.5\%$

计算结果表明，反应达到平衡时，$CH_3COOC_2H_5$ 的量为 1.33 mol，CH_3COOH 的转化率为 66.5%。

2.2.3 化学平衡的热力学

1. $K^{\ominus}$ 与 $\Delta_r G_m^{\ominus}$

对于任一反应：$aA(g)+bB(g) = gG(g)+dD(g)$，$K^{\ominus}$、$\Delta_r G_m^{\ominus}$ 都是其特征值，那么，$K^{\ominus}$ 与 $\Delta_r G_m^{\ominus}$ 有何关系呢？

根据热力学原理，有

$$\Delta_r G_m(T)=\Delta_r G_m^{\ominus}(T)+RT\ln\frac{[p(G)/p^{\ominus}]^g[p(D)/p^{\ominus}]^d}{[p(A)/p^{\ominus}]^a[p(B)/p^{\ominus}]^b}$$

即

$$\Delta_r G_m(T)=\Delta_r G_m^{\ominus}(T)+RT\ln J$$

式中，J 为反应商。当反应达到平衡时：

$$\Delta_r G_m(T)=0 \qquad J=K^{\ominus}$$

所以

$$0=\Delta_r G_m^{\ominus}(T)+RT\ln K^{\ominus}$$

即

$$\Delta_r G_m^{\ominus}(T)=-RT\ln K^{\ominus} \tag{2.26a}$$

$$\ln K^{\ominus}=\frac{-\Delta_r G_m^{\ominus}(T)}{RT} \tag{2.26b}$$

或

$$\lg K^{\ominus} = \frac{-\Delta_r G_m^{\ominus}(T)}{2.303RT} \tag{2.26c}$$

式(2.26)是化学反应的 $K^{\ominus}$ 与其 $\Delta_r G_m^{\ominus}$ 的关系式，这是非常重要的**化学平衡的热力学关系式**。利用此关系式(其中 $\Delta_r G_m^{\ominus}$ 的单位应为 $J \cdot mol^{-1}$)，就可以通过反应的 $\Delta_r G_m^{\ominus}$ 数据直接计算出反应的标准平衡常数 $K^{\ominus}$。但是，**$\Delta_r G_m^{\ominus}$ 与 $K^{\ominus}$ 都是温度的函数**，因此，**在利用式(2.26)进行有关计算时，$\Delta_r G_m^{\ominus}$ 与 $K^{\ominus}$ 的温度必须相同**。另外，从反应的 $\Delta_r G_m^{\ominus}$ 与其 $K^{\ominus}$ 的本身意义以及主要用途来看，$\Delta_r G_m^{\ominus}$ 只能表明该反应在标准状态条件下所处的状态及可能性(在标准状态条件下是否能正向自发进行，或逆向自发进行，或是否处于平衡状态)。然而，$K^{\ominus}$ 却能具体表明并提供该反应进行到最大程度——反应限度时，产物与反应物的量化关系及具体数据。

例 2.7　材料的合成方法与工艺的选择和确定，一直是材料科学以及其他相关学科领域的重要研究课题之一。作为在耐火材料和电子工业等领域有着重要应用价值的氮化硼(BN)的合成方法研究就是例证。下列反应就是 BN 的一种合成反应。已知在标准状态、298.15 K 时，该反应的 $\Delta_r H_m^{\ominus} = 173.93\ kJ \cdot mol^{-1}$，$\Delta_r S_m^{\ominus} = 157.13\ J \cdot mol^{-1} \cdot K^{-1}$，试分别计算该反应在 298.15 K 和 1200 K 时的标准平衡常数 $K^{\ominus}$。

$$B_2O_3(s) + 2NH_3(g) = 2BN(s) + 3H_2O(g)$$

解　(1) 在 298.15 K 时，已知 $\Delta_r H_m^{\ominus} = 173.93\ kJ \cdot mol^{-1}$，$\Delta_r S_m^{\ominus} = 157.13\ J \cdot mol^{-1} \cdot K^{-1}$，根据公式：

$$\Delta_r G_m^{\ominus}(T) = \Delta_r H_m^{\ominus}(T) - T\Delta_r S_m^{\ominus}(T)$$

代入数据，得

$$\Delta_r G_m^{\ominus}(298.15\ K) = 173.93 - 298.15 \times 157.13 \times 10^{-3} = 127.08(kJ \cdot mol^{-1})$$

根据式(2.26c)，有

$$\lg K^{\ominus} = \frac{-\Delta_r G_m^{\ominus}(T)}{2.303RT} = -\frac{127.08 \times 1000}{2.303 \times 8.314 \times 298.15} = -22.261$$

$$K^{\ominus} = 5.5 \times 10^{-23}$$

(2) 在 1200 K 时，根据 $\Delta_r G_m^{\ominus}(T) = \Delta_r H_m^{\ominus}(T) - T\Delta_r S_m^{\ominus}(T)$，有

$$\Delta_r G_m(T) \approx \Delta_r H_m^{\ominus}(298.15\ K) - T\Delta_r S_m^{\ominus}(298.15\ K)$$

代入数据，得

$$\Delta_r G_m^{\ominus}(1200\ K) \approx 173.93 - 1200 \times 157.13 \times 10^{-3} = -14.63(kJ \cdot mol^{-1})$$

根据式(2.26c)，有

$$\lg K^{\ominus} = \frac{-\Delta_r G_m^{\ominus}(T)}{2.303RT} = \frac{14.63 \times 1000}{2.303 \times 8.314 \times 1200} = 0.6367$$

$$K^{\ominus} = 4.33$$

计算结果表明，该反应在 298.15 K 时，标准平衡常数 $K^{\ominus}$ 为 5.5×10^{-23}，在 1200 K 时，标准平衡常数 $K^{\ominus}$ 为 4.33。显然，从该反应的标准平衡常数的理论计算来看，如果要将此反应作为氮化硼(BN)的合成反应，在常温(298.15 K)下是不现实的，但是，在高温下是可以考虑的。

2. J 与 $K^{\ominus}$

通过对反应商 J 与反应的标准平衡常数 $K^{\ominus}$ 的比较，可以看出：

(1) 两者的形式相同，但意义不同。在反应商 J 的表达式中的物质的数量(相对浓度或相对压力，无单位)是物质在任一时刻的数量，而在标准平衡常数 $K^{\ominus}$ 的表达式中的物质的数量(相对浓度或相对压力，无单位)却是物质在化学反应处于平衡状态时的数量。由此可见，标准平衡常数 $K^{\ominus}$ 实质上是反应处于平衡状态时的反应商，它体现了该反应进行的最大程度。

(2) 虽然 $K^{\ominus}$ 的数值体现了反应进行的最大程度，但这种最大程度的实现却是依赖于反应的不断进行、物质的量的不断变化。因此，反应商 J 与反应的标准平衡常数 $K^{\ominus}$ 之间必然存在一定的关系。

$$\Delta_r G_m(T) = \Delta_r G_m^{\ominus}(T) + RT\ln J$$

$$\Delta_r G_m^{\ominus}(T) = -RT\ln K^{\ominus}$$

$$\Delta_r G_m(T) = -RT\ln K^{\ominus} + RT\ln J \tag{2.27a}$$

$$\Delta_r G_m(T) = RT\ln\frac{J}{K^{\ominus}} \tag{2.27b}$$

在这里，可以将式(2.27a)或式(2.27b)看作是反应商 J 与反应的标准平衡常数 $K^{\ominus}$ 之间的关系。从式(2.27b)来看，在一定温度下，反应在任意态时的 $\Delta_r G_m(T)$ 取决于其反应商 J 与反应的标准平衡常数 $K^{\ominus}$ 的比值。这样就可以通过对反应商 J 与标准平衡常数 $K^{\ominus}$ 进行数值比较，获得反应所处状态的有关信息：

$$\left.\begin{array}{l} J < K^{\ominus}，则\ \Delta_r G_m(T) < 0，反应正向自发进行 \\ J = K^{\ominus}，则\ \Delta_r G_m(T) = 0，反应处于平衡状态 \\ J > K^{\ominus}，则\ \Delta_r G_m(T) > 0，反应逆向自发进行 \end{array}\right\} \tag{2.28}$$

例 2.8　已知反应 $N_2(g) + 3H_2(g) \rightleftharpoons 2NH_3(g)$ 在 573 K 时的标准平衡常数 $K^{\ominus} = 0.0109$。试计算在该温度下，当 $p(N_2) = p(H_2) = 100$ kPa，$p(NH_3) = 8$ kPa 时该反应的反应商 J 并判断此时反应进行的方向。

解　根据题意，该反应的反应商 J 为

$$J = \frac{[p(NH_3)/p^{\ominus}]^2}{[p(N_2)/p^{\ominus}][p(H_2)/p^{\ominus}]^3}$$

代入有关数据，得

$$J = \frac{(8/100)^2}{(100/100)(100/100)^3} = 0.0064$$

因为　$K^\ominus = 0.0109$

所以　$J < K^\ominus$

计算结果表明，在题意条件下，该反应的反应商 $J = 0.0064$。因为 $J < K^\ominus$，所以，此时该反应正在向正向进行。

例 2.9　在一定温度下，反应 $2SO_2(g) + O_2(g) \rightleftharpoons 2SO_3(g)$ 在恒温容器中进行。在该温度下，反应的标准平衡常数 $K^\ominus = 100$（此处的 $K^\ominus$ 数值是用有关物质在平衡时的相对浓度计算所得）。若此时 $O_2(g)$ 的浓度为 $0.2\ mol \cdot dm^{-3}$，$SO_2(g)$ 的浓度为 $0.1\ mol \cdot dm^{-3}$，$SO_3(g)$ 的浓度为 $0.4\ mol \cdot dm^{-3}$，该反应此时处于什么状态？

解　根据题意，此时该反应的反应商 J 为

$$J = \frac{[c(SO_3)/c^\ominus]^2}{[c(SO_2)/c^\ominus]^2[c(O_2)/c^\ominus]} = (0.4)^2/[(0.1)^2(0.2)] = 80$$

因为　$K^\ominus = 100$

所以　$J < K^\ominus$

计算结果表明，$J < K^\ominus$，在该条件下，反应此时尚未达到平衡状态，即正在向生成产物 $SO_3(g)$ 的方向进行。

2.2.4　影响化学平衡的因素

任何化学反应平衡的建立都是有条件的。在一定条件下，只有当反应的 $\Delta_r G_m = 0$ 时，该反应系统才能处于**平衡状态**。一旦条件改变，必然导致反应的 $\Delta_r G_m \neq 0$，已存在的化学平衡将受到破坏，反应系统内的所有物质的浓度或分压也就相应地发生了变化，反应又将继续进行，直至建立与新条件相适应的新平衡。这种由于条件的改变所导致的反应从一种平衡状态过渡到另一种新的平衡状态的过程，通常称为**化学平衡的移动**。

事实表明，影响化学平衡的任何因素都会导致化学平衡的移动。通过对浓度、压力和温度等影响化学平衡的因素的研究，1884 年，化学家勒夏特列（Le Chatelier）指出：**如果改变平衡系统的条件之一，如浓度、压力或者温度等，平衡就向能减弱这种改变的方向移动，称为勒夏特列原理**，它是适用于一切平衡的普遍规律。

1. 浓度（压力）

当反应商 $J = K^\ominus$ 时，$\Delta_r G_m = 0$，反应达到平衡状态，因此，可以将 $J = K^\ominus$ 看作反应达到平衡的条件。

反应的标准平衡常数 $K^\ominus$ 并不会随着物质（反应物或生成物）的浓度或分压（分压是就气态物质而言）的改变而改变。但反应商 J 则不然，它会随着物质（反应物或生成物）的浓度或分压的改变而改变。在反应已经处于平衡状态时，即 $J = K^\ominus$ 时，如

果增大反应物的浓度或分压(或者减少生成物的浓度或分压)，必然导致 J 的数值改变(减小)，此时，$J<K^{\ominus}$，则 $\Delta_r G_m<0$，平衡被破坏，反应必然向生成物方向进行，反应商 J 随之增大，直至重新达到 $J=K^{\ominus}$。即增大反应物的浓度，平衡向正方向移动；相反，如果增大生成物的浓度或者分压(或者减少反应物的浓度或分压)，必然导致 J 的数值增大，此时 $J>K^{\ominus}$，$\Delta_r G_m>0$，平衡被破坏，反应必然向反应物方向进行，直至建立新的平衡。即增大生成物的浓度，平衡逆向移动。由此可见，无论是增大还是减少反应平衡内的物质的浓度或者分压，都会影响化学平衡，造成化学平衡的移动，而且，平衡移动总是向着减弱浓度或分压的影响的方向进行。

此外，从上述的分析和讨论中还可以看出，在温度等其他条件一定的情况下，浓度或分压对化学平衡的影响，实质上是由于它们改变了反应商 J，从而造成反应的 $\Delta_r G_m$ 发生改变所致。

2. 温度

事实表明，作为化学反应的特征值的标准平衡常数 $K^{\ominus}$ 是温度的函数，它会随着温度的改变而改变。既然温度变化能改变标准平衡常数 $K^{\ominus}$ 的数值，当然也就影响了化学平衡。那么，就给定反应而言，温度与反应的标准平衡常数 $K^{\ominus}$ 之间究竟存在怎样的量化关系呢？它对既定的化学平衡究竟能影响到何等程度呢？

从化学平衡的热力学关系式(2.26a)来看：

$$\Delta_r G_m^{\ominus}=-RT\ln K^{\ominus}$$

因为

$$\Delta_r G_m^{\ominus}=\Delta_r H_m^{\ominus}-T\Delta_r S_m^{\ominus}$$

所以

$$\Delta_r H_m^{\ominus}-T\Delta_r S_m^{\ominus}=-RT\ln K^{\ominus}$$

$$\ln K^{\ominus}=\frac{-\Delta_r H_m^{\ominus}}{RT}+\frac{\Delta_r S_m^{\ominus}}{R} \tag{2.29a}$$

对于同一反应，若温度 T_1 时的标准平衡常数为 $K_1^{\ominus}$，温度 T_2 时的标准平衡常数为 $K_2^{\ominus}$，$\Delta_r H_m^{\ominus}$、$\Delta_r S_m^{\ominus}$ 基本不随温度变化，根据式(2.29a)，有

温度为 T_1 时

$$\ln K_1^{\ominus}=\frac{-\Delta_r H_m^{\ominus}}{RT_1}+\frac{\Delta_r S_m^{\ominus}}{R} \tag{1}$$

温度为 T_2 时

$$\ln K_2^{\ominus}=\frac{-\Delta_r H_m^{\ominus}}{RT_2}+\frac{\Delta_r S_m^{\ominus}}{R} \tag{2}$$

两式相减：(2)－(1)，整理后，得

$$\ln\frac{K_2^{\ominus}}{K_1^{\ominus}}=\frac{\Delta_r H_m^{\ominus}}{R}\left(\frac{T_2-T_1}{T_2T_1}\right) \tag{2.29b}$$

或

$$\lg\frac{K_2^{\ominus}}{K_1^{\ominus}}=\frac{\Delta_r H_m^{\ominus}}{2.303R}\left(\frac{T_2-T_1}{T_2T_1}\right) \tag{2.29c}$$

式(2.29)称为范特霍夫(J. H. van't Hoff)等压方程式,它表明了**温度 T 与反应的标准平衡常数 $K^{\ominus}$ 之间的关系**。据此,可以分析和确定温度对化学平衡的影响以及影响的具体程度。

(1) 对于吸热反应,$\Delta_r H_m^{\ominus}>0$,如果升高温度,即 $T_2>T_1$,有

$$\lg\frac{K_2^{\ominus}}{K_1^{\ominus}}>0 \qquad K_2^{\ominus}>K_1^{\ominus}$$

标准平衡常数变大,表明有更多的产物生成。显然,反应向正反应方向进行,即化学平衡正向移动的必然结果。因此,对于吸热反应来说,升高温度,化学平衡向吸热的方向移动。

(2) 对于放热反应来说,$\Delta_r H_m^{\ominus}<0$,如果降低温度,即 $T_2<T_1$,有

$$\lg\frac{K_2^{\ominus}}{K_1^{\ominus}}>0 \qquad K_2^{\ominus}>K_1^{\ominus}$$

标准平衡常数变大,表明有更多的产物生成。显然,这也是反应向正反应方向进行,即化学平衡正向移动的必然结果。因此,对于放热反应来说,降低温度,化学平衡向放热的方向移动。

(3) 原则上讲,对于任何化学反应来说,无论它是吸热反应,还是放热反应,只要已知反应的标准摩尔焓变 $\Delta_r H_m^{\ominus}$ 和温度 T_1 时的标准平衡常数 $K_1^{\ominus}$,就可以利用范特霍夫等压方程式,计算该反应在温度为 T_2 时的标准平衡常数 $K_2^{\ominus}$。

例 2.10　已知反应 $2SO_2(g)+O_2(g)\rightleftharpoons 2SO_3(g)$ 的 $\Delta_r H_m^{\ominus}=-197.78\ kJ\cdot mol^{-1}$,在 1073 K 时的标准平衡常数 $K_1^{\ominus}=0.646$,计算该反应在 573 K 时的标准平衡常数 $K_2^{\ominus}$,并简单说明温度对该反应平衡的影响。

解　根据题意及式(2.29c),有

$$\lg\frac{K_2^{\ominus}}{K_1^{\ominus}}=\frac{\Delta_r H_m^{\ominus}}{2.303R}\left(\frac{T_2-T_1}{T_2T_1}\right)$$

代入有关数据,得

$$\lg\frac{K_2^{\ominus}}{0.646}=\frac{-197.78\times1000}{2.303\times8.314}\left(\frac{573-1073}{573\times1073}\right) \qquad K_2^{\ominus}=1.6\times10^8$$

计算结果表明,在 573 K 时,该反应的标准平衡常数 $K_2^{\ominus}=1.6\times10^8$。由于该反应是放热反应,所以降低温度,平衡常数变大,说明平衡已经正向移动。由此可见,降低温度,对放热反应是有利的。

上面根据热力学原理,分析和讨论了浓度(压力)、温度等因素对化学平衡的影响,试图揭示勒夏特列原理的实质,从而通过选择最佳反应条件,有效地控制和利用反应。但是,在实际工作中,影响因素往往十分复杂,要确定最适宜的反应条件,尚需做全面的技术经济分析。

思考题

1. 反应速率的研究意义何在?

2. 怎样表示反应速率?

3. 影响反应速率的因素有哪些?

4. 有效碰撞理论的基本要点有哪些? 何谓反应的活化能?

5. 过渡状态理论与有效碰撞理论有何异同?

6. 将反应分为简单反应和复杂反应的依据是什么?

7. 何谓质量作用定律? 怎样表示?

8. 何谓反应级数? 零级、一级反应各有哪些特点?

9. 浓度、温度以及催化剂对反应速率有何影响? 原因何在?

10. 何谓相? 怎样区分单相反应和多相反应?

11. 研究化学平衡的目的何在? 化学反应处于平衡状态时有何特征?

12. 何谓分压定律、分体积定律? 何谓组分气体的摩尔分数?

13. 何谓平衡定律? 标准平衡常数的意义何在?

14. 标准平衡常数 $K^{\ominus}$ 与反应商 J 有何差别?

15. 对于同一反应来说,标准平衡常数 $K^{\ominus}$ 与反应的 $\Delta_r G_m^{\ominus}$ 之间有何关系? 标准平衡常数 $K^{\ominus}$ 与反应商 J 之间有何关系?

16. 影响化学平衡的主要因素有哪些? 它们怎样影响化学平衡? 有哪些量化关系?

习题

1. 已知 20 ℃时,在体积为 6.0 dm^3 的容器内装有由 0.15 mol H_2、15.0 g CO_2 和 12.0 g O_2 组成的混合气体。计算该混合气体内各组分气体的分压、摩尔分数以及该混合气体的总压力($1\ J=1\ Pa\cdot m^3$)。

2. 已知由 C_2H_4、H_2、O_2、CO_2 等 4 种组分气体所形成的混合气体的体积为 1.500 dm^3,压力为 80.0 kPa。假定这些组分气体彼此之间并不发生化学反应。先将其中的 CO_2 用 NaOH 溶液全部吸收后,混合气体的体积降至 0.750 dm^3;然后,将其中的 O_2 用焦性没食子酸溶液全部吸收后,气体体积减至 0.720 dm^3;最后用浓 H_2SO_4 吸收全部 C_2H_4,剩余气体的体积为 0.410 dm^3。分别计算该混合气体中各组分气体的摩尔分数和分压。

3. 在一定温度范围内,下列反应均为元反应,分别写出它们的质量作用定律表达式。它们的反应级数各为多少?

$$C_2H_5Cl \longrightarrow C_2H_4 + HCl \tag{1}$$

$$NO_2 + CO \longrightarrow NO + CO_2 \tag{2}$$

$$2NO + Cl_2 \longrightarrow 2NOCl \tag{3}$$

4. 在一定温度下,实验测得反应 $CH_3CHO(g) \longrightarrow CH_4(g) + CO(g)$ 的反应物 CH_3CHO 起

始时的浓度与相应的起始时的反应速率 v 的数据如下：

$c(CH_3CHO)/(mol\ dm^{-3})$	0.10	0.20	0.30	0.40
$v/(mol \cdot dm^{-3} \cdot s^{-1})$	0.02	0.08	0.18	0.32

试根据上述实验数据：

(1) 确定该反应的级数；

(2) 计算当反应物 CH_3CHO 的浓度为 $c(CH_3CHO)=0.18\ mol \cdot dm^{-3}$时的反应速率。

5. 过氧化氢是一种重要氧化剂，在工业、医药以及航天等领域有其重要用途。但是，纯 H_2O_2 很不稳定，极易分解。研究结果表明，H_2O_2 的分解反应是一级反应，反应的速率常数 $k=0.0410\ min^{-1}$。

$$2H_2O_2(l) = 2H_2O(l) + O_2(g)$$

(1) 如果在溶液中，H_2O_2 的初始浓度为 $0.600\ mol \cdot dm^{-3}$，分解反应进行 9.0 min 后，其浓度为多少？

(2) 在该溶液中，如果 H_2O_2 分解到原来浓度的一半时，需要多长时间？

6. 已知下列反应的活化能 $E_a=103.3\ kJ \cdot mol^{-1}$，试通过计算说明，当温度由 300 K 升高到 400 K 时，该反应的速率的变化。

$$2N_2O_5(g) = 4NO_2(g) + O_2(g)$$

7. 已知下列反应在 600 K 时的速率常数 $k_1=0.76\ dm^3 \cdot mol^{-1} \cdot s^{-1}$，在 700 K 时的速率常数$k_2=19.8\ dm^3 \cdot mol^{-1} \cdot s^{-1}$，计算该反应的活化能 E_a。

$$2NO_2(g) = 2NO(g) + O_2(g)$$

8. 温度升高，通常能导致反应速率增大，原因何在？

9. 对于合成氨反应：

$$N_2(g) + 3H_2(g) = 2NH_3(g)$$

已知该反应的 $\Delta_r H_m^\ominus = -92.2\ kJ \cdot mol^{-1}$，如果升高温度，该反应的 $\Delta_r G_m^\ominus$ 和 $K^\ominus$ 将发生什么变化？

10. 将 40.2 g 的 PCl_5 装入体积为 5 dm^3 的密闭容器中并加热到 250 ℃，发生了下列反应：

$$PCl_5(g) \rightleftharpoons PCl_3(g) + Cl_2(g)$$

反应达到平衡时，测得有 10.5 g 的 Cl_2 生成。计算该反应在此温度时的标准平衡常数 $K^\ominus$。

11. 试利用有关物质的标准热力学数据分别计算下列反应在 600 K 时的 $\Delta_r G_m^\ominus$ 和标准平衡常数 $K^\ominus$。

$$C(\text{石墨}) + CO_2(g) \rightleftharpoons 2CO(g) \quad (1)$$

$$CO(g) + 3H_2(g) \rightleftharpoons CH_4(g) + H_2O(g) \quad (2)$$

12. 已知下列反应在 1273 K 时的标准平衡常数 $K^\ominus$数值：

$$Fe(s) + H_2O(g) \rightleftharpoons FeO(s) + H_2(g) \quad K_1^\ominus = 1.49 \quad (1)$$

$$Fe(s) + CO_2(g) \rightleftharpoons FeO(s) + CO(g) \quad K_2^\ominus = 2.48 \quad (2)$$

计算反应 $CO_2(g)+H_2(g) \rightleftharpoons CO(g)+H_2O(g)$ 在此温度时的标准平衡常数 $K^\ominus$。

13. 已知反应 $Fe(s)+CO_2(g) \rightleftharpoons FeO(s)+CO(g)$ 在 1173 K 时的标准平衡常数 $K^{\ominus}=2.15$。计算该反应在 1373 K 时的标准平衡常数 $K^{\ominus}$。

14. 已知反应 $SrCO_3(s) \rightleftharpoons SrO(s)+CO_2(g)$ 的 $\Delta_r H_m^{\ominus}=234.3\ kJ \cdot mol^{-1}$，$\Delta_r S_m^{\ominus}=171.1\ J \cdot mol^{-1} \cdot K^{-1}$，计算该反应：

(1) 在 1000 K 时的标准平衡常数 $K^{\ominus}$ 值；

(2) 在 1000 K 时产物 $CO_2(g)$ 的分压 $p(CO_2)$。

15. 已知反应 $N_2(g)+3\ H_2(g) \rightleftharpoons 2\ NH_3(g)$ 在 573 K 时的标准平衡常数 $K^{\ominus}=0.01$。在此温度下，如果反应系统内的 $p(N_2)=p(H_2)=80.0\ kPa$，$p(NH_3)=10.0\ kPa$，试通过计算说明该反应此时将向什么方向进行。

16. 已知下列反应在某一温度时的标准平衡常数 $K^{\ominus}=52.3$（此处的 $K^{\ominus}$ 数据是根据平衡时有关物质的相对浓度计算所得）。现将 0.15 mol $H_2(g)$ 和 0.15 mol $I_2(g)$ 混合，并在该温度和 5.40 kPa 下达到平衡。试计算反应物 $I_2(g)$ 的转化率。

$$H_2(g)+I_2(g) \rightleftharpoons 2HI(g)$$

第3章 溶　　液

由溶质与溶剂组成的均匀分散系统称为溶液。溶液可以有不同的物态,通常是指液态溶液。在溶液中溶质以分子或离子状态分布在溶剂中,只要溶剂不挥发,无论放置多久,溶质都不会析出,因此具有高度的稳定性。本章主要介绍稀溶液的通性,讨论水溶液中各种平衡,主要有可溶电解质和难溶电解质的离子平衡。

3.1 稀溶液的通性

当溶质与溶剂组成溶液后,如果溶质与溶剂之间不发生化学反应,那么溶质与溶剂基本上仍保持着它们原来的化学性质,而溶液的物理性质往往不同于原来的溶质和溶剂。当溶剂相同时,不同的溶质与其组成的溶液化学性质是不相同的,但物理性质却有着相同的地方,如溶液的蒸气压下降、溶液的沸点升高或凝固点降低以及溶液的渗透压等。这些性质与溶液中溶质的粒子数有关,而与溶质的本性无关。因此,溶液的这种共同性质称为依数性。

3.1.1 稀溶液的蒸气压下降

1. 蒸气压

如果把一杯液体,放置于密闭的容器中,液面一部分动能比较高的分子就会克服液体分子之间的引力扩散到容器的空间里成为蒸气分子,这个过程称为蒸发(或汽化),蒸气分子在空间持续不断做无规则运动,与此同时,一部分蒸气分子碰到液面后受液体分子的吸引而重新进入液体中,这个过程称为凝聚(或液化)。在一定温度下,液体蒸发的速率是恒定的,但最初凝聚的速率较小,随着蒸发的进行,蒸气浓度增加,凝聚速率也增加,最后凝聚速率与蒸发速率相等时,液体与其蒸气便处于平衡状态,此时液面上的蒸气称为饱和蒸气,饱和蒸气的压力称为饱和蒸气压,简称蒸气压。蒸气压除了与液体的本性有关外,还与温度有关,并且随着温度升高,液体的蒸气压增大。表3.1是水的蒸气压随温度的变化情况。

表3.1　不同温度时水的蒸气压

温度/℃	0	20	40	60	80	100
蒸气压/Pa	611	2339	7381	19932	47373	101325

在上述系统中，包括液体和气体两个部分，它们有不同的物理性质，在系统中任何具有相同的物理性质和化学性质的部分称为相，相与相之间有明确的界面分开。上述系统中液体是一个相，称为液相，蒸气为另一相称为气相。这种存在于两相之间的平衡称为相平衡。例如，水在一定温度下达到如下的相平衡：

$$H_2O(l) \underset{凝聚}{\overset{蒸发}{\rightleftharpoons}} H_2O(g)$$

温度越高，水的蒸气压越大。

2. 蒸气压下降

实验证明，如果往溶剂中加入任何一种难挥发的溶质，并使它溶解成为溶液，则此溶液的蒸气压便会下降，即在同一温度下含有难挥发溶质的溶液的蒸气压总是低于纯溶剂的蒸气压。这里所谓溶液的蒸气压实际上是指溶液中溶剂的蒸气压。在同一温度下，纯溶剂的蒸气压与溶液的蒸气压的差称为溶液的蒸气压下降。

溶液的蒸气压比纯溶剂的蒸气压低这一现象，可以做如下解释：由于溶质加入溶剂后形成溶液，降低了单位体积内溶剂分子的个数，更重要的是溶剂分子原来占据的一部分表面被溶质分子所占据，使得单位时间内从溶液中蒸发逸出液面的溶剂分子数比原来从纯溶剂中蒸发出来的分子数少，降低了蒸发速率。在达到平衡时，在溶液上面的单位体积内溶剂蒸气分子数比在纯溶剂上面的分子数少。因此，难挥发溶质的溶液蒸气压低于纯溶剂的蒸气压。显然溶液浓度越大，溶液的蒸气压下降的就越多。

1887 年，拉乌尔(Raoult)根据实验得出了如下规律：在一定温度下，难挥发非电解质稀溶液的蒸气压 p_A 与溶液中溶剂的摩尔分数 x_A 成正比，比例常数为纯溶剂的蒸气压 p_A°，数学表达式为

$$p_A = p_A^\circ x_A \tag{3.1}$$

由于 $x_A=1-x_B$，代入式(3.1)，得

$$p_A = p_A^\circ(1-x_B)$$

即 $p_A^\circ-p_A=p_A^\circ x_B$，令 $p_A^\circ-p_A=\Delta p$，有

$$\Delta p = p_A^\circ x_B \tag{3.2}$$

式中，Δp 为难挥发的非电解质稀溶液的蒸气压下降；x_B 为溶质的摩尔分数。式(3.2)是拉乌尔定律的另一种表达方法。它表明在一定温度下，难挥发的非电解质稀溶液的蒸气压下降与溶质的摩尔分数成正比，而与溶质的本性无关。

拉乌尔定律仅适用于难挥发的非电解质稀溶液。如果溶质为电解质或者虽为非电解质但浓度较大，这种定量关系就会发生偏差。若溶质和溶剂都是易挥

发的,并且是很稀的溶液,则溶液的蒸气压就等于溶剂的蒸气压和溶质蒸气压之和。

溶液的蒸气压下降现象,在自然界、生产和生活中到处可见。例如,有些物质容易潮解就和溶液的蒸气压下降有关。因为这类物质与空气中水蒸气接触后,在自身表面形成溶液,溶液的蒸气压比同温度下空气中水蒸气压力小,空气中水蒸气就不断地扩散过来,所以出现潮解现象。易潮解的物质如 P_2O_5、KOH、$CaCl_2$、浓硫酸等,能使周围空气干燥,通常可以用作干燥剂。

3.1.2 稀溶液的沸点升高和凝固点降低

晶态的纯净物质都有一定的沸点和凝固点,当加入少量难挥发的溶质(对于凝固点降低,可以不考虑溶质是否难挥发)形成稀溶液后,由于溶液的蒸气压下降而致使溶液的沸点升高和凝固点降低。下面以水作溶剂来说明其中的关系(图3.1)。图3.1中 aa'、ac 和 bb' 分别表示水、冰和溶液的蒸气压与温度的关系,bb' 在 aa' 的下面是因为溶液的蒸气压低于纯溶剂的蒸气压。

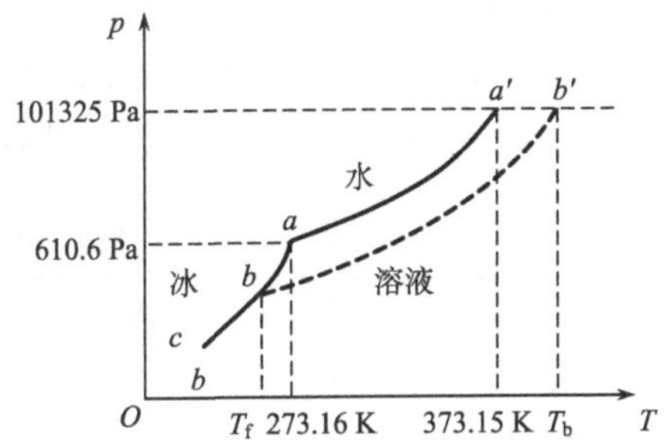

图3.1 水溶液的沸点升高和凝固点降低示意图

当液体的蒸气压等于外界压力(101325 Pa)时,液体发生沸腾,这时的温度称为该液体的沸点。从图3.1可以看出,在373.15 K时水的蒸气压力为101325 Pa(等于外界压力),水的沸点就是373.15 K。而在373.15 K时,溶液的蒸气压小于101325 Pa,溶液不能沸腾,只有把溶液加热至373.15 K以上某一温度,使溶液的蒸气压等于101325 Pa,溶液才能沸腾,此温度才是溶液的沸点。可见,难挥发溶质的溶液的沸点总是高于纯溶剂的沸点,其沸点升高值为 ΔT_{bp}。

凝固点是在一定的外压下(一般为常压),物质的液相和固相达到平衡时的温度。达到凝固点时,液、固两相的蒸气压必定相等,否则两相不能共存,因此凝固点实质上是物质固、液、气三相共存时的温度。纯水的凝固点为273.16 K(0.0099 ℃),这时水和冰的蒸气压均为610.6 Pa,溶液的凝固点是指从溶液中开始析出溶剂晶体时的温度。这时系统是由溶液(液相)、溶剂固相和溶剂气相所组成。对于水溶液,溶剂固相即纯冰。由于溶液蒸气压下降,在273.16 K时,冰的蒸气压仍为610.6 Pa,而溶液蒸气压低于610.6 Pa,溶液的蒸气压与冰的蒸气压不等,不能共存。只有在273.16 K以下的某个温度时溶液的蒸气压才能和冰的蒸气压相等,这时的温度才是溶液的凝固点,所以溶液的凝固点总是比纯溶剂的凝固点低,这种现象称为溶液的凝固点降低。溶液的浓度越大,蒸气压下降越多,凝固点降低也越显著。在同一溶液中，随着溶剂不断结晶析出，溶液的浓度将不断增大，凝固点也将不断下降。

通过上述讨论可以看出，溶液的沸点升高和凝固点降低是由于溶液的蒸气压下降而引起的。显然，溶液沸点升高与凝固点降低的程度均取决于溶液的浓度。根据实验可以归纳出如下规律：难挥发的非电解质稀溶液的沸点升高和凝固点降低与溶液的质量摩尔浓度成正比，而与非电解质的本性无关，此规律称为拉乌尔定律，其表达式为

$$\Delta T_{bp} = K_{bp} m \tag{3.3}$$

$$\Delta T_{fp} = K_{fp} m \tag{3.4}$$

式中，ΔT_{bp}和ΔT_{fp}分别为沸点升高和凝固点降低值；K_{bp}、K_{fp}分别为溶剂的沸点升高常数和凝固点降低常数（单位为 $K \cdot kg \cdot mol^{-1}$），由溶剂的本性决定而与溶质的种类无关；$m$ 为溶液的质量摩尔浓度，指 1000 g 溶剂中所溶解溶质的物质的量，单位为 $mol \cdot kg^{-1}$。表 3.2 列出了几种溶剂的 K_{bp}、K_{fp}的数值。

表 3.2　一些溶剂的沸点升高和凝固点降低常数

溶　剂	T_{bp}/K	K_{bp}/($K \cdot kg \cdot mol^{-1}$)	T_{fp}/K	K_{fp}/($K \cdot kg \cdot mol^{-1}$)
水	373.16	0.52	273.16	1.86
苯	353.35	2.53	278.55	5.12
乙酸	391.25	2.93	290.15	3.86
萘	491.11	5.80	353.15	6.94
樟脑	480.57	5.61	451.9	37.70

溶液凝固点降低原理在生产和实验中有广泛的应用。盐和冰的混合物作为冷冻剂就是此原理运用的例子。冰表面上有少量水，当盐和冰混合时，盐溶解在表面水里成为溶液，此时，由于所生成的溶液的蒸气压低于冰的蒸气压，冰融化。冰融化要吸收热量，则温度降低。如果使用氯化钠和冰的混合物，温度可以降到 251 K，用氯化钙和冰的混合物温度可降到 218 K。正因为如此，在实验室和生产部门中广泛使用食盐和冰的混合物作冷冻剂。又如，寒冷的冬季，在汽车散热器（水箱）的用水中，常加入醇类（乙二醇等）使冷却水的凝固点降低，以防止结冰。再如，土建工程中冬季浇铸混凝土也要加入一些电解质或非电解质防止结冰。

应用溶液凝固点下降原理，还可以测定物质（尤其是高分子物质）的相对分子质量。

例 3.1 在 298 g 水中溶解了 25 g 某溶质，该溶液在 270.15 K 结冰，求该溶质的相对分子质量。

解 设该溶质的相对分子质量为 M_B。由公式 $\Delta T_{fp}=K_{fp}m$ 可得

$$\Delta T_{fp}=K_{fp}\frac{w_B}{M_B w_A}\times 1000$$

即

$$3.0=1.86\times\frac{25.0\times 1000}{M_B\times 298}$$

$$M_B=52$$

3.1.3 稀溶液的渗透压

除了蒸气压下降、沸点升高和凝固点降低之外，溶液还有一种通性也依赖于溶液的浓度，这就是渗透压。

以水溶液为例，在图 3.2 的装置中，将水溶液和纯水用半透膜隔开，并使膜内、外液面处在同一水平线上。实验表明，管内溶液的液面将不断上升。如改用同种物质但浓度不同的两种溶液，如果膜内溶液较浓，膜外浓度较稀，也会出现类似现象。膜内液面升高，说明水分子透过半透膜进入内管中，这种溶剂分子通过半透膜进入溶液或者从稀溶液进入浓溶液的自发过程称为渗透。半透膜是一种只允许溶剂分子通过，而不允许溶质分子通过的薄膜材料。常见的半透膜有动物的膀胱壁、玻璃纸、羊皮纸、火棉胶膜等。在上例中，溶质分子不能通过半透膜而水分子能通过，由于膜两侧水的摩尔分数不等，因此单位时间内从纯水进入溶液的分子数比从溶液中进入纯水的分子数多，因而产生渗透作用。当这种渗透进行到一定程度，从膜两侧进出的水分子数目渐趋接近。当从膜两侧进出的水分子数目相等时，系统建立渗透平衡，此时阻止溶剂进入溶液的压力称为溶液的渗透压。渗透压可以用膜内、外液面高度差 h 所产生的压力来量度，即溶液的渗透压在数值上等于渗透达平衡时液柱高度所产生的静水压。

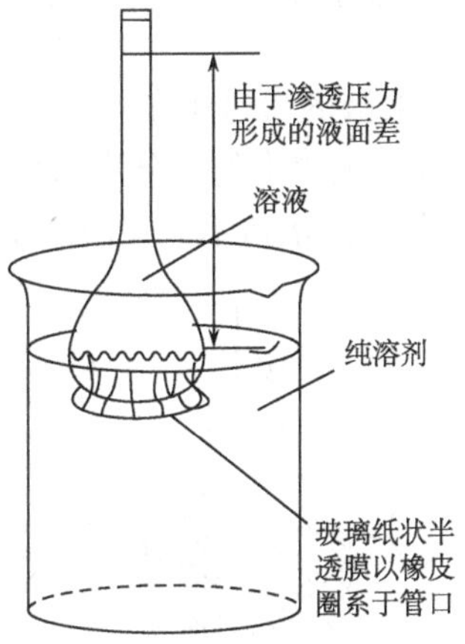

图 3.2 渗透压示意图

任何溶液都有渗透压，但是都要借助于半透膜才能表现出来。1886 年，荷兰物理学家、化学家范特霍夫发现，当温度一定时，难挥发的非电解质的稀溶液的渗透压大小与溶质 B 的浓度 c_B（单位 $mol\cdot dm^{-3}$）成正比，在浓度一定时，稀溶液的渗透压和热力学温度 T 成正比，即

$$\Pi = c_B RT \tag{3.5}$$

式中，Π 为渗透压(单位为 Pa)；c_B 为溶质 B 的体积摩尔浓度，单位为 $mol \cdot m^{-3}$；R 为摩尔气体常量，$8.314\ J \cdot mol^{-1} \cdot K^{-1}$。式(3.5)还可以改写为

$$\Pi_V = n_B RT$$

这个式子表明稀溶液的渗透压也和溶质微粒数有关，而与溶质的本性无关。通常，应用渗透压也可以测定高分子物质的平均相对分子质量。

例 3.2 将 5 g 鸡蛋清溶于水制成 1000 mL 溶液，测得该溶液在 298 K 时的渗透压为 306 Pa，求鸡蛋清的平均相对分子质量。

解 设鸡蛋清的摩尔质量为 $M(g \cdot mol^{-1})$。根据

$$\Pi = cRT$$

得

$$306 = \frac{5}{M \times 10^{-3}} \times 8.314 \times 298$$

$$M = 40500(g \cdot mol^{-1})$$

所以，鸡蛋清的平均相对分子质量为 40500。

溶液的渗透压在生物学上有很重要的作用。植物细胞汁的渗透压高达 2.0×10^6 Pa，土壤中的水分渗入植物根部，达到植株的全身，插在水中的鲜花可以数日不凋谢，海水鱼不能在淡水中生存，都与渗透压有关。

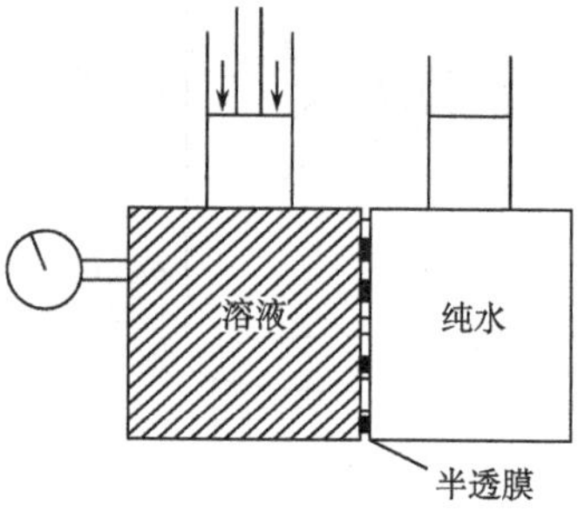

图 3.3　反渗透示意图

如果在溶液上方施加一个额外的压力，若这个压力超过了溶液的渗透压，那么溶液中的溶剂分子就会穿过半透膜向纯溶剂一方流动，使纯溶剂一方的体积增加，这一过程称为反渗透。图 3.3 是反渗透示意图。

反渗透原理在工业废水处理、海水淡化、溶液浓缩等方面都有广泛的应用，用反渗透法淡化海水所需的能量仅为蒸馏法的 30%，目前已成为一些海岛、远洋客轮、某些缺少饮用淡水的国家或地区获取淡水的重要手段。反渗透法对无机物废水的去除率可达 90%以上，有的甚至高达 99%。对于含有机物的废水，有机物的去除率一般也在 80%以上。

用作反渗透膜的材料有醋酸纤维素膜、尼龙 66、聚砜酰胺膜、氢氧化铁、硅藻土制成的新型超过滤膜等。

以上稀溶液的通性可以总结成一条稀溶液定律：难挥发的非电解质的稀溶液的性质(溶液的蒸气压下降、沸点升高、凝固点降低和渗透压)是与一定量溶剂中所溶解的溶质的物质的量成正比，而与溶质的本性无关。

3.2　弱电解质的解离平衡

3.2.1　酸碱的概念和水溶液的酸碱性

1. 酸和碱的概念

1887年，阿伦尼乌斯提出了酸碱的电离理论。他认为，凡是电离时所生成的正离子全部为H^+的化合物称为酸，凡是电离时所生成的负离子全部为OH^-的化合物称为碱。酸碱中和反应是H^+和OH^-结合生成H_2O的反应。按照这一观点，像HCl、HNO_3、CH_3COOH、H_2CO_3、…都是酸，而NaOH、KOH、$Ca(OH)_2$、…都是碱。这一理论对酸碱的理解非常实用和直观，但它把酸、碱限制在以水为溶剂的系统，并把碱限制为氢氧化物，对"氨在水中是碱"这一事实，无法给予解释，也不能对非水系统进行解释。

1923年，布朗斯特(Bronsted)和劳莱(Lowry)提出了酸碱质子理论。这一理论认为，凡是能给出质子H^+的物质(分子或离子)称为酸；凡是能够接受质子的物质(分子或离子)都是碱；凡是既能给出质子又能够接受质子的物质(分子或离子)都是两性物质。简单地说，酸是质子的给予体，而碱是质子的接受体。这个理论也将电离理论包括在内，但与溶剂无关。酸和碱之间的关系可以表示为

$$\text{酸} \rightleftharpoons \text{碱} + \text{质子}$$

$$HCl(aq) \rightleftharpoons Cl^-(aq) + H^+(aq)$$

$$HAc(aq) \rightleftharpoons Ac^-(aq) + H^+(aq)$$

$$NH_4^+(aq) \rightleftharpoons NH_3(aq) + H^+(aq)$$

$$H_2PO_4^-(aq) \rightleftharpoons HPO_4^{2-}(aq) + H^+(aq)$$

$$HCO_3^-(aq) \rightleftharpoons CO_3^{2-}(aq) + H^+(aq)$$

从上面的例子可以看出，按照酸碱的质子理论，凡是位于反应式左边的物质都是酸，包括分子酸(如HAc)、离子酸(如NH_4^+、$H_2PO_4^-$)。反应式右边第一项是碱，有分子碱(如NH_3)、离子碱(如Ac^-)。有些物质或离子(如$H_2PO_4^-$、HPO_4^{2-})既是酸又是碱。同时还可以看出，酸和碱的概念统一于对质子的释放与获取，酸释放质子后就变成了碱，而碱接受质子后就变成了酸。为了表示它们之间的联系，常把酸碱之间的这种关系称为共轭酸碱对。酸放出质子后形成的碱称为该酸的共轭碱，碱接受质子后形成的酸称为该碱的共轭酸。我们把相差一个质子的对应酸碱称为共轭酸碱。在前面所举的例子中，左边的酸是右边的碱的共轭酸，而右边的碱是左边的酸的共轭碱。

根据酸碱的质子理论，容易放出质子的是强酸，与该强酸对应的共轭碱则是一

个弱碱。换言之，酸越强，它的共轭碱就越弱；反之，碱越强，它的共轭酸就越弱。例如，在水溶液中，HCl 是强酸，它的共轭碱 Cl^- 是弱碱；OH^- 是强碱，它的共轭酸 H_2O 是弱酸。

酸碱质子理论扩大了酸碱的含义及酸碱反应的范围。例如，酸碱质子理论中将电离均改为解离，其意义和范围更为扩大。同时克服了酸碱必须在水中的局限性，解决了非水溶液和气体间的酸碱反应，并把在水溶液中进行的电离、中和、水解等几类反应概括成一类反应，即质子传递式酸碱反应。例如：

$$\underset{\text{酸}}{HCl} + \underset{\text{碱}}{NH_3} \xrightleftharpoons{H^+} NH_4^+Cl^-$$

HCl 是质子给予体，为酸；NH_3 为质子接受体，为碱。NH_3 接受质子后变为 NH_4^+，HCl 失去质子后变为 Cl^-。

酸碱质子理论也有缺陷。例如，对于一些不含氢的化合物的酸碱性问题，无法进行合理的解释，尽管如此，它在解决一些常见的酸碱体系中的问题时仍是合理的，限于篇幅，这里不再介绍其他理论。

2. 水的解离平衡和水溶液的酸碱性

水是一种弱电解质，存在着下列解离平衡：

$$H_2O(l) \rightleftharpoons H^+(aq) + OH^-(aq)$$

根据平衡的关系可以写出平衡常数关系式，但由于水的解离度很小，$H_2O(l)$ 可看作纯液态而不写入平衡常数关系式，因此平衡时：

$$K^\ominus = [c(H^+)/c^\ominus][c(OH^-)/c^\ominus]$$

因为 $c^\ominus = 1\ mol \cdot dm^{-3}$，故上式简写为

$$K_w = c(H^+)c(OH^-)$$

K_w 值可通过热力学数据计算，$K_w = 1\times10^{-14}$(22 ℃)称为水的离子积，即

$$c(H^+)c(OH^-) = 1\times10^{-14}$$

溶液的酸碱性的强弱反映了溶液中 H^+(aq)浓度和 OH^-(aq)浓度的相对大小。在水溶液中，由于存在着水的解离平衡，这种关系决定了在中性溶液中有 H^+(aq)，也有 OH^-(aq)；在碱性溶液中也存在 H^+(aq)；而在酸性溶液中也存在着 OH^-(aq)。在任何水溶液中都同时存在着 H^+(aq)与 OH^-(aq)，只是在不同情况下，二者之间的相对浓度不同。在酸性溶液中 $c(H^+) > c(OH^-)$，在碱性溶液中 $c(OH^-) > c(H^+)$。根据两者之间的相互关系，可以用统一的标准来表明溶液的酸碱性，在实际应用中，通常用 H^+(aq)浓度的负对数来表示溶液的酸碱性，即

$$pH = -\lg c(H^+) \tag{3.6}$$

与 pH 对应的为 pOH，表示为

$$pOH = -\lg c(OH^-) \tag{3.7}$$

在常温下的水溶液中

$$K_w = 1\times10^{-14} = c(H^+)c(OH^-)$$

将等式两边同时取对负数，得

$$-\lg c(H^+) - \lg c(OH^-) = -\lg K_w$$

令

$$pK_w = -\lg K_w = 14$$

$$pH + pOH = pK_w = 14 \tag{3.8}$$

pH 是溶液酸碱性强弱的量度。pH 越小，溶液酸性越强，碱性越弱；pH 越大，溶液碱性越强，酸性越弱。

酸性溶液：$c(H^+)>c(OH^-)$，$pH<7$；

中性溶液：$c(H^+)=c(OH^-)$，$pH=7$；

碱性溶液：$c(H^+)<c(OH^-)$，$pH>7$。

pH 一般仅适用于 $c(H^+)$ 或 $c(OH^-)$ 为 $1.000\ mol\cdot dm^{-3}$ 以下溶液。如果 $c(H^+)>1.000\ mol\cdot dm^{-3}$，则 $pH<0$；如果 $c(OH^-)>1.000\ mol\cdot dm^{-3}$ 则 $pH>14$，在这种情况下，就不用 pH 来表示溶液的酸碱性，通常直接写出 $H^+(aq)$ 或 $OH^-(aq)$ 的实际浓度。

3.2.2 一元及多元弱电解质的解离平衡

除少数强酸、强碱为强电解质外，大多数的酸和碱都是弱电解质。弱电解质在溶液中只有很少一部分分子解离为离子，大部分以分子(水合分子)形式存在，因此在弱电解质溶液中存在着解离平衡，其平衡常数称为解离常数。一般情况下，弱酸的解离常数用 K_a 表示，弱碱的解离常数用 K_b 表示。其值可以用热力学数据求得，也可以根据实验测定。

1. 一元弱酸、弱碱

一元弱酸如乙酸 HAc 在溶液中存在着下列平衡：

$$HAc(aq) + H_2O(l) \rightleftharpoons H_3O^+(aq) + Ac^-(aq)$$

H_3O^+ 是 H^+ 的水合离子，上式也可以简写为

$$HAc(aq) \rightleftharpoons H^+(aq) + Ac^-(aq)$$

平衡时，其平衡常数为

$$K^\ominus(HAc) = \frac{[c(H^+,aq)/c^\ominus][c(Ac^-,aq)/c^\ominus]}{c(HAc,aq)/c^\ominus}$$

由于 $c^{\ominus}=1\ \text{mol}\cdot\text{dm}^{-3}$，一般不考虑 K 的单位时，可将上式简写为

$$K_a(\text{HAc})=\frac{c(\text{H}^+,\text{aq})c(\text{Ac}^-,\text{aq})}{c(\text{HAc},\text{aq})} \tag{3.9}$$

需要注意的是浓度 c 是有量纲的，在表达 c 的具体数值时其单位为 $\text{mol}\cdot\text{dm}^{-3}$。

同理，一元弱碱如氨水溶液中也存在解离平衡，一般在不考虑 K 的单位时，可简写为

$$NH_3(\text{aq})+H_2O \rightleftharpoons NH_4^+(\text{aq})+OH^-(\text{aq})$$

$$K_b(NH_3)=\frac{c(NH_4^+,\text{aq})c(OH^-\ \text{aq})}{c(NH_3,\text{aq})} \tag{3.10}$$

与其他平衡常数一样，K_a、K_b 在一定温度下不因浓度的变化而改变。不同的温度 K_a 或 K_b 的数值是不相同的，但是由于温度的改变使解离常数的改变很小，因此，常温范围内可以不考虑温度对 K_a、K_b 的影响。当然，弱电解质不同，K_a 或 K_b 值是不相同的。

设一元弱酸的浓度为 $c(\text{mol}\cdot\text{dm}^{-3})$，解离度为 $\alpha\left(\alpha=\frac{\text{已解离的物质的量}}{\text{解离前该物质的量}}\%\right)$，则一元弱酸（通式为 HA）的解离平衡为

$$\text{HA}(\text{aq}) \rightleftharpoons \text{H}^+(\text{aq})+\text{A}^-(\text{aq})$$

$$K_a=\frac{c\alpha\times c\alpha}{c(1-\alpha)}=\frac{c\alpha^2}{1-\alpha}$$

当 α 很小时，$1-\alpha\approx1$，则

$$K_a\approx c\alpha^2$$

$$\alpha\approx\sqrt{K_a/c} \tag{3.11}$$

$$c(\text{H}^+)=c\alpha\approx\sqrt{K_a\cdot c} \tag{3.12}$$

对于弱碱，同样可得

$$\alpha\approx\sqrt{K_b/c} \tag{3.13}$$

$$c(\text{OH}^-)=\sqrt{K_b\cdot c} \tag{3.14}$$

式(3.11)、式(3.13)表明，溶液的解离度与其浓度的平方根成反比。即在一定温度下溶液越稀，解离度越大，这个关系式称为**稀释定律**。

α 和 K_a 或 K_b 都可以用来表示酸或碱的强弱，但 α 随 c 而变；在一定温度下，K_a 或 K_b 不随浓度而变，是一个常数，因此对相同类型的弱电解质，可以通过比较 K_a 或 K_b 的相对大小来比较酸或碱的强弱。

例 3.3　计算 293 K 时，浓度为 0.100 $mol \cdot dm^{-3}$ 的 HAc 溶液中 H^+(ag)浓度和解离度。

解　从附录 3 中查得 HAc 的 $K_a=1.76\times10^{-5}$。

方法 1　设平衡时 0.100 $mol \cdot dm^{-3}$ HAc 溶液中 H^+(aq)的浓度为 $x(mol \cdot dm^{-3})$。

$$HAc(aq) \rightleftharpoons H^+(aq) + Ac^-(aq)$$
$$0.100-x \qquad x \qquad x$$

$$K_a=\frac{c(H^+)c(Ac^-)}{c(HAc)}=\frac{x \cdot x}{0.100-x}=1.76\times10^{-5}$$

由于 K_a 很小，所以 $0.100-x\approx0.100$，则

$$1.76\times10^{-5}\approx\frac{x^2}{0.100}$$

$$x\approx1.33\times10^{-3}(mol \cdot dm^{-3})$$

方法 2　由式(3.12)，得

$$c(H^+)\approx\sqrt{K_a \cdot c}=\sqrt{1.76\times10^{-5}\times0.100}\approx1.33\times10^{-3}(mol \cdot dm^{-3})$$

由式(3.11)得

$$\alpha=\sqrt{\frac{1.76\times10^{-5}}{0.100}}=1.3\%$$

2. 影响弱电解质解离平衡的因素

影响弱电解质解离平衡的因素很多，其中温度、同离子效应等对弱电解质的解离平衡都有影响，这里只讨论同离子效应对弱电解质解离平衡的影响。

若在 HAc 溶液中加入一些 NaAc，由于 NaAc 是强电解质，它在溶液中完全解离，溶液中 Ac^- 浓度大大增加，使解离平衡向左移动，从而降低了 HAc 的解离度。同样，在氨水中加入 NH_4Cl，也会出现氨水解离度降低的情况。

在弱电解质溶液中，由于加入与其具有相同离子的强电解质而使解离平衡左移，从而降低了弱电解质的解离度，这种现象称为同离子效应。

例 3.4　如果在 0.100 $mol \cdot dm^{-3}$ HAc 溶液中加入晶体 NaAc，使 NaAc 浓度达到 0.100 $mol \cdot dm^{-3}$，则该 HAc 溶液的 H^+(aq)浓度和 α 各为多少？并与例 3.3 的结果相比较。

解　设 HAc 解离的 H^+(aq)浓度为 $x(mol \cdot dm^{-3})$，则

$$HAc(aq) \rightleftharpoons H^+(aq) + Ac^-(aq)$$

平衡时浓度/$(mol \cdot dm^{-3})$　$0.100-x$　　x　　$0.100+x$

$$K_a=\frac{c(H^+) \cdot c(Ac^-)}{c(HAc)}=\frac{x(0.100+x)}{0.100-x}$$

由于 HAc 的 K_a 很小，加之同离子效应，进一步抑制了 HAc 的解离，故可以认为 $0.100+x\approx0.100$，$0.100-x\approx0.100$，所以

$$x=\frac{0.100}{0.100}\times1.76\times10^{-5}=1.76\times10^{-5}(\text{mol}\cdot\text{dm}^{-3})$$

$$c(\text{H}^+,\text{aq})=1.76\times10^{-5}(\text{mol}\cdot\text{dm}^{-3})$$

$$\alpha=\frac{1.76\times10^{-5}}{0.100}\times100\%=1.76\times10^{-2}\%$$

计算结果与例 3.3 相比较，可见由于同离子效应，使得 H^+(aq)浓度和解离度 α 大为降低。

3. 多元弱酸的解离平衡

水溶液中一个分子能解离出一个以上 H^+ 的弱酸称为多元弱酸。例如，H_2CO_3、H_2S 是二元弱酸，H_3PO_4、H_3AsO_4 是三元弱酸。

多元弱酸在水中是分级解离的，每一级解离都有一个解离常数。例如，氢硫酸的一级解离为

$$H_2S(aq) \rightleftharpoons H^+(aq)+HS^-(aq)$$

$$K_{a_1}=\frac{c(H^+)\cdot c(HS^-)}{c(H_2S)}=9.1\times10^{-8} \tag{3.15}$$

二级离解为

$$HS^-(aq) \rightleftharpoons H^+(aq)+S^{2-}(aq)$$

$$K_{a_2}=\frac{c(H^+)\cdot c(S^{2-})}{c(HS^-)}=1.1\times10^{-12} \tag{3.16}$$

式中，K_{a_1} 和 K_{a_2} 分别表示 H_2S 的一级解离常数和二级解离常数。磷酸在水中的解离分三步进行，在 298.15 K 时三级解离常数分别是 $K_{a_1}=7.52\times10^{-3}$，$K_{a_2}=6.23\times10^{-8}$，$K_{a_3}=4.4\times10^{-13}$。

从多元弱酸的分级解离可以看出：$K_{a_1}\gg K_{a_2}\gg K_{a_3}$，即后一级解离比前一级解离更困难。例如，$H_2S$ 的二级解离使 HS^- 进一步给出 H^+，要比一级解离困难得多。因为带有两个负电荷的 S^{2-} 对 H^+ 的吸引比带有一个负电荷的 HS^- 对 H^+ 的吸引要强得多，显然，二级解离要克服更多的静电引力。由于同离子效应，一级解离出来的 H^+ 使二级解离的平衡强烈地偏向左方，故二级解离的解离度要比一级解离小得多。

由于以上规律，可以认为多元弱酸一级解离是最主要的，二、三级解离产生的 H^+(aq)极少，可以忽略，这样使多元弱酸溶液 H^+(aq)浓度的计算得到简化，即仅根据一级解离进行计算即可。

设二元弱酸 H_2A 的初始浓度为 c mol · dm^{-3}，平衡时 H^+(aq)浓度为

$x\ \mathrm{mol\cdot dm^{-3}}$，则

$$H_2A(aq) \rightleftharpoons H^+(aq) + HA^-(aq)$$

平衡时浓度/$(\mathrm{mol\cdot dm^{-3}})$ $\quad c-x \quad x \quad x$

当 $c \gg x$ 时，$c-x \approx c$ 则

$$c(H^+) = x = \sqrt{K_{a_1} \cdot c}$$

又因为

$$HA^-(aq) \rightleftharpoons H^+(aq) + A^{2-}$$

$$K_{a_2} = \frac{c^{eq}(H^+) \cdot c^{eq}(A^{2-})}{c^{eq}(HA^-)}$$

而且

$$c^{eq}(H^+) \approx c^{eq}(HA^-)$$

所以

$$c^{eq}(A^{2-}) \approx K_{a_2}$$

由以上分析可以得出结论：多元弱酸总的 $H^+(aq)$ 浓度可以近似按一级解离进行计算，像 H_2A 这样的二元弱酸，则 $c(A^{2-}) \approx K_{a_2}$；在比较相同浓度的多元弱酸的强弱时，只要比较一级解离常数的大小就可以了。

例 3.5 计算 291 K 时 $0.100\ \mathrm{mol\cdot dm^{-3}}$ 饱和 H_2S 溶液中 $H^+(aq)$，$HS^-(aq)$ 和 $S^{2-}(aq)$ 的浓度。

解 从附录 3 中查出该温度下 H_2S 的解离常数 K_{a_1} 和 K_{a_2}，并设 $H^+(aq)$ 浓度为 $x(\mathrm{mol\cdot dm^{-3}})$，按一级解离计算。

$$H_2S \rightleftharpoons H^+(aq) + HS^-(aq)$$

平衡时浓度/$(\mathrm{mol\cdot dm^{-3}})$ $\quad 0.1-x \quad x \quad x$

$$K_{a_1} = \frac{c(H^+) \cdot c(HS^-)}{c(H_2S)} = \frac{x \cdot x}{0.1-x}$$

因为 $0.1 \gg x$，故 $0.1-x \approx 0.1$，解得

$$x^2 = 9.1 \times 10^{-9} (\mathrm{mol\cdot dm^{-3}})$$

$$x = c(H^+) = c(HS^-) = 9.5 \times 10^{-5} (\mathrm{mol\cdot dm^{-3}})$$

溶液中 $S^{2-}(aq)$ 浓度则近似为

$$c(S^{2-}) \approx K_{a_2} = 1.1 \times 10^{-12} (\mathrm{mol\cdot dm^{-3}})$$

严格说来 $H^+(aq)$ 浓度略大于 $9.5 \times 10^{-5}\ \mathrm{mol\cdot dm^{-3}}$，$S^{2-}(aq)$ 浓度略小于 $1.1 \times 10^{-12}\ \mathrm{mol\cdot dm^{-3}}$。

在 H_2S 的饱和溶液中，$H^+(aq)$ 浓度和 $S^{2-}(aq)$ 浓度之间的关系可由下面的推导而得。

将 H_2S 的两级解离常数相乘，得

$$K_{a_1} K_{a_2} = \frac{c(H^+) \cdot c(HS^-)}{c(H_2S)} \frac{c(H^+) \cdot c(S^{2-})}{c(HS^-)}$$

$$= \frac{[c(H^+)]^2 \cdot c(S^{2-})}{c(H_2S)} = 9.1 \times 10^{-8} \times 1.1 \times 10^{-12} = 1.0 \times 10^{-19}$$

故
$$c(S^{2-})=\frac{1.0\times10^{-19}\times c(H_2S)}{[c(H^+)]^2}$$

在室温(298.15 K)和大气压力为 101325 Pa 时，H_2S 饱和溶液中 $H_2S(aq)$的浓度约为 0.100 mol·dm^{-3}，代入上式得

$$c(S^{2-}) = 1.0\times10^{-20}/[c(H^+)]^2 \tag{3.17}$$

利用式(3.17)即可计算在 H_2S 的饱和水溶液中，加入不同量的 $H^+(aq)$后 $S^{2-}(aq)$浓度的变化。

注意上述推导过程及结果并不意味着 H_2S 在溶液中按下述方式解离：

$$H_2S(aq) \rightleftharpoons 2H^+(aq) + S^{2-}(aq)$$

事实上，例 3.5 的计算结果也表明了 $H^+(aq)$浓度不等于 $S^{2-}(aq)$浓度的两倍。

例 3.6　将 H_2S 通入浓度为 0.200 mol·dm^{-3}的 HCl 溶液中至饱和，求溶液中$S^{2-}(aq)$浓度。

解　根据式(3.17)可得

$$c(S^{2-})=\frac{1.0\times10^{-20}}{[c(H^+)]^2}=\frac{1.0\times10^{-20}}{(0.200)^2}=2.5\times10^{-19}(\text{mol}\cdot\text{dm}^{-3})$$

3.2.3　缓冲溶液

缓冲溶液是一种能够对溶液的酸碱度有稳定作用的溶液。如果向溶液中加入少量的酸或碱，或者在溶液中进行的化学反应产生了少量的酸或碱，或者将溶液稍加稀释，缓冲溶液都能够使其 pH 在一定范围内不发生显著变化，即对外来的酸或碱有缓冲作用。

缓冲溶液一般是由浓度较大的弱酸及其共轭碱，或是由浓度较大的弱碱及其共轭酸所组成的，如 HAc 和 NaAc、NH_3 和 NH_4Cl、$NaHCO_3$ 和 Na_2CO_3 等。这些组合称为缓冲对，实际上是由共轭的酸碱对组成。

在 HAc 和 NaAc 的混合溶液中，HAc 是弱电解质，而 NaAc 是强电解质，前者部分解离，而后者完全解离，因而溶液中 HAc 和 Ac^- 的浓度都较大。由于同离子效应，抑制了 HAc 的解离，因而 H^+浓度较小。

$$HAc(aq) \rightleftharpoons H^+(aq) + Ac^-(aq)$$
$$NaAc \rightleftharpoons Na^+(aq) + Ac^-(aq)$$

向溶液中加入少量强酸时，H^+与 Ac^-结合形成 HAc 分子，平衡向左移动；反之，如果向该溶液中加入少量强碱，H^+与 OH^- 结合生成水，平衡将向右移动。HAc 解离出 H^+补偿与 OH^- 反应的 H^+，这样就使得溶液中的 H^+浓度相对稳

定，因此溶液的 pH 基本不变，这就是缓冲溶液具有缓冲作用的原因。

关于缓冲溶液 pH 的计算以 HAc(酸)和 NaAc(盐)为例作如下推导：

$$\mathrm{HAc(aq)} \rightleftharpoons \mathrm{H^+(aq)} + \mathrm{Ac^-(aq)}$$

平衡时浓度/($mol \cdot dm^{-3}$) $c_{酸} - c(H^+)$ $c(H^+)$ $c_{碱} + c(Ac^-)$

$$K_a = \frac{c(H^+)[c_{碱} + c(Ac^-)]}{c_{酸} - c(H^+)}$$

一般情况下，弱酸的解离度很小，由于同离子效应，使 HAc 解离出的 H^+(aq)、Ac^-(aq)浓度更小，故上式可简化为

$$K_a = \frac{c(H^+)c_{碱}}{c_{酸}}$$

$$c(H^+) = K_a \frac{c_{酸}}{c_{碱}} \tag{3.18}$$

两边取负对数，得

$$-\lg c(H^+) = -\lg K_a - \lg \frac{c_{酸}}{c_{碱}}$$

$$\mathrm{pH} = \mathrm{p}K_a - \lg \frac{c_{酸}}{c_{碱}} \tag{3.19}$$

式(3.18)、式(3.19)是酸性缓冲溶液中 H^+(aq)浓度和 pH 的计算公式。

对于碱性缓冲体系如 NH_3(碱)和 NH_4Cl(酸)，用类似的方法也可以推导出 OH^-(aq)浓度和 pOH 的计算式。

$$c(OH^-) = K_b \frac{c_{碱}}{c_{酸}} \tag{3.20}$$

$$\mathrm{pOH} = \mathrm{p}K_b - \lg \frac{c_{碱}}{c_{酸}} \tag{3.21}$$

又因为 pH+pOH=14，所以式(3.21)可以改写为

$$\mathrm{pH} = 14 - \mathrm{pOH} = 14 - \mathrm{p}K_b + \lg \frac{c_{碱}}{c_{酸}} \tag{3.22}$$

例 3.7 计算在 99 cm^3 H_2O 中加入 1.000 cm^3 浓度为 1.000 $mol \cdot dm^{-3}$ 的 HCl 后溶液的 pH。

解 HCl 在水中完全解离，故

$$c(H^+) = c(HCl) = \frac{1 \times 1}{99 + 1} = 0.010(mol \cdot dm^{-3})$$

$$\mathrm{pH} = -\lg c(H^+) = 2$$

纯水的 pH=7，加入少量 HCl 后 pH 变为 2，使水中 H^+(aq)浓度增加了 10^5 倍。

例 3.8 将等体积的 0.200 mol · dm^{-3}的 HAc 溶液与 0.200 mol · dm^{-3}的 NaAc 溶液混合，求溶液的 pH。

解 由式(3.19)得

$$pH=pK_a-\lg\frac{c_{酸}}{c_{碱}}=4.75-\lg\frac{0.2/2}{0.2/2}=4.75$$

例 3.9 在 99 cm^3 例 3.8 中的混合溶液中加入 1.000 cm^3 浓度为 1.000 mol · dm^{-3}的 HCl 溶液，求溶液的 pH。

解 1 cm^3 浓度为 1.000 mol · dm^{-3}的盐酸溶液中有 0.001 mol HCl，与等量的 Ac^- 结合后生成 0.001 mol 的 HAc，混合溶液中原有的 HAc 和 Ac^- 均为 0.0099 mol，故平衡时混合液中有

$$c_{碱}=\frac{0.0099-0.001}{100}\times1000=0.089(mol\cdot dm^{-3})$$

$$c_{酸}=\frac{0.0099+0.001}{100}\times1000=0.109(mol\cdot dm^{-3})$$

由式(3.19)得

$$pH=pK_a-\lg\frac{c_{酸}}{c_{碱}}=4.75-\lg\frac{0.109}{0.089}=4.67$$

与例 3.8 相比较，pH 只减少了 0.08 单位，即在上述缓冲溶液中加入少量盐酸后，H^+(aq)浓度由 1.8×10^{-5} mol · dm^{-3}增加到 2.14×10^{-5} mol · dm^{-3}，可见变化不大。

例 3.10 在 99 cm^3 例 3.8 混合溶液中如果加入 10 cm^3 0.100 mol · dm^{-3}的盐酸，求溶液 pH。

解 10 cm^3 0.100 mol · dm^{-3}的盐酸中有 0.01 mol 的 HCl，加入缓冲溶液后，溶液中的 Ac^-将全部生成 HAc，因此计算不能按例 3.9 进行计算，过剩盐酸的浓度为

$$\frac{0.01-0.0099}{109}\times1000=0.0091(mol\cdot dm^{-3})$$

盐酸在溶液中完全解离，故

$$c(H^+)=0.0091(mol\cdot dm^{-3})$$

$$pH=-\lg0.0091=1.04$$

可见缓冲溶液中加入过量的酸时，已失去缓冲作用。

缓冲溶液缓冲能力的大小取决于缓冲组分的浓度及其比值($c_{酸}/c_{碱}$ 或 $c_{碱}/c_{酸}$)。理论上已证明，若缓冲组分的浓度较大，且缓冲组分的比值为 1∶1 时，缓冲能力最大。从式(3.19)和式(3.21)可见，这时 $pH=pK_a$，$pOH=pK_b$。因此，对任何缓冲体系，都有一个有效的缓冲范围。

选择和配制缓冲溶液时要遵循的原则如下：

(1) 缓冲溶液不能与欲控制 pH 的溶液发生化学反应。

(2) 所需控制的 pH 应在缓冲溶液的缓冲范围之内。如果缓冲溶液是由弱酸及其共轭碱组成的，则 pK_a 应尽量与所需控制的 pH 一致，即 $pK_a \approx pH$；同样，如果用弱碱及其共轭酸组成缓冲溶液，则 $pK_b \approx pOH$。

(3) 缓冲组分的浓度应较大，且 $c_{酸}/c_{碱}$ 或 $c_{碱}/c_{酸}$ 的比值最好等于或接近 1。

由式(3.19)、式(3.22)可见，当把缓冲溶液稍加稀释，由于 $c_{酸}/c_{碱}$ 或 $c_{碱}/c_{酸}$ 的比值变化很小，所以溶液的 pH 基本不变，但如果稀释得过多，水自身的解离对 pH 的影响已不能忽略，式(3.19)、式(3.22)就不成立。

缓冲溶液在许多方面都有着重要的用途。例如，金属电镀时需用缓冲溶液来控制 pH；人体血液中含有 $H_2CO_3 + NaHCO_3$ 等所形成的缓冲系统，以此来维持其 pH 恒定(pH＝7.4±0.05)。

3.3 配离子与配位平衡

凡共用电子对是由一个原子单方面提供而形成的共价键称为配位键。由一个简单正离子(或中心原子)与几个中性分子或负离子以配位键结合起来的复杂离子称为配离子。带正电荷的配离子称为配正离子，又称配阳离子，如 $[Cu(NH_3)_4]^{2+}$、$[Ag(NH_3)_2]^{+}$；带负电荷的配离子称为配负离子，又称配阴离子，如 $[Fe(CN)_6]^{4-}$。由一个简单正离子(或中心原子)与几个中性分子或负离子以配位键结合而形成的复杂的电中性分子称为配合分子，如 $[CO(NH_3)_3Cl_3]$。

把配合分子或含有配离子的化合物称为配位化合物，简称配合物，有时也直接把配离子称为配合物，二者无严格区别。

3.3.1 配合物的组成

以 $[Cu(NH_3)_4]SO_4$ 为例，配合物的组成如下：

$$\underbrace{\underbrace{[\underset{形成体}{Cu}\quad \underset{配位体}{(NH_3)_4}]^{2+}}_{内配位层或内界}\quad \underset{外配位层或外界}{SO_4^{2-}}}_{配合物}$$

在空间构型上，Cu^{2+} 占据着配离子的中心，四个 NH_3 分子占据四面体的四个顶点，分布在 Cu^{2+} 的四周。

位于中心的正离子或原子称为配合物的形成体。它有空的价电子轨道，在形成配位键时接受电子对，故又称为电子对接受体。过渡元素的原子或离子具有较多空的价电子轨道，常作为配合物的形成体。

形成配位键时提供电子对的中性分子或负离子称为配位体，简称配体，又称电子对给予体，如 NH_3、F^-、OH^-、CN^- 等。配位体中提供孤对电子，且与中心原子或离子直接相连的原子称为配位原子，如 NH_3 中的 N 是配位原子。一个配位体中仅含有一个配位原子的称为单齿配位体，含有多个配位原子的称为多齿配位体。例如，NH_3、F^-、OH^-、CN^- 是单齿配位体，$NH_2—CH_2—CH_2—NH_2$ 是多齿配位体。

配合物中的配位原子总数称为形成体的配位数。一种形成体通常具有一定的配位数。例如，Ag^+ 的配位数为 2；Cu^{2+} 为 4；Co^{3+} 为 6；Cr^{3+} 为 6。有些形成体的配位数不是一成不变的，如 Zn^{2+} 在多数情况下配位数是 4，但有时也可形成配位数为 6 的配离子。影响配位数的因素很多，如形成体的种类与电荷，配位体的种类、大小、形状和电荷，配位原子的种类等。

配离子的电荷等于组成它的粒子电荷的代数和，并与外界离子电荷的绝对值相等，符号相反。例如，$K_4[Fe(CN)_6]$ 可由外界的 4 个 K^+ 推知配离子的电荷为 -4，又由 CN^- 电荷为 -1 推知中心铁离子的氧化数为 $-4-6\times(-1)=2$。

根据配合物的组成，可将配合物分为以下几类：

(1) 简单配合物。中心离子(或原子)与单齿配位体组成的配合物，中心离子与每一个配位体离子(或分子)间只形成一个配位键。一个配位体离子或分子只有一个配位原子，因此配位数等于配体数，如 $[Cu(NH_3)_4]SO_4$、$[Co(NH_3)_3H_2OCl_2]Cl$ 都是简单配合物。

(2) 多核配合物。分子中含有两个或两个以上的形成体的配合物。在两个形成体之间有一个或两个配位原子把它们连接起来，如 $[(NH_3)_5Cr—OH—Cr(NH_3)_5]Cl_5$。

(3) 羰基配合物。配合物的形成体是 d 区元素的中性原子，配体是 CO 分子的配合物称为羰基配合物。例如，在 43 ℃，CO 的压力为 1.01325×10^5 Pa 时，与镍直接作用可生成挥发性的极毒的羰合物四羰合镍 $[Ni(CO)_4]$ 液体。

$$Ni+4CO \xlongequal{} Ni(CO)_4$$

若把 $Ni(CO)_4$ 加热到 50 ℃，就会分解成 Ni 和 CO，可得纯镍。此外还有 $Fe(CO)_5$ 等。

(4) 螯合物。形成体与多齿配位体形成的具有环状结构的配合物。例如：

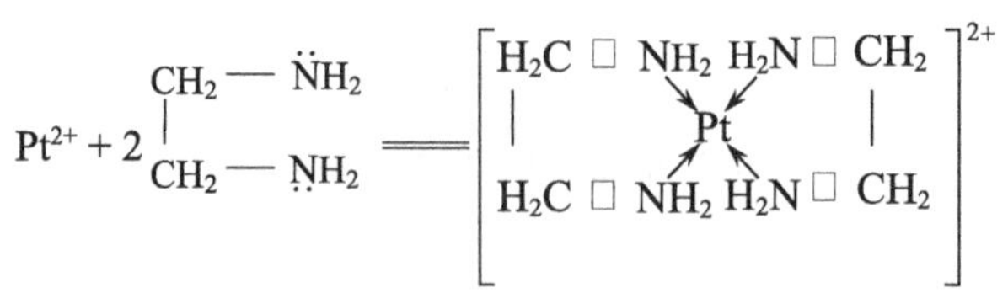

简写为 $[Pt(en)_2]^{2+}$，在配离子 $[Pt(en)_2]^{2+}$ 中的 Pt 的配位数是 4，en(乙二胺，ethylenediamine，简写为 en)是多齿配体，每个 en 分子有 2 个配位原子。

又如，在 $[Cu(NH_3)_4]^{2+}$ 溶液中加入乙二胺，则有

$$[Cu(NH_3)_4]^{2+} + 2en \longrightarrow [Cu(en)_2]^{2+} + 4NH_3$$

其结构式为

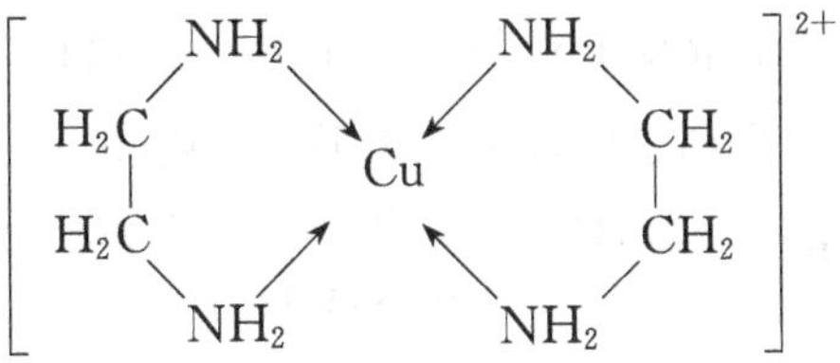

螯合表示成环的意思，形象地把配位原子比作螃蟹的螯，把中心离子钳起来。因此螯合物形成的特点是每一个配体至少含有两个配位原子，形成环状结构。由于 en 与中心离子形成了螯合物，故常称螯合剂。

螯合物的环状结构称为螯合环，环上的原子数为几就称几元环。由于螯合环的形成，螯合物很稳定，难以解离，配离子稳定常数高于一般配合物，尤其以五、六元环最稳定，周期表上的所有金属离子都可以形成螯合物。

3.3.2 配离子的解离平衡

与弱电解质类似，配离子在溶液中也存在着解离平衡。$[Ag(NH_3)_2]^+$ 总的解离平衡可简单表达如下：

$$[Ag(NH_3)_2]^+ \rightleftharpoons Ag^+ + 2NH_3$$

其总的标准解离常数为

$$K^{\ominus}_{\text{不}} = \frac{[c(Ag^+)/c^{\ominus}][c(NH_3)/c^{\ominus}]^2}{c[Ag(NH_3)_2^+]/c^{\ominus}} \tag{3.23}$$

在不考虑 K 的单位时，可将式(3.23)简化为

$$K_{\text{不}} = \frac{[c(Ag^+)][c(NH_3)]^2}{c[Ag(NH_3)_2^+]} \tag{3.24}$$

式中，$K_{\text{不}}$是配离子的解离常数。对同一类型的配离子来说，$K_{\text{不}}$ 越大，表明溶液中的中心离子与配体的浓度越大，即配离子越易解离，越不稳定，因此常称为不稳定常数，用 $K_{\text{不}}$ 表示。

$[Ag(NH_3)_2]^+$在溶液中的解离和多元弱电解质的解离一样，也是分级进行的。其一级解离为

$$[Ag(NH_3)_2]^+ \rightleftharpoons [Ag(NH_3)]^+ + NH_3$$

$$K_1 = \frac{c[Ag(NH_3)^+] \cdot c(NH_3)}{c[Ag(NH_3)_2^+]}$$

二级解离为

$$[Ag(NH_3)]^+ \rightleftharpoons Ag^+ + NH_3$$

$$K_2 = \frac{c(Ag^+) \cdot c(NH_3)}{c[Ag(NH_3)^+]}$$

$$K_{不} = K_1 \cdot K_2$$

又如，$[Cu(NH_3)_4]^{2+}$总的解离平衡也可以简单表达为

$$[Cu(NH_3)_4]^{2+} \rightleftharpoons Cu^{2+} + 4NH_3$$

对上述平衡，可写出配离子的标准解离平衡常数($K_{不}^{\ominus}$)：

$$K_{不}^{\ominus} = \frac{[c(Cu^{2+})/c^{\ominus}] \cdot [c(NH_3)/c^{\ominus}]^4}{c[Cu(NH_3)_4^{2+}]/c^{\ominus}} \tag{3.25}$$

$$K_{不} = \frac{c(Cu^{2+}) \cdot [c(NH_3)]^4}{c[Cu(NH_3)_4^{2+}]} \tag{3.26}$$

$[Cu(NH_3)_4]^{2+}$在溶液中的解离也是分级进行的。

一级解离

$$[Cu(NH_3)_4]^{2+} \rightleftharpoons [Cu(NH_2)_3]^{2+} + NH_3$$

$$K_1 = \frac{c[Cu(NH_3)_3^{2+}]c(NH_3)}{c[Cu(NH_3)_4^{2+}]}$$

二级解离

$$[Cu(NH_3)_3]^{2+} \rightleftharpoons [Cu(NH_3)_2]^{2+} + NH_3$$

$$K_2 = \frac{c[Cu(NH_3)_2^{2+}]c(NH_3)}{c[Cu(NH_3)_3^{2+}]}$$

三级解离

$$[Cu(NH_3)_2]^{2+} \rightleftharpoons [Cu(NH_3)]^{2+} + NH_3$$

$$K_3 = \frac{c[Cu(NH_3)^{2+}]c(NH_3)}{c[Cu(NH_3)_2^{2+}]}$$

四级解离

$$[Cu(NH_3)]^{2+} \rightleftharpoons Cu^{2+} + NH_3$$

$$K_4 = \frac{c(Cu^{2+})c(NH_3)}{c[Cu(NH_3)^{2+}]}$$

$$K_1 \cdot K_2 \cdot K_3 \cdot K_4 = K_{不}$$

配合物的稳定性，也可以用配位平衡常数来表示，如

$$Cu^{2+} + 4NH_3 \rightleftharpoons [Cu(NH_3)_4]^{2+}$$

其配位平衡常数为

$$K_{稳} = \frac{c[Cu(NH_3)_4^{2+}]}{c(Cu^{2+})[c(NH_3)]^4} \tag{3.27}$$

$K_{稳}$称为配合物的稳定常数，在相同条件下，$K_{稳}$值越大，配合物越稳定；反之，则越不稳定。

显然$K_{稳}$与$K_{不}$呈倒数关系，表3.3中列出了若干配离子的不稳定常数。

表 3.3 一些配离子的标准不稳定常数(25 ℃)

配离子	标准不稳定常数	配离子	标准不稳定常数
$[Cu(NH_3)_4]^{2+}$	4.78×10^{-14}	$[Fe(CN)_6]^{4-}$	1.0×10^{-35}
$[Ag(NH_3)_2]^{2+}$	8.91×10^{-8}	$[Fe(CN)_6]^{3-}$	1.0×10^{-42}
$[Zn(NH_3)_4]^{2+}$	3.47×10^{-10}	$[Ag(CN)_2]^{-}$	7.94×10^{-22}
$[Hg(NH_3)_4]^{2+}$	5.24×10^{-20}	$[Zn(CN)_4]^{2-}$	1.99×10^{-17}
$[Fe(NH_3)_2]^{2+}$	6.33×10^{-3}	$[Hg(CN)_4]^{2-}$	4.0×10^{-42}
$[Ni(NH_3)_6]^{2+}$	1.82×10^{-9}	$[Ag(S_2O_3)_2]^{3-}$	3.46×10^{-14}
$[Co(NH_3)_6]^{2+}$	7.75×10^{-6}	$[FeF_6]^{3-}$	4.9×10^{-15}

利用配离子的解离平衡可以求算溶液中有关的各组成物的浓度。

例 3.11 计算 $c([Ag(NH_3)_2]^+)=0.1\ mol\cdot dm^{-3}$ 和 $c(NH_3)=0.1\ mol\cdot dm^{-3}$ 的混合溶液中的 $c(Ag^+)$。

解 设平衡时 $c(Ag^+)=x\ mol\cdot dm^{-3}$,有

$$[Ag(NH_3)_2]^+ \rightleftharpoons Ag^+ + 2NH_3$$

初始浓度/$(mol\cdot dm^{-3})$ 0.1 0 0.1

平衡浓度/$(mol\cdot dm^{-3})$ $0.1-x$ x $0.1+2x$

$$K^{\ominus}_{不}=\frac{[c(Ag^+)/c^{\ominus}][c(NH_3)/c^{\ominus}]^2}{c[Ag(NH_3)_2^+]/c^{\ominus}}=\frac{x(0.1+2x)^2}{0.1-x}=8.91\times10^{-8}$$

由于 NH_3 的存在及 $K^{\ominus}_{不}$ 较小,因此 $0.1+2x\approx0.1$,$0.1-x\approx0.1$,上式可近似为

$$K^{\ominus}_{不}=\frac{x(0.1)^2}{0.1}=8.9\times10^{-8}$$

$$x=8.91\times10^{-7}(mol\cdot dm^{-3})$$

即 $c(Ag^+)=8.91\times10^{-7}(mol\cdot dm^{-3})$

例 3.12 在 $1.000\ dm^{-3}$ $6\ mol\cdot dm^{-3}$ 的 $NH_3\cdot H_2O$ 溶液中加入 0.1 mol 的 $CuSO_4$,求溶液中各组分浓度。

解 假设 0.1 mol 的 Cu^{2+} 完全生成配离子,则溶液中应含有 $0.1\ mol\cdot dm^{-3}$ 的 $[Cu(NH_3)_4]^{2+}$,游离氨的浓度为 $6-(4\times0.1)=5.6(mol\cdot dm^{-3})$,并设平衡时 Cu^{2+} 的浓度为 $x\ mol\cdot dm^{-3}$。

$$Cu^{2+}+4NH_3 \rightleftharpoons [Cu(NH_3)_4]^{2+}$$

平衡浓度/$(mol\cdot dm^{-3})$ x $5.6+4x$ $0.1-x$

由于稳定常数(2.1×10^{13})相当大,可以认为 $0.1-x\approx0.1$,$5.6+4x\approx5.6$,于是

$$K_{稳}=\frac{c[Cu(NH_3)_4^{2+}]}{c(Cu^{2+})[c(NH_3)]^4}=\frac{0.1}{x(5.6)^4}=2.1\times10^{13}$$

因此,溶液中各组分的浓度为

$c[Cu(NH_3)_4^{2+}]\approx0.1(mol\cdot dm^{-3})$ $c(NH_3)=5.6(mol\cdot dm^{-3})$

$c(SO_4^{2-})\approx0.1(mol\cdot dm^{-3})$ $c(Cu^{2+})=4.8\times10^{-18}(mol\cdot dm^{-3})$

3.4 难溶电解质的溶解平衡

3.4.1 溶度积

在水中绝对不溶的物质是不存在的。任何“难溶”的电解质总是或多或少地溶解于水。例如，$BaSO_4$ 是由 Ba^{2+} 和 SO_4^{2-} 构成难溶的离子化合物，把它置于水中，同水相接触的固体表面上的 Ba^{2+} 和 SO_4^{2-} 在极性水分子的作用下，会由固体表面进入水中，这个过程称为溶解。已溶解的一部分 Ba^{2+} 和 SO_4^{2-} 在运动中相互碰撞重新结合成 $BaSO_4$ 晶体或碰到固体表面，受到固体表面的吸引，重新回到固体表面上来，这个过程称为结晶或沉淀。在一定温度下，当溶解与沉淀的速率相等时，便建立了固体和溶液中离子之间的动态平衡，称为沉淀-溶解平衡，也称多相离子平衡。

$$BaSO_4 \underset{沉淀}{\overset{溶解}{\rightleftharpoons}} Ba^{2+}(aq) + SO_4^{2-}(aq)$$

其平衡常数表达式为

$$K^{\ominus} = [c(Ba^{2+},aq)/c^{\ominus}][c(SO_4^{2-},aq)/c^{\ominus}]$$

上式在不考虑 K 的单位时可以简化为

$$K^{\ominus} = K_{sp}(BaSO_4) = c(Ba^{2+}) \cdot c(SO_4^{2-})$$

为了表明这种平衡常数的特殊性，通常用 K_{sp} 代替 $K^{\ominus}$ 来区别，并把难溶电解质的化学式注在后面。

又如，AgCl 也是难溶盐，溶液中也存在着溶解平衡

$$AgCl(S) \rightleftharpoons Ag^{+}(aq) + Cl^{-}(aq)$$

$$K^{\ominus} = K_{sp}(AgCl) = c(Ag^{+}) \cdot c(Cl^{-})$$

此式表明，在难溶电解质的饱和溶液中，当温度一定时，其离子浓度的乘积为一常数，这个平衡常数 K_{sp} 称为溶度积常数，简称溶度积。

根据平衡常数表达式的书写原则，对于通式：

$$A_nB_m(S) \rightleftharpoons nA^{m+}(aq) + mB^{n-}(aq)$$

溶度积的表达式为

$$K^{\ominus}(A_nB_m) = [c(A^{m+})/c^{\ominus}]^n \cdot [c(B^{n-})/c^{\ominus}]^m$$

简化为

$$K_{sp}(A_nB_m) = [c(A^{m+})]^n \cdot [c(B^{n-})]^m \tag{3.28}$$

式(3.28)表明，在一定温度下，难溶电解质的饱和溶液中，其离子浓度(以其解离式中系数为相应的方次)的乘积是一常数，这一关系式称为溶度积原理。

和其他平衡常数一样，难溶电解质的溶度积可由实验测定，也可利用有关热力学数据计算。例如，AgCl 的溶度积(25 ℃)可计算如下：

$$AgCl \rightleftharpoons Ag^{+}(aq) + Cl^{-}(aq)$$

从附录 2 中查得 $\Delta_f G_m^{\ominus}(AgCl, s) = -109.789\ kJ \cdot mol^{-1}$，$\Delta_f G_m^{\ominus}(Ag^{+}) = 77.107\ kJ \cdot mol^{-1}$，$\Delta_f G_m^{\ominus}(Cl^{-}) = -131.26\ kJ \cdot mol^{-1}$。

由
$$\begin{aligned}\Delta_r G_m^{\ominus} &= [\Delta_f G_m^{\ominus}(Ag^{+}) + \Delta_f G_m^{\ominus}(Cl^{-})] - \Delta_f G_m^{\ominus}(AgCl, s)\\ &= [(77.107 - 131.26) - (-109.789)]\\ &= 55.636\ (kJ \cdot mol^{-1})\end{aligned}$$

再由
$$\Delta_r G_m^{\ominus} = -2.303RT\lg K^{\ominus}$$

得
$$\lg K_{sp} = \frac{-55636\ J \cdot mol^{-1}}{2.303 \times 8.314\ J \cdot mol^{-1} \cdot K^{-1} \times 298K} = -9.75$$

$$K_{sp} = 1.78 \times 10^{-10}$$

表 3.4 列出了一些难溶电解质的溶度积。

表 3.4 一些难溶电解质的溶度积(25 ℃)

化合物	$K_{sp}^{\ominus}$	化合物	$K_{sp}^{\ominus}$	化合物	$K_{sp}^{\ominus}$
$AlPO_4$	9.83×10^{-21}	$CaSO_4$	7.10×10^{-5}	MgF_2	7.42×10^{-11}
ZnS	2.93×10^{-25}	CuC_2O_4	4.43×10^{-10}	$AgBr$	5.35×10^{-13}
$BaCO_3$	2.58×10^{-9}	PbI_2	8.49×10^{-9}	$AgCl$	1.77×10^{-10}
$BaSO_4$	1.07×10^{-10}	$PbSO_4$	1.82×10^{-8}	AgI	8.51×10^{-17}
$BaCrO_4$	1.17×10^{-10}	$Fe(OH)_3$	2.64×10^{-39}	Ag_2CO_3	8.45×10^{-12}
$CaCO_3$	4.96×10^{-9}	$Fe(OH)_2$	4.87×10^{-17}	Ag_2CrO_4	1.12×10^{-12}
CaF_2	1.46×10^{-10}	$Mg(OH)_2$	5.61×10^{-12}	$AgSCN$	1.03×10^{-12}

例 3.13 已知 25 ℃时 PbI_2 的 $K_{sp} = 8.49 \times 10^{-9}$，试计算其在水中的溶解度($mol \cdot dm^{-3}$)。

解 设 PbI_2 的溶解度为 $S\ mol \cdot dm^{-3}$。沉淀-溶解达成平衡时，有

$$PbI_2 \rightleftharpoons Pb^{2+}(aq) + 2I^{-}(aq)$$

则
$$c(Pb^{2+}) = S \qquad c(I^{-}) = 2S$$

$$K_{sp} = [c^{eq}(Pb^{2+})][c^{eq}(I^{-})]^2 = 8.49 \times 10^{-9}$$

$$S(2S)^2 = 8.49 \times 10^{-9}$$

$$S = 2.04 \times 10^{-3}\ (mol \cdot dm^{-3})$$

PbI_2 在水中的溶解度为 $2.04 \times 10^{-3}\ mol \cdot dm^{-3}$。

例 3.14　已知298.15 K时，Ag_2CrO_4 饱和溶液的浓度 $c(Ag_2CrO_4)$ 为 $1.31\times10^{-4}\ mol\cdot dm^{-3}$，求 Ag_2CrO_4 的 K_{sp}。

解

$$Ag_2CrO_4(s) \rightleftharpoons 2Ag^+(aq) + CrO_4^{2-}(aq)$$

平衡时浓度/$(mol\cdot dm^{-3})$　$c(Ag_2CrO_4$ 饱和$)$　　$2c$　　c

$$K_{sp} = [c^{eq}(Ag^+)]^2 c^{eq}(CrO_4^{2-}) = (2c)^2\cdot c = 4c^3$$
$$= 4\times(1.31\times10^{-4})^3 = 9.0\times10^{-12}$$

溶度积和溶解度都可以表示物质在水中溶解的程度。对同类型的难溶电解质可以根据其溶度积大小，直接比较其溶解度的大小。例如，AgCl、AgBr、AgI 或 $BaSO_4$、$CaCO_3$ 都是属于 AB 型化合物，其溶度积小的，溶解度也小。对不同类型的难溶电解质就不能直接用溶度积大小来判断其溶解度的大小。例如，Ag_2CrO_4 和 AgCl 是分属 A_2B 型和 AB 型化合物，二者之间不能比较。

例 3.15　25 ℃时，氯化银的溶度积为 1.77×10^{-10}，铬酸银的溶度积为 1.12×10^{-12}，试求氯化银和铬酸银的溶解度(以 $mol\cdot dm^{-3}$ 表示)。

解　(1) 设 AgCl 的溶解度为 S_1(以 $mol\cdot dm^{-3}$ 为单位)，则

$$AgCl(s) \rightleftharpoons Ag^+(aq) + Cl^-(aq)$$

得

$$c^{eq}(Ag^+) = c^{eq}(Cl^-) = S_1$$
$$K_{sp} = c^{eq}(Ag^+)\cdot c^{eq}(Cl^-) = S_1\cdot S_1 = S_1^2$$
$$S_1 = \sqrt{K_{sp}} = \sqrt{1.77\times10^{-10}} = 1.33\times10^{-5}(mol\cdot dm^{-3})$$

(2) 设 Ag_2CrO_4 的溶解度为 S_2(以 $mol\cdot dm^{-3}$ 为单位)，则

$$AgCl(s) \rightleftharpoons Ag^+(aq) + Cl^-(aq)$$

得

$$c(CrO_4^{2-}) = S_2 \qquad c(Ag^+) = 2S_2$$
$$K_{sp} = [c(Ag^+)]^2\cdot c(CrO_4^{2-}) = (2S_2)^2\cdot S_2 = 4S_2^3$$
$$S_2 = \sqrt[3]{K_{sp}/4} = \sqrt[3]{\frac{1.12\times10^{-12}}{4}} = 6.54\times10^{-5}(mol\cdot dm^{-3})$$

3.4.2　溶度积规则

在难溶电解质的饱和溶液中，加入含有同离子的另一种电解质时，由于溶质的离子浓度的乘积由等于溶质的溶度积变为大于溶度积，因而会产生沉淀。随着沉淀的析出，离子浓度减小，直到离子浓度的乘积仍等于溶度积时为止。

在混合两种电解质的溶液时，有关的两种离子浓度，并以其计量系数为指数的乘积，如果也超过了由该两种有关离子所组成的物质的溶度积，那么，也会产生该物质的沉淀；如果溶液中离子浓度的乘积小于溶度积，则不可能产生沉淀。又如，在含有沉淀的溶液中(此时有关离子浓度的乘积等于溶度积)加入某种物质而使其

中某一离子浓度减小,由于离子浓度乘积小于溶度积,则沉淀必将溶解。

对于任一难溶电解质 A_nB_m 来说,这里将其相对离子浓度(以溶解平衡中该离子的计量系数为指数)的乘积称为离子积 Q,其表达式为

$$Q=[c(A^{m+})/c^{\ominus}]^n[c(B^{n-})/c^{\ominus}]^m$$

简写为

$$Q=[c(A^{m+})]^n[c(B^{n-})]^m$$

如果 $Q=[c(A^{m+})]^n\cdot[c(B^{n-})]^m>K_{sp}(A_nB_m)$,则有 A_nB_m 沉淀析出,直至形成饱和溶液;

如果 $Q=[c(A^{m+})]^n\cdot[c(B^{n-})]^m=K_{sp}(A_nB_m)$,则为饱和溶液;

如果 $Q=[c(A^{m+})]^n\cdot[c(B^{n-})]^m<K_{sp}(A_nB_m)$,则为不饱和溶液,无沉淀析出,如加入沉淀,沉淀将溶解。

以上三点就是溶度积规则。可将溶度积规则简单地表述为,当溶液中某难溶电解质的离子积大于其溶度积时,会产生沉淀;等于其溶度积时溶液达到饱和;小于其溶度积时,无沉淀析出,或原有沉淀继续溶解。

利用上述溶度积规则可预测或解释沉淀的生成与溶解。例如,向浓度为 0.1 mol·dm^{-3}的 Na_2CO_3 溶液中加入等体积的浓度为 0.1 mol·dm^{-3}的 $BaCl_2$ 溶液,此时由于

$$c(Ba^{2+})c(CO_3^{2-})=\frac{0.1}{2}\times\frac{0.1}{2}=2.5\times10^{-3}>K_{sp}=2.58\times10^{-9}$$

所以有白色沉淀 $BaCO_3$ 生成:

$$Ba^{2+}+CO_3^{2-}\rightleftharpoons BaCO_3\downarrow$$

随着 $BaCO_3$ 沉淀量的增加,溶液中的 Ba^{2+} 和 CO_3^{2-} 浓度将逐渐降低,直到 $c(Ba^{2+})\cdot c(CO_3^{2-})=K_{sp}$,此时溶液达到饱和。若在 $BaCO_3$ 的饱和溶液中,加入 Na_2CO_3 溶液,由于 CO_3^{2-} 浓度增大,此时 $c(Ba^{2+})\cdot c(CO_3^{2-})>K_{sp}$,平衡向生成 $BaCO_3$ 沉淀方向移动,直到溶液中 $c(Ba^{2+})\cdot c(CO_3^{2-})=K_{sp}$。当达到新平衡时,溶液中的 Ba^{2+} 浓度降低,结果 $BaCO_3$ 的溶解度降低,这也称为**同离子效应**。在难溶电解质的饱和溶液中,加入与该难溶电解质具有同离子的另一种强电解质时,使难溶电解质的溶解度降低,这是多相离子平衡中的同离子效应。

多相离子平衡中的同离子效应与弱电解质溶液中的同离子效应不同之处在于:前者为多相,后者为单相;前者使难溶电解质的溶解度降低,后者使弱电解质的解离度降低。

应该注意到,尽管离子积和溶度积的表达式相同,但含义却不同。在一定温度下,对一给定的难溶电解质来说,无论是过饱和,饱和或是不饱和溶液都有其离子积,只是在饱和溶液的情况下,离子积才等于其溶度积,并且为一常数,而在过饱和或不饱和溶液中,离子积不是一个常数。

例 3.16　计算 $BaSO_4$ 在 0.1 mol · dm^{-3}的 Na_2SO_4 溶液中的浓度 $c(BaSO_4$,饱和),并与它在纯水中的饱和溶液浓度比较。

解　设 $BaSO_4$ 在浓度为 0.1 mol · dm^{-3} 的 Na_2SO_4 溶液中的饱和溶液的浓度为c mol · dm^{-3}。

$$BaSO_4(s) \rightleftharpoons Ba^{2+}(aq) + SO_4^{2-}(aq)$$

平衡浓度/(mol · dm^{-3})　　c　　$0.1+c$

$$K_{sp} = c^{eq}(Ba^{2+}) \cdot c^{eq}(SO_4^{2-}) = c(0.1+c)$$

因 $K_{sp}=1.1\times10^{-10}$,值很小,由于同离子效应,使 c 远小于 0.1mol · dm^{-3},故 $0.1+c\approx0.1$。

$$c\times0.1=1.1\times10^{-10}$$

$$c=1.1\times10^{-9}(\text{mol}\cdot\text{dm}^{-3})$$

设 $BaSO_4$ 在纯水中的饱和溶液浓度为 c'mol · dm^{-3}。

则　$$K_{sp}=c^{eq}(Ba^{2+})c^{eq}(SO_4^{2-})=(c')^2$$

$$c'=\sqrt{K_{sp}(BaSO_4)}=\sqrt{1.1\times10^{-10}}=1.0\times10^{-5}(\text{mol}\cdot\text{dm}^{-3})$$

计算结果表明,c 远小于 c',而对同一物质来说,其饱和溶液的浓度越小,其溶解度也越小,说明同离子效应使难溶电解质的溶解度降低了。

例 3.17　试计算 Ag_2CrO_4 在纯水中和在 0.1 mol · dm^{-3}的 $AgNO_3$ 溶液中的溶解度各为多少。已知 Ag_2CrO_4 的 $K_{sp}=1.12\times10^{-12}$。

解　设 Ag_2CrO_4 在纯水中和 $AgNO_3$ 溶液中的溶解度分别为 S_1 mol · dm^{-3} 和 S_2 mol · dm^{-3}。

$$Ag_2CrO_4(s) \rightleftharpoons 2Ag^+(aq) + CrO_4^{2-}(aq)$$

平衡浓度/(mol · dm^{-3})　　$2S_1$　　S_1

$$K_{sp}=[c^{eq}(Ag^+)]^2c^{eq}(CrO_4^{2-})$$

$$1.12\times10^{-12}=(2S_1)^2\cdot S_1$$

$$S_1=6.54\times10^{-5}(\text{mol}\cdot\text{dm}^{-3})$$

在 $AgNO_3$ 溶液中,$c^{eq}(CrO_4^{2-})=S_2$,$c^{eq}(Ag^+)=2S_2+0.1$,但 K_{sp} 值不变,即 $1.12\times10^{-12}=(2S_2+0.1)^2\cdot S_2$。

由于难溶电解质溶解度极小,可按 $2S_2+0.1\approx0.1$ 近似计算,有

$$(0.1)^2\cdot S_2=1.12\times10^{-12}$$

$$S_2=1.12\times10^{-10}(\text{mol}\cdot\text{dm}^{-3})$$

故 Ag_2CrO_4 在纯水中的溶解度为 6.54×10^{-5} mol · dm^{-3},在 0.1 mol · dm^{-3}的$AgNO_3$溶液中溶解度为 1.12×10^{-10} mol · dm^{-3}。可见,由于外加的 Ag^+ 存在,使 Ag_2CrO_4 的溶解度大大降低。

3.4.3 沉淀的生成、溶解和转化

1. 沉淀的生成

根据溶度积规则，在难溶电解质的溶液中，如果离子浓度的乘积（离子积）大于该物质的 K_{sp}，就会有这种物质的沉淀生成。

例 3.18 将浓度为 2×10^{-5} mol · dm^{-3} 的 $Hg(NO_3)_2$ 溶液与等体积的浓度为 3×10^{-4} mol · dm^{-3} 的 KI 溶液混合，有无 HgI_2 沉淀生成[$K_{sp}(HgI_2)=1.2\times10^{-23}$]？

解 因为 $Hg(NO_2)_2$ 与 KI 是等体积相混合，所以

$$c(Hg^{2+})=1\times10^{-5}\ mol\cdot dm^{-3} \qquad c(I^-)=1.5\times10^{-4}\ mol\cdot dm^{-3}$$

$$c(Hg^{2+})[c(I^-)]^2=1\times10^{-5}\times(1.5\times10^{-4})^2=2.25\times10^{-13}>K_{sp}(HgI_2)=1.2\times10^{-23}$$

所以有 HgI_2 沉淀生成。

例 3.19 已知 18 ℃时 $PbSO_4$ 的 $K_{sp}=1.82\times10^{-8}$。若将 0.01 mol · dm^{-3} 的 $Pb(NO_3)_2$ 和 0.01 mol · dm^{-3} 的 Na_2SO_4 溶液等体积混合，是否有 $PbSO_4$ 沉淀生成？

解 两种溶液等体积混合 $c(Pb^{2+})$、$c(SO_4^{2+})$ 都为原来浓度的 $\frac{1}{2}$。

即
$$c(Pb^{2+})=c(SO_4^{2-})=0.01\ mol\cdot dm^{-3}\times\frac{1}{2}=0.005\ mol\cdot dm^{-3}$$

$$c(Pb^{2+})c(SO_4^{2-})=(5\times10^{-3})^2=2.5\times10^{-5}>1.82\times10^{-8}$$

此时离子积大于 K_{sp}，故有沉淀生成。

2. 沉淀的溶解

根据溶度积规则，只要使难溶电解质饱和溶液中的某一种离子浓度降低，使组成该难溶电解质的离子浓度乘积始终小于该物质的溶度积，就可使沉淀逐步溶解。降低离子浓度的方法很多，常用的方法有以下几种：

(1) 生成弱电解质使沉淀溶解，如在 $Mg(OH)_2$ 沉淀中加入酸或铵盐：

$$Mg(OH)_2(s)+2H^+\rightleftharpoons Mg^{2+}+2H_2O$$

$$Mg(OH)_2(s)+2NH_4^+\rightleftharpoons Mg^{2+}+2NH_3\cdot H_2O$$

由于溶液中生成弱电解质 H_2O 或 $NH_3\cdot H_2O$，使 $c(OH^-)$ 减小，因而 $c(Mg^{2+})\cdot[c(OH^-)]^2<K_{sp}[Mg(OH)_2]$，平衡向着 $Mg(OH)_2$ 溶解的方向移动，若加入足够量的酸式铵盐，则沉淀将不断溶解，直到完全溶解为止。

又如，在 $CaCO_3$ 沉淀中加入酸可使沉淀溶解：

$$CaCO_3(s)+2H^+\rightleftharpoons Ca^{2+}+CO_2+H_2O$$

生成弱电解质使离子积小于 K_{sp} 导致沉淀溶解。

还有 $FeS+2H^+ \rightleftharpoons Fe^{2+}+H_2S$ 等。

(2) 通过氧化还原反应使沉淀溶解。

利用氧化还原反应，使难溶物中的有关离子被氧化或还原，改变了离子的氧化数。这样，难溶物将逐渐被溶解。例如，溶度积极小的 CuS 可溶于 HNO_3：

$$3CuS + 8HNO_3 = 3S\downarrow + 2NO\uparrow + 4H_2O + 3Cu(NO_3)_2$$

(3) 生成配合物使沉淀溶解。

在含有固体 AgCl 的饱和溶液中，如果加入氨水，则 NH_3 和 Ag^+ 结合，形成稳定的配离子 $[Ag(NH_3)_2]^+$，从而降低了 Ag^+ 的浓度，使 $c(Ag^+)c(Cl^-)<K_{sp}$，固体 AgCl 逐渐溶解，其反应如下：

$$AgCl(s) + 2NH_3 \cdot H_2O \rightleftharpoons [Ag(NH_3)_2]^+ + 2H_2O + Cl^-$$

根据以上所述，只要降低饱和溶液中任何一种离子浓度，就可使难溶电解质溶解。

3. 沉淀的转化

在实际应用中，为了某种需要，常把一种难溶电解质的沉淀转化为另一种难溶电解质的沉淀。例如，用酸法清除锅炉中的水垢，其主要成分为硫酸钙，此时，用盐酸清洗就不易去除。可利用碳酸钙的 $K_{sp}(4.96\times10^{-9})$ 小于硫酸钙的 $K_{sp}(7.10\times10^{-5})$，以足够量的碳酸钠溶液处理，使硫酸钙全部转化为疏松的可溶于酸的碳酸钙沉淀，这样锅垢就容易清除了，其反应式为

$$CaSO_4(s) + CO_3^{2-}(aq) \rightleftharpoons CaCO_3(s) + SO_4^{2-}(aq)$$

其平衡常数 K 为

$$K = \frac{c(SO_4^{2-})}{c(CO_3^{2-})}$$

将分子和分母分别乘以 $c(Ca^{2+})$，得

$$K = \frac{c(SO_4^{2-}) \cdot c(Ca^{2+})}{c(CO_3^{2-}) \cdot c(Ca^{2+})} = \frac{K_{sp}(CaSO_4)}{K_{sp}(CaCO_3)} = \frac{7.10\times10^{-5}}{4.96\times10^{-9}} = 1.43\times10^4$$

上述这种转化是溶解度较大的沉淀转为溶解度较小的沉淀，沉淀转化的平衡常数较大，转化较为容易实现，反之则难以进行。

4. 分步沉淀

向含有 Cl^-、I^- 的浓度均为 $0.010\ mol\cdot dm^{-3}$ 的溶液中逐滴加入 $AgNO_3$ 稀溶液，最初只生成淡黄色的 AgI 沉淀，加入一定量的 $AgNO_3$ 溶液后，才会出现白色的 AgCl 沉淀。这种先后沉淀的现象称为分步沉淀。

上述现象可根据溶度积规则进行计算说明。溶液中 I^- 和 Cl^- 的浓度均为

0.01 mol · dm^{-3}，开始生成 AgI 和 AgCl 沉淀所需 Ag^+ 的最低浓度分别为

$$c(Ag^+) = \frac{K_{sp}(AgI)}{c(I^-)} = \frac{8.51 \times 10^{-17}}{0.010} = 8.51 \times 10^{-15}(mol \cdot dm^{-3})$$

$$c(Ag^+) = \frac{K_{sp}(AgCl)}{c(Cl^-)} = \frac{1.77 \times 10^{-10}}{0.010} = 1.77 \times 10^{-8}(mol \cdot dm^{-3})$$

计算结果表明，沉淀 I^- 所需 Ag^+ 浓度显然比沉淀 Cl^- 所需的 Ag^+ 浓度小得多，故 AgI 先沉淀，这就是说，离子积先达到溶度积的难溶电解质先沉淀。

在 AgCl 沉淀刚析出时，溶液中 $c(Ag^+)=1.77\times10^{-8}$ mol · dm^{-3}，溶液中残留的 I^- 浓度为

$$c(I^-) = \frac{K_{sp}(AgI)}{c(Ag^+)} = \frac{8.51 \times 10^{-17}}{1.77 \times 10^{-8}} = 4.8 \times 10^{-9}(mol \cdot dm^{-3})$$

这表明 AgCl 开始沉淀时，I^- 早已沉淀完全。由此看来，对同一类型的难溶电解质，溶度积差别越大，利用分步沉淀法进行分离的效果越好。因此，分步沉淀常用于离子分离。

应当指出，因加入 $AgNO_3$ 的量很小，故由加入 $AgNO_3$ 溶液后所引起的体积变化可略而不计。另外，在一般分离过程中，只要溶液中某种离子的浓度小于 10^{-5}（或 10^{-6}）mol · dm^{-3}，就可认为该离子已沉淀完全了。

例 3.20　如果溶液中 $c(Fe^{3+})=0.10$ mol · dm^{-3}，$c(Mg^{2+})=0.10$ mol · dm^{-3}，要使 Fe^{3+} 沉淀而 Mg^{2+} 不产生沉淀的 pH 范围是什么？

解

$$Fe(OH)_3(s) \rightleftharpoons Fe^{3+} + 3OH^-$$

$$K_{sp} = c(Fe^{3+})[c(OH^-)]^3 = 4.0 \times 10^{-38} \quad (1)$$

$$K_{sp} = c(Mg^{2+})[c(OH^-)]^2 = 1.8 \times 10^{-11} \quad (2)$$

由于两者的溶度积差别很大，故可利用生成难溶氢氧化物将它们很好地分离开。

当溶液中残留的 $c(Fe^{3+})<10^{-5}$ mol · dm^{-3} 时，认为沉淀完全，由式(1)可得

$$c(OH^-) = \sqrt[3]{\frac{K_{sp}[Fe(OH)_3]}{(Fe^{3+})}} = \sqrt[3]{\frac{2.64 \times 10^{-39}}{1.0 \times 10^{-5}}}$$

$$= 6.4 \times 10^{-12}(mol \cdot dm^{-3})$$

$$pH = 14 - pOH = 14 + \lg(OH^-) = 14 + \lg(6.4 \times 10^{-12}) = 2.8$$

当 $c(Mg^{2+})=0.10$ mol · dm^{-3} 时，$Mg(OH)_2$ 开始沉淀的 pH 可由式(2)得

$$c(OH^-) = \sqrt{\frac{K_{sp}[Mg(OH)_2]}{c(Mg^{2+})}} = \sqrt{\frac{5.61 \times 10^{-12}}{0.1}} = 7.49 \times 10^{-6}(mol \cdot dm^{-3})$$

$$pH = 14 - pOH = 14 + \lg(7.49 \times 10^{-6}) = 8.87$$

所以，要使 Fe^{3+} 沉淀完全，而 Mg^{2+} 不产生沉淀的条件是将 OH^- 浓度控制为 $6.4\times10^{-12}\sim7.49\times10^{-6}$ mol · dm^{-3}，即 pH 为 2.8～8.87。

3.5 表面化学及胶体化学基础

表面现象是自然界中普遍存在的现象，在生产和生活中经常可以遇到。例如，雨滴、汞滴都是球形；纯水不能起泡沫，而在水中加入洗涤剂后可以形成泡沫；水不能润湿石蜡，但可以润湿玻璃；固体表面可以自动吸附一些气体或液体；微小的晶体易于溶解和微小的液滴易于蒸发等。这些现象都是发生在两相的界面上，习惯上统称为表面现象。而产生这些表面现象的主要原因是处在表面层中的分子和内部分子存在着能量上的差异。

3.5.1 表面吉布斯能和表面张力

1. 物质表面相的特殊性

任何一个相，其表面层分子和相内分子周围所处的环境不同，因此所具有的能量是不同的。相内部的分子所受四周邻近分子的作用力是对称的，各个方向上的力彼此抵消。而表面层的分子一方面受本相内分子的作用，另一方面受到性质不同的另一相中物质分子的作用，因此表面层分子受到的作用力是不对称的，其性质与内部分子不同。最简单的例子是液体与其蒸气组成的例子，如图 3.4 所示。在液体内部的任一分子，周围分子对它的引力是相等的，各个方向上的力彼此抵消，合力为零，因此液体内部分子可以任意移动，而不消耗功。处在表面层的分子则不同，液体内部分子对它的吸引力大于外部气体分子对它的吸引力，其所受的合力不等于零，表面层的分子受到相内分子垂直向内的拉力，使之尽可能进入内部。因此液体表面都有自动缩小的趋势，这就是水滴、液滴会自动呈现球形的原因。

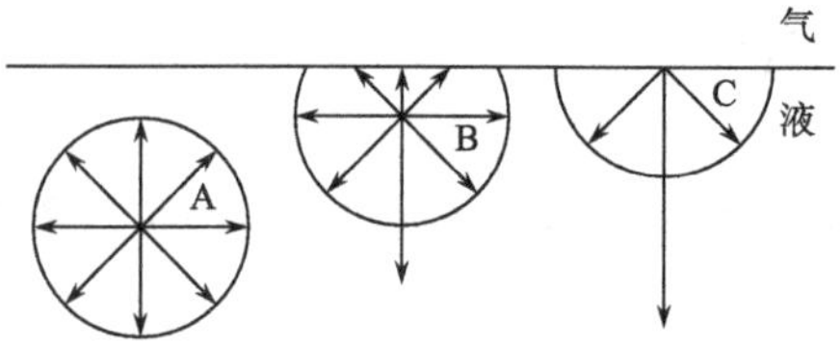

图 3.4 液体表面层分子受力示意图

2. 表面能和表面吉布斯能

物质表面分子所具有的势能称为表面能。由于表面层的分子受到指向内部的拉力，所以要把液体分子从液体内部迁移到表面层(界面层)增大表面积时，就必须克服指向液体内部的拉力而对系统做功。在增大液体表面积的过程中环境所消耗的非体积功称为表面功($W_{表}$)。在组成一定及恒压、恒温条件下，可逆地增加系统的表面积，对系统所做的功($W_{表}$)正比于系统表面积的增加量(ΔA)，即

$$(W_{表})_{可逆} \propto \Delta A \qquad (W_{表})_{可逆} = \gamma\Delta A \tag{3.29}$$

对于微小的过程：

$$\mathrm{d}W \propto \mathrm{d}A \qquad \mathrm{d}W = \gamma \mathrm{d}A$$

在恒温、恒压、可逆的条件下，表面功将等量地转变为表面能的增加，这一增加是由于系统表面积的增大所致，称为表面吉布斯能，即在形成新表面过程中所消耗的功，数值上等于系统表面吉布斯能的增加。

$$\Delta G_{表} = W_{表} \quad 或 \quad \mathrm{d}G = \mathrm{d}W \tag{3.30}$$

则

$$\Delta G_{表} = \gamma \Delta A \quad 或 \quad \mathrm{d}G = \gamma \mathrm{d}A \tag{3.31}$$

$$\gamma = \frac{\Delta G_{表}}{\Delta A} \quad 或 \quad \gamma = \frac{\mathrm{d}G}{\mathrm{d}A} \tag{3.32}$$

式中，γ 的物理意义为：恒温、恒压下，增加单位表面积时系统吉布斯能的增加，称为比表面吉布斯能，单位为 $\mathrm{J \cdot m^{-2}}$。

可以看出，表面积越大，表面吉布斯能越大，通常对高度分散系统常用比表面(A_0)来表示分散程度，其定义为

$$A_0 = \frac{A}{V}$$

式中，A 代表体积为 V 的物质所具有的表面积；比表面 A_0 是单位体积的物质所具有的表面积。对一定量的物质来说，分割得越细，或粉碎程度(分散度)越大，表面积越大，即比表面越大，表面相分子越多，表面吉布斯能越大，系统就越不稳定；相反当比表面减小时，表面吉布斯能降低，系统趋于稳定。例如，在一杯水中取 1 g 水形成球形时，其球面积为 4.85 $\mathrm{cm^2}$，$\Delta G_{表}$ 为 3.34×10^{-5} J。若将 1 g 水分成半径 10^{-7} cm的小液滴时，总面积为 3×10^{-7} $\mathrm{cm^2}$，$\Delta G_{表}$ 约为 220 J，表面能增大了 60 多万倍。对固体也同样如此。因此增大固体的分散度，提高比表面，可以有效地提高物质的活性。例如，磨细水泥可以提高其标号；将矿物填料制成纳米级材料，也是利用其具有很高表面能这一性质。

3. 表面张力

现在再从另一个角度来考察 γ 的物理意义。在观察液体界面的一些现象时，可以明显地觉察到在表面上处处存在着使液面收缩、张紧的力，即表面张力。如图 3.5 所示，在一定条件下，将金属框蘸上肥皂液，然后再缓慢地(可逆转)将金属框上可以自由滑动的活动边在力 F 的作用下移动

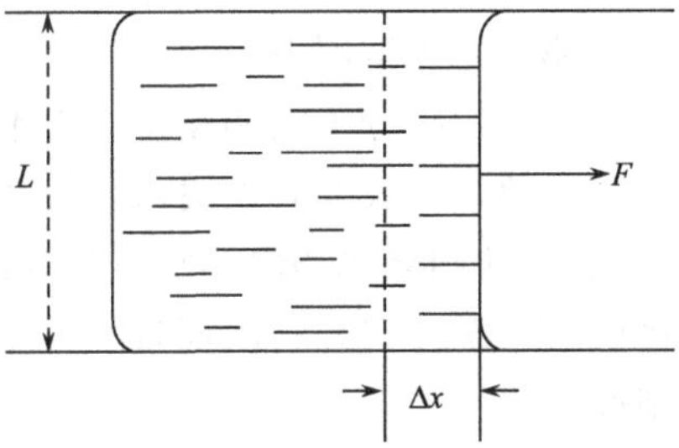

图 3.5　液体表面做功示意图

距离 Δx，使肥皂液的表面积增加 ΔA，因为在金属框的两面具有两个表面，所以共增大表面积为

$$\Delta A = 2L\Delta x$$

在此过程中环境对系统所做的表面功为

$$W_{表} = F \cdot \Delta x$$

该能量储藏在液膜的表面，转化为表面吉布斯能，即

$$W_{表} = F \cdot \Delta x = \gamma \cdot \Delta A = \gamma \cdot 2L\Delta x$$

所以 $$F=2L \cdot \gamma$$

则

$$\gamma = \frac{F}{2L} = \frac{力}{总长度}(\mathrm{N \cdot m^{-1}}) \tag{3.33}$$

可见，γ 既是比表面吉布斯能，又是在液体的表面上垂直作用于单位长度线段上的表面紧缩力，故称为表面张力，单位为 $\mathrm{N \cdot m^{-1}}$。对平液面来说，表面张力的方向总是平行于液面；对于弯曲液面来说，表面张力的方向是在弯曲液面的切面上。

表面张力与比表面吉布斯能是两个不同的概念，它们是从不同的角度反映物质表面分子受力不均衡的特性，但其数值大小完全相等，即

$$\mathrm{J \cdot m^{-2} = N \cdot m \cdot m^{-2} = N \cdot m^{-1}}$$

由热力学可知，在恒温、恒压的条件下，任何系统都有自动向吉布斯函数减小的方向进行的趋势。因此，在恒温、恒压下，凡是使系统的表面积缩小，或者使表面张力降低的过程，都是能够自动进行的过程。例如，液滴呈球形，且能够融合；粉状物料能自动聚集等。

4. 影响表面张力的因素

表面张力是物质的特性，并与所处的温度、压力、组成以及共存的另一相物质均有关系。

1）物质性质的影响

不同的物质分子间相互作用力不同。分子之间的相互作用力越大，相应的表面张力也越大。表 3.5 表明，金属键的物质（银、铜）表面张力最大，其次为离子键的物质（熔盐和氧化物熔体），再次为极性分子的物质（水），最小的是非极性分子的液体（乙醇、溴）。当然，比较时不可能在同一温度下进行，而只能取共同为液态时的情况。

表 3.5 某些物质在液体时的表面张力

物 质	T/K	$\gamma/(mN \cdot m^{-1})$
Cl_2	243	25.56
$(C_2H_5)_2O$	298	26.43
H_2O	293	72.88
NaCl	1076	113.8
LiCl	887	137.8
Na_2SiO_3(水玻璃)	1273	250
FeO	1700	582
Al_2O_3	2353	700
Ag	1373	878.5
Cu	1356	1300
Pt	2046.5	1800

2) 组成的影响

当液体中溶有溶质后,质点之间作用力发生了变化,表面张力也会发生变化。如果溶质分子与液体分子间的作用力小于液体分子间的作用力,溶质将被排斥到液体表面层中去,这时溶质在表面层浓度大于在液体内部的浓度,从而使液体表面张力下降。反之将会使液体表面张力上升。

3) 另一相物质性质的影响

物质的表面张力还和与它相接触的另一相物质的性质有关。这是因为与不同性质的物质接触时,表面层的分子所受到的力场不同,因而表面张力有明显的差别。表 3.6 列出了在 293 K 时,水和不同的液体相接触时表面张力的数据,其中 γ_A 代表纯水的表面张力;γ_B 代表其他纯液体的表面张力;γ_{AB}代表两液相间的表面张力。

表 3.6 293 K 时水和不同液体相接触的界面张力

A	B	$\gamma_A/(mN \cdot m^{-1})$	$\gamma_B/(mN \cdot m^{-1})$	$\gamma_{AB}/(mN \cdot m^{-1})$
水	苯	72.75	28.9	35.00
水	四氯化碳	72.75	26.8	45.00
水	正辛烷	72.75	21.8	50.80
水	正己烷	72.75	18.4	51.1
水	汞	72.75	470.0	375
水	辛醇	72.75	27.5	8.5
水	乙醚	72.75	17.0	10.7

4) 温度的影响

同一种物质的表面张力随着温度的不同而不同。一般来说,温度越高表面张力越小(表 3.7)。这是因为随着温度的升高会引起物质的膨胀,增大了分子间的距离而使分子间的引力减小,因此随温度上升表面张力逐渐下降,达到临界温度时,气-液界面消失,表面张力为零。但也有少数物质,如 Cd、Fe、Cu 及其合金,以及某些硅酸盐等少数物质的表面张力随着温度的上升而加大。这种“反常”现象目前还没有一致的解释。

表 3.7　不同温度下液体的表面张力 γ(单位:$mN \cdot m^{-1}$)

液　体	273 K	293 K	313 K	333 K	353 K	373 K
水	75.64	72.75	69.56	66.18	62.31	58.85
乙醇	24.05	22.27	20.60	19.01	—	—
甲醇	—	22.6	20.9	—	—	15.7
四氯化碳	26.2	26.8	24.3	21.9	—	—
丙酮	30.74	23.7	21.2	18.6	16.2	—
甲苯	31.6	27.43	26.13	23.81	21.53	19.39
苯	—	28.9	26.3	23.7	21.3	—

3.5.2　润湿现象

当把液体放在固体表面上时,会出现不同的情况。例如,水滴在清洁的玻璃板上,会铺展开来形成一层很薄的水膜;而汞滴在玻璃板上,会呈球形。如果某种液体能够粘在某种固体或能在其上面铺展开来,就称该固体能够被该液体“润湿”;如果某种液体不能粘在某种固体上或不能在其上面铺展开,称为对固体“不润湿”。一般认为,液体若能够润湿固体表面,如图 3.6(a)所示,呈凸透镜状;若不能够润湿,则如图 3.6(b)所示,呈现椭球状。

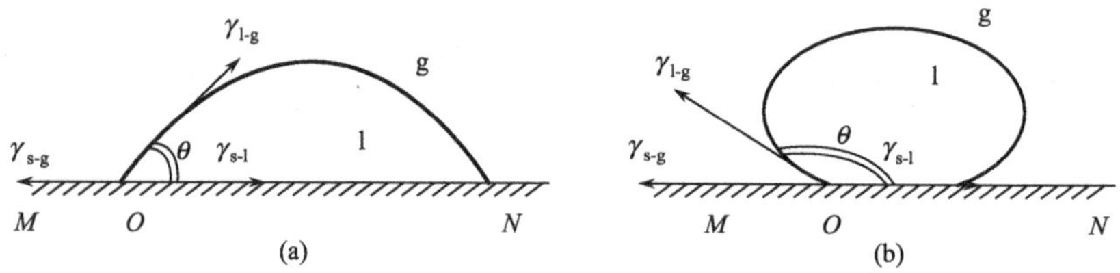

图 3.6　液体润湿固体表面示意图

从热力学原理可知,在恒温、恒压下,凡是能够使系统吉布斯函数降低的过程都是自发的,这就意味着凡是使系统的表面积减小,表面吉布斯能或表面张力降低的过程,都是能够自动进行的过程。液体能够在固体上铺展开来“润湿”固体,则必然是使固相表面吉布斯能自动降低($\Delta G<0$)的过程,表面吉布斯能降低越多,则表

明润湿的程度越大。从另一角度来看，液体是否会在固体上铺展开来，取决于液体对固体和对液体本身的相互吸引力。当液体分子与固体分子的相互吸引力大于液体分子之间的相互吸引力时，将发生润湿，反之，则不润湿。

液体对固体润湿的程度常用接触角（润湿角）θ来衡量。图3.6为气、液、固三个相交界面的剖面图，图中O点为三个相的接触点。接触角（润湿角）是指三相接触达到平衡时，固-液界面与气液界面在O点的切线的夹角θ（夹有液体）。接触角越小，润湿程度越高，一般以$\theta=90°$为分界线，$\theta<90°$为润湿；$\theta>90°$为不润湿；$\theta=0°$时为完全润湿；$\theta=180°$时为完全不润湿。

接触角（润湿角）的大小取决于作用在O点的表面张力。从图3.6(a)可知，接触角为三个表面张力$\gamma_{s\text{-}g}$、$\gamma_{s\text{-}l}$、$\gamma_{l\text{-}g}$相互作用的平衡状态。这三个表面张力同时作用于O点，$\gamma_{s\text{-}g}$倾向于将O点液体拉向左方，以覆盖固-气界面而使之缩小；$\gamma_{s\text{-}l}$倾向于将O点的液体拉向右方，以缩小液-固界面；$\gamma_{l\text{-}g}$则将O点向切线方向拉，以缩小液-气界面。在固体表面为光滑表面的情况下，上述三个力达到平衡时，有

$$\gamma_{s\text{-}g}=\gamma_{s\text{-}l}+\gamma_{l\text{-}g}\cos\theta$$

$$\cos\theta=\frac{\gamma_{s\text{-}g}-\gamma_{s\text{-}l}}{\gamma_{l\text{-}g}} \tag{3.34}$$

式(3.34)即为表示表面张力与接触角关系的扬氏(Young)方程。由式(3.34)可知：

(1) 当$\gamma_{s\text{-}g}>\gamma_{s\text{-}l}$时，$\cos\theta>0$，即$\theta<90°$。

(2) 当$\gamma_{s\text{-}g}<\gamma_{s\text{-}l}$时，$\cos\theta<0$，即$\theta>90°$，液体不能润湿固体。

凡是能被液体润湿的固体，称为亲液性的固体；不能被液体所润湿的固体，称为憎液性固体。固体表面润湿性能与其结构有关，最常见的液体是水，是极性分子，所以极性固体皆为亲水性，而非极性固体大多为憎水性。常见的亲水性固体物质有石英、硫酸盐、玻璃、砂石等，常见的憎水性固体有石蜡、沥青等。

3.5.3 吸附现象

固体表面的特性之一是能够吸附气体或吸附溶液中的溶质。例如，在充满溴蒸气的玻璃瓶中，加入活性炭，可以看到瓶中的红棕色气体逐渐消失，说明活性炭表面有富集溴蒸气的能力。又如，在乙酸溶液中加入活性炭后，经测定发现乙酸浓度降低，说明活性炭表面有富集溶液中乙酸分子的能力。我们把一种物质的原子或分子自动附着在另一种物质的表面上的现象，或者说物质在相的界面上浓度自动发生变化的现象，称为吸附。能把周围介质吸引在自己表面上的物质称为吸附剂，常见的有活性炭、硅胶、活性氧化铝等。被吸附剂吸附的物质称为吸附质。

1. 吸附现象的本质

产生吸附作用的原因是，固体表面层分子受力不平衡，存在不饱和的引力场，即存在剩余引力，或者说表面层分子有过剩的表面吉布斯能存在。在表面积不变的前提下，表面层的分子便有自发吸引其他物质，降低其表面吉布斯能的趋势。例如，当吸附剂活性炭吸附了溴蒸气分子或自溶液中吸附了乙酸分子后，固体吸附剂表面的分子，除受到内部分子的引力外，又增加了吸附质分子的引力，这两种引力方向相反，使表面分子受到内部分子的拉力减弱，即原来存在的不饱和引力场在一定程度上得到饱和，表面吉布斯能降低。这个过程是自发的过程，因此，固体表面能够自发产生吸附作用。

被吸附物并非静止不动停留在吸附剂表面上。由于分子的热运动，吸附质分子还可能脱离吸附剂表面而重新回到环境中去，这个过程称为解吸或脱附。因此，吸附与解吸是一个可逆的过程，直至达到平衡，吸附是放热的过程，解吸为吸热的过程。

2. 物理吸附和化学吸附

根据吸附剂与吸附质之间的吸附力的性质，吸附可以分为物理吸附和化学吸附两类。当吸附剂表面层分子凭借普遍存在的分子间力而与吸附质分子产生吸附作用时，称为物理吸附。当吸附剂表面层分子有剩余的化学键力而与吸附质分子产生吸附作用时，称为化学吸附。物理吸附与化学吸附往往同时发生，很难区别。

相对而言，物理吸附的结合力较弱，主要是分子间力(有氢键)。与吸附剂及吸附质的种类没有特殊关系。因此，物理吸附没有选择性，可以是单分子层的；也可以是多分子层的；吸附热也小，温度降低，压力增大，吸附量也增大，吸附过程为可逆的。化学吸附是化学键结合，因此具有选择性，只能是单分子层吸附；吸附热较大，不可逆。物理吸附与化学吸附的对比见表 3.8。

表 3.8　物理吸附与化学吸附对比

各物特性	物理吸附	化学吸附
吸附力	范德华力或氢键	化学键力
吸附热	较小，近于液化热	较大，近于反应热
选择性	无选择性	有选择性
吸附层	单分子层或多分子层	单分子层
吸附速度	较快，不需要活化能	较慢，需要活化能
可逆性	可逆	不可逆为主

3. 固体在溶液中的吸附

固体在溶液中的吸附也是常见的吸附现象，但是这种吸附更为复杂。这是由于固态和液态的结构比较复杂，既要考虑界面层上固体与溶质分子的作用力，也要考虑固体与溶剂分子的作用力，溶液中溶剂分子与溶质分子的作用力，以及溶质分子之间的作用力。但就总体情形而言，固体自溶液中的吸附是溶质、溶剂分子争夺固体表面的净结果。

尽管如此，人们在长期的研究工作中，还是对固-液界面的吸附总结了一些规律：

(1) 温度的影响：固体在溶液中的吸附同样也是一个放热过程，因此温度越高，吸附量越少。

(2) 使固-液表面吉布斯能降低最多的溶质吸附量最多。

(3) 极性吸附剂易于吸附极性的溶质，非极性的吸附剂容易吸附非极性溶质。

(4) 溶解度越小的溶质越容易被吸附。溶解度越小，说明溶质分子与溶剂分子之间的相互作用力越弱，则被吸附倾向越大。

(5) 固体对电解质溶液中的离子吸附具有选择性，通常与固体具有相同化学元素的离子或结晶构造相同的离子优先吸附。

(6) 吸附剂的性能因制备方法不同、构造不同，吸附能力有较大差别。

由于固体吸附剂具有吸附作用，因此广泛用作催化剂、干燥剂、脱色剂、去味剂等。

3.5.4　表面活性剂

表面活性剂是能够显著降低液体表面张力的一类物质。其分子能够强烈地吸附在溶液的界面上，使界面的表面吉布斯能明显降低，因此被广泛应用于石油、纺织、农药、医药、采矿、洗涤等方面。表面活性剂分子不仅能够吸附在溶液的表面上，而且也会吸附在其他物质的界面上，同样具有降低表面吉布斯能的作用。在实际工作或研究中，表面活性剂主要是应用于水溶液以改变水的表面活性，所以若不加以说明，就是指降低水的表面吉布斯能的表面活性剂。

1. 表面活性剂的结构特征及其分类

表面活性剂分子具有两个不同结构的部分：一部分是具有较强的极性，易溶于水的亲水基团(如—OH、—COOH、—SO_3H 等)；另一部分是极性很弱难溶于水而易溶于油的憎水基团或亲油基团(一般为烃基，如烷基等)。通常将既亲水又亲油的分子称为“双亲”分子，用符号“—○”来表示，其中“—”代表亲油基，“○”代表亲水基。例如，表面活性剂油的分子模型：

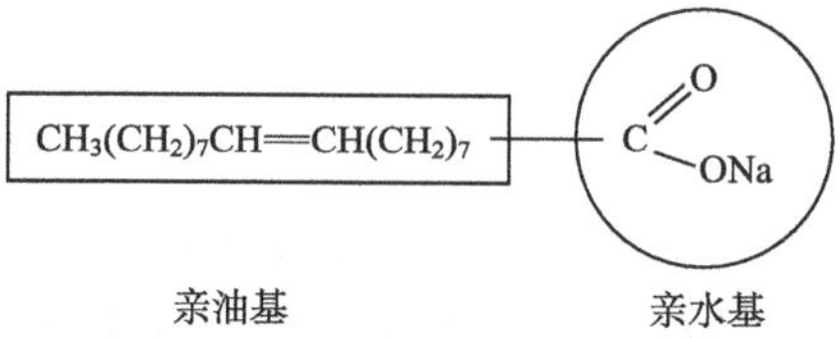

表面活性剂通常按化学结构进行分类，溶于水能解离生成离子的表面活性剂称为离子型表面活性剂；凡不解离、不能生成离子的表面活性剂称为非离子型表面活性剂。而离子型表面活性剂还可以根据离子种类再进行分类。表 3.9 列出了常见的几类表面活性剂。

表 3.9　常见的几类表面活性剂

类　型	化合物类型	实　例*
阳离子型	伯胺盐	$[RNH_3]^+Cl^-$
	仲胺盐	$[R-NH_2(CH_3)]^+Cl^-$
	叔胺盐	$[R-NH(CH_2)(CH_3)]^+Cl^-$
	季胺盐	$[R-N(CH_3)(CH_3)-CH_3]^+Cl^-$
阴离子型	羧酸盐	$R-COONa$
	硫酸酯盐	$R-O-SO_3Na$
	磺酸盐	$R-SO_3Na$
	磷酸酯盐	$R-O-PO_3Na_2$
两性	氨基酸类	$R-NH-CH_2CH_2-COOH$
	内胺盐类	$R-N^+(CH_3)(CH_3)-CH_2-COO^-$
非离子型	聚乙二醇类	$R-O\!+\!CH_2-CH_2-O\!+_nH$
	多元醇类	$R-COOCH_2C(CH_2OH)_3$

* R 代表烃基(包括脂肪烃和芳香烃)。

2. 表面活性剂的应用

表面活性剂应用很广，主要有以下作用。

1）润湿作用

在生产和生活中常需要改变固液之间的润湿程度(人为地改变接触角或 $\gamma_{l\text{-}g}$ 和 $\gamma_{l\text{-}s}$)。通过改变系统的表面张力，就可以改变润湿或不润湿性质，这一目的可以通过表面活性剂的使用来实现。

例如，在喷洒农药时，在农药中常加入少量的表面活性剂(润湿剂)，以改进药液对植物叶子表面的润湿程度，使药液在植物叶面上铺展，以提高杀虫效果。又如，在拌制混凝土时，为了提高混凝土的密实程度，希望降低用水量，同时还希望水泥能充分水化，这就要求水对水泥颗粒充分润湿，而降低固-液表面张力可以增加润湿，因此加入适量的表面活性剂(如减水剂)可以在减少用水量的情况下，保证水对水泥的充分润湿、水化。

反过来也可以应用表面活性剂把原来容易润湿的固体变为不润湿。例如，在建筑物中，采用硅氧烷类防水剂可以将建筑物表面由亲水性变为憎水性。又如，在棉布表面采用表面活性物质进行处理，可以使亲水性的棉布表面变为憎水性的，成为“防雨布”。

2）起泡作用和消泡作用

泡沫是由不溶性气体分散在液体中形成的分散系统。例如，用机械方法搅动液态水，这时进入水中的空气被水膜包围形成气泡，但这些气泡不稳定，当外力停止搅动时很快就会消失。但是有一些表面活性剂以少量溶于水形成溶液，进行搅动使之产生气泡，泡沫却能够较长时间稳定地存在。这种具有稳定泡沫作用的表面活性剂称为起泡剂。常见的起泡剂有肥皂、十二烷基磺酸钠等。起泡剂所起的作用主要有①降低表面张力：因为形成泡沫后系统增加了很大的表面，表面活性剂分子在气-液界面上定向排列，形成单分子溶剂化膜、显著降低了表面张力使系统得到稳定；②生成的单分子溶剂化膜牢固，有一定的机械强度和弹性，使泡沫在受到外力作用时不易破裂，小气泡不易变为大气泡；③表面活性剂在溶液中的解离使气泡膜带有相同电荷，阻止气泡之间的接近。

起泡剂分子的碳链越长，形成气泡时，气泡中起泡剂分子间的引力越大，气泡膜越牢固，其泡沫也越稳定，良好的起泡剂结构一般是中等长度的碳链且一端带有极性基团。

有时候在生产中要破坏泡沫。破坏泡沫的方法主要有两类：一类为机械方法，如通过搅拌，改变温度和压力等；另一类为化学或物理方法，如加入丁醇、醚类等能溶解起泡剂的物质，降低气泡膜中的起泡剂分子数，破坏单分子膜的完整性，使气泡易于破灭。或者采用相反电荷的表面活性剂中和原有的表面活性剂，使表面膜被破坏。还可以采用加入溶解度较小的表面活性剂，如庚、辛、壬基的表面活性剂等，这些表面活性剂加入后，能将气泡膜里的起泡剂分子替代出来，而其本身的碳链短，极性弱，分子间引力弱，在气泡中单分子膜强度低，泡沫稳定性低，易破灭。

起泡剂常用于制造灭火剂、洗涤剂、矿物浮选剂等。在土建工程中用作混凝土的引气剂制成泡沫混凝土及其他隔热、隔音保温材料。

3）助磨作用

在固体物料的粉碎过程中，若加入表面活性剂(称为助磨剂)，可以大大提高粉碎的效率，提高粉碎程度。这是因为当干磨(不加入任何助磨剂)导致颗粒细度达到几十微米以下时，比表面迅速增大，表面吉布斯能也很大。根据热力学原理，系统有自动地使表面积或表面能减小的趋势，容易发生颗粒黏聚现象，影响磨细效率。当加入少量表面活性剂后，表面活性剂对固体颗粒表面有亲和力，吸附在颗粒表面，能有效地降低表面吉布斯能，而且表面活性剂覆盖的面积越大，表面吉布斯能降低越多，系统越稳定。因此，表面活性剂分子能够自动地渗入颗粒破裂的细微裂缝中并向深处扩展，好像在微裂缝中打入了一个“楔子”，起着一种劈裂作用(图3.7)；在外力持续作用、新裂缝不断产生、微粒更小的同时，吸附在新产生的微裂缝和微粒表面的表面活性剂分子定向排列，非极性的基团朝外，使颗粒不易接触，表面光滑，易于滚动，防止新裂缝的愈合或颗粒的黏聚，有效地提高磨细效率。

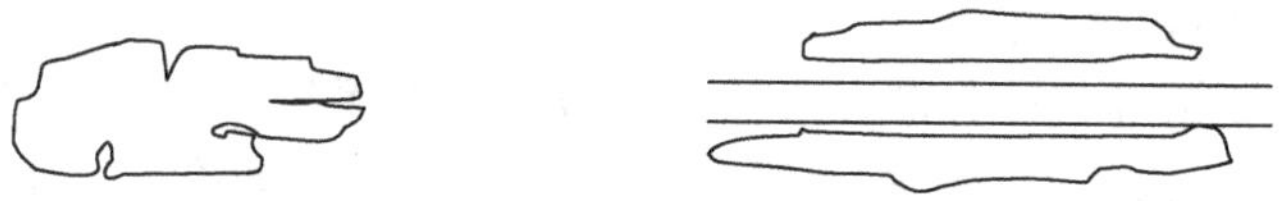

图3.7　表面活性剂助磨作用示意图

4）洗涤作用

洗涤剂是使用面很广的表面活性剂，肥皂是其中最普通的一种。肥皂之所以能去污，是因为肥皂是包含17个碳原子的硬脂酸钠盐。它的一端是羧基，为极性部分，具有亲水性；另一端为碳氢链，是具有亲油性的非极性部分。当肥皂涂抹在潮湿、有油污的织物上，由于肥皂分子的渗透作用，在油污和织物之间形成定向的肥皂分子层，从而减弱了油垢在织物上的附着力。在机械摩擦和水流的作用下，油垢脱离织物表面而乳化、分散在水中，达到洗涤的目的。

5）乳化作用

乳化作用是表面活性剂的一个很重要的作用，限于篇幅，这里不再赘述。

3.6　胶　　体

胶体系统在自然界中非常普遍。沥青是沥青质分散在油分中形成的沥青胶体;水滴分散在空气中形成云和雾也是胶体系统;生物肌体几乎都是胶体分散系统;工程材料中的水泥、塑料、橡胶、涂料、黏结剂都是属于胶体范围内的系统,在造纸、印染、陶瓷、纺织、食品、农药、印刷等工业中都涉及胶体及其应用。因此胶体作为一门分支学科越来越受到人们的重视。

3.6.1 分散系的分类

分散系是指一种或几种物质分散在另一种物质中所形成的系统。被分散的物质称为分散相,是不连续的;另一种物质称为分散介质,通常是连续的。分散相粒子直径(d)的倒数称为该分散相物质的分散度(D)。

$$D=\frac{1}{d}$$

分散相粒子的直径越小,分散度越大,单位质量的表面积即比表面积越大。按照分散相粒子的大小,可以把分散系统分为三类:

(1) 分子(或离子)分散系统(粒子半径 $r<10^{-9}$ m),如溶液、混合气体等。由于分子之间没有相界面存在,所以被分散的分子(或离子)不能成一相,故为单相系统,这种分散系统为均相的热力学稳定系统。

(2) 胶体分散系统(粒子半径 r 为 $10^{-9}\sim10^{-7}$ m),如各种溶胶。分散相每一粒子都是由许多分子或离子组成的集合体,分散相与分散介质已处于不同的相,存在着相界面。由于粒子很小,分散度大,因此是高度分散的多相热力学不稳定系统。

(3) 粗分散系统(粒子半径 r 为 $10^{-7}\sim10^{-5}$ m),如乳状液、悬浊液等。粗分散系统也是多相分散系统,也是热力学不稳定系统。

可见胶体不是一种特殊类型的物质,而是分散相颗粒在一定范围内的分散系统,与其他类型的分散系统的区别在于分散相颗粒大小的不同,因而也就具有不同的特性(表 3.10)。

表 3.10　分散系统的分类及主要特征

类　型	颗粒大小	主要特征
粗分散系统 (悬浊液) (乳状液)	>100 nm (>1×10^{-7} m)	颗粒不能通过滤纸或半透膜,不扩散,一般显微镜下可以看见
胶体分散系统 (溶胶)	1～100 nm ($1\times10^{-9}\sim1\times10^{-7}$ m)	颗粒能通过滤纸,但不能通过半透膜,扩散极慢,普通显微镜下看不见,但在超显微镜下可以分辨
分子与离子分散系统 (真溶液)	<1 nm (<1×10^{-9} m)	颗粒能通过滤纸及半透膜、扩散很快,无论普通显微镜还是超显微镜都看不见

人们通过大量试验证明，同一种物质在不同分散介质中分散时，由于颗粒大小不同，可以成为真溶液也可以成为溶胶。例如，NaCl 在水中是真溶液，但分散在酒精中则成为溶胶。因此，胶体只是物质以一定范围的颗粒大小存在的一种状态，而不是物质固有的特性。

根据分散相和分散介质聚集状态不同，常见胶体的类型见表 3.11。

表 3.11　常见胶体分散系统

名　称	分散相	分散介质	实　例
溶胶	固	液	AgI 溶胶、As_2S_3 溶胶、金溶胶
凝胶	液	固	硅酸凝胶、白宝石、珍珠
固溶胶	固	固	合金、有色玻璃、有色宝石
气溶胶	液	气	云雾
	固	气	烟尘，NH_4Cl 烟幕

由于历史的原因，在很长一段时间，溶胶按分散相和分散介质之间亲和力的大小，将其分为

(1) 憎液溶胶，指分散相与分散介质没有亲和力或只有很弱亲和力的溶胶。这类溶胶的粒子是由数目很大的分子构成，不能在介质中自动分散，所以需要有稳定剂和特殊的方法才能制得。这种系统具有很大的相界面和界面能，故极易被破坏而发生聚沉，聚沉后再加入分散介质往往也不能恢复原态，故是热力学不稳定系统。

(2) 大分子溶液(亲液溶胶)，过去常把大分子化合物的溶液称为“亲液溶胶”，亲液溶胶指分散相与分散介质具有较强亲和力的溶胶。而大分子化合物的溶液却是分子分散系统。将大分子沉淀后，再重新加入溶剂(以清除沉淀时所加的沉淀剂)，则又可使之重新自动分散，所以大分子溶液是可逆平衡系统，是热力学稳定系统。由于这类系统与溶胶有着本质的不同，故称为大分子溶液更能反映实际情况，因此不再用亲液溶胶。

本章只讨论憎液溶胶，大分子溶液另行讨论。

综上所述，溶胶的基本特性可以归纳为特有的分散程度、多相性和热力学不稳定性三个方面。它的许多性质都是由此而产生的。例如，扩散作用慢、不能透过半透膜和渗透压低等都与其特有的分散程度密切相关，综合考虑这三方面基本特性才能作为鉴定胶体系统的根据。而粗分散系统的性质与胶体相似，故一般也作为胶体化学的研究内容。

胶体在自然界、工农业生产以及日常生活中普遍存在。因此，研究这类系统的形成、破坏及其物理化学性质具有重要意义。

3.6.2 溶胶的制备与净化

胶体系统可分为三大类,即溶胶、大分子化合物溶液和聚集胶体。溶胶则是专指固体颗粒大小为 10^{-9}～10^{-7} m 分散在液体中的分散系统。

1. 溶胶的制备

制备溶胶需要满足两个条件:一是分散相的颗粒大小要在胶体范围内;二是为使分散系统稳定必须要有稳定剂存在。因此,制备胶体溶液有两种途径:一是使大块或粗粒物质分散成胶体颗粒的大小;二是使小分子或原子、离子凝聚成胶体粒子。前者称为分散法,后者称为凝聚法。

1) 分散法

使物质分散有三种手段,即研磨法、超声分散法和胶溶法。

(1) 研磨法。常用的设备有球磨机和胶体磨等。胶体磨有两片距离很近的磨盘或磨刀,是用坚硬、耐磨的合金或金刚砂制成。当上下磨盘以高速反向运动时,粗粒子就被磨细。在机械研磨中胶体磨的效率较高,但一般也只能将"质点"磨到 10^{-6}m 左右。长时间研磨后,粒子大小分布达到平衡,质点间吸引以及机械力能促使小粒子重新聚结。要提高研磨效率,常用加溶剂冲稀的方法,或者加入稳定剂,吸附在粒子的表面,起稳定或保护作用。

(2) 超声分散法。频率高于 1600 Hz 的声波为超声波,高频的超声波传入介质,在介质中产生相同频率的疏密交替的振动,对分散相产生了很大的撕碎力,从而达到分散效果。超声分散法广泛用于制备乳状液。

(3) 胶溶法。胶溶法是把暂时聚集在一起的胶体粒子重新分开而成溶胶。许多刚形成的沉淀,如氢氧化铁、氢氧化铝等,实际上是胶体质点的聚集体,由于制备时缺少稳定剂,胶体质点聚在一起而成沉淀。此时若加入少量电解质,胶体质点因吸附离子而带电变得稳定,沉淀在适当搅拌下会重新分散成溶胶。

有时质点聚成沉淀是因为电解质过多,设法洗去过量的电解质也会使沉淀转变成溶胶,用这些方法使沉淀转化成溶胶的过程称为胶溶作用。胶溶作用只对新鲜的沉淀有效。如果沉淀放置较久,小粒子经老化出现粒子间的连接或变成了大粒子,就不能利用胶溶作用达到重新分散的目的。

2) 凝聚法

与分散法相比,凝聚法不仅可节能,而且可以制得高度分散的胶体。凝聚法的基本原则是形成分子分散的过饱和溶液,控制条件使不溶物聚成胶体大小的质点析出,凝聚法包括更换溶剂法和化学反应法等。

(1) 更换溶剂法。利用同一种物质在不同溶剂中溶解度相差悬殊的特性来制备溶胶。该法制作虽简便,但得到的粒子不太细。例如,将松香的酒精溶液滴入水中，由于松香在水中溶解度很低，溶质以胶粒大小析出，生成松香的水溶胶。

(2) 化学反应法。凡能生成不溶物的复分解、水解、氧化还原等反应，都可用来制备溶胶。例如，水解反应：

$$FeCl_3(稀) + 3H_2O \xrightarrow{煮沸} \underset{溶胶}{Fe(OH)_3} + 3HCl$$

复分解反应：

$$2H_3AsO_3(稀) + 3H_2S \longrightarrow \underset{溶胶}{As_2S_3} + 6H_2O$$

氧化还原反应：

$$2HAuCl_4(稀) + 3HCOH(少量) + 11KOH \longrightarrow \underset{溶胶}{2Au} + 3HCOOK + 8KCl + 8H_2O$$

2. 溶胶的纯化

未经纯化的溶胶含有很多电解质或其他杂质，少量的电解质可使胶体质点因吸附离子而带电，因而对稳定胶体是必要的，但过量的电解质对胶体的稳定反而有害。因此，胶体制得后需经纯化处理。

最常用的纯化方法是渗析，它利用胶体质点不能透过半透膜，而离子或小分子能透过半透膜的性质，将多余的电解质或小分子杂质从胶体中除去。常用的半透膜有火棉胶膜、醋酸纤维膜等。将装有溶胶的膜袋浸在水中，因膜内、外存在浓差，膜内的离子或小分子向膜外迁移，这样就可降低溶液中电解质等杂质的浓度，不时更换膜外的水，经较长时间的渗析，即可达到纯化胶体的目的。为了加快渗析速率，常外加电场，以提高离子的迁移速率，此即电渗析法。图 3.8 是电渗析装置的示意图。

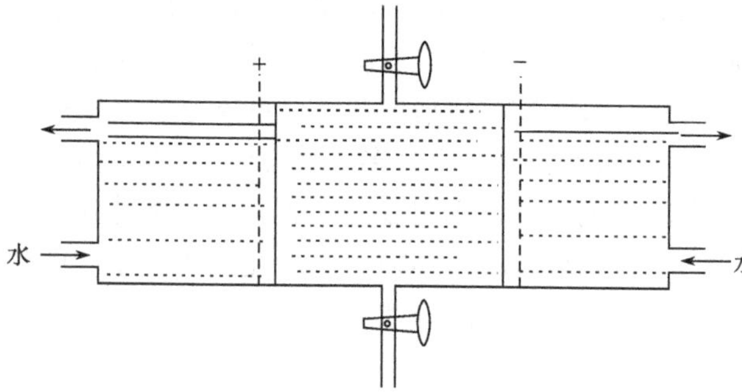

图 3.8 电渗析装置

纯化溶胶也可以用超过滤法。超过滤是用孔径极小而孔数极多的膜片作为滤膜，利用压差迫使溶剂和小分子通过薄膜，而将大的胶粒挡住。这时胶体质点与介质分开，杂质透过滤膜而除掉。图 3.9 是一种超过滤装置的示意图。

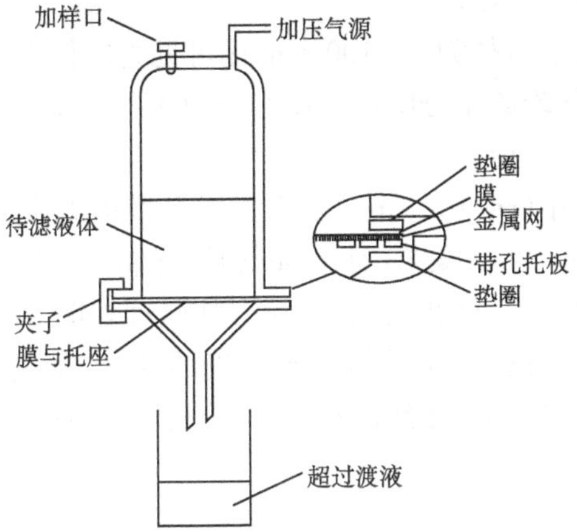

图 3.9 超过滤装置

此法还可用来处理污水，海水淡化，纯化水等。

3.6.3 溶胶的性质

溶胶具有分散性和不均匀性的特点，使其具有一些特殊的性质。

1. 溶胶的光学性质

许多胶体具有鲜艳的颜色，而有些胶体则不带色；有的胶体呈现乳光，有些胶体外观却很清亮；有的胶体从不同的角度观看，显示出不同的色带；有的胶体的颜色还会随着放置时间而不断地变化。胶体之所以会呈现出如此丰富多彩的光学性质，和胶体对光的散射与吸收有关。本节着重讨论溶胶的光散射，因为它有重要的科学意义：从光散射测量可以得到关于质点的相对分子质量、均方半径以及扩散系数等许多有用的信息。20 世纪 60 年代激光器问世后，光散射领域又有了很大的发展，目前光散射方法已成为研究胶体与大分子溶液不可缺少的工具。

1) 丁铎尔现象

将一束被聚光镜会聚的强光射入胶体溶液，在光束垂直方向上可以看到一条发亮的光柱(图 3.10)。这里我们并未看到胶粒本身，看见的只是被散射出来的光。这种微粒对光的散射现象称为丁铎尔(Tyndall)效应。

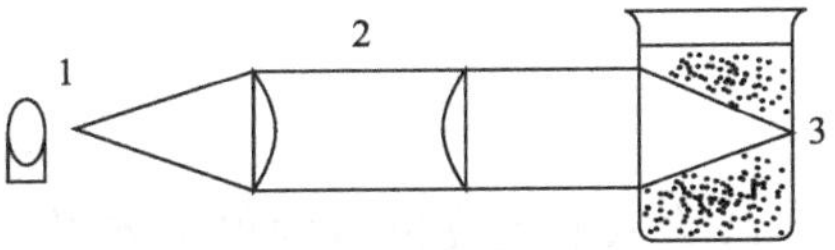

图 3.10 丁铎尔效应

1. 光源；2. 聚光镜；3. 胶体溶液

丁铎尔效应的产生与分散相粒子的大小及入射光的波长有关。当分散相粒子直径远大于入射光的波长时，主要发生反射作用；如果粒子直径比光的波长小，则粒子对入射光产生散射作用。

溶胶中分散相粒子直径为 1～100 nm，比可见光波长 400～800 nm 小得多，因此，光透过溶胶时散射现象十分明显。但光通过真溶液时，由于粒子太小，散射现象十分微弱，通常产生透射。

由于溶胶粒子很小($r<10^{-7}$ m)，采用普通显微镜无法观察到溶胶中的粒子，根据光散射原理，1903 年，齐蒙弟(Zigmondy)设计制造了超显微镜，将显微镜分辨能力由普通显微镜的 200 nm 提高到 10 nm，其原理如图 3.11 所示。超显微镜是利用散射光来观察粒子的，观察的是粒子发出的乳光，不是粒子本身。若是真溶液，由于光透射，所以显微镜视野将是黑暗的。利用超显微镜并引进一些假定可以近似用来测定胶粒的大小。

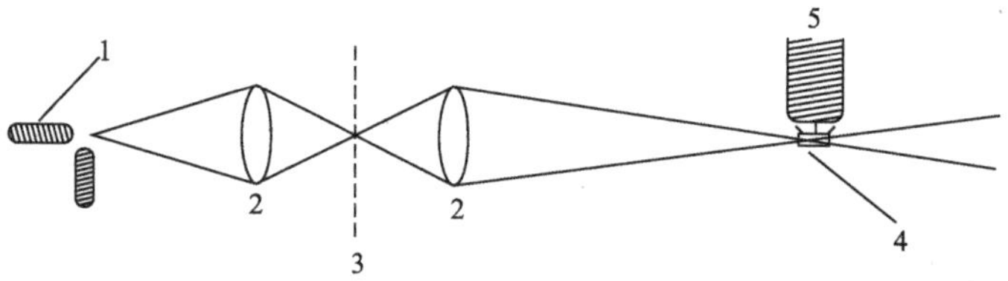

图 3.11　超显微镜

1. 光源；2. 聚光透镜；3. 光栏；4. 溶胶；5. 显微镜

不同的溶胶具有不同的颜色，原因是光束通过溶胶时，一部分自由通过，一部分被散射、吸收或反射。胶体的颜色与选择性吸收一定波长范围的光波有关，吸收峰的位置取决于化学组成，散射光和反射光的强弱与质点的大小有关。

2) 光的散射

光是一种电磁波，当光波作用到介质中小于光波波长的粒子上时，因为这些粒子都是由原子核和电子组成。粒子中的电子被迫振动，成为第二次波源，向各个方向发射电磁波，这就是我们观察到的散射光。

瑞利(Rayleigh)研究了入射光强度(I_0)与散射光强度(I)之间的关系，建立了下面的方程式：

$$I = k\frac{\nu V^2}{\lambda^4}\left(\frac{n_1^2 - n_2^2}{n_1^2 + 2n_2^2}\right)^2 I_0$$

式中，λ 为入射光波长；ν 为单位体积中的粒子数，即粒子浓度；V 为单位粒子体积；n_1、n_2 分别为分散相、分散介质的折射率；k 为与胶粒形状、观测者视线同入射光线的夹角及其距物系的距离有关的常数。

由上式可以看出：

(1) 散射光强度(乳光强度)与入射光波长的四次方成反比，即波长越短的光，被散射的越多。这可以解释溶胶所产生的乳光现象。从入射光侧面看溶胶呈淡蓝色乳光(散射的短波光),而从透过方向看呈红(或红黄)色(为透射的长波光)。例如,大雾中行走的汽车车灯呈红黄色;天空呈蓝色,就是气溶胶对光线散射所产生的现象。

(2) 溶胶的粒子浓度一定时,乳光强度随粒子半径的增大而增大。根据此原理,可用超显微镜测量胶体粒子的大小;用丁铎尔效应鉴别溶胶是真溶液或是悬浮液。

(3) 胶体粒子大小一定时,乳光强度随单位体积内粒子数的增加而增大。据此,设计了溶胶浓度计。乳光强度又称浊度,故溶胶浓度计即通常称为浊度计。

(4) 分散相与分散介质的折射率相差越大,粒子的散射光越强。憎液溶胶的分散相和分散介质之间有明显界限,两者折射率相差很大,乳光很强。而高分子溶液由于溶质与溶剂之间有亲和力,溶质被一层溶剂分子裹住,使溶质和溶剂的折射率相差不大,乳光也就很弱。因此,可根据乳光强弱来区别溶胶与高分子溶液。

2. 溶胶的动力学性质

1) 布朗运动

1826 年,布朗(Brown)用显微镜观察到花粉悬浮在水中做无秩序的曲折运动,后来用超显微镜观察到溶胶中胶体粒子的运动也有同样现象,这种现象称为布朗运动。

布朗运动是分散介质的分子由于热运动不断地由各个方向同时冲击胶体粒子时,其合力未被相互抵消所引起的结果,因此在不同时间指向不同的方向形成曲折运动。

胶体粒子的移动是以布朗运动方式进行的,虽然运动曲折而无秩序,但经过一定时间,胶体粒子还是有一个平均位移。由于胶体粒子的质量和直径大小都比真溶液溶质分子大很多倍,所以移动速率要比真溶液中溶质分子、离子慢很多。胶粒的布朗运动使溶胶胶粒自动由浓度大的地方扩散到浓度小的地方,是溶胶能够稳定的一个重要因素。胶粒运动的速度与温度成正比,与介质黏度、胶粒大小成反比。

2) 沉降平衡

在重力场中溶胶中的胶粒要受重力的作用。粒子质量越大,作用越显著。例如,我们日常见到的悬浊液中的粒子在重力作用下下沉,这一现象称为沉降。在重力场中溶胶中粒子的沉降短时间内看不出,这是因为粒子的分散度足够大,产生了布朗运动,产生扩散现象,扩散力抵抗重力的作用,使系统达到一个平衡状态,称为沉降平衡。这时粒子的浓度由下层到上层逐步降低,形成浓度梯度。这种情形与大气层中气压的分布完全相似。

由于胶体系统中,胶体粒子总是形成浓度梯度。在沉降平衡的状态,就形成了胶体的动力学稳定性。

3. 溶胶的电学性质

1）电泳和电渗

将两个电极插入电解质溶液中，通以电流后，溶液中的正、负离子分别向两个电极迁移。如果把电极插入溶胶中，溶胶中的粒子同样也会迁移。胶粒比一般离子大很多倍，其特点是移动缓慢但明显可见，这种现象说明胶粒是带电的。根据所带电荷的不同，胶粒向不同的电极迁移。这种在外电场作用下，胶体粒子（固相）在分散介质（液相）中做定向移动的现象，称为电泳。

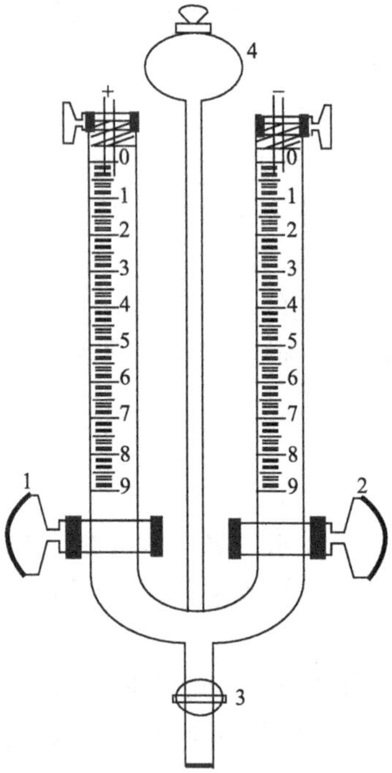

图 3.12 电泳装置

1、2、3. 活塞；4. 盛液漏斗

用图 3.12 的装置可以观察到电泳现象，在 U 形管内先放入棕红色 $Fe(OH)_3$ 溶胶，然后在液面上小心地放上一层无色的稀 HCl 溶液，形成明显的界面。通电后可看到棕红色界面向阴极移动，而在阳极区域界面下降，表明 $Fe(OH)_3$ 胶粒是带正电荷的。如果用 Sb_2S_3 溶胶做上面实验，观察到相反现象，说明 Sb_2S_3 胶粒带负电荷。

研究电泳现象不仅有助于了解溶胶粒子的结构及电性质，还有许多应用。例如，用电泳的方法使橡胶电镀在金属、布匹或木材上；在陶瓷工业中利用电泳的方法使黏土与杂质分离，得到纯黏土；在生物化学上用以分离蛋白质等。电泳已成为一项重要的实验技术。

与电泳现象不同，在外加电场作用下，也可观察到分散介质会通过固定不动的多孔固体（如棉花或凝胶，使溶胶粒子被吸附而固定）而移动。这种固相胶粒不动而液相分散介质在电场中发生定向移动的现象称为电渗。如图 3.13 所示，在多孔膜的两侧施加电压之后，从刻度毛细管中弯月面的移动可以观察到液体的流动，从液体移动的方向可判断胶粒所带电荷的正、负。

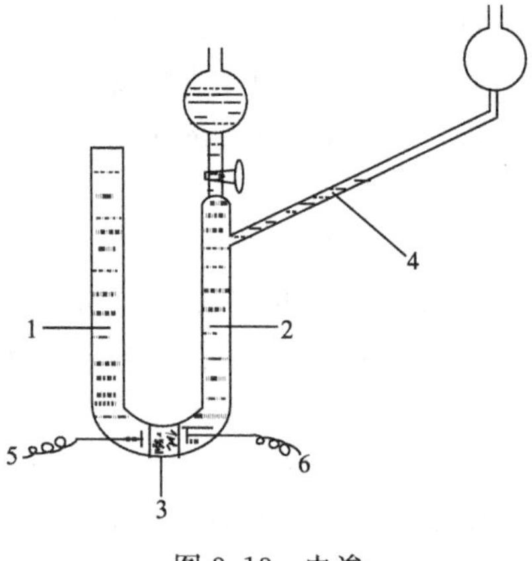

图 3.13 电渗

1、2. 盛液管；3. 多孔膜；4. 毛细管；5、6. 电极

电泳、电渗统称为电动现象。

通过电泳和电渗实验,可得出结论:溶胶中的粒子都是带电的,有些物质的粒子带正电,有些带负电,见表3.12。溶胶粒子的电性与介质相反,故电泳与电渗的方向总是相反的。

表3.12　某些溶胶粒子的带电性

带正电	带负电
氢氧化铁、氢氧化铝、氢氧化铬	金、银、铂、硫、硒、碳
氧化钍、氧化锆	三硫化二砷、三硫化二锑、硫化铅、硫化铜
蛋白质在酸性溶液中	硅酸、锡酸、土壤、淀粉
碱性染料(如次甲基蓝)	酸性染料(如刚果红)

在土建施工中,电泳和电渗均有实际应用。例如,电化学土壤加固法中,经常采用电渗排水与电压致密法处理压缩性高、渗透性小、饱和水分多的软质黏土地基。若在这种软质黏土中插入两个金属电极并通以直流电,则黏土中的束缚水(包括地下水)向阴极渗出,可用真空泵抽出聚集在阴极附近的水。同时带负电的黏土粒子在电场作用下,发生电泳现象,向阳极推挤。由于黏土粒子的电泳和水的电渗,导致软黏土地基的电渗排水和电压致密的效果,从而使土壤加固。

再如,陶瓷工业用的优质黏土就是用电泳方法进行精选的;电镀橡胶也是利用荷负电的橡胶微粒的电泳来实现。电泳涂漆、电泳分离各种蛋白质(生化)、电泳分离病毒(医疗卫生)以及电渗净水等,都是利用胶体的电动性质。

2) 胶粒表面电荷的来源

电动现象说明胶体粒子是带电的,胶粒带电的原因有两种。

(1) 胶核表面的选择性吸附。高度分散的粒子具有很大表面积,表面吉布斯能很高。体系除了有自动缩小表面积的能力外,还能够通过选择性吸附溶液中的离子在其表面,降低表面吉布斯能。一般说来,胶核优先吸附与它组成类似的离子。例如,制备氢氧化铁溶胶,将稀的 $FeCl_3$ 溶液逐滴加入煮沸的水中,发生水解反应。

$$FeCl_3 + 3H_2O \xlongequal{\quad} Fe(OH)_3 + 3HCl$$

部分 $Fe(OH)_3$ 和 HCl 起作用:

$$Fe(OH)_3 + HCl \xlongequal{\quad} FeOCl + 2H_2O$$

然后 FeOCl 解离,生成 FeO^+ 和 Cl^-。

$$FeOCl \rightleftharpoons FeO^+ + Cl^-$$

于是 $Fe(OH)_3$ 选择吸附 FeO^+ 而带正电荷,因为它有与胶核相同的化学元素 Fe。

必须注意,因制备溶胶的条件不同,可使胶粒带不同的电荷,如制备照相底片用的 AgBr 溶胶,反应为

$$AgNO_3 + KBr \xlongequal{} KNO_3 + AgBr(溶胶)$$

如果 KBr 过量，则 AgBr 胶粒选择吸附 Br^- 而带负电，制得负溶胶；如果 $AgNO_3$过量，则胶粒吸附 Ag^+ 带正电，制得正溶胶。

(2) 胶核表面分子的解离。在胶核生成的过程中，胶核表面上的一部分物质由于在介质中发生解离，其中与胶核组成类似的离子留在界面上，另一种与之带电相反的离子则进入介质中，形成了带电的胶粒。例如，硅酸溶胶的带电不是因为吸附作用，而是因为表面分子的解离作用，其胶粒是由 $x SiO_2 \cdot y H_2O$ 分子组成的，表面上的 H_2SiO_3 分子可解离：

$$H_2SiO_3 \xlongequal{} HSiO_3^- + H^+$$

$HSiO_3^-$ 留在晶格上不能离开胶核表面，而 H^+ 进入介质，结果使介质带正电，胶粒带负电，形成负溶胶。

由上述讨论可知，溶胶粒子由于选择性吸附或表面物质的解离而带有电荷，其周围的介质则拥有带相反电荷的离子。这就是胶粒在电场作用下发生电泳、电渗等电动现象，并且两种情况相反的原因。

3) 胶团结构和 ζ 电势

(1)胶团结构。胶核在介质中的选择性吸附形成了胶团独有的结构。现以硅酸溶胶为例加以说明。

硅酸溶胶是由许多硅酸分子缩合而成，其最终缩聚产物为二氧化硅聚集体 $(SiO_2)_m$，并形成一定尺寸的微粒，成为胶体粒子的核心，称为胶核。最初的胶核是不带电荷的，但它由于比表面很大，有很高的表面吉布斯能，在介质中有很强的吸附作用，表面上的部分 SiO_2 与吸附的水分子反应生成硅酸，解离产生 H^+ 与 $HSiO_3^-$，$HSiO_3^-$ 留在胶核表面，而氢离子则进入介质。这样胶核表面就带有负电荷，H^+(称为反离子)一方面受带有负电荷的胶核吸引，有靠近的趋势；另一方面由于其热运动有远离胶核的趋势。在这种情况下，一部分反离子受到胶核吸引，而束缚在固体表面，形成吸附层；另一部分反离子分布在胶粒周围的介质中，并按一定浓度梯度形成扩散层。胶核和吸附层构成胶粒。由于胶粒中反离子数量较少，电荷总数小于胶核所带电荷总数，因此胶粒带有负电荷。在电泳时吸附层与胶核一起移动。胶粒和扩散层包括在一起总称为胶团。溶胶系统是电中性的，硅酸溶胶的胶团结构可以写成图 3.14 结构示意图，从结构式或结构图可以看出胶粒是带电的，而胶团为电中性。

(2) 双电层结构及 ζ 电势。溶胶的电泳实验证明胶体粒子是带电的，电荷的主要来源是固相表面由于解离或选择性吸附某种离子，吸附正离子的胶粒带正电，吸附负离子的带负电。但因整个溶液是电中性的，故介质中应有等量的反离子存在，表面上吸附的离子及溶液中的反离子构成双电层。

反离子在溶液中受到两方面的作用：静电作用和质点的热运动。靠近表面处反

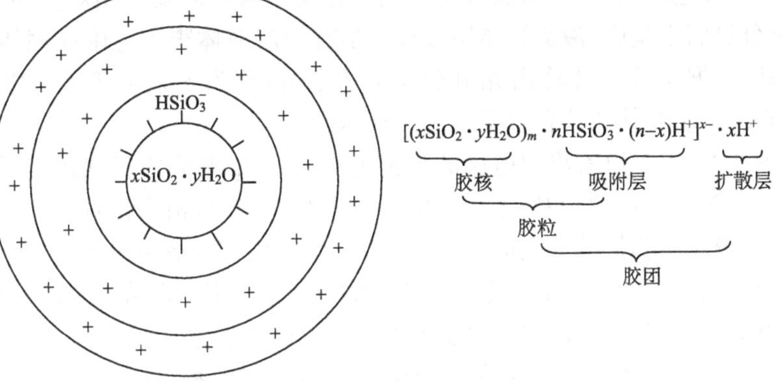

图 3.14 硅酸胶团构造的示意图

离子浓度大些，随着与表面距离的增大，反离子由多到少，形成扩散分布，如图 3.15 所示，MN 代表粒子表面，设其表面吸附负离子，则等量的正离子扩散地分布在粒子周围。带电表面及这些反离子构成的双电层称为扩散双电层，距离 d 为双电层的厚度，双电层的厚度随溶液中离子的浓度和价数而不同。由图 3.15 可看出扩散层电势随距离的增加成指数关系逐渐减小最后为零。双电层的平衡电势 $\varphi^{\ominus}$ 等于在电化学中的金属-溶液间的电极电势，由离子的浓度决定其值的大小。

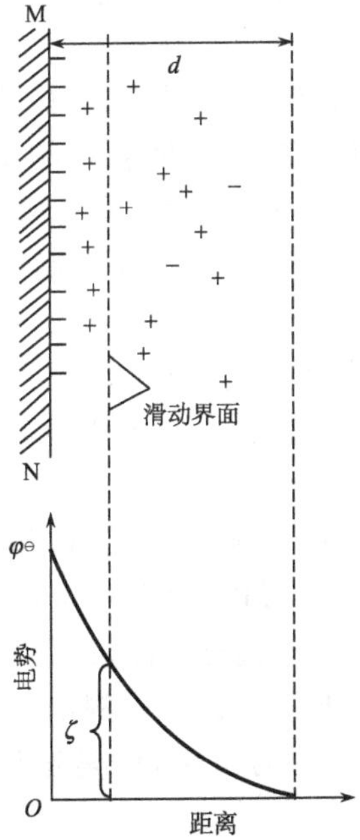

图 3.15 扩散层中离子分布和电势随距离的变化

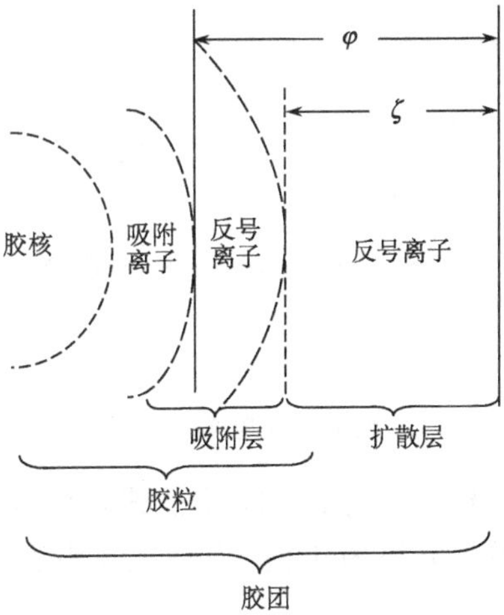

图 3.16 胶团中 φ 与 ζ 电势示意图

在电泳和电渗现象中，溶胶粒子在电场作用下与介质发生相对移动。实验证明，这时分界面不是固-液界面 MN 处，而是有一层液体牢固地附在固体表面，随表面运动，根据实验可计算出此滑动面上的电势，称为电动电势或 ζ 电势，见图 3.16。它决定着胶体离子在电场中的运动速度。

由图 3.16 中可以看出双电层的平衡电势 $\varphi^{\ominus}$ 和 ζ 电势的区别在于：平衡电势 $\varphi^{\ominus}$ 指的是固液之间的总电势差，而 ζ 电势只有在固-液两相作相对运动时，才能表现出来，是吸附层和扩散层之间的电势差。从数值上看，平衡电势 $\varphi^{\ominus}$ 给出的是胶核表面全部电势离子与全部异电离子之间的电势差。而 ζ 电势给出的是吸附层中过剩的电势离子与扩散层中过剩的异号离子之间的电势差。可见，ζ 电势仅仅是平衡电势 $\varphi^{\ominus}$ 的一部分。因为除了扩散层的电势降（ζ 电势）外，还有一部分电势降（e）在吸附层里，故有

$$\varphi^{\ominus}=\zeta+e$$

ζ 电势和 $\varphi^{\ominus}$ 都随着液相内离子浓度而变化，但与 $\varphi^{\ominus}$ 不同的是，ζ 电势除了与组成溶胶的离子有关以外，还与溶液中存在的任何其他电解质的离子有关，而且都十分敏感，即与扩散层中离子分布与溶液中的电解质含量有关。当电解质浓度增加时，扩散层被压缩，部分反离子从扩散层转到吸附层，结果使扩散层厚度变薄，ζ 电势便降低。如图 3.17 中曲线Ⅰ和Ⅱ，当扩散层的反离子全部转入吸附层时扩散层的厚度被压缩到零，ζ 电势也降为零。曲线Ⅲ胶粒失去电性，在电场作用下不再移动，此状态称为等电态。

这一理论在施工中经常用到，修建道路、房屋和桥梁等建筑物时，首先要进行地基处理，用的较多的是石灰加固土地基，土中的黏土胶体颗粒的反离子层（扩散层）大多是 1 价的 K^+、Na^+。石灰加入土中后，在水的参与下易解离成 Ca^{2+} 和 OH^-，Ca^{2+} 使胶团的扩散层被压缩变薄，ζ 电势下降，致使黏土颗粒发生聚结，使土的微团粒结构强度和稳定性得以提高。

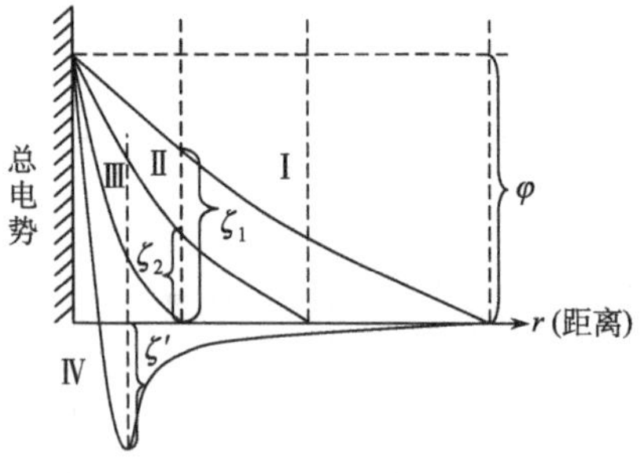

图 3.17 电解质对电势 ζ 的影响

如果所加电解质离子被胶粒强烈地吸附到吸附层内，就会引起 ζ 电势的变号，高价金属离子、有机盐离子都具有这种作用，如图 3.17 中曲线Ⅳ所示。此时的电动电势 $\zeta<0$。例如，有些水泥粒子的 ζ 电势为正值，当加入某些外加剂时，常会变为负值，就是这种作用引起的。

4) 溶胶的稳定性与聚沉

(Ⅰ) 溶胶的稳定性。

溶胶系统中分散相分散度很大，相应比表面积很大，总有聚集成大颗粒的趋势，属于热力学不稳定系统，但溶胶又可以保存很长时间，如墨水、油墨、涂料等。使溶胶能够稳定的主要原因可以归纳为以下几点：

(1) 动力学稳定作用。溶胶中的胶粒因受重力作用而具有沉降的趋势，但由于溶胶中的胶粒具有布朗运动能克服重力作用而不沉降。影响的主要因素是分散度。分散度越大，胶粒越小，布朗运动越剧烈。其次是分散介质，黏度越大，胶粒与分散介质的密度差越小，胶粒越难下沉，溶胶动力学稳定性也越大。

(2) 胶粒电荷的稳定作用。由胶团的结构可知，溶胶中的胶团虽然对外均呈电中性，但胶团带有数量相等、符号相反的电荷。胶核带有一种电荷，周围被异号电荷所包围。当胶团相互接近使它们的扩散层相互扩散重叠时，将会发生静电斥力作用，重叠的程度越大，斥力越大(图 3.18)。如果胶粒之间的斥力大于两胶粒间的相互吸引力，则两胶粒相撞后又将分开，保持了溶胶的稳定性。从图 3.18 来看，当胶粒运动时 ζ 电势的存在使胶粒不能接近，ζ 电势越大，溶胶就越稳定，这是溶胶稳定的最主要原因。

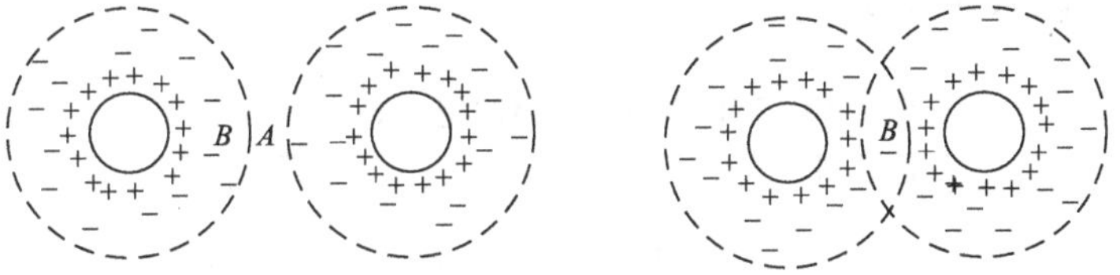

(a) A处只有质点间色散引力　　(b) B处存在着静电斥力

图 3.18　胶体质点相互作用示意图

(3) 溶剂化的稳定作用。胶核是憎水的，但它吸附的离子和反离子都可以溶剂化，使胶粒周围形成水化层，水化层有定向排列结构，当胶粒接近时，水化层被挤压变形，又有力图恢复原定向排列结构的能力，使水化层具有弹性，成为胶粒接近时的机械阻力，防止溶胶的聚沉。

通过上述讨论可以看出，溶胶在一定条件下能够稳定，是由于溶胶的动力稳定性抵抗了重力作用、胶粒带电产生的斥力以及溶剂化所引起的机械阻力所造成的。在这三种作用中，胶粒带电是最主要的因素。保持或加强这些因素会增加溶胶的稳定性；减弱或消除这些因素，将会使溶胶破坏。

(Ⅱ) 溶胶的聚沉。

在科学研究和生产中，往往希望溶胶系统越不稳定越好，如净化水时需要破坏泥土所形成的溶胶。前面的讨论已经明确了胶体系统稳定性的因素，因此可以通过外加条件，将这些因素削弱，如胶核合并、颗粒增大、分散度减小，使溶胶聚结破坏。能够引起溶胶聚沉的因素有电解质的作用，温度的变化，溶胶浓度的改变等。但以外加电解质的作用最为重要，现分述如下：

(1) 电解质的聚沉作用。从讨论溶胶 ζ 电势知道，当溶胶中加入电解质，使扩散层反离子被压缩进入吸附层，ζ 电势减小，有使胶粒失去电性和去溶剂化作用。胶粒相互碰撞时，聚集起来使颗粒变大而沉降。

实验证明，加入电解质时，当尚未达到等电态前就发生明显的聚结。到等电态时聚结的速度最大，这时的溶胶最不稳定，最易聚沉。不同电解质对溶胶的聚沉能力不同，使一定量的胶体溶液在一定时间内开始聚沉所需电解质的最低浓度称为电解质的聚沉值，单位为 $mmol \cdot dm^{-3}$。表 3.13 是不同电解质对一些溶胶的聚沉值。电解质的聚沉值越小，其聚沉能力越强。从表 3.13 中可以看出，电解质的临界聚沉浓度还存在以下规律：①电解质的聚沉能力取决于与胶粒所带相反电荷的离子价数，离子价数越高，聚沉值越小，聚沉能力越强；②相同价数的各种离子，聚沉能力有差异，但临界聚沉浓度相近，碱金属的硝酸盐聚沉能力为 $Cs^+ > Rb^+ > K^+ > Li^+$，相同阳离子的一价酸根的盐聚沉能力顺序为 $Cl^- > Br^- > NO_3^- > I^-$；③胶粒对有机离子有较强的吸附能力，因此任何价数的有机化合物的离子都具有很强的聚沉能力，如苯胺离子。

表 3.13 不同电解质的聚沉值($mmol \cdot dm^{-3}$)

As_2S_3(负电溶胶)聚沉值		AgI(负电溶胶)聚沉值		Al_2O_3(正电溶胶)聚沉值	
LiCl	58	$LiNO_3$	165	NaCl	43.5
NaCl	51	$NaNO_3$	140	KCl	46
KCl	49.5	KNO_3	136	KNO_3	60
KNO_3	50	$RbNO_3$	126		
KAc	110				
$CaCl_2$	0.65	$Ca(NO_3)_2$	2.40	K_2SO_4	0.30
$MgCl_2$	0.72	$Mg(NO_3)_2$	2.60	$K_2Cr_2O_7$	0.63
$MgSO_4$	0.81	$Pb(NO_3)_2$	2.43	K_2CrO_4	0.69
$AlCl_3$	0.093	$Al(NO_3)_3$	0.067	$K_3[Fe(CN)_6]$	0.08
$\frac{1}{2}Al_2(SO_4)_3$	0.096	$La(NO_3)_2$	0.069		
$Al(NO_3)_3$	0.095	$Ce(NO_3)_3$	0.069		

(2) 带有相反电荷的溶胶相互作用。将两种带异号电荷的溶胶以适当的数量相互混合时，由于电性中和，ζ 电势变为零，此时则发生完全聚沉。例如，在净化水

时，加入适量的明矾[$KAl(SO_4)_2 \cdot 12H_2O$]，明矾水解产生 $Al(OH)_3$ 溶胶，带有正电荷，与天然水中带负电荷的胶粒作用，引起相互聚沉而使水净化。

(3) 溶胶的浓度。当溶胶的浓度增大时，胶粒做布朗运动相互碰撞的次数增多，使得溶胶的稳定性降低。

(4) 温度的影响。升温也可使胶体溶液聚沉。这里因为升温能加速胶粒的运动速率，增加胶粒相互碰撞的机会，同时也降低了胶核对离子的吸附作用，减少胶粒所带电荷，促使胶粒在碰撞时聚结起来而发生聚沉。例如，$Fe(OH)_3$ 溶胶经长时间煮沸后，会生成沉淀。

(5) 加高分子絮凝剂。目前广泛采用高分子絮凝剂，如用聚丙烯酰胺对溶胶进行聚沉。当高分子化合物溶于水后，经水解和缩聚反应所形成的高聚物具有线性结构。胶体微粒对这类高分子物质具有强烈的吸附作用。吸附使高分子物质的线型长度增大，可在相距较远的两胶粒之间进行吸附架桥，即当它的一端吸附某一胶粒后，另一端又吸附另一胶粒。胶粒通过高分子吸附架桥后，颗粒逐渐变大，最终形成肉眼可见的粗大絮凝体。高分子絮凝剂的特点是效率高[用量达到$(10\sim100)\times10^{-6}$就有显著效果]、析出的沉淀颗粒大、容易脱水、沉淀速度快等。但是高分子絮凝剂用量不宜过多，过多将产生相反的效果，会重新使溶胶稳定。

此外，增加搅拌、光照等也可以促使溶胶聚沉。

5) 高分子溶液(亲液溶胶)以及高分子对溶胶的保护作用和敏化作用

高分子化合物溶于适当溶剂中就成为高分子溶液，它具有双重性质。一方面，由于分散相颗粒大小与溶胶粒子相近，表现出溶胶的某些特性，如不能透过半透膜、扩散速度慢，因此高分子溶液可以纳入胶体研究的范畴，并称为亲液溶胶；另一方面，高分子溶液是分子分散系统，又具有某些真溶液的特点。

(Ⅰ) 高分子溶液与溶胶的比较。

(1) 高分子溶液和真溶液一样，是单相系统，分散相和分散介质之间没有界面，而溶胶则是多相系统。

(2) 高分子化合物极易溶剂化，这是因为在它们的组成中，常含有大量的亲水基团，如—OH、—COOH、—NH_2 等，水化作用强烈。因此在溶液中，高分子化合物表面有一层很厚的溶剂化膜，使它能稳定分散于溶液中而不易凝结。在高分子溶液中，由于溶质的强烈溶剂化，无明显的界面存在，则光的散射较弱，没有明显的丁铎尔效应。而溶胶粒子的溶剂化能力比高分子化合物弱得多，有明显的界面存在，光散射强烈，丁铎尔效应显著。

(3) 高分子化合物能自动溶解于适当的溶剂中形成高分子溶液。它的溶解过程就是溶剂化过程，当用蒸发等方法除去溶剂后，重新加入溶剂仍能自动溶解，形成的溶液是一种稳定系统，它的溶解过程是可逆的。相反，溶胶粒子与溶剂间没有很大的亲和力，胶体溶液则不能由自动分散获得，在制备胶体溶液时往往要加入第三种物质作为稳定剂，而且胶粒一旦凝聚出来，一般很难或者不能用简单加入溶剂的方法使之复原，它是一种不稳定系统。

(4) 高分子溶液还有一项与真溶液和溶胶都不同的特性，即具有很大的黏度。黏度大小与溶质分子的大小、形状、溶剂化程度有关。如果分子团缩成线团状，则黏度就小些；如果分子伸展开来，互相缠结，则黏度就大。高分子化合物多是线状分子，在溶液中溶剂化膜很厚，它们又可以互相缠结，故黏度很大。

(Ⅱ) 高分子对溶胶的保护作用和敏化作用。

加入高分子溶液对溶胶聚沉有显著影响，一方面可增加胶体的稳定性，这种作用称为胶体的保护；另一方面可加速聚沉，这种现象称为敏化作用。这是与高分子特殊结构分不开的，许多高分子化合物都是链状且能卷曲的线型分子，很易吸附在胶粒表面包住胶粒，把憎水的胶粒表面变为亲水表面，使胶粒与介质的亲和力增大，同时也防止了胶粒之间或胶粒与电解质之间的直接接触，因而增加了溶胶的稳定性，起到了保护作用。照相用的溴化银胶片就是在动物胶的存在下，溴化银的极细的悬浮粒子分散在介质内而制成。

如果所加高分子物质过少，不足以覆盖全部胶粒表面将所有胶粒包围，反而会促使溶胶被电解质聚沉，此即敏化作用。此时高分子能通过吸附起到一个架桥的作用，把许多胶粒拉到它周围，增大了胶粒的碰撞机会，使溶胶更易引起聚沉。

因此，胶体的稳定和聚沉无论在理论上，还是在生产、科研、生理过程等方面都有重要意义，但需注意高分子物质的用量。

3.6.4 乳状液

乳状液在生产和日常生活中有着广泛的应用。例如，牛奶就是比较典型的乳状液。又如，农药采用乳化技术形成乳状液，可以节省药量，提高药效；涂料采用乳化技术制成乳状液性质的水性涂料，可以节约挥发性有机溶剂的使用量，解决了环保问题；道路建设以及建筑上的防水层，如果采用乳化沥青，可以节省能源同时方便施工，也避免了沥青中挥发性的有毒物质污染环境。乳状液的存在也是生产中的不利因素，如开采的石油中往往是水分散于油中形成的乳状液，此种乳状液对石油炼制极为有害，必须加以破乳，脱水处理。由此可见，为了掌握乳化和破乳，就需要了解乳状液的稳定，破乳机理。

1. 乳状液的性质

乳状液是由两种不相混溶的液体构成的分散系统。乳状液为粗分散系统，具有多相、聚结的特点，热力学性质不稳定。其分散液滴的大小为 0.1～10 μm，显微镜下可以看见。

乳状液中分散相液滴的大小决定了乳状液的外观。如果用眼睛观察,呈乳白色者,其分散相液滴直径在 1 μm 左右;蓝白色的为 1~0.1 μm;灰色半透明状的为 0.1~0.05 μm;小于 0.05 μm 则为透明状。

常见的乳状液一般都有一相是水或水溶液(通称为水相),另一相是与水不相混溶的相(有机相,通称为"油"相)。外相为"水",内相为"油"的乳状液称水包油型乳状液,用 O/W 表示。反之,用 W/O 表示的是油包水型的乳状液。铺路用的乳化沥青就是将沥青热熔后,以细小的微滴状态分散于含有乳化剂的水溶液中,形成水包油型或油包水型的沥青乳液,目前我国使用多以水包油状为主。牛奶即为此种 O/W 型乳状液,而油田生产出的原油即为一种 W/O 型乳状液。

纯净的油和水在一起混合搅拌后,得不到稳定的乳状液,只有加入表面活性剂,才能形成比较稳定的乳状液。乳状液中的表面活性剂称为乳化剂。

乳状液是一种流体,所以黏度(流动性质)是其重要性质之一。当分散相的浓度不大时,乳状液的黏度主要由分散介质所决定,另外,乳化剂也有一定影响。

乳状液的一个主要电学性质是导电性,而且主要存在于 O/W 型乳状液系统。

鉴别乳状液的方法如下:

(1) 稀释法。用水或油稀释乳状液,能被水稀释者为 O/W 型,反之是 W/O型。

(2) 电导法。乳状液导电性能决定于分散介质,所以 O/W 型乳状液的电导接近于水,而 W/O 乳状液不能明显的导电。

(3) 染色法。加入油溶性染料,若分散相液滴染上颜色,则是 O/W 型;加入水溶性染料,液滴被染色,则是 W/O 型。

能够用于乳状液类型鉴别的方法较多,仅使用一种方法,往往有一定限制,应当多种方法并用,取长补短,才能得到比较可靠的结果。

2. 乳状液的稳定性

当"油"相与"水"相混合并振荡时,虽然也可以相互分散,但静置后很快分层。要得到稳定的乳化液,必须要有乳化剂的存在。可见乳化剂对乳状液的形成及稳定起着重要的作用。

乳状液的稳定性原因可以归纳为以下几个方面:

(1) 降低界面张力。乳状液是多相粗分散系统,比表面很大,表面吉布斯能也非常高,是热力学的不稳定系统。乳化剂加入后,其分子能够在两相界面上形成定向排列,降低了界面张力,使两相间分子相互作用力增大。

(2) 乳化剂分子两相间形成界面膜。乳化剂分子在两相间的定向排列,不仅降低了表面吉布斯能，而且这种定向排列的乳化剂在分散相表面构成一层牢固的薄膜，并且薄膜具有一定强度，能够起到保护作用。

(3) 形成界面双电层。吸附在分散相表面上的表面活性剂分子往往因在水中解离而带有电荷(离子型表面活性剂)的同时，与在水中的异号电荷离子构成界面双电层，能够有效的排斥离子之间的接近，起到保护作用。

(4) 黏度的影响。如果乳化剂能够增加乳状液的黏度，就可以降低分散相粒子的运动速率，有助于乳状液的稳定。

3. 乳状液的破乳

乳状液具有类似于溶胶的聚沉过程，分散度很大的分散相相互间能够结合起来成为较大的液滴，这种过程称为聚结。我们把乳状液的破坏或去乳化称为破乳。破乳的基本原理是消除或削弱使乳状液稳定的因素，方法大致有三类。

(1) 机械法。通过加热、蒸馏、过滤、离心分离等措施促使两相分离，达到破乳的目的。

(2) 高压电法。通过施加高压电，使分散相分子产生极化变形、彼此相连，在重力作用下分层。

(3) 化学方法。主要有①用不能生成牢固表面膜的表面活性剂来代替乳化剂；②采用加入类型相反的乳化剂来破坏乳状液；③采用试剂来破坏乳状液，如采用无机酸来破坏肥皂膜、采用电解质来破坏乳状液，促使聚结。

思 考 题

1. 溶液蒸气压下降的原因是什么？如何用蒸气压下降来解释溶液的沸点上升和凝固点下降？溶液为什么有渗透现象？

2. 为什么在高山上烧水，没有达到 373 K(100 ℃)就沸腾？为什么在水中加入酒精或食盐都可以起防冻作用？

3. 为什么氯化钙和五氧化二磷可以作为干燥剂使用？

4. 酸碱质子理论如何定义酸和碱？什么是共轭酸碱对？

5. 共轭酸碱对的 K_a 与 K_b 之间有什么定量关系？

6. 温度、浓度对解离度、解离常数是否均有影响？

7. 计算多元弱酸溶液中的氢离子浓度时，为什么可以近似用一级解离平衡进行计算？

8. 什么是同离子效应？单相离子平衡和多相离子平衡中同离子效应的作用有什么不同？

9. 什么是缓冲溶液？举例说明为什么它能够起缓冲作用。是否对大量的外来酸碱仍有缓冲作用？

10. 什么是配离子？配离子的 $K_{不}$ 与 $K_{稳}$ 之间有什么关系？

11. 什么是溶度积？是否所有难溶电解质均符合溶度积越大，溶解度越大的规律？举例说明。

12. 要使沉淀溶解，可以采用哪些措施？举例说明。

13. 分步沉淀和沉淀转化的原则是什么？

14. 水泥、面粉或其他粉类物质放置时间长了会结块，这是为什么？

15. 是否在任何条件下，物质的比表面吉布斯能 γ 在数值上都等于表面张力？

16. 区别下列概念。

(1) 润湿与不润湿；

(2) 物理吸附与化学吸附；

(3) 正吸附与负吸附；

(4) 表面活性物质与表面惰性物质。

17. 胶体化学研究的对象是什么？

18. 何谓表面能？如何根据热力学原理去理解胶体系统的聚结不稳定性，以及表面活性物质的吸附作用？

19. 何谓丁铎尔效应？胶体溶液的乳光强度与哪些因素有关？

20. 胶粒为何有布朗运动？真溶液或粗分散体系中的分散粒子有无布朗运动？它与胶体溶液的稳定性有何关系？

21. 为什么说 ζ 电势表征着胶粒的扩散双电层结构的特征？它和溶胶的稳定性有何关系？

22. 什么是表面活性物质？举例说明它们可作为乳化剂使用的原理。

23. 用肥皂作乳化剂制成乳状液，如果逐渐增加水中的酸度，估计会发生什么变化？

习　题

1. 是非题。(对的在括号内填“+”，错的填“－”)

(1) 相同浓度的乙酸溶液与盐酸溶液的凝固点相同。　(　　)

(2) HAc-Ac^- 组成的缓冲溶液，若溶液中 $c(HAc)>c(Ac^-)$，则该缓冲溶液抵抗外来酸的能力大于抵抗外来碱的能力。　(　　)

(3) PbI_2 和 $CaCO_3$ 的溶度积非常接近，因此它们的溶解度接近。　(　　)

(4) 将乙酸溶液稀释一倍，溶液中的氢离子浓度即降低为原来的 $\frac{1}{2}$。　(　　)

(5) 向 $1\ dm^3$ $0.10\ mol \cdot dm^{-3}$ HAc 溶液中加入一些 NaAc 晶体，将会导致 HAc 的解离度降低。　(　　)

2. 选择题。(将正确答案的标号填入括号内)

(1) 向 $1\ dm^3$ $0.10\ mol \cdot dm^{-3}$ 氨水溶液中加入一些 NH_4Cl 晶体则会使(　　)。

(a) 溶液的 pH 增大　　(b) 溶液的 pH 减小

(c) 氨水的 K_b 增大　　(d) 氨水的 K_b 减小

(2) 设 AgCl 在水中，在 $0.1\ mol \cdot dm^{-3}$ $CaCl_2$ 中，在 $0.01\ mol \cdot dm^{-3}$ NaCl 中以及在 $0.1\ mol \cdot dm^{-3}$ $AgNO_3$ 中的溶解度分别为①、②、③、④。溶解度的顺序为(　　)。

(a) ①>②>③>④　　(b) ①>③>④>②

(c) ①>②=③>④　　(d) ①>③>②>④

3. 计算 5%蔗糖($C_{12}H_{22}O_{11}$)水溶液的沸点、凝固点。

4. 0.55 g 樟脑与 0.045 g 某有机物混合,此混合物的熔点 157 ℃,求此有机物的相对分子质量。

5. 试排列下列 4 种水溶液的凝固点顺序(由高到低),并说明原因。

(1) 0.1 mol · dm^{-3} NaCl 溶液;　(2) 0.1 mol · dm^{-3} $BaCl_2$ 溶液;

(3) 0.1 mol · dm^{-3} 甘油溶液;　(4) 0.1 mol · dm^{-3} HAc 溶液。

6. 将 1 g 蔗糖溶于水中制成为溶液 100 mL、25 ℃时,该溶液的渗透压力为多少?

7. 将 1 g 某种高分子化合物溶于水中,配成 100 mL 溶液,20 ℃时测得该溶液的渗透压为 3.659×10^2 Pa。试计算该高分子化合物的相对分子质量。

8. 求在 25 ℃下,0.3 mol · dm^{-3} HAc 溶液的 pH。

9. 在 1 dm^3 水中加入多少克乙二醇 CH_2OH—CH_2OH 才能把凝固点降至 263 K?

10. 计算 0.050 mol · dm^{-3} 次氯酸(HClO)溶液中的 H^+ 浓度和次氯酸的解离度。

11. 已知氨水溶液的浓度为 0.20 mol · dm^{-3}。

(1) 求该溶液中的 OH^- 的浓度、pH 和氨的解离度;

(2) 在上述溶液中加入 NH_4Cl 晶体,使其溶解后 NH_4Cl 的浓度为 0.20 mol · dm^{-3}。求所得溶液的 OH^- 的浓度、pH 和氨的解离度。

12. 计算下列溶液的 pH 和 pOH。

(1) 0.050 mol · dm^{-3} HAc 溶液;

(2) 0.5 mol · dm^{-3} $NH_3 \cdot H_2O$ 溶液;

(3) 0.1 mol · dm^{-3} HNO_3 溶液;

(4) 0.1 mol · dm^{-3} NaOH 溶液。

13. 在 0.50 mol · dm^{-3} 次氯酸(HClO)溶液中,已知 $K_a=2.95\times10^{-8}$,试计算溶液中 H^+ 及 ClO^- 的浓度和次氯酸的解离度。

14. 在 HCl 和 HCOOH 混合溶液中,HCl 的浓度为 0.5 mol · dm^{-3},HCOOH 的浓度为 1.0 mol · dm^{-3}。计算该溶液的 pH、pOH,HCOOH 的解离度和 $HCOO^-$ 的浓度。

15. 在 H_2S 和 HCl 的混合溶液中,H^+ 浓度为 0.30 mol · dm^{-3},已知 H_2S 的浓度为 0.1 mol · dm^{-3},求该溶液中 S^{2-} 浓度。

16. 在 0.1 mol · dm^{-3} 氨水 100 cm^3 中溶入氯化铵 1.07 g 后,溶液的 pH 为多少? 在此溶液中再加 100 cm^3 的水,pH 有何变化?

17. 用等体积的 0.2 mol · dm^{-3} HAc 和 0.6 mol · dm^{-3} NaAc 配成一种缓冲溶液。

(1) 该缓冲溶液的 pH 为多少?

(2) 向 0.2 dm^3 该缓冲的溶液加入 3.00 cm^3 0.34 mol · dm^{-3} HCl 后,溶液中的 pH 为多少?

18. 欲配制 250 cm^3 pH 为 5 的缓冲溶液,需向 125 cm^3 1 mol · dm^{-3} NaAc 溶液中加多少 6 mol · dm^{-3} HAc(体积)?

19. 某缓冲溶液由弱酸 HA($K_a=5.0\times10^{-5}$)和它的盐组成。此缓冲溶液,HA 的浓度为 0.25 mol · dm^{-3}。有 100 cm^3 该缓冲溶液经 5 mmol NaOH 处理后,溶液的 pH 变为 5.6。原缓

冲溶液的pH是多少？

20. 计算下列溶液的pH。

(1) 在0.3 mol · dm^{-3} HAc溶液60 cm^3 中加入0.3 mol · dm^{-3} NaOH溶液40 cm^3；

(2) 在0.2 mol · dm^{-3} 的 $NH_3 \cdot H_2O$ 溶液 75 cm^3 中加入 0.2 mol · dm^{-3} HCl 溶液 25 cm^3。

21. 如果一个溶液需控制pH=9.0，应该选择下列哪一种缓冲溶液？为什么？

(1) HAc+NaAc； (2) $NH_3 \cdot H_2O+NH_4Cl$。

22. 现有100 cm^3 1.0 mol · dm^{-3} NaAc溶液，欲配制200 cm^3 pH为5.0的缓冲溶液，需加入6.0 mol · dm^{-3} HAc溶液多少毫升？

23. 根据 PbI_2 溶度积，计算(在25 ℃时)：

(1) PbI_2 在水中的溶解度(mol · dm^{-3})；

(2) PbI_2 饱和溶液中 Pb^{2+} 和 I^- 的浓度；

(3) 在0.010 mol · dm^{-3} KI的饱和溶液中 Pb^{2+} 的浓度；

(4) PbI_2 在0.010 mol · dm^{-3} $Pb(NO_3)_2$ 溶液中的溶解度(mol · dm^{-3})。

24. 已知25 ℃时 $BaSO_4$ 的 $K_{sp}^{\ominus}$ 为 1.08×10^{-10}，分别计算 $BaSO_4$ 在纯水中、0.01 mol · dm^{-3} Na_2SO_4 溶液中的溶解度。

25. 水中含有10 mg · dm^{-3} 的 Ca^{2+}，若在每升这样的水中加入20 mg固体 Na_2CO_3，是否会产生 $CaCO_3$ 沉淀(设加入固体 Na_2CO_3 不考虑溶液体积变化)？

26. 试计算下列情况下有无沉淀产生。

(1)在1 dm^3 0.1 mol · dm^{-3} $AgNO_3$ 溶液中加入1 mg NaCl；

(2)在5 dm^3 含有10 mgMg^{2+} 的溶液中加入0.05 mL 0.2 mol · dm^{-3} NaOH溶液；

(3)在200 mL AgCl饱和溶液中，加入0.05 mL 0.2 mol · dm^{-3} KBr溶液。

27. 在25 ℃时，$Mg(OH)_2$ 的溶液中，pH=10.38，试计算 $Mg(OH)_2$ 的溶度积($K_{sp}^{\ominus}$)和 $Mg(OH)_2$ 在此温度下的溶解度。

28. 计算在100 mL $BaSO_4$ 饱和溶液中，加入0.01 mol固体 Na_2CO_3，将有多少 $BaSO_4$ 转化为 $BaCO_3$？

29. 已知AgI的溶度积为 8.51×10^{-17}。求在纯水中和0.010 mol · dm^{-3} KI溶液中的溶解度。

30. 现有100 cm^3 溶液，其中含有0.01 mol的NaBr和 K_2CrO_4。当逐滴加入 $AgNO_3$ 时，产生沉淀的次序如何？有无分离的可能？

31. 将12 mL 0.02 mol · dm^{-3} KCl溶液与100 mL 0.05 mol · dm^{-3} $AgNO_3$ 溶液混合制得溶胶，写出胶团结构式，并画出胶团构造示意图。

32. 溶胶中加入电解质后，其 ζ 电势将怎样变化？溶胶的稳定性怎样变化？

33. 在进行重量分析实验时，为了尽可能沉淀完全，通常加入大量电解质(非沉淀剂)，或将溶液适当加热，为什么？试从胶体化学观点加以解释。

34. 为了制得稳定的溶胶，常用渗析的方法除去溶胶中过量的电解质，但渗析过久，反而使溶胶发生聚结而遭到破坏，是何缘故？

35. 在以等体积的0.008 mol · dm^{-3} KI溶液和0.01 mol · dm^{-3} $AgNO_3$ 溶液混合制得的

AgI 溶胶中，取两份试样，于其中分别加入 $MgSO_4$ 和 $K_3[Fe(CN)_6]$，何者有较大的聚沉能力？

36. 在三个烧杯中各装有 20 mL 溶胶，加入电解质使其明显开始聚沉时，在第一个烧杯中需加 1 mol · dm^{-3} KCl 1 mL，第二个烧杯中需加 0.01 mol · dm^{-3} Na_2SO_4 12.5 mL，第三个烧杯中需加 0.001 mol · dm^{-3} Na_3PO_4 7.5 mL，三种电解质的聚沉值为多少？该胶粒所带电荷的符号如何？

第4章　电化学原理及其应用

根据反应中有无电子转移，化学反应可以分为两类：氧化还原反应和非氧化还原反应。**氧化还原反应是指有电子转移（或偏移）的化学反应**，而没有电子转移（或偏移）的化学反应就是非氧化还原反应。在非氧化还原反应中，并不存在电子的转移或偏移，也就不会导致元素的氧化数发生改变。与此相反，在氧化还原反应中，正是由于发生了电子的转移或偏移，才导致了相关元素的氧化数的改变。那么，能否使发生在氧化还原反应中的电子转移具有方向性——定向流动（以转化为电功），或者，通过外界做功，人为地使非自发性的氧化还原反应发生，从而改变物质的组成、结构和性质呢？所有这些问题的研究和解决，既是作为基础科学的化学学科研究的基本任务，也是以此为支撑的技术科学的研究与应用的迫切需要。有鉴于此，电化学这门化学学科的分支学科应运而生。

电化学是研究发生在化学反应过程中的化学现象与电现象之间的关系，以及化学能与电能之间的相互转化规律的科学。电化学的研究内容十分丰富，本章主要介绍和讨论其最基本的原理及其应用，即原电池与电极电势、电解、金属的腐蚀及防止。

4.1　原电池与电极电势

4.1.1　原电池

人们已经注意到，在自发进行的氧化还原反应中存在着电子的转移或偏移现象。利用某种特定装置使这种电子的转移向特定方向进行，即产生电子的定向流动，以获得电流，从而实现在化学反应中存在的化学能与电能的转化，这是科技工作者孜孜不倦的追求和为之奋斗的重要目标。幸运的是，这种愿望已经由可能性变为现实性，而且正在展示其广阔的应用前景。

现在，人们把**能够使自发性的氧化还原反应的化学能转变为电能的装置称为原电池**。显然，原电池就是把化学能转化为电能的装置。下面，以Cu-Zn原电池（图4.1）为例予以分析和讨论。

1. 实用型原电池的形成条件

1）原电池所依据的反应必须是自发性的氧化还原反应

图4.1是Cu-Zn原电池的示意图。作为实用型原电池，该电池是将金属锌片

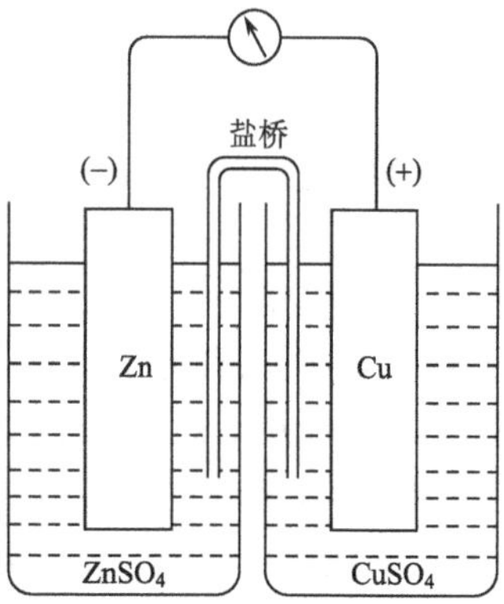

图 4.1 Cu-Zn 原电池示意图

插入到盛有 $ZnSO_4$ 溶液的烧杯中，将铜片插入到盛有 $CuSO_4$ 溶液的烧杯中，用盐桥（通常是一倒置 U 形管，管内充满含 KCl 饱和溶液的凝胶）将两只烧杯中的溶液连接起来，然后用导线连接铜片和锌片，并在导线中间串联一检流计，此时检流计的指针立即向一方偏转，表明导线中有电流通过，而且电子流是从锌片流向铜片。

Cu-Zn 原电池所发生的反应为

$$Zn(s) + Cu^{2+}(aq) = Zn^{2+}(aq) + Cu(s)$$

$$\Delta_r G_m^{\ominus} = -212.55\ kJ \cdot mol^{-1}$$

由此可见，原电池所依据的反应必须是自发性的氧化还原反应，因为非自发性的氧化还原反应不具有自行做功的特点。当然，即使是自发性的非氧化还原反应，由于在反应过程中并不存在电子的转移，也就不具有将化学能转变为电能的现实性。

2）氧化反应和还原反应分处进行

从 Cu-Zn 原电池来看，要使发生在氧化还原反应中的电子的转移实现定向流动，必须使氧化反应和还原反应分处进行，即还原剂在负极上发生氧化反应，而氧化剂在正极上发生还原反应。否则，如果将铜片、锌片以及相应的电解质溶液混合在一起，必然会导致电极材料与电解质溶液直接作用（反应），造成化学能以热能的方式释放。

3）使用盐桥

欲使原电池内的氧化还原反应能够而且持续进行，必须使电池装置构成通路——盐桥。从电池的工作过程来看，在负极上随着氧化反应的不断进行，Zn 原子变成 Zn^{2+}，不断地进入 $ZnSO_4$ 溶液，从而导致该溶液带正电荷；与此同时，在正极上，随着还原反应的不断进行，Cu^{2+} 变成 Cu 原子，不断地沉积到铜片上，必然导致 $CuSO_4$ 溶液因为 SO_4^{2-} 的过剩而带负电荷。这样，电池反应受阻，电流的产生过程就会中断。此时，如果使用盐桥，盐桥内的负离子（Cl^-）移向 $ZnSO_4$ 溶液，而盐桥内的正离子（K^+）移向 $CuSO_4$ 溶液，从而保持了这些电解质溶液的电荷平衡，也就保持了电池反应的不断进行和电流的持续产生。由此可见，在原电池中，**盐桥的作用是接通内电路，中和电荷**。

应当注意，盐桥内的成分不得与电解质溶液发生反应。而且，这里所讲的原电池是指 Cu-Zn 原电池为代表的**双液电池**（指使用两种电解质溶液的原电池），对于只使用一种电解质溶液，并且该电解质溶液的成分均不与所用电极发生反应的**单液电池来说**，就不需要使用盐桥。例如，用氯电极和氢电极以及盐酸（作为电解质溶液)构成的单液电池就是这种情况。

2. 原电池的反应及组成

1) 原电池的反应

电化学规定，输出电子的电极为负极，输入电子的电极为正极。对于 Cu-Zn 原电池来说，其两极反应及电池总反应分别为

负极：　$Zn\ (s) - 2e = Zn^{2+}(aq)$　(氧化反应)

正极：　$Cu^{2+}(aq) + 2e = Cu\ (s)$　(还原反应)

电池总反应：　$Zn\ (s) + Cu^{2+}(aq) = Zn^{2+}(aq) + Cu\ (s)$

2) 原电池的组成

从上述实用型 Cu-Zn 原电池(双液电池)的构成来看，除使用盐桥外，原电池的主要组成如下：

(1) 一个原电池是由两个“半电池”(电极)构成的。例如，在 Cu-Zn 原电池中，Zn 片与 $ZnSO_4$ 溶液构成锌半电池；Cu 片与 $CuSO_4$ 溶液构成铜半电池。

(2) 每个半电池内必须同时存在同一元素(物质或其组分)的两种价态：高价态和其低价态。元素的高价态称为**氧化态**，元素的低价态称为**还原态**。例如，在 Cu-Zn 原电池中，正极存在元素铜的氧化态 Cu^{2+} 和其还原态 Cu；负极存在锌元素的氧化态 Zn^{2+} 和其还原态 Zn。

(3) 在原电池中，同一元素(物质或其组分)的氧化态和其还原态构成电对。每个电对产生氧化反应或还原反应，即半电池反应-电极反应。每两个电对产生一个完整的氧化还原反应，即原电池反应。电对通常简写为氧化态/还原态，如 Zn^{2+}/Zn、Cu^{2+}/Cu。

应当指出，电对是就构成电极的“材料”(物质或其组分)而言，而电极是电对在电池中的主要作用的总称。

根据电化学的有关规定，电极和原电池通常用符号表示。在用符号表示电极时，应标明氧化态和还原态物质(或其组分)的种类、浓度(c)或压力(p)，并用单垂线“|”表示两相的界面。若处于同一相(如均为液相)，则用逗号“,”分开。此外，对于不含固态导体的电极，还应标明所用固态惰性材料(通常只起传递电子的作用，在气体电极中，还起吸附气体的作用，如金属 Pt 或石墨等)。

3) 原电池的电极种类

原电池的电极种类较多，主要有以下四种(同一电极在不同的原电池中，既可能作正极，也可能作负极，其写法不同)。下面的电极实例按其作正极书写。

(1) 金属-金属离子电极，如 $Zn^{2+}(c) \mid Zn$；$Cu^{2+}(c) \mid Cu$。

(2) 气体电极。这类电极是由气体与其正离子或负离子以及惰性材料构成。常用的气体电极比较多。例如，氢电极(图 4.2)，其符号记为 $H^+(c) \mid H_2(p) \mid Pt$；

氯电极,其符号记为 $Cl^-(c)$ | $Cl_2(p)$ | Pt(作正极时)。

(3) 离子型电极。这类电极是由含氧化态-还原态离子对的溶液以及惰性材料构成。例如,$Fe^{3+}(c)$,$Fe^{2+}(c)$ | Pt;$MnO_4^-(c)$,$Mn^{2+}(c)$ | Pt。

(4) 难溶金属盐电极。例如,甘汞电极: KCl(c) | Hg_2Cl_2 | Hg(作正极时),如图 4.3 所示。

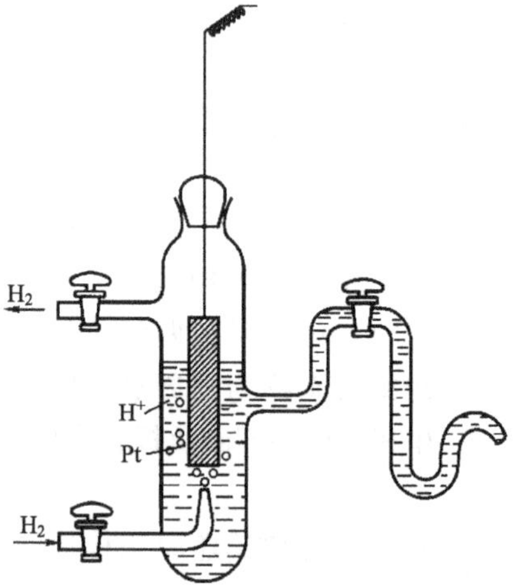

图 4.2 氢电极示意图

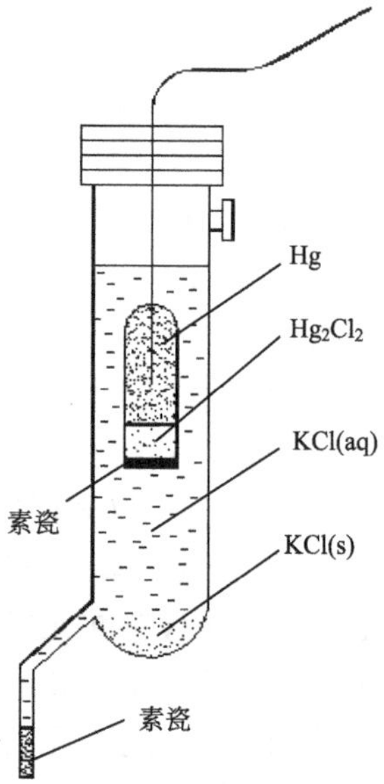

图 4.3 甘汞电极示意图

对于任一原电池可以用符号(也称为图式)表示。根据电化学的有关规定和通常作法,一般将负极写在左边,正极写在右边,中间写出所用的电解质溶液及其浓度,并且用"|"表示相界面,用双垂线"‖"或双虚垂线"¦¦"表示盐桥,同时用(-)、(+)分别表示原电池的负极和正极。例如,对于 Cu-Zn 原电池可用以下符号表示:

$$(-)Zn \mid ZnSO_4(c_1) \parallel CuSO_4(c_2) \mid Cu(+)$$

4.1.2 电极电势

1. 电极电势的产生机理

如前所述,作为实用型原电池的典型代表,Cu-Zn 原电池的确实现了化学能与电能的转化。这种原电池能够产生电流的事实表明,在原电池的两个电极之间肯定存在着电势差,而且这两个电极本身必然存在着各自不同的电势。那么,每个电极的电势是怎样产生的呢？

为了探寻电极电势的产生机理，人们对金属与其溶液之间的作用进行了深入研究，总结并提出了**双电层理论**。该理论认为，金属晶体是由金属原子、金属离子以及自由电子构成的。当将金属 M 插入它的盐溶液时，会同时出现两种相反的过程：一方面，处于金属表面的金属离子受到溶液中极性很大的水分子的吸引，会离开金属表面溶于水中，形成水合离子 $M^{n+}(aq)$，同时，在金属表面由于金属离子的缺失而带负电荷；另一方面，溶液中的金属离子由于受到金属表面负电荷的吸引，又会沉积到金属表面。显然，如果金属越活泼，金属的溶解趋势就越大；相反，如果溶液的浓度越大，金属离子的沉积趋势就越大。在一定温度下，当这两种反向过程进行的速率相等时，就会达到动态平衡：

$$M(s) \rightleftharpoons M^{n+}(aq) + ne$$

在上述过程中，如果溶解速率大于沉积速率，金属表面由于自由电子过剩必然带负电荷，如图 4.4(a)所示；相反，如果沉积速率大于溶解速率，则金属表面必然带正电荷，如图 4.4 (b)所示。

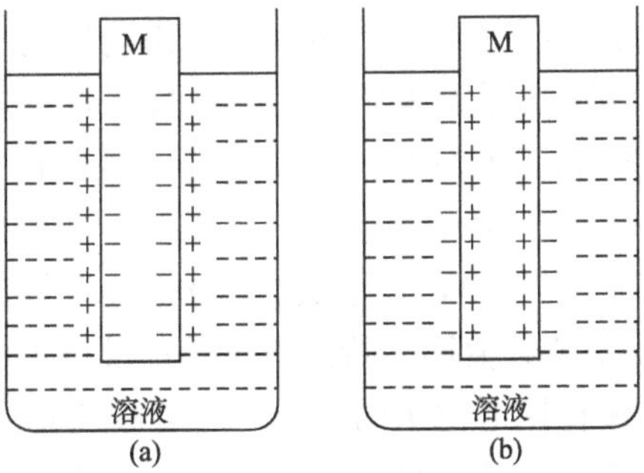

图 4.4　产生双电层的示意图

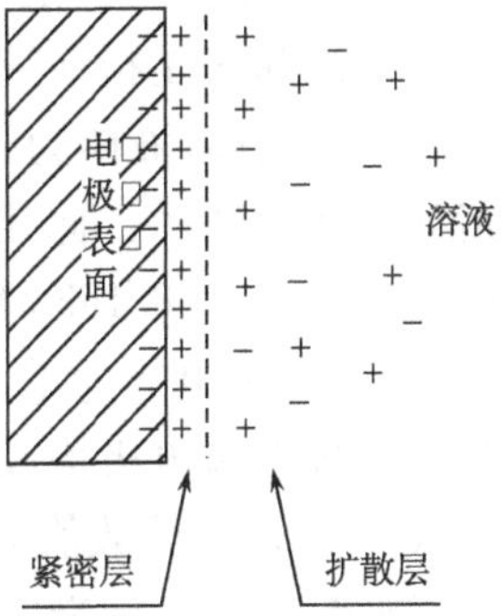

图 4.5　双电层的结构示意图

从图 4.4(a)来看，如果金属表面带负电荷，那么，在金属附近溶液中的正离子由于静电关系必然会被吸引到金属附近，而负离子则会被排斥，在金属与其溶液之间就形成了**双电层**，从而产生了电势差，这种电势差就是金属电极的电极电势。当然，在金属的表面有较多的正离子聚集，从而形成**紧密层**，同时，由于离子本身存在着热运动和相同电荷离子之间的相互排斥作用，会有部分离子扩散到溶液中，从而形成**扩散层**，如图 4.5 所示。

显然，金属电极的电极电势的高低，与金属的本性和溶液中金属离子的浓度大小等因素有关。

事实上，电极不同，其电极电势不同。正如上面所介绍的 Cu-Zn 原电池，如果用两个不同的电极组合成原电池，由于这两个电极的电极电势不同，两者之间存在着电势差，电子必然将从负极流向正极（电子流的方向与物理学上所讲的电流方向是相反的），从而产生电流。

在电化学上，将**组成原电池的两个电极的电极电势之差称为该原电池的电动势 E**，即正极的电极电势（φ_+）减去负极的电极电势（φ_-）：

$$E = \varphi_+ - \varphi_- \tag{4.1}$$

2. 标准电极电势 $\varphi^\ominus(M^{n+}/M)$

原电池的电动势 E 的数值取决于构成该电池的两个电极各自的电极电势 $\varphi(M^{n+}/M)$ 的数值。那么，每个电极本身的电极电势是多少呢？遗憾的是，由于电极本身的电极电势受到电极所用材料的性质、溶液的浓度、温度以及测定方法和测定手段等多种因素的制约，目前尚无法测定任一电极本身的电极电势的绝对数值。

通常，解决此类问题所采用的方法是，首先在确定电极的工作条件的情况下，人为地选定一个电极作为标准电极，并规定其相应的电极电势为零，然后，在同样的条件下，将待测电极与标准电极构成原电池，所测得的数值就是待测电极的电极电势。这里所讲的工作条件是指标准状态（标准状态实质上是一种条件的限定）。在电化学上，标准状态是指溶液中的离子浓度为 $c^\ominus=1\ \text{mol}\cdot\text{dm}^{-3}$，气态物质的分压 $p^\ominus=100\ \text{kPa}$，固体、液体为纯净物质。目前，国际上采用的标准电极是标准氢电极，构造如图 4.2 所示。标准氢电极的条件规定为 $p(H_2)=100\ \text{kPa}$，$c(H^+)=1\ \text{mol}\cdot\text{dm}^{-3}$，温度 $T=298.15\text{K}$，其符号为 $H^+(1\ \text{mol}\cdot\text{dm}^{-3})\ |\ H_2(100\ \text{kPa})\ |\ \text{Pt}$，标准氢电极的标准电极电势为零，记为 $\varphi^\ominus(H^+/H_2)=0\text{V}$。当待测电极也处于标准状态时，将其与标准氢电极构成原电池，所测得的数值即为待测电极的标准电极电势，记为 $\varphi^\ominus(M^{n+}/M)$，此数值的正负由该电极在原电池中的极类（正、负极）确定。

在实际测定工作中，标准氢电极的使用条件非常严格，操作难度大，通常采用使用方便、稳定性好的电极作为**参比电极**，甘汞电极就是一种常用的参比电极，其构造如图 4.3 所示。

根据上述方法，可以测定各种电极的标准电极电势，表 4.1 列出了在 298.15 K 时，水溶液中一些常见电对的电极反应及其相应的标准电极电势数据。

表 4.1 水溶液中常见电对的电极反应及其相应的标准电极电势（298.15 K）

电对 （氧化态/还原态）	电极反应 （氧化态＋ne $\rightleftharpoons$ 还原态）	标准电极电势 $\varphi^\ominus$/V
Li^+/Li	$Li^+(aq)+e \rightleftharpoons Li(s)$	−3.0401
K^+/K	$K^+(aq)+e \rightleftharpoons K(s)$	−2.931

续表

电对 （氧化态/还原态）	电极反应 （氧化态+$ne \rightleftharpoons$还原态）	标准电极电势 $\varphi^{\ominus}$/V
Na^{+}/Na	$Na^{+}(aq)+e \rightleftharpoons Na(s)$	−2.71
Al^{3+}/Al	$Al^{3+}(aq)+3e \rightleftharpoons Al(s)(0.1\ mol\times\ dm^{-3}NaOH)$	−1.662
Zn^{2+}/Zn	$Zn^{2+}(aq)+2e \rightleftharpoons Zn(s)$	−0.7618
Fe^{2+}/Fe	$Fe^{2+}(aq)+2e \rightleftharpoons Fe(s)$	−0.447
Cd^{2+}/Cd	$Cd^{2+}(aq)+2e \rightleftharpoons Cd(s)$	−0.4030
Ni^{2+}/Ni	$Ni^{2+}(aq)+2e \rightleftharpoons Ni(s)$	−0.257
Sn^{2+}/Sn	$Sn^{2+}(aq)+2e \rightleftharpoons Sn(s)$	−0.1375
Pb^{2+}/Pb	$Pb^{2+}(aq)+2e \rightleftharpoons Pb(s)$	−0.1262
H^{+}/H_2	$H^{+}(aq)+e \rightleftharpoons 1/2H_2(g)$	0
Sn^{4+}/Sn^{2+}	$Sn^{4+}(aq)+2e \rightleftharpoons Sn^{2+}(aq)$	+0.151
Hg_2Cl_2/Hg	$Hg_2Cl_2(s)+2e \rightleftharpoons 2Hg(l)+2Cl^{-}(aq)$	+0.26808
Cu^{2+}/Cu	$Cu^{2+}(aq)+2e \rightleftharpoons Cu(s)$	+0.3419
O_2/OH^{-}	$1/2O_2(g)+H_2O+2e \rightleftharpoons 2OH^{-}(aq)$	+0.401
I^2/I^{-}	$I^2(s)+2e \rightleftharpoons 2I^{-}(aq)$	+0.5355
Fe^{3+}/Fe^{2+}	$Fe^{3+}(aq)+e \rightleftharpoons Fe^{2+}(aq)$	+0.771
Ag^{+}/Ag	$Ag^{+}(aq)+e \rightleftharpoons Ag(s)\{s\}$	+0.7990
Br_2/Br^{-}	$Br_2(l)+2e \rightleftharpoons 2Br^{-}(aq)$	+1.066
O_2/H_2O	$O_2(g)+4H^{+}(aq)+4e \rightleftharpoons 2H_2O$	+1.229
$Cr_2O_7^{2-}/Cr^{3+}$	$Cr_2O_7^{2-}(aq)+14H^{+}(aq)+6e \rightleftharpoons 2Cr^{3+}(aq)+7H_2O$	+1.232
Cl_2/Cl^{-}	$Cl_2(g)+2e \rightleftharpoons 2Cl^{-}(aq)$	+1.35827
MnO_4^{-}/Mn^{2+}	$MnO_4^{-}(aq)+8H^{+}(aq)+5e \rightleftharpoons Mn^{2+}(aq)+4H_2O$	+1.507
H_2O_2/H_2O	$H_2O_2(aq)+2H^{+}(aq)+2e \rightleftharpoons 2H_2O$	+1.776
F_2/F^{-}	$F_2(g)+2e \rightleftharpoons 2F^{-}(aq)$	+2.866

在使用表 4.1 及附录 7 时，应当注意以下几点：

(1) 根据 IUPAC 的规定，电极电势指还原电势，因此电极反应均按还原反应书写：氧化态$+ne \rightleftharpoons$还原态，而且无论电极反应向哪个方向进行，$\varphi^{\ominus}(M^{n+}/M)$的数值和符号都不能改变。在计算原电池的标准电动势$E^{\ominus}$时，用正极的标准电极电势($\varphi_{+}^{\ominus}$)减去负极的标准电极电势($\varphi_{-}^{\ominus}$)，即

$$E^{\ominus}=\varphi_{+}^{\ominus}-\varphi_{-}^{\ominus} \tag{4.2}$$

(2) 电对以及相应的电极反应中，左端的物质或其组分(离子)都可以作为氧化剂使用，右端的物质或其组分(离子)都可以作为还原剂使用。但是，同一种物质的同一种组分在电对内的位置不同，其作用不同，当然，它所在电对的标准电极电势的数值也就不同。例如，Fe^{2+} 作为氧化剂时，其电对为 Fe^{2+}/Fe，$\varphi^{\ominus}(Fe^{2+}/Fe) = -0.447V$；$Fe^{2+}$ 作为还原剂时，其电对为 Fe^{3+}/Fe^{2+}，$\varphi^{\ominus}(Fe^{3+}/Fe^{2+}) = +0.771V$。对此应予以注意，不能混淆。

(3) 标准电极电势势 $\varphi^{\ominus}(M^{n+}/M)$ 的代数值越大，说明该电对中 M^{n+} 的氧化性越强；标准电极电势 $\varphi^{\ominus}(M^{n+}/M)$ 的代数值越小，说明该电对中 M 的还原性越强。由此可见，标准电极电势 $\varphi^{\ominus}(M^{n+}/M)$ 的代数值的大小，表明了物质或其组分在水溶液中的反应活性的大小，体现了物质或其组分在水溶液中的相对稳定性的大小。因此，可以根据标准电极电势 $\varphi^{\ominus}(M^{n+}/M)$ 的代数值比较、评估各种物质或其组分的氧化能力(或者还原能力)的相对强弱，从而有效地、合理地选择氧化剂或者还原剂。

(4) 标准电极电势 $\varphi^{\ominus}(M^{n+}/M)$ 是系统的强度性质，其数值的大小取决于物质的本性，而与物质的数量的多少无关。例如，对于下列电对和其电极反应来说：

$$Cu^{2+}(aq) + 2e \rightleftharpoons Cu(s)$$

$$2Cu^{2+}(aq) + 4e \rightleftharpoons 2Cu(s)$$

其 $\varphi^{\ominus}(Cu^{2+}/Cu)$ 都是 $+0.3419$ V。

应当指出，标准电极电势表中的 $\varphi^{\ominus}(M^{n+}/M)$ 数据都是在室温(298.15 K)下，水溶液中测得的，对于高温条件以及非水介质并不适用。

3. 影响电极电势的因素

标准电极电势是物质或其组分在标准状态条件下和室温时的重要电化学数据，是在此条件下物质或其组分的电化学性质的重要体现。然而，物质或其组分并非总是在标准状态条件下和在室温时参加或者发生化学反应的。因此，研究和探寻物质或其组分在任意条件下的电极电势就更具有现实意义。

事实上，造成物质及其组分的电极电势与其标准电极电势不同的根本原因，是其浓度、温度以及介质的酸碱性等因素所致。因此，通过对浓度、温度等因素对电极电势的影响的研究，找到任意态时的电极电势与标准状态时的标准电极电势之间的关系，进而依据标准电极电势和现实工作条件，计算出在现实条件下的电极电势。

应当注意，电极电势数值是相应的电极反应 $M^{n+}(aq) + ne \rightleftharpoons M(s)$ 的电化学参数，因此，任何影响电极反应的因素都是影响其电极电势的因素。影响电极反应及其电极电势的因素主要有①电极材料本性；②氧化态、还原态物质及其组分的浓度;③介质(H^+、OH^-);④ 温度。

考虑电极反应通常是在室温下进行的,而且温度对电极电势的影响比较小,所以,这里主要讨论在恒温和电极材料一定的条件下,浓度和介质对电极电势的影响。

1) 浓度

电极反应是整个原电池反应的组成部分。浓度影响电极反应,必然会影响其相应的原电池反应。因此,首先讨论浓度对原电池反应的影响,然后分析浓度对电极反应及其相应的电极电势的影响。

在前面所介绍的热力学原理中,我们已经注意到浓度(对气态物质是指其分压)与反应商 J 有关,而反应商 J 又与反应的 $\Delta_r G_m$ 有关。

对于任一反应(包括原电池反应)

$$aA(aq) + bB(aq) \longrightarrow gG(aq) + dD(aq)$$

在恒温、恒压下,其吉布斯函数变为

$$\Delta_r G_m = \Delta_r G_m^\ominus + RT\ln\frac{[c(G)/c^\ominus]^g[c(D)/c^\ominus]^d}{[c(A)/c^\ominus]^a[c(B)/c^\ominus]^b}$$

根据化学热力学原理,在原电池反应中,如果化学能全部转变为电功,在恒温、恒压下,反应的吉布斯函数的减少($-\Delta_r G$)就等于相应的该电池反应所做的最大电功 $W_{最大,电}$。

$$-\Delta_r G = -W_{最大,电} = Q_{通} E = n\xi FE \tag{4.3}$$

式中,$Q_{通}$ 表示通过原电池的电量;E 表示该原电池的电动势;n 为电子的计量系数(只取正值,也就是在电池反应中的电子得失数);ξ 为反应进度;F 为法拉第(Faraday)常量,是指每摩尔电子的电量,96485 $C \cdot mol^{-1}$(或 96485 $J \cdot V^{-1} \cdot mol^{-1}$)。

式(4.3)两端除以 ξ,得

$$\Delta_r G_m = -nFE \tag{4.4}$$

若在原电池反应中,物质均处于标准状态,则

$$\Delta_r G_m^\ominus = -nFE^\ominus \tag{4.5}$$

式(4.4)和式(4.5)是原电池的热力学关系式($\Delta_r G_m$ 和 $\Delta_r G_m^\ominus$ 的单位均为 $J \cdot mol^{-1}$),据此,可以通过原电池的电动势计算其反应的吉布斯函数变。

将式(4.4)和式(4.5)或者同时将 R、F、T(T=298.15 K)的具体数值一并代入上述热力学等温方程式,并进行数学处理,则分别得到

$$E = E^\ominus - \frac{RT}{nF}\ln\frac{[c(G)/c^\ominus]^g[c(D)/c^\ominus]^d}{[c(A)/c^\ominus]^a[c(B)/c^\ominus]^b} \tag{4.6}$$

$$E = E^\ominus - \frac{0.05917}{n}\lg\frac{[c(G)/c^\ominus]^g[c(D)/c^\ominus]^d}{[c(A)/c^\ominus]^a[c(B)/c^\ominus]^b} \tag{4.7a}$$

即

$$E = E^{\ominus} + \frac{0.05917}{n}\lg \frac{[c(\mathrm{A})/c^{\ominus}]^{a}[c(\mathrm{B})/c^{\ominus}]^{b}}{[c(\mathrm{G})/c^{\ominus}]^{g}[c(\mathrm{D})/c^{\ominus}]^{d}} \tag{4.7b}$$

式(4.6)称为能斯特(Nernst)方程式，它表明浓度(对气态物质用其相对分压表示)、温度对原电池的电动势的影响，式(4.7)表明了温度为 298.15 K 时，浓度对原电池的电动势的影响，当然，也将式(4.7)称为能斯特方程式。

同理，对于任一电极反应：

$$a\,\text{氧化态} + b\,\text{介质} + n\mathrm{e} = g\,\text{还原态} + d\,\text{其他产物}$$

则有

$$\varphi = \varphi^{\ominus} + \frac{0.05917}{n}\lg \frac{[c(\text{氧化态})/c^{\ominus}]^{a}[c(\text{介质})/c^{\ominus}]^{b}}{[c(\text{还原态})/c^{\ominus}]^{g}[c(\text{其他产物})/c^{\ominus}]^{d}} \tag{4.8}$$

式(4.8)就是浓度对电极电势的影响的量化关系式，称为能斯特方程式。

在书写能斯特方程式，即式(4.6)～式(4.8)时，应当注意：① 如果在上述电极反应或原电池反应中的物质是气体，则以其相对分压表示；② 如果在上述电极反应或原电池反应中有纯固体、纯液体以及水参与，则不列入；③ “介质”是指 H^+、OH^-，如果在电极反应或原电池反应中有 H^+、OH^-，无论它们是否参与电子的转移，其浓度均应写入能斯特方程式中；④ 各组分的浓度(压力)项的指数是其在相应反应式中的计量系数，而且只取正值。

利用能斯特方程式，就可以通过计算确定任一电对在任一浓度时的电极电势，以及由这些电极所构成的原电池的电动势。

例 4.1　试计算在温度为 298.15 K、$c(Zn^{2+}) = 0.01\ \mathrm{mol \cdot dm^{-3}}$ 时，锌电极的电极电势。

解　相应的电极反应为

$$Zn^{2+}(aq) + 2e = Zn\ (s)$$

从附录 7 中查得锌电极的标准电极电势 $\varphi^{\ominus}(Zn^{2+}/Zn) = -0.7618$ V。当 $c(Zn^{2+}) = 0.01\ \mathrm{mol \cdot dm^{-3}}$ 时，根据能斯特方程式(4.8)，并代入已知数据，得

$$\begin{aligned}\varphi(Zn^{2+}/Zn) &= \varphi^{\ominus}(Zn^{2+}/Zn) + \frac{0.05917}{n}\lg[c(Zn^{2+})/c^{\ominus}] \\ &= -0.7618 + \frac{0.05917}{2}\lg 0.01 \\ &= -0.821(\mathrm{V})\end{aligned}$$

例 4.2　已知 $\varphi^{\ominus}(Fe^{3+}/Fe^{2+}) = 0.771$ V，试计算当 $c(Fe^{3+}) = 1\ \mathrm{mol \cdot dm^{-3}}$，$c(Fe^{2+}) = 0.01\ \mathrm{mol \cdot dm^{-3}}$ 时，由电对 Fe^{3+}/Fe^{2+} 所构成的电极的电极电势 $\varphi(Fe^{3+}/Fe^{2+})$。

解　由题意知，电极反应为

$$Fe^{3+}(aq) + e \rightleftharpoons Fe^{2+}(aq)$$

根据能斯特方程式(4.8)，并代入已知数据，得

$$\varphi(Fe^{3+}/Fe^{2+}) = \varphi^{\ominus}(Fe^{3+}/Fe^{2+}) + \frac{0.05917}{n}\lg\frac{c(Fe^{3})/c^{\ominus}}{c(Fe^{2+})/c^{\ominus}}$$

$$= 0.771 + \frac{0.05917}{1}\lg\frac{1}{0.01}$$

$$= 0.889\ (V)$$

例 4.3　将银片插入浓度为 1 mol · dm^{-3} 的 $AgNO_3$ 溶液中，然后，在该溶液中加入 NaBr，有 AgBr 沉淀产生，当 AgBr 达到沉淀-溶解平衡时，若 $c(Br^-)=1$ mol · dm^{-3}，此时银电极的电极电势为多少？［已知 $\varphi^{\ominus}(Ag^+/Ag)=0.799$ V，$K_{sp}(AgBr)=5.35\times10^{-13}$］

解　银电极的电极反应为

$$Ag^+(aq) + e \rightleftharpoons Ag\ (s)$$

根据能斯特方程式，得

$$\varphi(Ag^+/Ag) = \varphi^{\ominus}(Ag^+/Ag) + \frac{0.05917}{n}\lg[c(Ag^+)/c^{\ominus}]$$

因为 $AgBr(s) \rightleftharpoons Ag^+(aq) + Br^-(aq)$，$K_{sp}(AgBr)=5.35\times10^{-13}$，平衡时，有

$$c(Ag^+) = \frac{K_{sp}(AgBr)}{c(Br^-)} = 5.35\times10^{-13}/1 = 5.35\times10^{-13}(mol \cdot dm^{-3})$$

$$\varphi(Ag^+/Ag) = 0.799 + \frac{0.05917}{1}\lg(5.35\times10^{-13}) = 0.073\ (V)$$

例 4.4　已知反应：$Zn\ (s) + Cu^{2+}(0.03\ mol \cdot dm^{-3}) \rightleftharpoons Zn^{2+}(0.60\ mol \cdot dm^{-3}) + Cu\ (s)$，试计算该原电池的电动势。

解　从附录 7 中查得：$\varphi^{\ominus}(Cu^{2+}/Cu)=0.3419$ V，$\varphi^{\ominus}(Zn^{2+}/Zn)=-0.7618$ V。该原电池的标准电动势为

$$E^{\ominus} = \varphi_+^{\ominus} - \varphi_-^{\ominus} = \varphi^{\ominus}(Cu^{2+}/Cu) - \varphi^{\ominus}(Zn^{2+}/Zn)$$

$$= 0.3419 - (-0.7618)$$

$$= 1.1037(V)$$

根据能斯特方程式(4.8)，并代入已知数据，得

$$E = E^{\ominus} + \frac{0.05917}{n}\lg\frac{c(Cu^{2+})/c^{\ominus}}{c(Zn^{2+})/c^{\ominus}}$$

$$= 1.1037 + \frac{0.05917}{2}\lg\frac{0.03}{0.60}$$

$$= 1.065(V)$$

从能斯特方程式(4.8)和上述实例可以看出,离子浓度的确对电极电势有影响:

(1) 如果氧化态物质(或其组分)的浓度(压力)增大,或者其还原态物质(或其组分)的浓度减小,则该电极的电极电势的代数值将随之增大,必然导致其氧化态物质(或其组分)的氧化性增强;相反,如果氧化态物质(或其组分)的浓度(压力)减小,或者其还原态物质(或其组分)的浓度增大,则该电极的电极电势的代数值将随之减小,必然导致其还原态物质(或其组分)的还原性增强。

(2) 有多种方法可以改变物质或其组分的浓度,如例 4.3 中生成沉淀法就是一种实用方法。

(3) 浓度影响电极电势,可以通过改变物质(或者其组分)的浓度,控制和调整其电极电势,从而控制和调整物质(或其组分)的氧化性或者其还原性。

2) 介质

事实表明,介质的酸碱性对电极电势也有影响,且影响比较大。实际上,在前面讨论浓度对电极电势的影响时,已经考虑了介质的酸碱性(H^+、OH^- 的浓度)对电极电势的影响,其影响程度可以通过能斯特方程式(4.8)确定。下面,通过实例对此予以简要分析和讨论。

例 4.5 $KMnO_4$ 是常用的氧化剂之一,其电极反应为

$$MnO_4^- + 8H^+ + 5e \rightleftharpoons Mn^{2+} + 4H_2O$$

已知 $c(MnO_4^-)=c(Mn^{2+})=1\ mol\cdot dm^{-3}$,分别计算在 298.15 K、pH=6 和 pH=2 时,由电对 MnO_4^-/Mn^{2+} 构成的电极的电极电势。

解 根据题意,电极反应为

$$MnO_4^- + 8H^+ + 5e \rightleftharpoons Mn^{2+} + 4H_2O$$

从附录 7 中查得　　$\varphi^\ominus(MnO_4^-/Mn^{2+})=1.507\ V$

(1) 当 pH=6 时,$c(H^+)=1.0\times10^{-6}\ mol\cdot dm^{-3}$。根据能斯特方程式(4.8),并代入已知数据,得

$$\begin{aligned}\varphi(MnO_4^-/Mn^{2+}) &= \varphi^\ominus(MnO_4^-/Mn^{2+}) + \frac{0.05917}{n}\lg\frac{[c(MnO_4^-)/c^\ominus][c(H^+)/c^\ominus]^8}{c(Mn^{2+})/c^\ominus} \\ &= 1.507 + \frac{0.05917}{5}\lg(1.0\times10^{-6})^8 \\ &= 0.939\ (V)\end{aligned}$$

(2) 当 pH=2 时,$c(H^+)=1.0\times10^{-2}\ mol\cdot dm^{-3}$。根据能斯特方程式(4.8),并代入已知数据,得

$$\begin{aligned}\varphi(MnO_4^-/Mn^{2+}) &= \varphi^\ominus(MnO_4^-/Mn^{2+}) + \frac{0.05917}{n}\lg\frac{[c(MnO_4^-)/c^\ominus][c(H^+)/c^\ominus]^8}{c(Mn^{2+})/c^\ominus} \\ &= 1.507 + \frac{0.05917}{5}\lg(1.0\times10^{-2})^8 \\ &= 1.318\ (V)\end{aligned}$$

由以上计算可以看出,介质(溶液的酸碱性)对 $KMnO_4$ 的电极电势有较大的影响。随着溶液的酸性增强,其电极电势明显增大,$KMnO_4$ 的氧化性相应增强。

4. 电极电势的应用

事实表明，电极电势是体现物质电化学性质的重要数据，无论是在理论研究方面，还是在生产实践、技术开发等方面都有其重要用途。

1）原电池的电动势的计算

利用构成原电池的两个电极的电极电势，进行该电池的电动势的计算和确定，是电极电势的基本用途。如前所述，任何一个原电池的电动势在数值上都等于组成该电池的两个电极的电极电势之差，即

$$E^{\ominus} = \varphi_{+}^{\ominus} - \varphi_{-}^{\ominus} \qquad E = \varphi_{+} - \varphi_{-}$$

当电极反应中的物质或其组分以及介质（H^{+}、OH^{-}）均处于标准状态时，利用标准电极电势 $\varphi^{\ominus}$ 所计算出的原电池的电动势为标准电动势 $E^{\ominus}$。相反，如果电极反应中的物质或其组分以及介质（H^{+}、OH^{-}）处于非标准状态时，所计算出的原电池的电动势为非标准状态时的电动势 E。

2）氧化还原反应进行的方向的判断

在既定条件下，化学反应能否自发进行，换句话说，在既定条件下，化学反应进行的方向的判断，始终是热力学研究和所要解决的主要问题之一。根据热力学原理，在恒温、恒压、只做体积功的条件下，任一化学反应（包括氧化还原反应）能否自发进行，取决于该反应的摩尔吉布斯函数变 $\Delta_r G_m$。当 $\Delta_r G_m < 0$ 时，该反应能够正向自发进行；当 $\Delta_r G_m = 0$ 时，该反应处于平衡状态；当 $\Delta_r G_m > 0$ 时，该反应不能正向自发进行，而能够逆向自发进行。

根据电化学的研究结果，自发进行的氧化还原反应的 $\Delta_r G_m$ 的数值与由该反应所形成的原电池的电动势 E 有关，即

$$\Delta_r G_m = -nFE$$

然而，该原电池的电动势 E 又与构成该电池的两个电极的电极电势 φ 有关。显然，确定了该电池的电极的电极电势 φ，也就确定了该电池的电动势 E 和该电池反应的 $\Delta_r G_m$。因此，利用有关电极的电极电势 φ 的数值，计算和确定（通过计算 E 的数值）该电池反应的 $\Delta_r G_m$ 的数值和符号，就能够判断该氧化还原反应自发进行的方向，这是一种既重要又方便的科学计算方法。

如果一个氧化还原反应能够正向自发进行，其 $\Delta_r G_m$ 必然为负值，即

$$\Delta_r G_m < 0$$

$$\Delta_r G_m = -nFE$$

即

$$\Delta_r G_m = -nF(\varphi_{+} - \varphi_{-})$$

$$E = \varphi_{+} - \varphi_{-} > 0 \quad （因为 n > 0, F > 0）$$

$$E > 0$$

$$\varphi_+ > \varphi_-$$

显然，$E>0$（$\varphi_+>\varphi_-$）是氧化还原反应能够正向自发进行必须具备的必要条件，当然，也是充分条件。可以将 $E>0$，即 $\varphi_+>\varphi_-$ 作为氧化还原反应能够正向自发进行的判断依据。但是，从操作角度来讲，正、负极的正确判断就显得非常重要，否则，就有可能造成判断失误。那么，怎样正确判断原电池的正、负极呢？

基于对实用型 Cu-Zn 原电池的分析，在原电池反应中，氧化剂及其电对为正极部分，即 $\varphi_+=\varphi_{\text{氧化剂电对}}$，相应的还原剂及其电对为负极部分，即 $\varphi_-=\varphi_{\text{还原剂电对}}$，这样，就可以将氧化还原反应能否自发进行以及该反应所处状态的判断依据具体表述为

$$E=\varphi_+-\varphi_-=\varphi_{\text{氧化剂电对}}-\varphi_{\text{还原剂电对}}\begin{cases}>0,\text{反应正向自发进行}\\=0,\text{反应处于平衡状态}\\<0,\text{非自发,反应逆向自发进行}\end{cases}$$

当然，如果反应是在标准状态条件下进行，则可用标准电动势 $E^\ominus$ 进行判断。

例 4.6 试判断下列反应在标准态、298.15 K 时能否自发进行。

$$2Fe^{3+}+2I^-=\!=\!=2Fe^{2+}+I_2$$

解 由于各物质均处于标准态，可直接根据该反应的标准电动势 $E^\ominus$ 进行判断。从附录 7 中查得 $\varphi^\ominus(Fe^{3+}/Fe^{2+})=0.771V$，$\varphi^\ominus(I_2/I^-)=0.5355V$。从反应方程式来看，可以将 Fe^{3+} 看作氧化剂，可以将 I^- 看作还原剂。

$$\begin{aligned}E^\ominus&=\varphi_+^\ominus-\varphi_-^\ominus=\varphi^\ominus_{\text{氧化剂电对}}-\varphi^\ominus_{\text{还原剂电对}}\\&=\varphi^\ominus(Fe^{3+}/Fe^{2+})-\varphi^\ominus(I_2/I^-)\\&=0.771-0.5355=0.2355\ (V)\end{aligned}$$

因为 $E^\ominus>0$，在标准状态、298.15 K 时上述反应能够正向自发进行。

例 4.7 试判断下列反应进行的方向。

$$Sn+Pb^{2+}(0.01\ mol\cdot dm^{-3})=\!=\!=Sn^{2+}(1\ mol\cdot dm^{-3})+Pb$$

解 据题意知，反应系统内的物质并非均处于标准状态。

从附录 7 中查得 $\varphi^\ominus(Pb^{2+}/Pb)=-0.1262\ V$，$\varphi^\ominus(Sn^{2+}/Sn)=-0.1375\ V$。当 $c(Sn^{2+})=1\ mol\cdot dm^{-3}$，$c(Pb^{2+})=0.01\ mol\cdot dm^{-3}$时

$$Pb^{2+}+2e=\!=\!=Pb$$

$$\begin{aligned}\varphi(Pb^{2+}/Pb)&=\varphi^\ominus(Pb^{2+}/Pb)+\frac{0.05917}{n}\lg[c(Pb^{2+})/c^\ominus]\\&=-0.1262+\frac{0.05917}{2}\lg0.01\\&=-0.1854\ (V)\end{aligned}$$

$$E=\varphi_{+}-\varphi_{-}=\varphi(Pb^{2+}/Pb)-\varphi^{\ominus}(Sn^{2+}/Sn)$$
$$=-0.1854-(-0.1375)=-0.0479(V)$$

计算结果表明，$E<0$，在题意条件下，该反应逆向自发进行。

例 4.8　在 298.15 K 时，已知电池的组成为

$$Zn \mid Zn^{2+}(0.01\ mol \cdot dm^{-3}) \parallel Zn^{2+}(0.1\ mol \cdot dm^{-3}) \mid Zn$$

试通过计算确定该电池的正、负极，并判断其电池反应进行的方向。

解　(1) 从附录 7 中查得 $\varphi^{\ominus}(Zn^{2+}/Zn)=-0.7618$ V。设题中左边锌电极的电极电势为 $\varphi_{左}$，右边锌电极的电极电势为 $\varphi_{右}$，则

$$\varphi_{左}=\varphi^{\ominus}(Zn^{2+}/Zn)+\frac{0.05917}{2}\lg 0.01=-0.8210(V)$$

$$\varphi_{右}=\varphi^{\ominus}(Zn^{2+}/Zn)+\frac{0.05917}{2}\lg 0.1=-0.7914(V)$$

计算结果表明，$\varphi_{左}<\varphi_{右}$，左边的锌电极为该电池的负极，右边的锌电极为该电池的正极。

(2) 从上面的计算结果来看，$\varphi_{左}=\varphi_{-}$，$\varphi_{右}=\varphi_{+}$。因此，该电池的电动势 $E=\varphi_{+}-\varphi_{-}=-0.7914-(-0.8210)=0.03(V)$。

$E>0$，该电池反应能够自发进行，必然有电流产生。具体的电极反应和电池反应分别为

负极：$Zn-2e = Zn^{2+}(0.01\ mol \cdot dm^{-3})$

正极：$Zn^{2+}(0.1\ mol \cdot dm^{-3})+2e = Zn$

总原电池反应：$Zn^{2+}(0.1\ mol \cdot dm^{-3}) = Zn^{2+}(0.01\ mol \cdot dm^{-3})$

电池反应进行的方向为 Zn^{2+} 从高浓度向低浓度变化的方向进行。**这种由两个不同浓度的同一种电极所形成的原电池通常称为浓差电池，其电子是由溶液浓度较小的一极向溶液浓度较大的另一极流动。**

3) 氧化剂和还原剂相对强弱的比较

如前所述，电极电势的代数值大小客观地反映了电对中氧化态与还原态物质或其组分的氧化、还原能力的强弱。电极电势的代数值越大，表示该电对中氧化态物质或其组分的氧化能力越强；相反，电极电势的代数值越小，表示该电对中还原态物质或其组分的还原能力越强。例如，在标准状态、298.15 K 条件下，下列三个电对的标准电极电势的代数值分别为

$$\varphi^{\ominus}(Br_2/Br^-)=+1.066\ V \qquad \varphi^{\ominus}(I_2/I^-)=+0.5355\ V$$
$$\varphi^{\ominus}(Fe^{3+}/Fe^{2+})=+0.771\ V$$
$$\varphi^{\ominus}(Br_2/Br^-)>\varphi^{\ominus}(Fe^{3+}/Fe^{2+})>\varphi^{\ominus}(I_2/I^-)$$

因此，在标准态、298.15 K 条件下，各个氧化态物质或其组分的氧化能力的强弱为

$$Br_2>Fe^{3+}>I_2$$

Br_2 是其中最强的氧化剂。相反，各个还原态组分的还原能力的强弱为

$$I^- > Fe^{2+} > Br^-$$

显然，I^- 是其中最强的还原态组分。

事实上，无论是从事有关的理论研究，还是从事生产实践，或从事有关的技术开发等工作，氧化剂、还原剂的相对强弱的比较，以及氧化剂、还原剂的有效且合理的选择，始终是必须面对且需要解决的问题。例如，在从混合溶液中除去杂质或者提取有用物质(组分)等实际工作中，都会遇到此类问题。对此，可以根据物质或其组分在具体条件下的电极电势有效应对。当然，究竟如何合理应对，尚需做进一步的全面的技术经济分析。例如，为了除去杂质，但却不能引入其他杂质，而且，还应考虑所拟定的技术方案是否经济实用等。

4) 氧化还原反应进行程度的表征

第 2 章中，已经讨论和介绍了化学平衡原理以及化学反应的标准平衡常数 $K^{\ominus}$。事实上，对于任一化学反应的进行程度都可以用其标准平衡常数 $K^{\ominus}$ 来衡量。作为化学反应的一种特定类型，氧化还原反应的进行程度也应该用其相应的标准平衡常数 $K^{\ominus}$ 来表征。

$$\lg K^{\ominus} = \frac{-\Delta_r G_m^{\ominus}}{2.303RT}$$

对于能够设计并形成原电池的氧化还原反应：

$$\Delta_r G_m^{\ominus} = -nFE^{\ominus}$$

因此

$$\lg K^{\ominus} = \frac{nFE^{\ominus}}{2.303RT}$$

将 $R=8.314\ \mathrm{J \cdot mol^{-1} \cdot K^{-1}}$，$T=298.15\ \mathrm{K}$，$F=96485\ \mathrm{J \cdot V^{-1} \cdot mol^{-1}}$ 代入上式，得

$$\lg K^{\ominus} = \frac{nE^{\ominus}}{0.05917} \tag{4.9}$$

式(4.9)是表征原电池的标准电动势 $E^{\ominus}$ 与其所对应的氧化还原反应的标准平衡常数 $K^{\ominus}$ 之间关系的重要公式。据此，可以通过原电池的标准电动势 $E^{\ominus}$，计算其氧化还原反应的标准平衡常数 $K^{\ominus}$，从而确定并表征该氧化还原反应进行的程度。

例 4.9 试判断下列氧化还原反应进行的程度。

$$Zn(s) + Cu^{2+}(aq) \xlongequal{} Zn^{2+}(aq) + Cu(s)$$

解 从附录 7 中查得 $\varphi^{\ominus}(Zn^{2+}/Zn) = -0.7618\ \mathrm{V}$，$\varphi^{\ominus}(Cu^{2+}/Cu) = 0.3419\ \mathrm{V}$，则

$$\begin{aligned} E^{\ominus} &= \varphi^{\ominus}(Cu^{2+}/Cu) - \varphi^{\ominus}(Zn^{2+}/Zn) \\ &= 0.3419 - (-0.7618) \\ &= 1.1037\ (\mathrm{V}) \end{aligned}$$

根据式(4.9)，并代入 $E^\ominus$ 和 n 的数值($n=2$)，得

$$\lg K^\ominus = \frac{nE^\ominus}{0.05917} = \frac{2\times 1.1037}{0.05917} = 37.31$$

$$K^\ominus = 2.0\times 10^{37}$$

计算结果表明，该反应的标准平衡常数 $K^\ominus$ 的数值很大，表明该反应进行的程度非常高。

5) 未知的标准电极电势的计算

从以上的分析和讨论中可以看出，电极电势的用途很广，但在实际工作中，并非所有需要的电极电势的数据都能在有关的文献上查到。在这种情况下，可以根据电化学原理，利用已知的电极电势计算所需的电极电势。

(1) 根据电极的标准电极电势 $\varphi^\ominus$ 与其相应的原电池的标准电动势 $E^\ominus$，以及该电池反应的 $\Delta_r G_m^\ominus$ 之间的关系进行计算。

电极电势是系统的强度性质，不能通过简单的加和求得一个新的电极反应的电极电势。但是，标准电极电势 $\varphi^\ominus$ 与其所对应的原电池的标准电动势 $E^\ominus$ 有关，而 $E^\ominus$ 又与该电池反应的 $\Delta_r G_m^\ominus$ 有关，我们就可以利用 $\Delta_r G_m^\ominus$ 的可加和性来计算相应电极的标准电极电势 $\varphi^\ominus$。

任一电极的标准电极电势 $\varphi^\ominus$ 的数值实际上是在标准状态时，该电极与标准氢电极所形成的原电池的标准电动势 $E^\ominus$ 的数值，因此，对于此一电池反应而言：

$$\Delta_r G_m^\ominus = -nFE^\ominus$$

对于该电极反应(半电池反应)而言：

$$\Delta_r G_m^\ominus = -nF\varphi^\ominus$$

据此，就可以利用已知电极的标准电极电势进行所需的其他电极的标准电极电势的计算。

例 4.10　已知：

$$Cu^{2+}(aq) + 2e \longrightarrow Cu(s) \qquad \varphi_1^\ominus = 0.3419\ V \qquad (1)$$

$$Cu^{2+}(aq) + e \longrightarrow Cu^+(aq) \qquad \varphi_2^\ominus = 0.1630\ V \qquad (2)$$

试计算：

$$Cu^+(aq) + e \longrightarrow Cu(s) \qquad \varphi_3^\ominus = ? \qquad (3)$$

解　从题中三个反应之间的关系，可以看出：反应 (3)=反应 (1)−反应 (2)，因此

$$\Delta_r G_{m,3}^\ominus = \Delta_r G_{m,1}^\ominus - \Delta_r G_{m,2}^\ominus$$

$$\Delta_r G_{m,1}^\ominus = -n_1 FE_1^\ominus = -n_1 F\varphi_1^\ominus$$

$$\Delta_r G_{m,2}^\ominus = -n_2 FE_2^\ominus = -n_2 F\varphi_2^\ominus$$

$$\Delta_r G_{m,3}^\ominus = -n_3 FE_3^\ominus = -n_3 F\varphi_3^\ominus$$

$$-n_3 F\varphi_3^\ominus = -n_1 F\varphi_1^\ominus - (-n_2 F\varphi_2^\ominus)$$

$$\varphi_3^{\ominus}=\frac{(n_1\varphi_1^{\ominus}-n_2\varphi_2^{\ominus})}{n_3}$$

$$=\frac{2\times0.3419-1\times0.1630}{1}$$

$$=0.5208(\text{V})$$

计算结果表明，Cu^+/Cu 电极的标准电极电势 $\varphi^{\ominus}(Cu^+/Cu)=0.5208$ V。

(2) 将未知标准电极电势的电极与其他已知标准电极电势的电极一起构成原电池，通过计算此电池的标准电动势，计算该电极的标准电极电势。

例 4.11 已知氧化还原反应：$Cl_2(g)+H_2(g)═2Cl^-(aq)+2H^+(aq)$ 的 $\Delta_rG_m^{\ominus}=-262.4\ \text{kJ}\cdot\text{mol}^{-1}$，试计算 Cl_2/Cl^- 电极的标准电极电势。

解 将该反应设计成原电池，则相应的电池反应为

$$Cl_2(g)+H_2(g)═2Cl^-(aq)+2H^+(aq)$$

由此可见，该电池反应的 $n=2$。

$$\Delta_rG_m^{\ominus}=-nFE^{\ominus}$$

$$E^{\ominus}=\frac{-\Delta_rG_m^{\ominus}}{nF}=-\frac{-262.4\times1000}{2\times96485}=1.360(\text{V})$$

$E^{\ominus}>0$，该电池反应能够正向自发进行，而且，Cl_2/Cl^- 电极在此电池中作正极。

$$E^{\ominus}=\varphi_+^{\ominus}-\varphi_-^{\ominus}=\varphi^{\ominus}(Cl_2/Cl^-)-\varphi^{\ominus}(H^+/H_2)$$

代入数据，得

$$1.360=\varphi^{\ominus}(Cl_2/Cl^-)-0$$

$$\varphi^{\ominus}(Cl_2/Cl^-)=1.360(\text{V})$$

计算结果表明，Cl_2/Cl^- 电极的标准电极电势 $\varphi^{\ominus}(Cl_2/Cl^-)=1.360$ V。

应当指出：

第一，作为物质电化学性质的重要体现的电极电势，不仅具有以上五个方面的用途，它还可以用于溶液中有关离子浓度的测定、溶液 pH 的测定、难溶电解质的溶度积的测定、金属电化学腐蚀的机理研究和相应的防腐方法的研究、高能化学电源的研制等方面。

第二，上述介绍和应用的电极电势，都是在电极处于平衡状态、电极上并无电流通过时的电极电势，此时的电极电势称为**平衡电极电势**。非平衡态时的电极电势情况比较复杂，只有通过实验才能确定。另外，本书讨论的原电池均为可逆电池，即在热力学上是可逆的(电池内部始终无限接近平衡状态)，而且电池反应是可逆反应。不可逆电池的情况比较复杂，本书不作讨论。

4.2　电化学原理的应用

4.2.1　电解

1. 电解池的组成与电极反应

将直流电通过电解质溶液而发生氧化还原反应的过程称为**电解**。实施电解的装置，即将电能转化为化学能的装置，称为**电解池**。下面，以电解精炼铜（图 4.6）为例，对此予以分析和介绍。

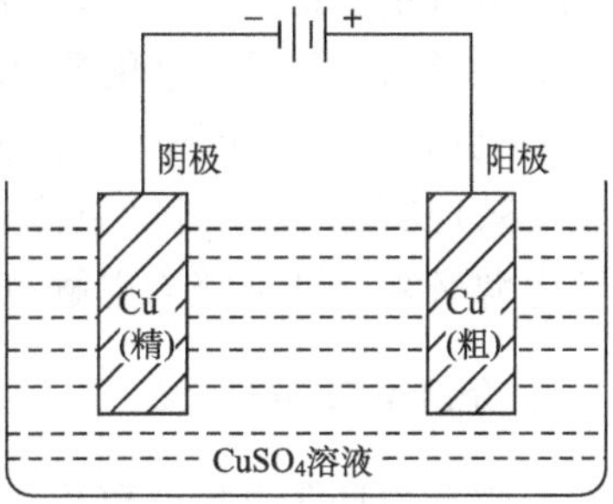

图 4.6　电解精炼铜装置（电解池）示意图

如图 4.6 所示，电解池由电极、电解质溶液、外加直流电源组成。在电解池中，与直流电源的负极相连的极称为**阴极**，与直流电源的正极相连的极称为**阳极**。电子从直流电源的负极沿导线进入电解池的阴极，经电解质溶液，从电解池的阳极离开，沿导线流回直流电源的正极。由此可见，在阴极上电子过剩，在阳极上电子缺少。溶液中的正、负离子必然发生定向迁移：Cu^{2+}、H^+ 移向阴极，发生还原反应；OH^-、SO_4^{2-} 移向阳极，发生氧化反应。在阴极上，Cu^{2+}、H^+ 哪个先被还原呢？显然，这要由其氧化能力的强弱决定，而其氧化能力的强弱又取决于它们各自的电极电势的大小。

这里，假定是在标准态条件下进行电解。

因为 $\varphi^\ominus(Cu^{2+}/Cu)=0.3419\ V$，$\varphi^\ominus(H^+/H_2)=0$，$\varphi^\ominus(Cu^{2+}/Cu)>\varphi^\ominus(H^+/H_2)$，所以，$Cu^{2+}$ 的氧化能力（得电子能力）强，Cu^{2+} 得到电子而以 Cu 的形式析出：

$$Cu^{2+}(aq)+2e \rightleftharpoons Cu\ (s)\quad（阴极）$$

阳极存在 OH^-、SO_4^{2-}，究竟哪种离子先被氧化呢？这就仍然需要由其电极电势决定：

$$\varphi^\ominus(O_2/OH^-)=0.4010\ V\qquad \varphi^\ominus(S_2O_8^{2-}/SO_4^{2-})=2.010\ V$$

由此可见，电对 O_2/OH^- 的电极电势 $\varphi^\ominus(O_2/OH^-)$ 较小，说明 OH^- 的还原性强，似乎是 OH^- 先被氧化，但是，还要分析电极材料本身是否也能参与反应。由于作为阳极的电极材料是金属铜（粗），其 $\varphi^\ominus(Cu^{2+}/Cu)=0.3419\ V$，说明电对 Cu^{2+}/Cu 的电极电势更小。因此，在阳极真正发生电极反应的是阳极材料本身（金属粗铜）：

$$Cu\ (s)-2e = Cu^{2+}(aq)\quad（阳极）$$

这样，在阳极上，金属铜（粗）就先被氧化，并以 Cu^{2+} 方式进入溶液，从而导致阳极材料被溶解。然后，Cu^{2+} 又被转移到阴极，在阴极被还原以金属 Cu 的方式析出。

从上述电解过程来看，**在阴极总是发生还原反应，在阳极总是发生氧化反应，**总的电解反应是由这两极反应组成的。具体反应如下：

阴极 $Cu^{2+}(aq)+2e \rlap{=}{=} Cu(s)$

阳极 $Cu(s)-2e \rlap{=}{=} Cu^{2+}(aq)$

总的电解反应为 $Cu(s,阳极) \rlap{=}{=} Cu(s,阴极)$

这就是电解精炼铜的基本原理，利用该原理就能够得到纯度很高的金属铜。

应当指出：① 根据电化学原理，在电解池的两极反应中，无论是正离子得到电子，还是负离子或者金属本身失去电子的过程，在电化学上均称为**放电过程**；② 要真正有效地实施电解，外加直流电源就必须满足一定的技术要求，确切地说，外加直流电源必须保证能够为电解池的两极之间施加足够的外加电压。

2. 分解电压和超电压

电解反应是非自发的氧化还原反应。实验表明，要使任何电解反应得以进行，就必须对相应的电解池的两极之间施加一定的外加电压。这种**能够使电解得以顺利进行所必须施加的最低外加电压称为分解电压**。显然，电解反应不同，所需要的分解电压就不同。下面以电解 $CuCl_2$ 水溶液为例，讨论电解反应所需要的理论分解电压；然后，在此基础上，讨论实际分解电压的确定方法以及导致超电压产生的机理。

1）理论分解电压 $E_{理}$

理论分解电压 $E_{理}$ 是基于对既定的电解反应的理论分析和计算所得出的分解电压。电解 $CuCl_2$ 水溶液的电解反应为

$$Cu^{2+}(aq)+2Cl^{-}(aq) \xlongequal{电解} Cu(s)+Cl_2(g)$$

就此电解反应而言，正向过程是非自发过程，即正向反应是非自发的氧化还原反应。根据化学热力学原理，其逆向过程肯定是自发过程，即逆向反应肯定是自发的氧化还原反应。不难看出，该电解反应实质上是 Cl_2-Cu 原电池的逆反应。

事实上，在电解 $CuCl_2$ 水溶液时，最初的电解产物是 Cl_2 和 Cu，这两种产物与其在溶液中的相应离子在一起，分别以电对方式在电解池的两极上构成了两个电极，从而形成了 Cl_2-Cu 原电池。既然这个原电池是由电解产物（当然包括其反应物）所为，我们不妨将其称为“伴生电池”。这也就意味着一旦电解进行，这个“伴生电池”就会产生，而且该“伴生电池”必然产生与外加电压反向的电动势。显然，这种反向电动势的产生必然会阻止电解反应的顺利进行。因此，为了使电解反应能够顺利、继续进行，外加电压必须足以克服这种由“伴生电池”所产生的反向电动

势。具体来说，外加电压在数值上至少必须等于在同一条件下产生的“伴生电池”（Cl_2-Cu 原电池）的电动势。“伴生电池”的电动势的计算也就是相应的原电池的电动势的计算。这种**通过理论计算得出的使电解进行所必须施加的最低外加电压，称为理论分解电压 $E_{理}$**。换句话说，理论分解电压在数值上等于“伴生电池”（原电池）的电动势。然而，理论分解电压的数值大小又与相应的电解条件有关。

(1) 在标准状态条件下进行电解。在标准状态条件下，电解 $CuCl_2$ 水溶液时，理论分解电压在数值上等于其“伴生电池”——相应的 Cl_2-Cu 原电池的标准电动势 $E^{\ominus}$：

$$
\begin{aligned}
E^{\ominus} &= \varphi_{+}^{\ominus} - \varphi_{-}^{\ominus} = \varphi^{\ominus}(Cl_2/Cl^-) - \varphi^{\ominus}(Cu^{2+}/Cu) \\
&= 1.3583 - 0.3419 \\
&= 1.0164\ (V)
\end{aligned}
$$

计算结果表明，在标准状态条件下，电解 $CuCl_2$ 水溶液的理论分解电压为 1.0164 V。

(2) 在非标准状态条件下进行电解。在非标准状态条件下电解 $CuCl_2$ 水溶液时，其理论分解电压 $E_{理}$ 在数值上等于相应的 Cl_2-Cu 原电池的电动势 E，有关计算可根据能斯特方程式进行，此处不再叙述。

2) 实际分解电压 $E_{实}$

事实表明，在标准状态条件下电解 $CuCl_2$ 水溶液时，当外加电压增至理论分解电压(1.0164 V)时，并未观察到电解反应的发生。当外加电压增大到 1.27 V 时，电解反应才能发生。这种**能使电解顺利进行所施加的最低实际外加电压称为实际分解电压**。实际分解电压 $E_{实}$ 由实验确定。在实验确定实际分解电压时，以实验测定的电压为横坐标，以电流密度（单位电极面积内的电流）为纵坐标作图，如图 4.7 所示，图中 D 点所示的电压就是实际分解电压 $E_{实}$。显然，实际分解电压大于理论分解电压，即 $E_{实} > E_{理}$，而且在其他物质的电解过程中，也不同程度地存在着此类现象。那么，为什么实际分解电压会大于理论分解电压呢？研究结果表明，这是由电阻引起的电压降和电极的极化造成的。

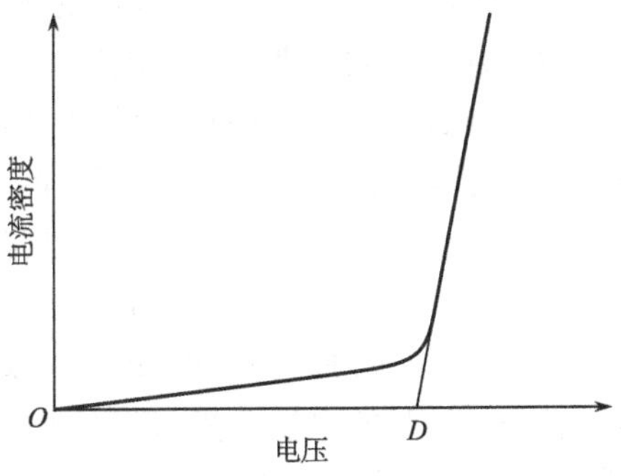

图 4.7　实际分解电压

(Ⅰ) 电阻引起的电压降。

导线、电解池内的电解质溶液等均存在一定的电阻，当有电流通过时，必然会产生电压降，其结果必然会使部分电能以热能的方式而损耗。为了弥补这种损耗，需要增加外加电压。然而，由于这种损耗数量不大，所以，并不是造成上述问题的主要原因。

（Ⅱ）极化。

电极电势的测量，一定要在原电池内无电流通过的条件下进行，在这种条件下测得的电极电势称为**平衡电极电势**，或可逆电极电势，简称为电极电势。如果原电池内有电流通过，那么，原电池内的电极反应就会处于非平衡态或不可逆状态，此时，所测得的电极电势必然会偏离平衡电极电势。通常将这种电极的电极电势偏离其平衡电极电势的现象称为**极化**，并且把在一定电流密度下电极的电极电势（$\varphi_{实}$，即有电流通过时电极的电势）与其平衡电极电势（$\varphi_{电极,平衡}$或$\varphi_{理}$，即没有电流通过时电极的电势）之差的绝对值定义为该电极的**超电势** η：

$$\eta = \left| \varphi_{电极,实} - \varphi_{电极,平衡} \right| = \left| \varphi_{实} - \varphi_{理} \right|$$

客观地看，产生极化的原因相当复杂。根据极化产生的机理不同，一般将极化分为**浓差极化和电化学极化**两类。

(1) 浓差极化。浓差是指离子或分子的浓度差。电解时，无论是正离子，还是负离子，或者分子，它们都有可能在电极上放电（反应）。虽然共处于同一溶液中，但是由于它们在电极上的反应速率比其扩散速率快，势必造成它们在电极附近的浓度与其在溶液中间部分的浓度有差异。确切地说，就是同一种离子在相应电极附近的浓度变小。根据能斯特方程式可知，在阴极处正离子浓度的减小，必然导致其电极电势的降低；相反，在阳极处，负离子被氧化，负离子的浓度同样减小，这就造成其电极电势的增大。这样，在电解池的两极上出现的如此变化的结果，必然导致实际分解电压大于理论分解电压。

显然，浓差极化现象的产生是由于离子扩散速率缓慢所致。因此，可以通过采用搅拌、升高温度等方法予以适当消除。

(2) 电化学极化。电化学极化是指由于电解产物在电极上析出的过程中，某一步骤（如离子放电、原子结合成分子以及气泡的形成等）的速率迟缓造成的极化。顺便指出，这里所讲的关键词“极化”，实际上是指“偏差”，即同一电极在非平衡态（有电流通过）时的电极电势与其在平衡态（无电流通过）时的电极电势（平衡电极电势）之间的偏差。电化学极化是由相应的电化学反应速率决定的。当电流通过电极时，在阴极上，外加电源不断地将电子输入，如果此时正离子得到电子的速率小于电源的电子输入速率，必然会造成在阴极表面上有过量的电子积累，这就意味着该电极的电极电势向负方向变化，即阴极的电极电势小于其平衡电极电势；与此相反，阳极极化的结果，必然使其电极电势变大，则

$$\eta(阳) = \varphi_{阳,实} - \varphi_{阳,理}$$

$$\eta(阴) = \varphi_{阴,理} - \varphi_{阴,实}$$

此处，$\varphi_{阳,实}$、$\varphi_{阴,实}$、$\varphi_{阳,理}$、$\varphi_{阴,理}$以及 η(阳)、η(阴)分别表示阳极、阴极的实际析出电势、理论析出电势(在未考虑超电势的情况下，通过计算所得出的电极电势)以及超电势。因为两极的超电势均取正值，所以电解池的超电压 $E_{超}$(超电势是对电极而言，而超电压是对电解池而言)为

$$E_{超} = \eta(阴) + \eta(阳)$$

即

$$E_{超} = E_{实} - E_{理}$$

影响电极的超电势的因素比较多，主要有电解产物的种类及其聚集态、电极材料及其表面状态、温度以及电流密度等。具体来说，电解产物的种类和其聚集态不同，其超电势的数值就不相同。金属的超电势一般较小，气体的超电势较大，氢气、氧气的超电势更大；电极材料本身和该电极的表面状态对超电势的影响也比较大，即使是同一电解产物，如果所使用的电极材料本身不同，或者所使用的电极的表面状态不同(如镀 Pt 电极和光亮 Pt 电极)，其超电势的数值就不相同。此外，电流密度对超电势也有影响，而且在通常条件下，超电势一般随着电流密度的增大而增大。

在电解过程中，由于在电极上存在着超电势，需要适当增大外加电压，从而导致能耗增大，正是由于有超电势的存在，对于人们有效地、合理地选择和控制电解条件，进而达到电解目的(使预期产物尽可能大量产生)不可或缺。有关超电势的详细情况和具体数据，可以查阅相关的化学手册和其他相关的化学文献，此处不再叙述。

3. 电解产物的判断和确定

电解产物的判断和确定，是一个非常重要而且必须解决的现实问题。电解产物的种类及其数量的多少，不仅受电解条件的制约，还与既定的电解质溶液中的各种离子、原子甚至分子的放电次序有关。因此，在既定的电解条件下，**电解产物的种类及其数量的多少取决于电解质溶液中的各种离子、原子甚至分子的放电次序。**

原则上讲，氧化能力(得电子能力)强的正离子或者分子首先在阴极放电；相反，还原能力(失电子能力)强的负离子或者金属单质(电极材料本身)首先在阳极放电。而物质或其离子的氧化、还原能力的强弱，则由其在既定电解条件下的实际电极电势 $\varphi_{实}$(实际析出电势)决定。

1）阴极产物

由于在阴极上进行的是还原反应，实际电极电势 $\varphi_{实}$ 代数值较大的氧化态物质或其组分(正离子)首先得到电子而被还原，并以其还原态方式而析出。

电解池中的氧化态物质或其组分通常是金属正离子和 H^+。对于金属正离子来说，考虑到金属正离子的浓度较大，而金属的超电势较小，因此可以近似地用金属的理论析出电势 $\varphi_{理}$ 或者标准电极电势 $\varphi^{\ominus}$ 来估计其实际电极电势 $\varphi_{实}$。通常，金

属离子(除电极电势很小的金属离子)总是优先于 H^+ 被还原;对于 H^+,由于其浓度较小,H_2 的超电势较大,所以其实际电极电势 $\varphi_{实}$ 较小,H^+ 难以被还原成 H_2 而析出。但是,如果是电极电势很小的金属离子(如 Na^+、K^+、Mg^{2+}、Al^{3+} 等)与 H^+ 共处,正是由于这样的金属离子的电极电势太小,所以,H^+ 总是在阴极被还原成 H_2 而析出。

2) 阳极产物

由于阳极上发生的是氧化反应,实际电极电势 $\varphi_{实}$ 代数值较小的还原态物质或其组分(负离子)首先失去电子而被氧化。从阳极处的情况来看,只有电极材料本身和负离子,究竟是电极材料本身,还是负离子首先失去电子而被氧化呢?显然,这要由它们的实际电极电势 $\varphi_{实}$ 代数值的大小来决定。

基于对电极材料本身和负离子的实际电极电势 $\varphi_{实}$ 代数值的大小的分析及比较,阳极产物的析出规律主要表现在以下两个方面:

(1) 电极材料。如果电极材料本身是惰性材料(如石墨,Pt 等),电极材料并不参与反应;如果电极材料本身是活性材料(如金属材料 Zn、Fe、Cu 等),这些活性材料首先被氧化,并以其离子的方式而被溶解。

(2) 负离子。如果用惰性材料(如石墨)作电极,水溶液中存在简单负离子,如 S^{2-}、I^-、Br^-、Cl^- 等负离子在阳极首先被氧化而析出 S、I_2、Br_2、Cl_2 等;如果用惰性材料(如石墨)作电极,水溶液中并不存在上述简单负离子,而存在复杂负离子,如 SO_4^{2-},由于 $\varphi^\ominus(S_2O_8^{2-}/SO_4^{2-}) > \varphi^\ominus(O_2/OH^-)$,所以通常是 OH^- 被氧化而析出 O_2。

应当指出,上述电解产物的判断和确定,主要针对的是盐类水溶液的电解情况(过程)。如果是进行熔融盐的电解,并且所用电极为惰性电极(如石墨或者 Pt 等),那么熔融盐的正、负离子分别在阴极和阳极进行相应的还原及氧化反应,其电解产物就只能是这些正、负离子的反应产物。

4.2.2 金属的腐蚀及其防止

当金属与其周围介质接触时,由于发生化学作用或者电化学作用而引起金属本身被破坏的现象,称为金属的腐蚀。例如,金属构件在大气中的生锈,海轮外壳在海水中的腐蚀,铸铁管道在土壤中的腐蚀,以及各种化工、机械设备的腐蚀等。金属的腐蚀现象十分普遍,造成十分严重的经济损失。因此,研究腐蚀机理,探寻腐蚀规律,采取应对措施,具有十分重要的意义。

1. 金属的腐蚀

根据腐蚀过程的特点和机理,通常将金属的腐蚀分为化学腐蚀和电化学腐蚀两大类。

1）化学腐蚀

化学腐蚀指单纯由化学作用而引起的腐蚀。金属和干燥气体（尤其是在高温下）接触所引起的腐蚀，或者在无导电性的非水溶液中的腐蚀，均属于化学腐蚀。例如，金属和干燥气体[如 O_2(g)、SO_2(g)、H_2S (g)、Cl_2(g)等]接触时，在金属的表面生成相应的氧化物、硫化物以及氯化物等。

温度对化学腐蚀的速率和腐蚀程度影响很大。例如，常温下，在干燥空气中，钢铁并不易被腐蚀。但是，如果是在高温下，钢铁却容易被氧化，生成一层由 FeO、Fe_2O_3 以及 Fe_3O_4 组成的氧化皮，与此同时，还会导致钢铁中的渗碳体（Fe_3C）与气体介质中的有关成分作用而发生**脱碳现象**（反应）：

$$Fe_3C\ (s) + O_2(g) = 3Fe\ (s) + CO_2(g)$$

$$Fe_3C\ (s) + CO_2(g) = 3Fe\ (s) + 2CO\ (g)$$

$$Fe_3C\ (s) + H_2O\ (g) = 3Fe\ (s) + CO(g) + H_2(g)$$

上述化学腐蚀的发生，不仅使钢铁的表面组成（成分）发生改变，而且还会同时导致钢铁的表面膜的完整性受到破坏。由于上述反应产生的气体产物不断地离开金属表面，碳就会从邻近的区域不断地向反应区扩散，从而形成脱碳层，导致钢铁的表面硬度、疲劳极限等物理、力学性能的降低。

此外，金属在非电解质溶液（如苯、原油等）中也会产生化学腐蚀。例如，在原油中，由于其中含有多种有机硫化物，它们对金属输油管和金属容器也会产生相应的化学腐蚀。

从上述腐蚀的过程和机理来看，化学腐蚀的主要特点在于没有电解质溶液的参与。

2）电化学腐蚀

当金属与电解质溶液接触时，由电化学作用而引起的腐蚀称为电化学腐蚀。电化学腐蚀与化学腐蚀的不同之处在于有电解质溶液的参与，从而形成原电池并发生了原电池反应。由此可见，金属的电化学腐蚀正是由于此类原电池的产生及其反应所致。通常把在电化学腐蚀过程中所产生的此类原电池称为腐蚀电池，而且根据电极反应的性质，将发生氧化反应的电极称为阳极，而将发生还原反应的电极称为阴极。

事实表明，在通常情况下，与化学腐蚀相比，电化学腐蚀的速率更快，更为普遍。例如，金属在潮湿空气、土壤、海水以及纯粹在电解质溶液中的腐蚀均属此类。

根据腐蚀电池反应的条件及其产物的不同，通常将电化学腐蚀分为吸氧腐蚀和析氢腐蚀两大类。在这两类具体的电化学腐蚀过程中，由于被腐蚀金属的电极电势的代数值较小，金属总是作为阳极被氧化而腐蚀。

（1）吸氧腐蚀。钢铁在大气中，尤其是在潮湿的空气中的腐蚀就属于此类腐蚀。

如果钢铁处于弱酸性(潮湿空气中的钢铁表面的水膜常因溶有 SO_2、CO_2 等气体而呈弱酸性)或者中性介质中,由于 $O_2(g)$ 供应比较充分,$\varphi(O_2/OH^-)>\varphi(H^+/H_2)$,溶解在水膜中的 $O_2(g)$ 作为氧化剂在阴极(能导电杂质)发生还原反应;与此同时,铁在阳极被氧化。具体反应为

阳极 $Fe-2e \longrightarrow Fe^{2+}$

阴极 $\frac{1}{2}O_2+H_2O+2e \longrightarrow 2OH^-$

总反应为 $Fe+\frac{1}{2}O_2+H_2O = Fe(OH)_2$

$Fe(OH)_2$ 在空气中被氧气进一步氧化成 $Fe(OH)_3$ 并部分脱水为铁锈。由于在此类腐蚀反应中,需要吸收并消耗氧气,将此类腐蚀称为**吸氧腐蚀**。

如果将钢管埋在地下,也会因其表面氧气分布不均匀而引起腐蚀。土地有砂土部分和黏土部分。处于砂土部分的钢管接触到的氧气浓度(分压)大,处于黏土部分的钢管接触到的氧气浓度(分压)小,而氧气的浓度(分压)直接影响其电极电势:

$$\frac{1}{2}O_2(g)+H_2O+2e = 2OH^-(aq)$$

$$\varphi(O_2/OH^-)=\varphi^\ominus(O_2/OH^-)+\frac{0.05917}{2}\lg\frac{[p(O_2)/p^\ominus]^{\frac{1}{2}}}{[c(OH^-)/c^\ominus]^2}$$

由此可见,在氧气分压较大处(砂土处),$\varphi(O_2/OH^-)$较大,作阴极,在氧气分压较小处(黏土处),$\varphi(O_2/OH^-)$较小,作阳极,构成了腐蚀电池,使黏土处的钢管(作为阳极)被腐蚀。这种由于氧气浓度不同造成的腐蚀称为**浓差腐蚀**,也称为**差异充气腐蚀**。实际上,这是吸氧腐蚀的又一种形式。

(2) 析氢腐蚀。如果钢铁处于酸性介质(溶液)中,则因 $\varphi(H^+/H_2)$较大,H^+ 在阴极(能导电杂质)发生还原反应;与此同时,铁在阳极被氧化。具体反应为

阳极 $Fe-2e \longrightarrow Fe^{2+}$

阴极 $2H^++2e \longrightarrow H_2\uparrow$

总反应为 $Fe+2H^+ = Fe^{2+}+H_2\uparrow$

即 $Fe+2H_2O = Fe(OH)_2+H_2\uparrow$

$Fe(OH)_2$ 在空气中被氧气进一步氧化成 $Fe(OH)_3$ 并部分脱水为铁锈。由于在此类腐蚀反应过程中有氢气析出,将此类腐蚀称为**析氢腐蚀**。

2. 金属腐蚀的防止

上面讨论了金属腐蚀的类型、机理,研究金属腐蚀的目的,就是为了探寻腐蚀

规律，采取应对措施，以尽量避免或减少金属的腐蚀和由此造成的经济损失。令人欣慰的是，随着科学的发展和技术的进步，关于金属腐蚀的产生条件、机理以及腐蚀规律的探索和研究已经取得重大突破，与此同时，在金属腐蚀的防护方面也已经积累了许多成功经验。此处，仅就金属腐蚀的防护原理和防护方法做一简要介绍。

1）耐蚀合金法

从上述金属的各种腐蚀情况来看，很多腐蚀都是外在因素所为。然而，这些外在因素（外因），只是变化（腐蚀）的条件，金属本身（内因）才是变化（腐蚀）的依据。外因只有通过内因才能起作用。因此，设法改变金属材料本身的组成（成分），就能减少甚至避免金属的腐蚀。例如，含Cr18％、Ni8％的不锈钢在大气、水中，甚至在硝酸中都具有极强的耐腐蚀性。由此可见，这种根据需要，将不同的成分与金属制成耐蚀合金的方法（简称为耐蚀合金法），既能大大增强金属的耐腐蚀性，又能有效地扩大金属的使用范围，而且这种通过改变金属材料本身的组成以提高其耐腐蚀性的方法是根本的防腐方法，当然，也是最有效的防腐方法。

2）覆盖保护法

覆盖保护法指将非金属材料（如油漆、陶瓷等）或者通过电镀将耐腐蚀性强的金属（或合金）覆盖在欲保护的金属表面上，从而达到防止金属腐蚀的一种常用方法。例如，在钢材制品及构件（如钢窗，钢结构桥梁等）表面加油漆层，以及在铁质制品表面镀锌等，就是采用的这种防腐方法。事实表明，这种方法能够有效地防止相应金属的腐蚀。

3）阴极保护法

前面讨论的电化学腐蚀，无论是发生吸氧腐蚀，还是发生析氢腐蚀，其结果都是使阳极金属被腐蚀。因此，只要将欲保护的金属作阴极，就有可能而且能够使欲保护金属得到保护。这种将欲保护金属作为阴极的保护法就称为阴极保护法。

从具体的操作角度看，阴极保护法又可分为牺牲阳极法和外加电流法两类。

牺牲阳极法指将较活泼的合金（如锌合金、铝合金、镁合金等）或金属连接在被保护的金属上，使其与被保护金属形成原电池，此时，较活泼的金属或其合金作为阳极被腐蚀，而被保护的金属作为阴极得以保护的一种有效方法。这种方法主要用于处于水中或者埋在土壤里的金属设备及其构件的保护。例如，海轮的金属外壳的保护，地下金属输油管道的保护等。

外加电流法是利用外加直流电源，将废钢或石墨等难溶性导电材料与外加直流电源的正极相连（使用导线），以此作为阳极；而将欲保护的金属作为阴极，从而使欲保护的金属得以保护的一种方法。这种方法适用范围较广，对于处于水中或土壤中的金属及其设备同样也具有良好的保护效果。

4）缓蚀剂法

缓蚀剂指用量虽少却对金属的腐蚀具有明显的缓蚀效果的物质。利用缓蚀剂来减缓金属的腐蚀速率，以期保护金属的方法称为缓蚀剂法。

根据缓蚀剂的组成的不同，通常将缓蚀剂分为无机缓蚀剂和有机缓蚀剂两大类。

研究结果表明，缓蚀剂的缓蚀效果与其所处的介质的酸碱性有关，也就是说，**腐蚀介质的酸碱性不同，所用缓蚀剂的缓蚀效果就不相同**。因此，在选用缓蚀剂时，首先应该明确腐蚀介质的酸碱性，然后，再比较缓蚀剂的缓蚀效果。

（1）中性、碱性介质。**在中性、碱性介质中，主要采用无机缓蚀剂（如铬酸盐、重铬酸盐、磷酸盐等）**。从其缓蚀机理来看，由于这类无机缓蚀剂能与被保护的金属在金属表面形成相应的氧化物保护膜或者沉淀物，从而使被保护金属得以保护。例如，作为一种重要的无机缓蚀剂，铬酸钠能与金属铁发生如下反应：

$$2Fe + 2Na_2CrO_4 + 2H_2O \longrightarrow Fe_2O_3 + Cr_2O_3 + 4NaOH$$

产物 Fe_2O_3 和 Cr_2O_3 能形成复合氧化物保护膜，从而防止铁质材料被腐蚀。

（2）酸性介质。在酸性介质中，主要采用如若丁（主要组分为二邻苯甲基硫脲）、乌洛托品[六亚甲基四胺，$(CH_2)_6N_4$]等有机缓蚀剂。由于在这些有机缓蚀剂的分子结构中通常含有 N、S、O 等具有未成对电子的原子，这些原子既能与酸性介质中的 H^+ 结合，以正离子方式吸附于金属表面，从而阻止（排斥作用）H^+ 的接近和放电，而且，也存在着与金属本身形成化学键（配位键）的可能，从而有效地减缓和防止金属的腐蚀。

上面就金属的腐蚀机理、防护原理以及常用的防护方法进行了分析和介绍，这些防护方法在金属的防护方面已经和正在发挥着重要作用。但是，应当指出：

第一，从金属腐蚀的机理来看，化学腐蚀是金属表面与干燥气体或在无导电性的非水溶液中发生化学作用而引起的腐蚀。在常温、常压下这类腐蚀发生的概率不大，而且，通常只发生在金属的表面，与电化学腐蚀相比，这类腐蚀的危害性并不是很大（当然，并不是说不需防止）。然而，正如上面分析的那样，电化学腐蚀则是由于金属表面与电解质溶液接触，进而形成腐蚀电池，发生相应的电化学反应，导致金属作为阳极而被溶解、腐蚀。显然，在常温、常压下，电化学腐蚀就能发生，而且能够扩大到金属的内部。由此可见，电化学腐蚀是造成金属被腐蚀的主要类型和原因，其发生的概率更大，危害性更严重。因此，解决电化学腐蚀的方法的选择和应对措施的确定应成为防止金属腐蚀的重点。

第二，金属的腐蚀程度与金属本身的种类以及金属所处的环境（如介质的种类、浓度、温度等）因素密切相关，而且，防护的程度也与所采取的应对措施的恰当与否直接相关。因此，在制定和采取防护措施前，必须根据具体情况进行全面地技术、经济分析，以确保所采取的防护措施科学、有效、合理。

思 考 题

1. 何谓原电池？有何作用？
2. 原电池的形成条件有哪些？
3. 试比较电对和电极的异同点。
4. 何谓电极电势、标准电极电势？
5. 电极电势的数值大小意味着什么？
6. 在使用标准电极电势表时，应注意哪些问题？
7. 影响电极电势的因素有哪些？其量化关系有哪些？
8. 原电池的正、负极的划分依据是什么？
9. 何谓原电池的电动势、标准电动势？
10. 原电池的电动势 E 与其电池反应的 $\Delta_r G_m$ 之间有何关系？
11. 原电池的标准电动势 $E^{\ominus}$ 与其电池反应的标准平衡常数 $K^{\ominus}$ 之间有何关系？
12. 电极电势有哪些用途？
13. 何谓电解？电解池由哪些部分组成？
14. 电解反应与原电池反应有何不同？
15. 怎样确定阴极和阳极？在阴极和阳极上各发生什么反应？
16. 什么是理论分解电压、实际分解电压？怎样确定？
17. 什么是极化、超电势、超电压？造成超电压的原因有哪些？
18. 怎样判断和确定电解产物？判断依据是什么？
19. 何谓金属的腐蚀？通常将金属的腐蚀分为哪几类？分类依据是什么？
20. 电化学腐蚀与化学腐蚀有何异同？哪类腐蚀的危害性更大、更普遍？
21. 金属腐蚀的主要防护方法有哪些？相比较而言，哪种防护方法更直接、更有效？
22. 在设计和制订金属腐蚀的防护方案时，应考虑哪些问题？

习 题

1. 在一定条件下，物质 H_2、KI、Mg、Al、$SnCl_2$、H_2S 都可以作为还原剂。试根据标准电极电势数据，按其还原能力递增的顺序排序。

2. 已知在混合溶液中同时含有 Br^-、I^-、Cl^- 三种离子，其浓度均为 1 mol · dm^{-3}。如果需要将 I^- 氧化为 I_2，而又不使其中的 Br^- 和 Cl^- 被氧化，那么，在常用的两种氧化剂 $KMnO_4$ 和 $Fe_2(SO_4)_3$ 中，选用哪一种合适？

3. 已知下列反应均可以组成原电池，试用符号表示(假设反应均处于标准态)。

(1) $Cu(s) + 2FeCl_3(aq) \Longrightarrow CuCl_2(aq) + 2FeCl_2(aq)$

(2) $Zn(s) + 2HCl(aq) \Longrightarrow ZnCl_2(aq) + H_2(g)$

4. 在 298.15 K 时，已知原电池反应为

$$Ag^+(aq) + Fe^{2+}(aq) \Longrightarrow Ag(s) + Fe^{3+}(aq)$$

假设反应处于标准状态，试用符号表示该原电池，并计算其标准电动势 $E^\ominus$。

5. 计算在 298.15 K，$c(Zn^{2+})=0.1\ mol\cdot dm^{-3}$时锌电极的电极电势。

6. 计算 298.15 K 时，在 $c(OH^-)=0.01\ mol\cdot dm^{-3}$ 的溶液中氧的电极电势[已知 $p(O_2)=100\ kPa$]。

7. 在 298.15 K 时，将银片插入到浓度为 $1\ mol\cdot dm^{-3}$ 的 $AgNO_3$ 溶液中，加入 NaCl，有 AgCl 沉淀产生，当 AgCl 达到沉淀-溶解平衡时，若 $c(Cl^-)=0.1\ mol\cdot dm^{-3}$，计算此时银电极的电极电势。

8. 在 298.15 K 时，已知 $c(Cr_2O_7^{2-})=c(Cr^{3+})=1\ mol\cdot dm^{-3}$，试分别计算 pH=4 和 pH=1 时，由电对 $Cr_2O_7^{2-}/Cr^{3+}$ 所构成的电极的电极电势，并简要说明溶液的酸度变化对该电极的电极电势以及重铬酸盐的氧化性的影响。

9. 计算由下列反应在 298.15 K 时构成的原电池的电动势 E。

$$Cu + 2Ag^+(0.1\ mol\cdot dm^{-3}) \Longrightarrow Cu^{2+}(0.001\ mol\cdot dm^{-3}) + 2Ag$$

10. 试根据电化学原理，判断下列氧化还原反应进行的方向（设各物质或离子均处在标准态）。

(1) $2Fe^{3+}(aq)+2Br^-(aq) \Longrightarrow 2Fe^{2+}(aq)+Br_2(aq)$

(2) $MnO_2(s)+4H^+(aq)+2Br^-(aq) \Longrightarrow Mn^{2+}(aq)+Br_2(aq)+2H_2O(l)$

11. 已知 $c(Sn^{2+})=0.4\ mol\cdot dm^{-3}$，$c(Pb^{2+})=0.1\ mol\cdot dm^{-3}$，在此情况下，金属 Sn 能否将 Pb^{2+} 从溶液中还原出来？

12. 试根据电化学原理，计算下列反应在 298.15 K 时的 $\Delta_r G_m^\ominus$ 和标准平衡常数 $K^\ominus$：

$$Sn(s) + Pb^{2+}(0.1\ mol\cdot dm^{-3}) \Longrightarrow Sn^{2+}(0.02\ mol\cdot dm^{-3}) + Pb(s)$$

13. 试用两极反应式分别表示下列电解过程的主要电解产物。

(1) 电解 Na_2SO_4 水溶液，阴极、阳极均用铂(Pt)；

(2) 电解熔融态的 $MgCl_2$，阴极用铁，阳极用石墨。

14. 铁容易锈蚀，但在铁表面镀上金属 Zn 后却不易锈蚀。请根据电化学原理分析和解释其原因。

第 5 章　原子结构与周期系

化学反应是物质性质的体现，而物质的性质是由其本身的结构决定的。物质的结构包括原子结构、分子结构和晶体结构等。本章主要讨论原子的结构、性质及其变化规律。

就原子的结构而言，原子是由原子核和核外电子组成的。在化学反应中，原子核通常并不发生变化，只是核外电子的运动状态发生了改变。所以，认识核外电子的运动状态非常必要。核外电子运动具有能量量子化、波粒二象性等特性，其运动特性和规律已不能用经典力学的理论来描述，必须用量子力学的方法来表征。

5.1　原子核外电子运动状态的表征

5.1.1　原子轨道

1. 波粒二象性

微观粒子的特征是同时具有波动性和粒子性，称为波粒二象性。这里的“同时”表明它既不是单纯的波，也不是单纯的粒子，因为波动性与粒子性是相互关联、不可分割的。

早期在对光的研究中发现，光既具有粒子性，又有波动性，即光具有波粒二象性。例如，在涉及光的传播（如干涉、衍射等）的一些有关现象中，光的波动性较为突出；而在涉及与光的相互作用如光压、光的发射（光电效应）、光的吸收（光电效应）等的一些现象中，其粒子性较为突出。光的波长 λ 与其动量 P 满足：

$$\lambda = \frac{h}{P}$$

式中，h 为普朗克(Planck)常量(6.626×10^{-34} J·s)。波长 λ 反映了光的波动性，动量 P 反映了光的粒子性，此式反映了光的波粒二象性。

1924 年，德布罗意(de Broglie)受到光的波粒二象性的启发，大胆地预言：所有微观粒子都具有波粒二象性，并有下式成立：

$$\lambda = \frac{h}{P} = \frac{h}{mv}$$

此式称为**德布罗意关系式**。

1927 年，美国两位科学家戴维孙(Davisson)和革末(Germeer)进行了电子的衍射实验。他们用已知能量的电子在晶体上的衍射试验(图 5.1)证明了德布罗意的预言,证实了电子也具有波动性。

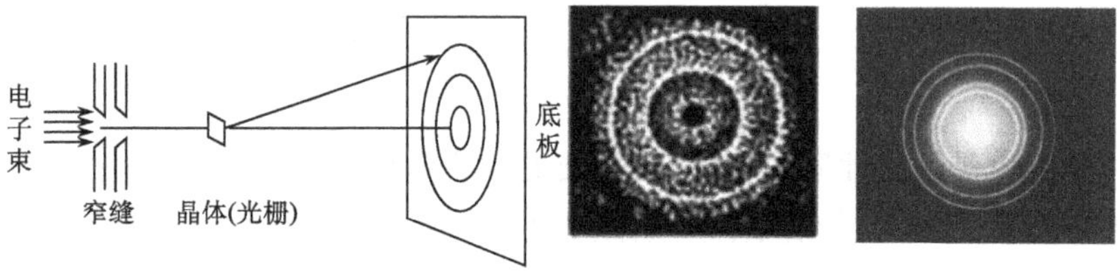

图 5.1　电子衍射图片

密立肯(Milliken)的油滴试验又证实了电子具有粒子性,这样就证实了电子具有波粒二象性。

2. 薛定谔方程的解与原子轨道

微观粒子具有波粒二象性的事实表明,描述宏观物体运动规律的经典力学方法已不适用于微观粒子的运动状态,必须用量子力学的方法来描述。

薛定谔(Schrödinger)在 1926 年提出了描述微观粒子运动规律的波动方程:

$$\frac{\partial^2 \Psi}{\partial x^2}+\frac{\partial^2 \Psi}{\partial y^2}+\frac{\partial^2 \Psi}{\partial z^2}+\frac{8\pi^2 m}{h^2}(E-V)\Psi=0$$

此式即为著名的**薛定谔方程式**。式中,Ψ 为描写物质波的波函数;m 为粒子的质量;E 为粒子的总能量;V 为粒子的势能。

对于不同的系统,由于势能 V 的表达式的不同及不同的边界条件的限制,解就不同。对于原子中电子的运动系统,从上式可解得两方面的解。

1) 通解 $\Psi_{n,l,m}$ 的表达式

$\Psi_{n,l,m}$ 是描写电子在原子中运动状态的波函数,称为原子轨道(或原子轨道波函数)。$\Psi_{n,l,m}$ 的具体形式由三个量子数 n,l,m 确定,其中 n 称为**主量子数**,l 称为**角量子数**,m 称为**磁量子数**。这三个量子数的取值有一定的限制条件。

2) 能量 $E_{n,l}$ 的表达式

$E_{n,l}$ 是与 $\Psi_{n,l,m}$ 相对应的能量的表达式,其大小主要由 n 和 l 的数值决定。

n,l,m 的物理意义及取值方法不同。主量子数 n 主要决定原子轨道距原子核平均距离的大小和原子轨道能量的高低;角量子数 l 决定原子轨道和电子云的形状,在多电子原子中,l 也影响原子轨道的能量;磁量子数 m 决定原子轨道在空间中的伸展方向。

n,l,m 三个量子数的取值方法如下:

n 是正整数,取 1, 2, 3, 4, 5, 6, 7,…

对应的光谱项符号为 K，　L，　M，　N，　O，　P，　Q，　…

n 一定时，l 可取 0，　1，　2，　3，　4，　…，$(n-1)$　(共 n 个可取数值)

对应的光谱项符号为 s，　p，　d，　f，　g，　…

l 一定时，m 可取 $0,\pm1,\pm2,\pm3,\cdots,\pm l$　　[共 $(2l+1)$ 个可取数值]

在薛定谔方程的通解 $\Psi_{n,l,m}$、$E_{n,l}$ 中代入每一种 n,l,m 取值的组合，都可以确定一个具体的波函数 $\Psi_{n,l,m}$(称为原子轨道)以及具体的与其对应的 $E_{n,l}$。如果一组轨道 $\Psi_{n,l}$ 的 n,l 数值相同，则它们的轨道能量 $E_{n,l}$ 相同。而 m 可取 $0,\pm1,\pm2,\cdots,\pm l$，共 $(2l+1)$ 个不同的数值，即共有 $(2l+1)$ 个能量相同的 $\Psi_{n,l,m}$，具体情况见表 5.1。

表 5.1　量子数与原子轨道

n	l	m	轨道符号 $\Psi_{n,l}$	等价轨道数
1	0	0	1s	1
2	0	0	2s	1
2	1	−1,0,+1	2p	3
3	0	0	3s	1
3	1	−1,0,+1	3p	3
3	2	−2,−1,0,+1,+2	3d	5
4	0	0	4s	1
4	1	−1,0,+1	4p	3
4	2	−2,−1,0,+1,+2	4d	5
4	3	−3,−2,−1,0,+1,+2,+3	4f	7

注：在量子力学中将这里的等价轨道称为简并轨道。

3. 原子轨道的角度分布图与径向分布图

为了更方便地描述围绕原子核运动的电子，将 $\Psi_{n,l,m}$ 所在的直角坐标系变换为球坐标系。

由图 5.2 可见，直角坐标与球坐标的转换关系如下：

$$x = r\sin\theta\cos\phi \quad y = r\sin\theta\sin\phi$$

$$z = r\cos\theta \quad (r = \sqrt{x^2 + y^2 + z^2})$$

将这三个关系式代入 Ψ 的表达式中，即可进行坐标的转换。经过整理，原子轨道波函数 Ψ 在球坐标中就可以表达为

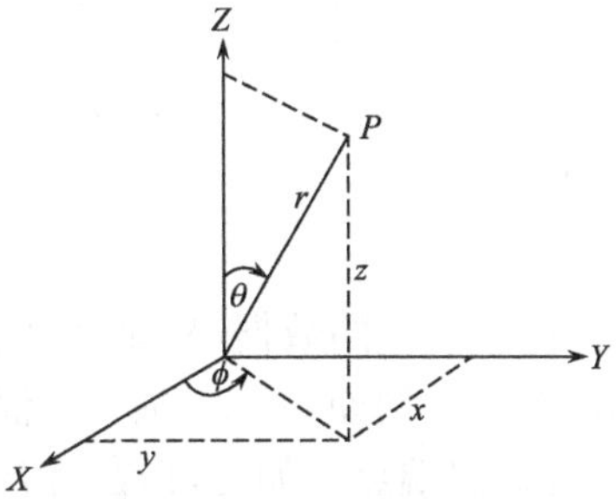

图 5.2　直角坐标与球坐标的关系

$$\Psi_{n,l,m}(x,y,z) \xrightarrow{\text{坐标变换}} \Psi(r,\theta,\phi) = R_{n,l}(r) \cdot Y_{l,m}(\theta,\phi)$$
$$(0 \leqslant r < +\infty, 0° \leqslant \theta < 180°, 0° \leqslant \phi < 360°)$$

式中，$\Psi_{n,l,m}(r,\theta,\phi)$为描写原子中电子运动的原子轨道波函数；$R_{n,l}(r)$是原子轨道波函数的径向部分，它与 n 和 l 有关；$Y_{l,m}(\theta,\phi)$是原子轨道波函数的角度部分，它与 l 和 m 有关(表 5.2)。

表 5.2　氢的原子轨道波函数及其径向部分和角度部分(a_0＝玻尔半径)

轨道符号	$\Psi_{n,l,m}(r,\theta,\phi)$	$R_{n,l}(r)$	$Y_{l,m}(\theta,\phi)$
1s	$\sqrt{\frac{1}{\pi a_0^2}}e^{-r/a_0}$	$2\sqrt{\frac{1}{a_0^2}}e^{-r/a_0}$	$\sqrt{\frac{1}{4\pi}}$
2s	$\frac{1}{4}\sqrt{\frac{1}{2\pi a_0^3}}\left(2-\frac{r}{a_0}\right)e^{-r/2a_0}$	$\sqrt{\frac{1}{8a_0^3}}\left(2-\frac{r}{a_0}\right)e^{-r/a_0}$	$\sqrt{\frac{1}{4\pi}}$
$2p_z$	$\frac{1}{4}\sqrt{\frac{1}{2\pi a_0^3}}\left(\frac{r}{a_0}\right)e^{-r/2a_0}\cos\theta$	$\sqrt{\frac{1}{24a_0^3}}\left(\frac{r}{a_0}\right)e^{-r/2a_0}$	$\sqrt{\frac{3}{4\pi}}\cos\theta$
$2p_x$	$\frac{1}{4}\sqrt{\frac{1}{2\pi a_0^3}}\left(\frac{r}{a_0}\right)e^{-r/2a_0}\sin\theta\cos\phi$		$\sqrt{\frac{3}{4\pi}}\sin\theta\cos\phi$
$2p_y$	$\frac{1}{4}\sqrt{\frac{1}{2\pi a_0^3}}\left(\frac{r}{a_0}\right)e^{-r/2a_0}\sin\theta\sin\phi$		$\sqrt{\frac{3}{4\pi}}\sin\theta\sin\phi$

1) 原子轨道的角度分布图

设 r 一定，$R_{n,l}(r)$就为一个定值，$Y_{l,m}(\theta,\phi)$与 $\Psi_{n,l,m}(r,\theta,\phi)$的数值就相差倍数，所以，$Y_{l,m}(\theta,\phi)$对不同空间角取值的图形就可以认为是原子轨道 $\Psi_{n,l,m}(r,\theta,\phi)$对不同空间角取值的角度分布图。所以，称 $Y_{l,m}(\theta,\phi)$的图形为角度分布图。

例如，所有 np_z 轨道波函数的角度部分都为 $Y_{p_z}=\sqrt{\frac{3}{4\pi}}\cos\theta$。$p_z$ 轨道(取值的)角度分布图的画法如下：

根据 $Y_{p_z}=\sqrt{\frac{3}{4\pi}}\cos\theta$，先列出不同 θ 时的 Y_{p_z} 值。数据如下：

θ	0°	30°	60°	90°	120°	150°	180°
$\cos\theta$	1	0.87	0.50	0	−0.50	−0.87	−1
Y_{p_z}	0.49	0.42	0.24	0	−0.24	−0.42	−0.49

根据以上的数据，从原点出发，沿 θ 的方向，作对应角时长度等于 Y_{p_z} 的直线，标出端点。例如，$\theta=30°$时，Y_{p_z} 值为 0.42，在 $\theta=30°$的方向上，作长度为 0.42 的直线，并标出端点。如此，作在所有角度 θ 上对应角时长度等于 Y_{p_z} 值的直线，标出端点，就可以得到如图 5.3 所示的两个相切于原点的圆。因 Y_{p_z} 值与 ϕ 无关，可将该 8 字形曲线绕 z 轴旋转 180°，得两个相切的球面。由此可见，图中球面上每点至原

点的距离，代表在该角度上 Y_{p_z} 数值的大小；正、负号表示波函数角度部分 Y_{p_z} 在这些角度上为正值或负值。两个相切的球面上的各点表示 Y_{p_z} 的大小随 θ 和 ϕ 变化的规律。

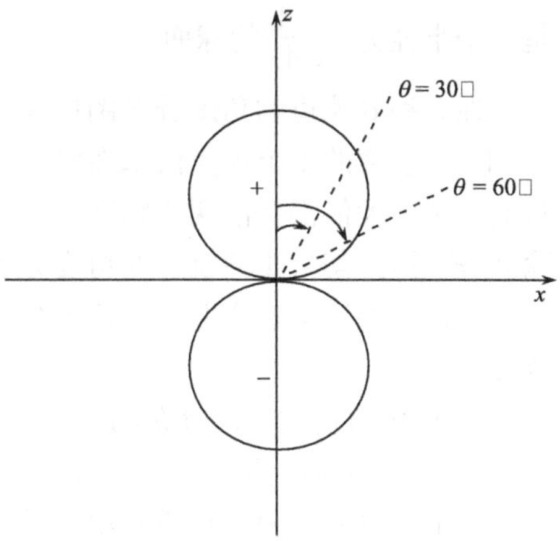

图 5.3　p_z 轨道角度分布图

由于在 z 轴上 θ 为 0°时，$\cos\theta=1$，所以 Y_{p_z} 在沿 z 轴的方向出现极大值，即 p_z 轨道的极大值沿 z 轴取向。此外，从图 5.4 看到 3 个 p 轨道角度分布图的形状相同，只是空间取向不同。它们的极大值分别沿 x、y、z 三个轴取向，这三种轨道分别称为 p_x、p_y、p_z 轨道。

照此办法所得到的 s、p、d 原子轨道的角度分布图如图 5.4 所示。

s 轨道的角度部分 Y_s 是一个与角度(θ,ϕ)无关的常数，所以，它的角度分布图

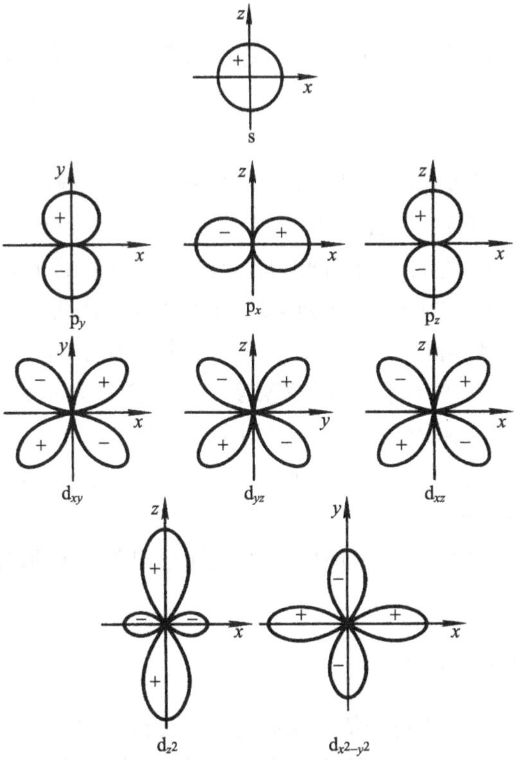

图 5.4　原子轨道的角度分布图

是一个半径为 $\sqrt{\frac{1}{4\pi}}$的球面。

在5种d轨道的角度分布图中，d_{z^2}轨道的两个极大值都在沿z轴的正反方向上，$d_{x^2-y^2}$轨道的4个极大值都在沿x、y轴的正、反方向上，d_{xy}、d_{xz}、d_{yz}三种轨道各自的4个极大值都在沿两个轴间（x和y、x和z、y和z）45°夹角的正、反方向上。除d_{z^2}轨道外，其余4种轨道的角度分布图的形状相同，只是空间取向不同。

上述这些原子轨道取值的角度分布图在讨论和理解化学键的形成时有着重要意义。

2）原子轨道的径向分布图

$\Psi_{n,l,m}(r,\theta,\phi)=R_{n,l}(r)\cdot Y_{l,m}(\theta,\phi)$中$R_{n,l}(r)$的图形称为原子轨道的径向分布图。原子轨道的径向分布图表示原子轨道波函数随半径r的变化情况。

应当指出，由于描写原子中电子运动状态的波函数$\Psi(r,\theta,\phi)$——原子轨道可以在整个空间取值，因此，用它可以完全确定原子中电子的"轨道"运动状态。但这里的"轨道"与经典力学中的轨道（有确定的路线）的概念不同，它并不能确定地指出电子在什么时刻一定在什么位置，波函数$\Psi(r,\theta,\phi)$也不能和任何可观察的物理量相联系。

但是Ψ^2却有一定的物理意义，与一定的可观察物理量有联系。

5.1.2 概率密度和电子云

对于光来说，在波动方程中，振幅的平方$\Psi^2_{光}$与光的强度成正比，而光的强度又与在该点出现的光子数成正比，所以，$\Psi^2_{光}$与该点出现的光子数成正比。

同样，作为物质波，通过类比可知，原子轨道波函数的平方Ψ^2正比于电子在该点出现的概率（经Ψ^2的归一化处理，Ψ^2就为在该点出现电子的概率），即$\Psi^2(r,\theta,\phi)=R^2(r)\cdot Y^2(\theta,\phi)$可以表示微观粒子——电子在空间中某点上出现的概率，或单位体积内出现的概率大小，即**概率密度**。在用图像表示时，以黑点的疏密程度或者以（黑）颜色的深浅来形象地表示空间中各点的电子出现的概率密度的大小，Ψ^2越大的地方，黑点的密度就越大，或者颜色越深。把像这样的概率密度分布的图形形象地称为**电子云**（图5.5）。

电子云是电子在核外空间出现概率的统计结果的一种形象化表示法，直观地表示了Ψ^2的空间分布。

1. 电子云的角度分布图

为了便于描述，可以从两个侧面来描述电子云：①电子云的角度分布图，即波函数角度部分的平方$Y^2_{l,m}(\theta,\phi)$随角度变化关系的图形（图5.6），它表示在不同空间角度上，电子出现的概率密度的分布规律；②电子云的径向分布图（图5.7），它

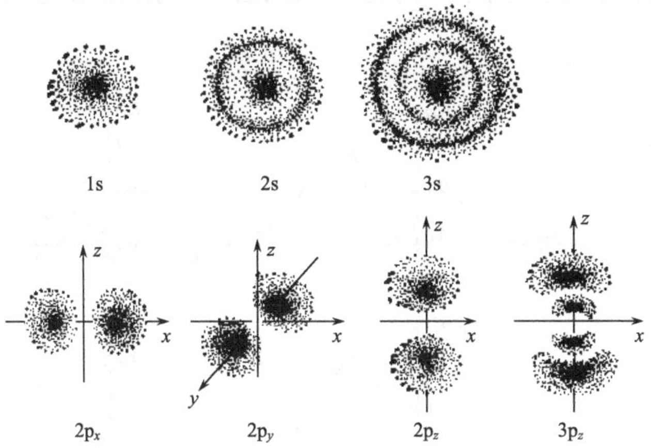

图5.5　s、p轨道电子云示意图

表示电子出现的概率随半径变化的规律。

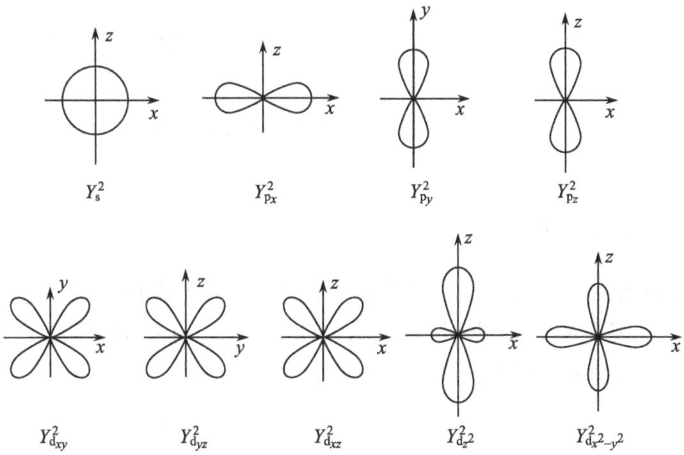

图5.6　电子云的角度分布示意图

从原子轨道的角度分布图和电子云的角度分布图的对比中可以看出，两者的区别为①前者有＋、－之分，后者都为＋；②前者、后者形状相似，但后者更“瘦”一些。

原子轨道波函数的角度分布图和电子云的角度分布图都只与l、m两个量子数有关，而与主量子数n无关。

电子云的角度分布图只能反映出电子在空间不同角度出现的概率密度，并不反映电子出现概率大小与半径 r 的关系，反映后一关系的图形是电子云的径向分布图。

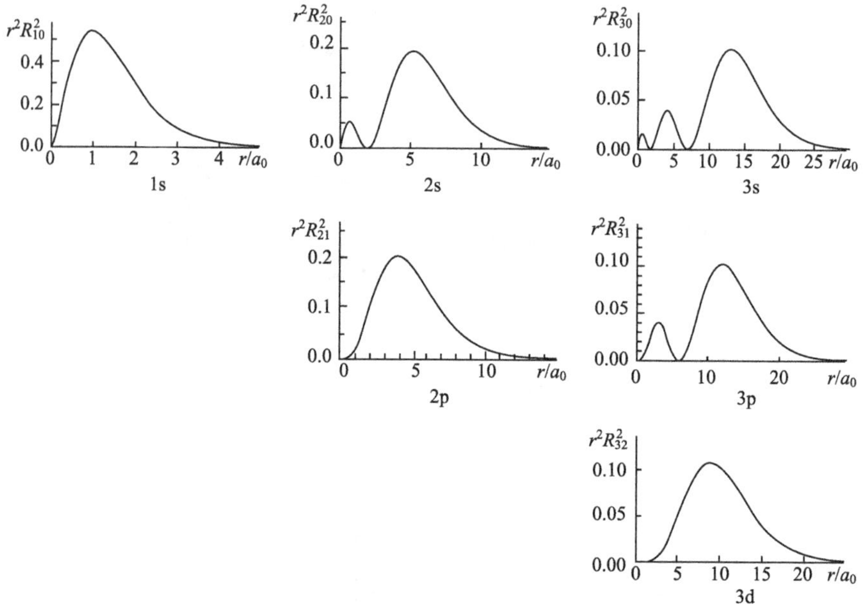

图 5.7 氢原子的电子云径向分布图

2. 电子云的径向分布图

电子云的径向分布图通常是反映在半径为 r（电子离核的距离）、厚度为 dr 的球壳中，电子出现概率（$4\pi r^2R^2\mathrm{d}r$ 或 $r^2R^2\mathrm{d}r$）的大小。$4\pi r^2R^2\mathrm{d}r$ 或 $r^2R^2\mathrm{d}r$ 的数值越大，表示电子在该球壳中出现的概率越大。这种图形反映了电子出现概率的大小与离核远近的关系，但并不能反映电子出现概率与角度的关系。

从图 5.7 中可以看出：

当 l 一定时，n 越大，电子离核的平均距离就越远，能量就越高，如 1s、2s 到 3s 轨道能级依次升高。

当 n 一定时，l 越大，电子离核的平均距离就越远，能量就越高，但差别不太大，即 $E_{ns}<E_{np}<E_{nd}<E_{nf}$。例如，3s、3p 及 3d 轨道的能级的高低顺序为 $E_{3s}<E_{3p}<E_{3d}$。解释如下：从图 5.8 中可以看出，在 3s、3p 及 3d 轨道中，3s 电子在离原子核最近处有小峰，钻到原子核附近的概率更大，受核吸引力更强，其能量就更低，依此类推。

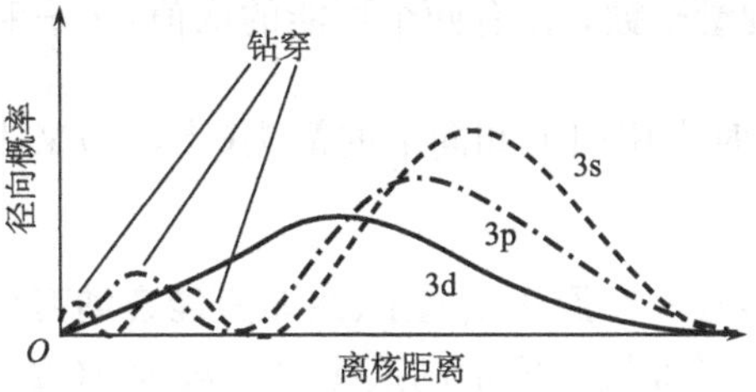

图 5.8　3s、3p 和 3d 电子云的径向分布图

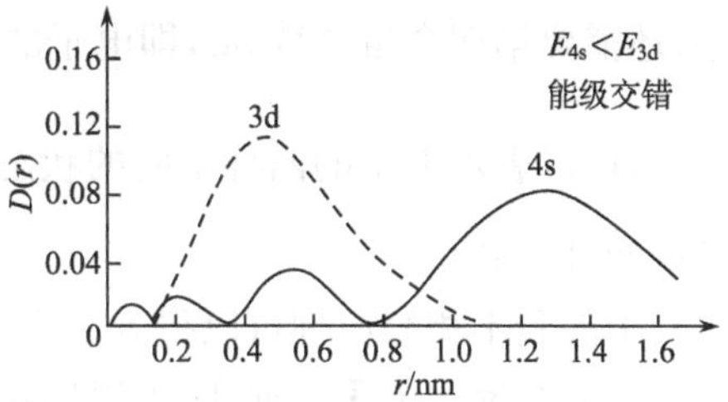

图 5.9　3d、4s 电子云的径向分布图

由于 n 是影响轨道能量高低的最主要因素，l 的影响较小。所以，习惯上将 n 相同的一组轨道称为一个**电子主层**；n 相同时，将 l 相同的一组轨道称为一个**电子亚层**。

从图 5.9 中可以看出，4s 轨道的电子云径向分布中有 4 个峰值，其中在离核较近的地方出现了一个小峰。与 3d 轨道的电子云的径向分布图相比，4s 电子在核附近处出现的概率更大。换句话说，在某些情况下，处于外层轨道的 4s 电子钻到比内层 3d 电子离核更近处的概率更大，在这种情况下，4s 电子的能量就比 3d 电子的能量低。这种外层电子比内层电子在核附近出现概率更大的现象称为**钻穿效应**(在图 5.8 中也有此种情况)。所以，也就出现了**能级交错现象**，即主量子数较大的原子轨道的实际能级反而比主量子数较小的原子轨道的能级低。

应当注意，电子云的角度分布图和径向分布的图形的简单加和，并不是实际的电子云图。虽然电子云的角度分布图和径向分布的图形都只是反映了电子云的两个侧面，都不能完整地表示出电子云的形状，但是对于我们深入了解 Ψ^2 在空间中的分布、原子轨道的能级高低顺序以及电子的运动状态的描述却有着非常重要的作用。

5.2　多电子原子核外电子的排布与周期系

5.2.1　多电子原子的核外电子排布

1. 多电子原子核外电子的排布的基本原则

人们通过长期的科学研究，总结出了多电子原子中的电子排布应符合下列三项基本原则：

(1) 泡利(Pauli)不相容原理。**在同一原子中不存在四个量子数完全相同的两个电子**。换句话说，在同一原子中，不存在运动状态完全相同的电子。一套合理的 n,l,m 可以确定一个原子轨道 $\Psi_{n,l,m}$。但是，要完整地描述核外具体电子的运动状态，还需要第四个量子数 m_s，即电子的**自旋量子数**，m_s 有两个可能的取值：$+\frac{1}{2}$ 和 $-\frac{1}{2}$，用以表示电子的两种不同的状态，有时也用向上和向下的箭头（↑，↓）来表示这两种自旋状态。

由泡利不相容原理可以得到一个推论：**在一个原子轨道上，最多只能容纳两个自旋方向相反的电子**。据此，可以确定各电子亚层可容纳的最多电子数为 $2(2l+1)$；主层（能层）可容纳的最多电子数为 $2n^2$。

(2) 能量最低原理。**原子中的电子总是占据使系统能量最低的轨道**。在较多的情况下，电子优先占据能量最低的轨道，使系统的能量最低。根据大量的光谱实验结果，鲍林（Pauling）总结出了多电子原子的原子轨道近似能级顺序（图5.10）。

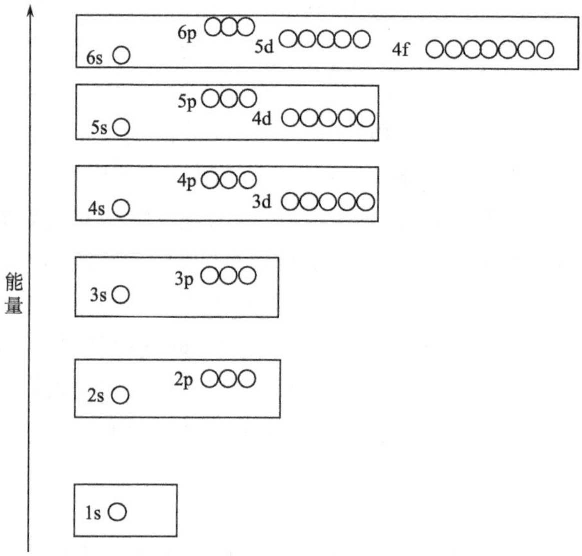

图 5.10　鲍林原子轨道的近似能级图

近似能级图是近似地按照轨道能级从低到高的顺序排列的，顺序为 1s；2s、2p；3s、3p；4s、3d、4p；5s、4d、5p；6s、4f、5d、6p；7s、5f、6d、7p；…在近似能级图中，把能级相近的轨道划分为一组，称为能级组，依各组能量由低到高的顺序，各能级组的划分依次为

第一能级组　1s；

第二能级组　2s、2p；

第三能级组　3s、3p；

……

目前共有七个能级组，分别对应于周期表中的七个周期。

由原子轨道的近似能级图中可见：①当角量子数 l 一定时，主量子数 n 越大，轨道的能级 $E_{n,l}$ 越高；②当主量子数 n 一定时，角量子数 l 越大，轨道的能级 $E_{n,l}$ 越高；③当主量子数和角量子数都不同时，有可能出现能级**交错现象**，即主量子数较大的轨道的能级反而比主量子数较小的轨道的能级低，如 $E_{4s}<E_{3d}$ 等。

根据近似能级图，就可以写出大多数**原子的电子分布式**(或称为原子的电子排布式)。

> **例 5.1**　写出原子序数为 26 的铁原子的电子排布式。
>
> **解**　根据能量最低原理，先填入能级最低的轨道。根据近似能级图中第一、第二、第三能级组所具有的轨道数，可以知道它们依次可以容纳 2、8、8 个电子，共可填入 18 个电子；用 18 个电子填满三个能级组的轨道后，还剩 8 个电子，填不满第四能级组，这就存在填入的先后顺序问题。根据鲍林的近似能级图，4s 轨道上有 2 个电子，其余 6 个填入 3d 轨道，铁的电子排布式写法如下：
>
> $$1s^2 2s^2 2p^6 3s^2 3p^6 3d^6 4s^2 \text{ 或 } [Ar]\ 3d^6 4s^2$$
>
> 其中，[Ar]表示铁的**原子实**(指某原子的原子核及电子分布同某稀有气体原子中的电子分布相似的那部分实体)。

由于在化学反应中只涉及各种原子外层价电子的改变，即在反应中失去的是受原子核吸引力最小的外层电子，得到的电子加在最外层，为简要起见，通常只需写出原子参与化学反应的有关电子的排布式，称为**价(层)电子排布式**，也称**价(层)电子分布式、价层电子构型**等。在元素周期表中通常就只写出原子的价电子排布式。

例如，对于铁原子，其价电子排布式为 $3d^6 4s^2$。

近似能级图基本与事实相符，但也出现有少数例外，如 Cr($[Ar]3d^5 4s^1$)和 Cu($[Ar]3d^{10} 4s^1$)等，因为这样的电子排布可以使原子系统的能量最低。

(3) 洪德(Hund)规则。**在主量子数、角量子数都相同的几个等价轨道上，电子总是尽先占据不同的轨道，且自旋平行。**

此外，当几个能量相近的亚层的轨道的填充处于全充满(s^2、p^6、d^{10}、f^{14})、半充满(s^1、p^3、d^5、f^7)、全空(s^0、p^0、d^0、f^0)的状态组合时，系统的能量较低，状态较稳定。

那么，为什么当几个能量相近的亚层的轨道的填充处于全充满、半充满、全空的状态组合时，系统的能量较低，状态较稳定呢？这是因为当处于上述这些填充状态的组合时，各亚层的电子云的总和或者说整体正好处于最高的对称状态，即**球对称状态**。在这种状态下，正、负电荷所形成的场的重叠程度最高，正、负电荷的中和程度最高，所以，系统的能量较低。

根据上述多电子原子核外电子的排布的基本原则，就可以写出绝大多数多电子原子的核外电子排布式(或称电子分布式)。例如，氮 N 原子序数为 7，它有 7 个电子，其电子排布式为 $1s^2 2s^2 2p^3$。

用全满半满规则可以解释一些不符合鲍林近似能级图的原子核外电子的排布式，如 Cr([Ar]$3d^5 4s^1$)、Cu([Ar]$3d^{10} 4s^1$)、Ag($4f^{10} 5s^1$)等。

随着科学研究的不断深入，有人注意到原子轨道的能级实际上是随原子序数而变化的，并提出了新的原子轨道能级图，下面的柯顿(Cotton)原子轨道能级图便是其中的具有代表性的一种。

2*. 柯顿原子轨道能级图

1962 年，柯顿提出了原子轨道的能级与原子序数的变化关系图(图 5.11)。

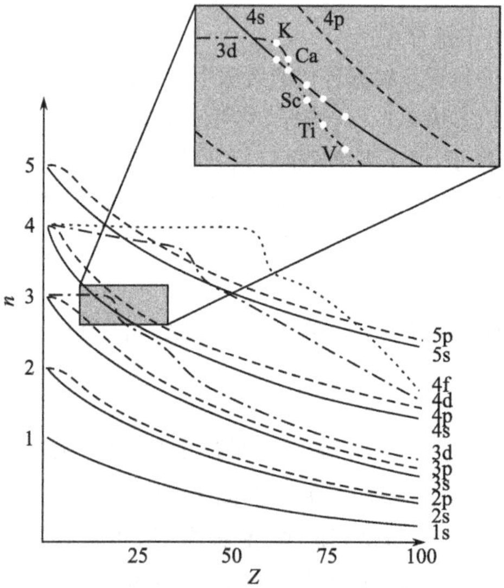

图 5.11 柯顿原子轨道能级图

柯顿原子轨道能级图概括了理论和实验的结果，定性地表明了原子序数改变时，原子轨道能级的相对变化。由此可以看出柯顿原子轨道能级图不同于鲍林原子轨道近似能级图，其特点如下：

(1) 对原子序数为 1 的氢元素来说，其主量子数相同的各轨道(如 3s、3p、3d 等)全都处于同一能级上。

(2) 所有原子轨道的能级都随原子序数的增大而降低。

(3) 随着原子序数的增大，在不同的阶段，同一原子轨道的能级下降的幅度不同；在相同的阶段，不同的原子轨道能级下降的幅度也不同。因此能级产生了相交的现象，称为**能级交错**现象。例如，3d 轨道与 4s 轨道的能级高低关系为在原子序数 $Z=1$(氢)～14(硅)的范围内，$E_{3d}<E_{4s}$；在 $Z=15$(磷)～20(钙)的范围内，$E_{3d}>E_{4s}$；当 Z 超过 21(钪)后，$E_{3d}<E_{4s}$。这就很好地解释了过渡元素形成离子时，为什么首先失去的是 4s 轨道上的电子，然后才失去 3d 轨道上的电子，而用鲍林原子轨道能级图是无法解释的。

(4) 从发展的趋势看，随着原子序数的增大，内层电子又逐渐趋向于按主量子数分层，在同一主层中，不同亚层之间的能量差也在缩小。

值得注意的是，在这个能级图中，能量坐标并不是按严格的比例画出的，而是把量子数大的能级间的距离适当地拉开些，使能级曲线分散，这样就可以简明、清晰地反映出原子轨道的能级和原子序数之间的相对变化关系。

下面，以第四周期为例，结合柯顿原子轨道能级图，应用前面的所讲的基本原理来考察价层电子排布的规律。对于 K($Z=19$)、Ca($Z=20$)这两种元素的原子，其价层原子轨道的能级高低为 $E_{3d}>E_{4s}$，根据能量最低原理，填充 4s 轨道，其价层电子排布式分别为 K($4s^1$)、Ca($4s^2$)。从

Sc(钪,$Z=21$)开始,虽然 $E_{3d}<E_{4s}$,好像应该先填满 3d 轨道后,再填入 4s 轨道,但由于 E_{3d} 与 E_{4s} 相近,此时按全满、半满结构填充具有特殊的稳定性,根据能量最低原理,实际的价层电子排布式为 Sc($3d^1 4s^2$)。与 Sc 类似,Ti($Z=22$,$3d^2 4s^2$)、V($Z=23$,$3d^3 4s^2$);接着是 Cr($3d^5 4s^1$)为两个半充满结构的组合;Mn($Z=25$,$3d^5 4s^2$)为半满及全满结构的组合;Fe($Z=26$,$3d^6 4s^2$)、Co($Z=27$,$3d^7 4s^2$)、Ni($Z=28$,$3d^8 4s^2$)先满足了一个全满结构;Cu($Z=29$,$3d^{10} 4s^1$)同时出现了全满、半满的结构;Zn($Z=30$,$3d^{10} 4s^2$)则同时出现了两个全满的结构。最后的 Kr($Z=36$,$4s^2 4p^6$)又成为全充满组合的结构,极为稳定。

5.2.2　核外电子排布与周期表

元素不同,其原子的核外电子的排布方式就不同。从元素周期表来看,原子核外电子排布的周期性是元素性质周期律的本质,而元素性质周期律是原子核外电子排布周期性的体现。

1. 元素周期表中的周期和族

从原子轨道的近似能级图可以看出:

(1) 在周期表中的每一个周期对应着近似能级图中的一个能级组,所以,周期表中的各周期的编号数就为最外能级组对应的序数,它恰好又为原子的最外电子层的主量子数 n。

周　期	最外轨道	最外能级组序数	最外能级组轨道总数	最外能级组可容纳的电子总数	周期内元素种数	电子层数
1(特短周期)	1s	1	1	2	2	1
2(短周期)	2s～2p	2	1+3=4	8	8	2
3(短周期)	3s～3p	3	1+3=4	8	8	3
4(长周期)	4s～3d～4p	4	1+5+3=9	18	18	4
5(长周期)	5s～4d～5p	5	1+5+3=9	18	18	5
6(特长周期)	6s～4f～5d～6p	6	1+7+5+3=16	32	32	6
7(未完成周期)	7s～5f～6d～7p	7	1+7+5+3=16	32	未完成	7

(2) 元素在周期表中的族数。第ⅠA～ⅦA 族的族数等于原子的最外层电子数(价电子数之和);第ⅠB、ⅡB 族元素的族数等于原子的最外层 s 电子数;第ⅢB～ⅦB,以及Ⅷ族的第一列中,族数等于原子的最外层 s 电子数与次外层 d 电子数之和(价电子数之和);第Ⅷ族元素包括三个纵列,原子的最外层电子数与次外层 d 电子数之和依次为 8、9、10,由于这三列元素的性质相似,故将它们合并为一个族。也就是说,除了第Ⅷ族的后两列、第ⅠB、第ⅡB 以及内过渡元素(f 区元素)外,元素所处的族数与它们的价电子数相等。

主族元素的族数＝最外层电子数；

ⅠB、ⅡB族元素的族数＝最外层s电子数；

ⅢB～ⅦB族元素的族数＝外层s电子数＋次外层d电子数；

第Ⅷ族元素的最外层s电子数＋次外层d电子数分别为8、9、10。

(3) 在每一个能级组或周期中，电子都是从最外层的ns轨道的填充开始，以填满最外层np轨道为结束，其中一些周期经过次外层$(n-1)d$轨道的填充过渡(出现过渡元素，如在第四、第五周期中)，在特长周期中——第六、第七周期中，甚至还要经过$(n-2)f$轨道的填充过渡(出现内过渡元素)。可见，原子中电子排布结构的周期性递变决定了元素性质的周期性递变。

2. 元素在周期表中的分区与原子的价层电子构型

根据周期表中原子的价层电子构型的特点，可以将元素周期表中的元素分为五个区：s区、p区、d区、ds区和f区(图5.12)。

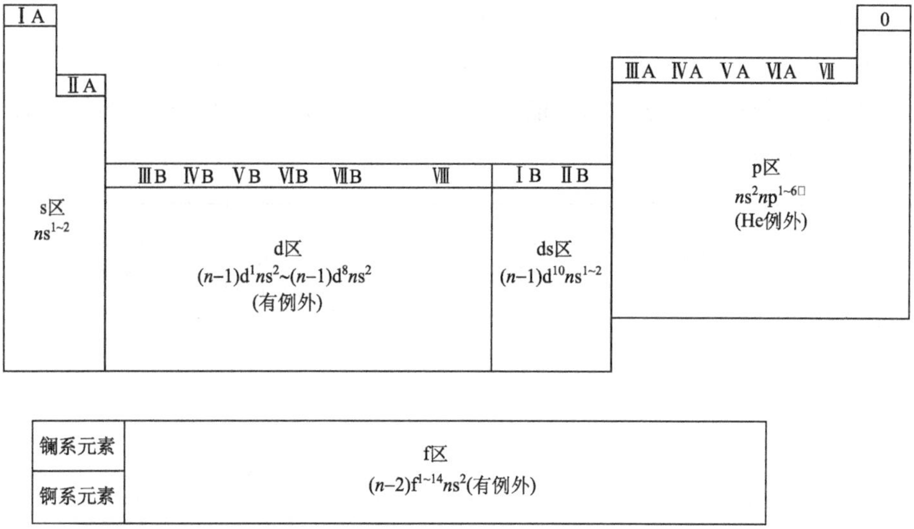

图5.12 元素在周期表中的分区

5.3 元素性质的周期性递变与原子结构的关系

元素的性质是由原子的结构决定的。在周期表中，元素的性质呈现周期性的变化，根本原因在于这些元素的原子结构具有周期性变化。

元素的性质大体可分为金属性和非金属性。元素的金属性是指元素的原子在化学反应中失去电子的能力，而元素的非金属性是指元素的原子在化学反应中得到电子的能力。元素的非金属性越强，则其原子在反应中越容易得到电子；元素的金属性越强，则其原子在反应中越容易失去电子。

元素的原子在反应中得、失电子的能力与其原子核对电子的吸引力、电子之间的排斥力有关。而原子核对电子、电子对电子的总的作用结果与原子结构密切相关，即与电子排布的结构密切相关。

5.3.1 有效核电荷

在化学反应中，元素的性质主要表现为其原子外层电子的得失。因此，研究原子外层得、失电子的难易对于掌握元素性质至关重要。

为了便于描述，将原子外层上的目标电子称为指定电子。在氢原子中，指定电子只受到原子核的吸引。但在多电子原子中，指定电子不但受到原子核的吸引，还受到其他$(Z-1)$个电子的排斥。为方便起见，可近似地将$(Z-1)$个电子对指定电子的排斥作用视为抵消原子核对指定电子的吸引力作用。对于指定电子而言，这$(Z-1)$个电子对核电荷所起的抵消作用称为**屏蔽效应**。屏蔽作用的大小可用屏蔽常数 σ 表示：

$$\sigma=\sum_{i=1}^{Z-1}\sigma_i$$

因此，作用在指定电子上的有效核电荷 Z'应为

$$Z'=Z-\sigma$$

从实验中总结出的屏蔽常数 σ_i 的近似取值方法有①同层电子之间，$\sigma_i=0.35$（但对 1s 轨道，$\sigma_i=0.30$）；②第$(n-1)$层的电子对第 n 层的电子，$\sigma_i=0.85$；③第$(n-2)$层的 f 亚层的电子对第 n 层的电子，$\sigma_i=0.98$；④其他第$(n-2)$层及其以内的电子对第 n 层的电子，$\sigma_i=1.0$；⑤外层电子对内层电子无屏蔽作用。

据此，就可以近似地计算出作用在原子中指定电子上的有效核电荷 Z'。例如，氯原子的电子排布式为 $1s^2 2s^2 2p^6 3s^2 3p^5$，对于 Cl 的 3p 轨道上的指定电子来说，有效核电荷 $Z'=Z-\sigma=Z-\sum_{i=1}^{Z-1}\sigma_i=17-2\times1-8\times0.85-6\times0.35=6.10$。

5.3.2 有效核电荷在周期表中的递变与元素性质的递变关系

有效核电荷与元素的性质密切相关，有效核电荷在周期表中的周期性递变直接导致了元素性质的周期性递变。

1. 在同一周期中的递变

(1) 主族元素。同一周期从左向右，电子依次加在最外电子层上。在第一周

期($\sigma_i=0.3$),每向右一个元素,有效核电荷的增加为 $\Delta Z'=1-0.30=0.70$;在第一周期以后的各周期主族中,每向右一个元素,对于最外层电子的有效核电荷的增加约为 $\Delta Z'_{主}=1-0.35=0.65$,与过渡元素和内过渡元素相比,这个增加量相当大。由于电子层数不变,有效核电荷增加得很快,因此,核对外层电子的吸引力增大得很快,使得原子半径迅速缩小(图 5.13),而且,仅通过了 7～8 个元素,就使得化学性质从左边的金属性很强的活泼金属元素递变为非金属性很强的活泼非金属元素和惰性元素,相对于过渡元素和内过渡元素,主族元素各种性质变化的幅度最大。

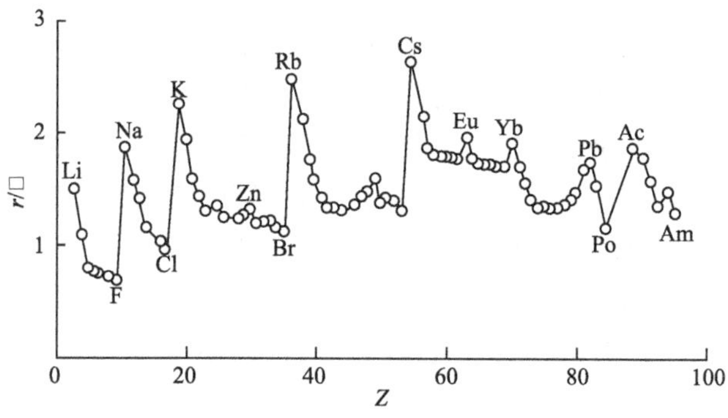

图 5.13　原子半径与原子序数

(2) 过渡元素。同一周期的过渡元素从左向右,电子依次加在次外层$(n-1)$d 轨道上。每向右一个元素,电子层数不变,有效核电荷的增加约为 $\Delta Z'_{过渡}=1-0.85=0.15$,此值大概相当于 $\Delta Z'_{主}$的 1/4～1/5,也就是说,在过渡元素中,每向右 4～5 个元素所发生的有效核电荷的增加量才相当于主族中向右一个元素发生的有效核电荷的增加量。在 10 个$(n-1)$d 电子的填充过程中,元素性质的变化量约相当于在主族向右 2～3 个元素性质的变化幅度。所以,相对于主族来说,过渡元素的性质递变得较慢(始终在金属中递变),原子半径的递减也较慢(图 5.13)。例如,铁系元素(Fe、Co、Ni)的性质就较为相近。

(3) 内过渡元素。内过渡元素指周期表中的镧系和锕系元素。同一周期的内过渡元素从左向右,电子依次加在$(n-2)$f 轨道上。每向右一个元素,电子层数不变,有效核电荷的增加约为 $\Delta Z'_{内过渡}=1-0.98=0.02$,大概相当于 $\Delta Z'_{过渡}$的 1/7～1/8,也就是说,在内过渡元素序列中,每向右 7～8 个元素所发生的有效核电荷的增加量才相当于过渡元素中向右一个元素发生的有效核电荷的增加量。在 14 个 f 电子的填充过程中,元素性质的变化量约相当于在过渡元素向右 2 个元素性质的变化幅度。所以,在内过渡系中原子的半径(图 5.13)、化学及物理性质等递变都十分缓慢,而且化学性质也十分相近。例如,这些元素的离子较难相互分离,在自然界中往往生成共生矿。在整个镧系(共 15 个元素)中,随原子序数的增加,原子半径缩小的现象就称为**镧系收缩**（$\sum \Delta Z'_{内过渡} \approx 0.43 \sim 0.45$）。

统计数据表明，相邻元素的原子半径的减小幅度：主族元素（～10pm）＞过渡元素（～5pm）＞内过渡元素（＜1pm）。

2. 在同一族中的递变

(1) 主族。同一主族，从上到下，由于核电荷增大的同时，内层的电子也在增多，使得有效核电荷变化不大，但电子层数的增多使外层电子离核更远，总的结果是原子核对外层电子的吸引力由上到下逐渐减小。所以，同一主族，从上到下，金属性增强，非金属性减弱(图 5.14)。

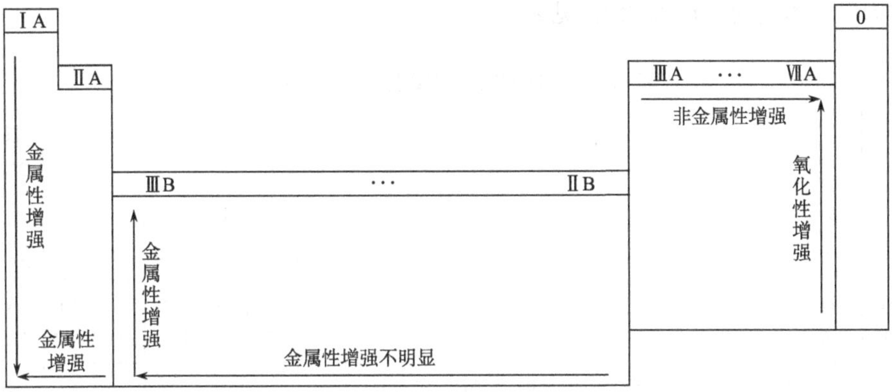

图 5.14　元素的金属性、非金属性在周期表中的递变

(2) 副族。同一副族，包括第Ⅷ(副)族(除钪族外)，由上到下，总的趋势为金属性减弱(图 5.14)，尤其是从第五周期副族元素到第六周期的副族元素的这种变化更为明显。这是由于镧系元素后面的同一周期过渡元素受到了镧系收缩的影响。也就是说，从 Hf(铪)开始，第六周期过渡元素的有效核电荷与同族的第五周期过渡元素的有效核电荷相比，多增加了 $\sum \Delta Z'_{内过渡} \approx 0.28 \sim 0.30$。结果，电子层数虽然增加，但第六周期的副族元素的原子其核对最外层的电子的吸引力比第五周期同族的副族元素原子的还大，所以，金属性减弱。也正因为如此，尽管多了一个电子层，第六周期副族元素的原子半径与同族中第五周期副族元素的原子的半径才很相近，甚至更小。例如，ⅣB、ⅤB、ⅥB 族元素的原子半径数据如下：

	ⅣB	ⅤB	ⅥB
第 4 周期	Ti　0.132nm	V　0.122nm	Cr　0.117nm
第 5 周期	Zr　0.145nm	Nb　0.134nm	Mo　0.129nm
第 6 周期	Hf　0.144nm	Ta　0.134nm	W　0.130nm

应当指出，有效核电荷的大小不仅与各个电子亚层中的电子数有关，还与它们具体的电子排布结构有关。在讨论有效核电荷时对此并未考虑，只是把电子在核外的运动近似地作为球对称进行处理的。所以，前面所用的屏蔽常数只是一个近似值。例如，用该屏蔽常数求得的有效核电荷数据无法说明一些元素的原子在其电子亚层处于全满、半满、全空的组合时具有特殊稳定性的原因。

5.3.3　元素的电离能、电子亲和能和电负性

1. 元素的电离能

使基态的气态原子失去 1 个电子形成 +1 价气态离子时，所需要的最低能量称为该元素的**第一电离能 I_1**，见表 5.3。

表 5.3　元素的第一电离能 I_1（$kJ \cdot mol^{-1}$）

H 1312																	He 2370
Li 519	Be 900											B 799	C 1096	N 1401	O 1310	F 1680	Ne 2080
Na 494	Mg 736											Al 577	Si 786	P 1060	S 1000	Cl 1260	Ar 1520
K 418	Ca 590	Sc 632	Ti 661	V 648	Cr 653	Mn 716	Fe 762	Co 757	Ni 736	Cu 745	Zn 908	Ga 577	Ge 762	As 966	Se 941	Br 1140	Kr 1350
Rb 402	Sr 548	Y 636	Zr 669	Nb 653	Mo 694	Te 699	Ru 724	Rh 745	Pb 803	Ag 732	Cd 866	In 556	Sn 707	Sb 833	Te 870	I 1010	Xe 1170
Cs 376	Ba 502	Lu 524	Hf 531	Ta 760	W 779	Re 762	Os 841	Ir 887	Pt 866	Au 891	Hg 1010	Tl 590	Pb 716	Bi 703	Po 812	At 920	Rn 1040

镧系	La 538	Ce 528	Pr 523	Nd 530	Pm 536	Sm 543	Eu 547	Gd 592	Tb 564	Dy 572	Ho 581	Er 589	Tm 597	Yb 603

同一周期，从左到右，随原子序数的增大，元素的电离能 I_1 的总趋势是增大的，但是当元素的原子处于稳定的半充满、全充满的电子构型时，该元素的电离能明显增大，所以在数值上出现一些起伏(图 5.15)。这是由于当元素的原子处于半充满或全充满的电子构型时，失去一个电子会破坏较稳定的电子构型的缘故。

由此可见，用电离能来衡量元素的金属性并不合适。

从 +1 价的基态气态离子再失去一个电子形成 +2 价的气态离子时所需要的

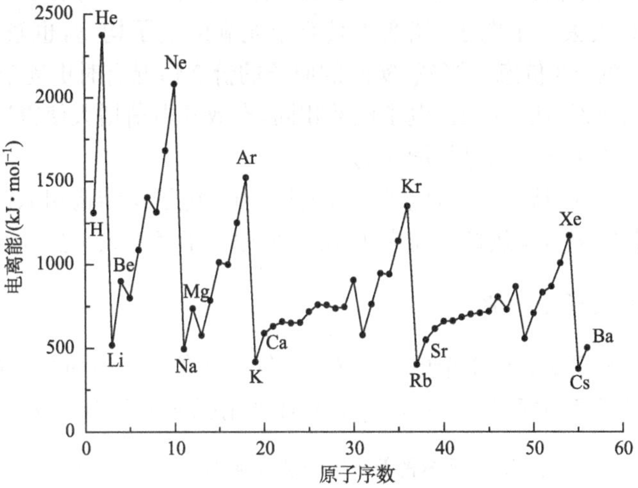

图 5.15　一些元素原子的第一电离能

最低能量称为第二电离能 I_2，以此类推，还有第三电离能 I_3 等。

电离能的大小顺序为第一电离能<第二电离能<第三电离能<……这是因为对于同一原子，虽然核电荷不变，但是起屏蔽作用的电子减少了，有效核电荷增加，电离就更困难。

利用电离能数据还可以分析主族元素的常见价态，如 Na、Mg、Al 的各级电离能数据见表 5.4。

表 5.4　元素 Na、Mg、Al 的各级电离能数据(kJ · mol^{-1})

元　素	I_1	I_2	I_3	I_4
Na($3s^1$)	494	4562	6912	9540
Mg($3s^2$)	736	1451	7733	10540
Al($3s^2 3p^1$)	577	1817	2745	11578

Na 的第二电离能比第一电离能大得多，这是因为形成的 Na^+ 具有稳定的电子构型($2s^2 2p^6$)，故 Na 通常只失去一个电子形成+1 价离子；同理，Mg 的第一、二电离能较小，通常形成 Mg^{2+}；而 Al 的第四电离能特别大，故 Al 形成 Al^{3+}，这种情况与其电子排布处于半满、全满结构时比较稳定有关。与此类似，Si、P、S、Cl 的最高价态分别为 4+、5+、6+、7+；在第四周期中，K($4s^1$)、Ca($4s^2$)、Sc($3d^1 4s^2$)、Ti($3d^2 4s^2$)、V($3d^3 4s^2$)、Cr($3d^5 4s^1$)、Mn($3d^5 4s^2$)的最高价态分别为1+、2+、3+、4+、5+、6+、7+；Fe 的价层电子排布式为 $3d^6 4s^2$，其原子核对于 3d 轨道上的电

子吸引的有效核电荷比对于其 4s 轨道上的电子明显增大。因此，Fe 元素有一个 +2 价态，如再失去一个电子，就变为具有半充满的电子构型，也较稳定，Fe 元素还有一个常见的 +3 价态。当然，实际的原子的价态情况有时更复杂。

同一周期元素，从左向右，电子层数相同，有效核电荷增大使得原子半径减小，元素的电离能变化的总趋势是增大的。

同一主族元素，从上到下，电子层数增加，由于电子层结构相似(从第一周期到第三周期中有特例)，有效核电荷大小相近，但原子半径增大，电离能减小。

2. 元素的电子亲和能

基态的气态原子获得 1 个电子形成 −1 价气态负离子时所放出的能量称为该元素的**第一电子亲和能**，如表 5.5 所示，其递变情况如图 5.16 所示。

表 5.5　元素的第一电子亲和能 A_1(kJ · mol^{-1})

H −72.7																	He +48.2
Li −59.6	Be +248.2											B −26.7	C −122	N 6.75	O −141.1	F −328	Ne +115.8
Na −52.9	Mg +38.6											Al −42.5	Si −1133.6	P −72.1	S −200.4	Cl −349.0	Ar +96.5
K −48.4	Ca +28.9	Sc	Ti −38	V −91	Cr −65	Mn —	Fe −55	Co −90	Ni −111	Cu −118	Zn >0	Ga −28.9	Ge −116	As −78.2	Se −195.0	Br −324.7	Kr +96.5
Rb −47.0	Sr +28.9	Y	Zr —	Nb —	Mo −92	Te —	Ru —	Rh —	Pb —	Ag —	Cd >0	In −29	Sn −116	Sb −103.2	Te −190.2	I −295.2	Xe +77.2
Cs −46.9	Ba>0	Lu	Hf	Ta −81	W −79	Re −15	Os —	Ir	Pt −205	Au −233	Hg	Tl −31	Pb −96	Bi −92	Po −180	At −270	Rn

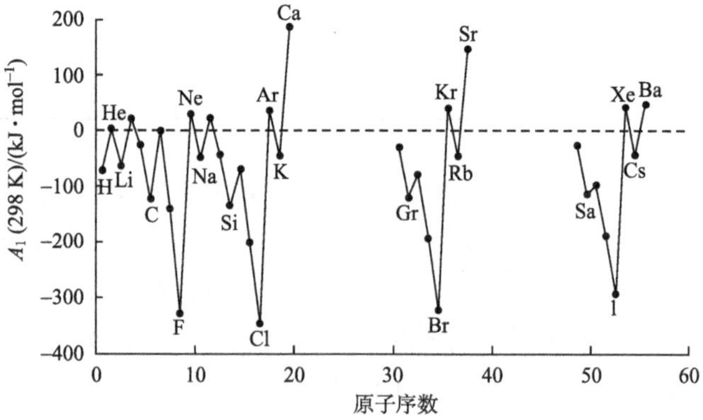

图 5.16　一些元素原子的第一电子亲和能

同一周期，从左到右，随原子序数的增大，元素的电子亲和能 A_1 的总趋势是减小的(放出的能量是增大的)，但是当元素的原子处于稳定的半充满、全充满的电子构型时，该元素的电子亲和能明显增大(放出的能量减少)，如图 5.16 所示。这是由于当元素的原子处于半充满或全充满的电子构型时，增加一个电子会破坏较稳定的电子构型的缘故。

由此可见，用电子亲和能来衡量元素的非金属性(在化学反应中得到电子的能力)并不合适。

3. 元素的电负性

为了衡量分子中各原子吸引成键电子的能力，鲍林在综合考虑了元素的电离能和电子亲和能后，引入了电负性的概念。元素的电负性指元素的原子在分子中吸引成键电子的相对能力。**电负性数值越大，表明原子在分子中吸引成键电子的能力越强；电负性值越小，表明原子在分子中吸引成键电子的能力越弱**。元素的金属性和非金属性往往与元素的电负性数值相关。一般来说，金属元素的电负性数值小于 2.0 (除铂系外)，而非金属元素则大于 2.0(除 Si 外)，电负性数值最大的为 F(3.98)。金属与非金属之间并没有明确的界限，但有一个大致的范围。通常采用的电负性数据为鲍林的电负性数据，如表 5.6 所示。

表 5.6　元素的鲍林电负性数值

H																
2.18																
Li	Be											B	C	N	O	F
0.98	1.57											2.04	2.55	3.04	3.44	3.98
Na	Mg											Al	Si	P	S	Cl
0.93	1.31											1.61	1.90	2.19	2.58	3.16
K	Ca	Sc	Ti	V	Cr	Mn	Fe	Co	Ni	Cu	Zn	Ga	Ge	As	Se	Br
0.82	1.00	1.63	1.54	1.63	1.66	1.55	1.8	1.88	1.9	1.9	1.65	1.81	2.01	2.18	2.55	2.96
Rb	Sr	Y	Zr	Nb	Mo	Te	Ru	Rh	Pb	Ag	Cd	In	Sn	Sb	Te	I
0.82	0.95	1.22	1.33	1.60	2.16	1.9	2.3	2.2	2.2	1.93	1.69	1.73	1.96	2.05	2.1	2.66
Cs	Ba	Lu	Hf	Ta	W	Re	Os	Ir	Pt	Au	Hg	Tl	Pb	Bi	Po	At
0.79	0.89	1.10	1.3	1.5	2.36	1.9	2.2	2.2	2.3	2.54	2.00	2.04	2.33	2.02	2.2	2.2

引自：M. Millian. Chemical and Physical Data. 1992。

从表 5.6 中可以看出，在同一周期的主族元素中，从左到右，元素的电负性变化的幅度较大，具有较明显的周期性变化；而在副族中，电负性数值变化的幅度要小得多。电负性数值变化幅度的大小与原子核外电子的排布规律有关。原子核外电子的排布规律直接影响着原子核对外层电子作用的有效核电荷的大小，有效核电荷越大，吸引电子的能力就越强，电负性就越大。对于金属性和非金属性，主族元素也显示了较明显的周期性变化规律，而副族元素的变化规律则不明显。

思考题

1. 什么是波粒二象性？是否所有的微观粒子都具有波粒二象性？

2. 薛定谔方程的解包含哪两个部分？

3. 三个量子数(n、l、m)的具体名称是什么？物理意义是什么？它们的取值方法如何？

4. 什么是原子轨道？它与经典力学中的轨道的意义有何不同？

5. 原子轨道角度分布图的意义如何？s、p、d 原子轨道的角度分布图形是怎样的？

6. 原子轨道径向分布图的意义如何？

7. 什么是电子云？它与原子轨道的关系如何？

8. 电子云的角度分布图和径向分布图的意义如何？与原子轨道的角度分布图和径向分布图有何区别？

9. 多电子原子核外电子的排布应遵循哪些基本原则？

10. 鲍林的原子轨道近似能级图有何用处？写出其能级顺序。

*11. 柯顿原子轨道能级图与鲍林的原子轨道近似能级图的不同之处有哪些？对于解释和理解原子中的电子排布有什么用处？

12. 元素在周期表中的分区是根据什么来划分的？元素在周期表中的分区与原子的外层电子构型(或原子的价层电子构型)的关系如何？

13. 什么是有效核电荷、屏蔽效应和屏蔽常数？

14. 有效核电荷和屏蔽效应能够解释哪些重要的化学问题？

15. 有效核电荷在周期表中的递变与元素性质的递变关系如何？

16. 为什么在同一周期中，从左到右，主族元素各种性质递变的幅度最大，过渡元素性质递变的较慢，内过渡元素性质递变得十分缓慢？

17. 镧系收缩指的是什么？

18. 为什么同一主族元素，从上到下，金属性增强，非金属性减弱，而在同一副族，包括第Ⅷ(副)族，除钪族外，金属性由上到下总的趋势却为减弱？

习题

1. 写出 $n=3$ 主层中各个电子的 n、l、m 量子数与轨道符号，并指出各亚层中的轨道数和最多能容纳的电子数、总的轨道数和电子数。

$n=$__________；$l=$__________；$m=$__________；

轨道符号__________；亚层中等价(简并)轨道数__________；每个亚层可容纳的电子数__________；

主层内总的轨道数__________；主层可容纳的电子数__________。

2. 试画出 p_y 轨道的角度分布图，并说明此图的意义。

3. 下列元素原子的电子排布式写法违背了什么原则？

(1) 硼 $1s^2 2s^3$　(2)氮 $1s^2 2s^2 (2p_x^2 2p_y^1)$　(3)铍 $1s^2 2p^2$

4. 选择题。(将正确答案的标号填入括号内)

(1) 下列原子中电子的运动状态表示不合理的是(　　)。

(a) $n=2, l=2, m=0, m_s=+1/2$　(b) $n=3, l=2, m=-2, m_s=+1/2$

(c) $n=6, l=4, m=4, m_s=-1/2$　(d) $n=6, l=4, m=4, m_s=+1/2$

(2) 下列基态原子或离子中，不具有 d^5 电子排布的是(　　)。

(a) Cr　(b) Mn^{2+}　(c) Fe^{3+}　(d) Co^{3+}

(3) 下列四种电子构型的原子中，第一电离能最低的是(　　)。

(a) $2s^2 2p^6$　(b) $2s^2 2p^5$　(c) $2s^2 2p^4$　(d) $2s^2 2p^3$

(4) 下列元素电负性最大的是(　　)。

(a) O　(b) F　(c) Cl　(d) S

(5) 下列几种元素中电负性最大的是 (　　)。

(a) K　(b) Cu　(c) Si　(d) O　(e) S

(6) 电子等微观粒子运动具有的特征是(　　)。

(a) 穿透性　(b) 屏蔽性　(c) 只有波动性　(d) 波粒二象性

(7) 某元素+3 价离子的电子排布式为 $1s^2 2s^2 2p^6 3s^2 3p^6 3d^6$，该元素属(　　)。

(a) ⅤB 族　(b) ⅢB 族　(c) Ⅷ族　(d) ⅤA 族

(8) 下列元素原子对其外层电子作用所显示的有效核电荷最大的是(　　)。

(a) K　(b) Cu　(c) Si　(d) O

(9)下列几种元素中第一电离能最大的是(　　)。

(a) C　(b) N　(c) O

(10)下列几种元素中电子亲和能最小的是(　　)。

(a) O　(b) F　(c) Ne

(11)下列几种元素中原子半径最大的是(　　)。

(a) O　(b) F　(c) Ne

(12)已知某元素+2 价离子的电子排布式为 $1s^2 2s^2 2p^6 3s^2 3p^6 3d^{10}$，该元素在周期表中所属的分区为(　　)。

(a) s 区　(b) p 区　(c) d 区　(d) ds 区　(e) f 区

5. 填写下表：

原子序数	原子的外层电子构型	未成对电子数	所属分区
8			
20			
26			
29			

6. 填空题。

由原子轨道的近似能级图中可见：

(1) 角量子数 l 一定，主量子数 n 越大，轨道的能级 $E_{n,l}$ 越______；

(2) 主量子数 n 一定，角量子数 l 越大，轨道的能级 $E_{n,l}$ 越______；

(3) 主量子数较大的轨道的能级反而比主量子数较小的轨道的能级低的现象称为__________。

7. 写出下列各原子、离子的电子排布式和外层电子排布式（对于原子来说又称为价层电子排布式），并指出离子的外层电子构型。

(1) Fe，Fe^{2+}，Fe^{3+}　(2)Pb，Pb^{2+}，Pb^{4+}　(3)Cu，Cu^{+}，Cu^{2+}

8. 计算 1 至 4 各个电子主层最多能够容纳的电子数。

9. 某元素最高氧化数为+5，最外层电子数为 2，原子半径是同族元素中最小的，试写出：

(1) 原子的电子排布式；

(2) 原子的价电子排布式；

(3) +5 价态的外层电子排布式。

10. 判断题。（在正确叙述的括号内打"√"，在错误叙述后打"×"）

(1) 基态时具有 ns^2 最外层电子结构的元素都是碱土金属。　(　)

(2) 在周期表中，总的说来，主族元素的电负性从上到下减小。　(　)

第 6 章　分子结构与晶体结构

6.1　化学键与分子结构

6.1.1　化学键的基本类型

在分子或晶体中的原子(或离子)不是简单地堆砌在一起,而是通过强烈的相互作用力结合在一起,有规律地排列着。化学上将这种分子或晶体中原子(或离子)之间强烈的作用力称为**化学键**。化学键有金属键、离子键和共价键三种基本类型。

1. 金属键

金属键是存在于金属晶体内部的化学键,在本章的晶体结构部分将对金属键作简单的介绍。

2. 离子键

当电负性值较小的活泼金属元素的原子(如第ⅠA 族的 K、Na 等)和电负性值较大的活泼非金属元素的原子(如第ⅦA 族的 F、Cl 等)相互靠近时,前者易失电子形成正离子,后者易获得电子而形成负离子,正、负离子再以静电引力结合在一起就形成了**离子型化合物**。例如:

$$:\underset{\cdot\cdot}{\overset{\cdot\cdot}{Cl}}\cdot + Na\cdot \longrightarrow :\underset{\cdot\cdot}{\overset{\cdot\cdot}{Cl}}:^{-} + Na^{+}$$

像这种正、负离子间以静电引力作为结合力的化学键就称为**离子键**。由于每个离子都在整个空间形成自己的电场,所以离子键的特点是既无饱和性,也无方向性。离子键通常存在于离子晶体中。

百分之百的离子键是不存在的。一般来说,由典型的活泼金属元素与典型的活泼非金属元素所形成的低价态的正、负离子之间才能形成较为典型的离子键,其中离子的外层电子构型一般都是 ns^2np^6,这种离子的外层电子构型与稀有气体元素(除 He 外)原子的外层电子构型相同,称为 8 电子构型。例如,在离子化合物 NaCl 中,Na^+ 和 Cl^- 的外层电子构型分别是 $2s^22p^6$ 和 $3s^23p^6$。

对于正离子来说,主要有以下几种常见的外层电子构型。

(1) 2 电子构型:通式为 ns^2,如 $Li^+(1s^2)$、$Be^{2+}(1s^2)$等。

(2) 8 电子构型：通式为 ns^2np^6，如 $Na^+(2s^2 2p^6)$等。

(3) 9～17 电子构型：通式为 $ns^2np^6nd^{1\sim9}$，如 $Fe^{3+}(3s^2 3p^6 3d^5)$、$Cu^{2+}(3s^2 3p^6 3d^9)$。

(4) 18 电子构型：通式为 $ns^2np^6nd^{10}$，如 $Pb^{4+}(5s^2 5p^6 5d^{10})$、$Zn^{2+}(3s^2 3p^6 3d^{10})$。

(5) (18 + 2) 电子构型：通式为 $(n-1)s^2(n-1)p^6(n-1)d^{10}ns^2$，如 $Pb^{2+}(5s^2 5p^6 5d^{10} 6s^2)$、$Sn^{2+}(4s^2 4p^6 4d^{10} 5s^2)$。

简单负离子一般都是 8 电子构型；许多负离子是由带电的原子团形成，如 PO_4^{3-}、CN^- 等。

3. 共价键

当电负性相近(得失电子能力相差不大)的两种元素的原子相互靠近时，其中的任何一种元素的原子都不可能完全地得到或者失去电子，只存在电子的偏移。因此，在这种情况下，需用共价键理论来说明。目前广泛应用的共价键理论有价键理论、杂化轨道理论和分子轨道理论等。

6.1.2 价键理论

把从最简单的 H_2 分子的近似研究中所得到的思想推广到一般的分子系统就形成了价键理论。

1. 氢分子的形成

对 H_2 的研究的结果如图 6.1 所示。

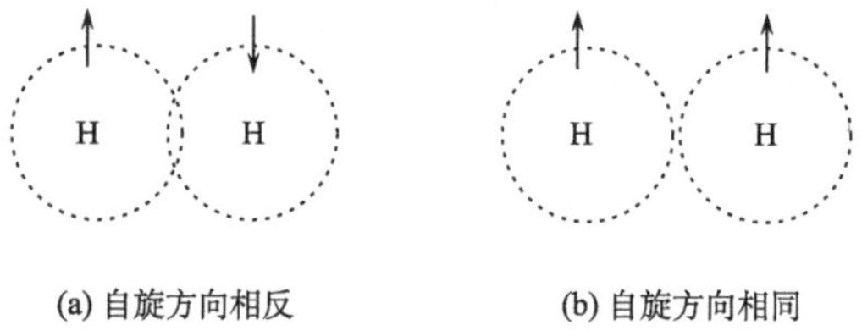

图 6.1 具有自旋方向相反(a)和相同(b)电子的两个氢原子相互接近情况

当两个具有自旋方向相反(未成对)电子的氢原子相互接近时，每个原子的核和电子就处在另一个原子的核和电子所形成的电场中。当相互接近到一定程度时，两个 H 原子的 1s 轨道发生重叠，两个电子同时处在两个 1s 重叠的轨道上。由于满足泡利不相容原理(处于同一轨道上的两个电子自旋方向相反)，此时这两个电子被两个原子共用。根据量子力学的计算结果可知：

(1) 两个氢原子核之间的电子云密度(Ψ^2)相对增大，即两个 1s 轨道的波函数相互加强。为了区别两个原子轨道，分别记为 1s′和 1s″。应该注意的是，这并不是简单的叠加，而是相互加强，对此可以理解为在未发生重叠时，两个原子之间的空间某点上电子云密度为($\Psi^2_{1s'}+\Psi^2_{1s''}$)，所以，两个原子之间的电子云密度就为($\Psi^2_{1s'}+\Psi^2_{1s''}$)；在发生重叠后，两个原子之间的电子云密度就变为 $\Psi^2_{重叠}=(\Psi_{1s'}+\Psi_{1s''})^2=\Psi^2_{1s'}+2\Psi_{1s'}\Psi_{1s''}+\Psi^2_{1s''}$。显然，这比简单地相加多了其中的 $2\Psi_{1s'}\Psi_{1s''}$，此项在原子核之间的值增加最大，即两核之间的电子云密度增大(图 6.2)。

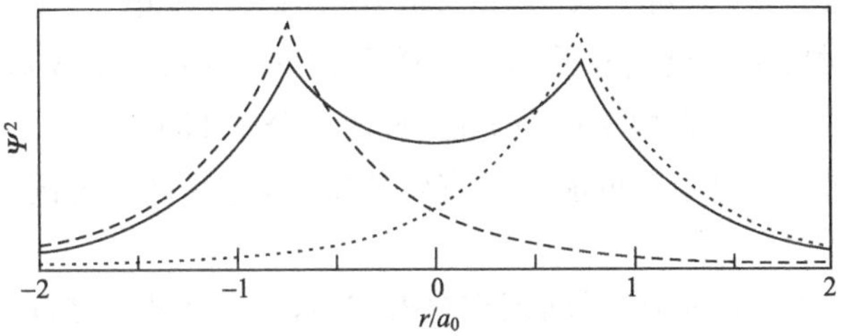

图 6.2　成键时在两核之间的电子云密度增大

虚线表示两个未成键 1s 轨道的电子云密度分布；实线表示两个 1s 轨道重叠成键后的电子云密度分布

(2) 系统的能量相对下降。在发生轨道重叠后，由于两核之间的电子云密度增大，对两核的吸引力也就增大，从而减少了两核之间的排斥作用，使两者结合在一起，放出能量，形成 H_2 分子。反之，如果 H_2 分子分开成 2 个 H 原子，就需要克服吸引力，消耗一定的能量，所消耗的能量等于 2 个 H 原子形成 H_2 分子时所放出的能量，此能量为此分子形成时的**键能**。像这种由于电子对的共用所产生的原子间的结合力称为**共价键**。

如图 6.1(b)所示，当两个氢原子相互靠近时，如果它们的未成对电子的自旋方向相同，根据泡利不相容原理，两个 H 的 1s 轨道波函数相互削弱，不能成键。在这种情况下，根据量子力学的计算结果可知：

(1) 两核之间的电子云密度(Ψ^2)相对减少。应该注意的是，这也并不是简单地相互重叠，而是相互削弱。可以理解为 $\Psi^2_{不能重叠}=(\Psi_{1s'}-\Psi_{1s''})^2=\Psi^2_{1s'}-2\Psi_{1s'}\Psi_{1s''}+\Psi^2_{1s''}$，其中，出现了 $-2\Psi_{1s'}\Psi_{1s''}$，此项在原子核之间的负值增加最大，即两核之间的电子云密度减小最多。

(2) 两核之间的排斥力增大，系统的能量相对升高。所以，氢原子之间结合必须是自旋方向相反的未成对电子配对成键。

可见，共价键的形成是由于相邻两个原子之间自旋方向相反的未成对电子相互配对成键，使得系统能量降低的结果。将此推广到一般的分子系统中，就形成了价键理论。

2. 价键理论的基本要点

(1) 原子在成键时，自旋方向相反的未成对电子配对，其轨道彼此重叠，导致核间的电子云密度增大，系统的能量降低，从而形成了共价键。

(2) 任何一种元素的原子在成键时提供的成键轨道数，以及形成分子所需提供的未成对电子数都是有限的，因此所能形成的共价键的数目总是有限的，这就是**共价键的饱和性**。例如，对于氢原子来说，外层只有一个电子，它只能与另一个氢原子的电子配对成键形成氢分子 H_2；而氧原子外层有两个未成对电子，可以分别与两个氢原子上的未成对电子配对成键，形成水分子 H_2O。

(3) 只有同号轨道才有可能实行有效地重叠，这就是共价键形成时的**对称性匹配条件**。

(4) 共价键在形成时，原子轨道重叠得越多，电子在两核之间出现的概率密度就越大，形成的共价键就越牢固。因此，共价键总是尽可能的沿着原子轨道最大的重叠方向形成。这就是共价键的最大重叠原理，也是共价键具有方向性的原因。

如前所述，除了 s 轨道外，原子中的 p、d、f 等原子轨道都有一定的空间取向，即电子在各个方向出现的概率大小不同。因此，轨道间的重叠方向不同，轨道重叠的程度及有效性就不同。例如，在形成 HCl 时，氢原子的 1s 轨道与氯原子的 3p 轨道有四种可能的重叠方式(图 6.3)。(a)、(b)为同号重叠，但当两核间距离一定时，(a)的重叠比(b)的重叠更有效；(c)为异号重叠，使得原子间的电子云密度减

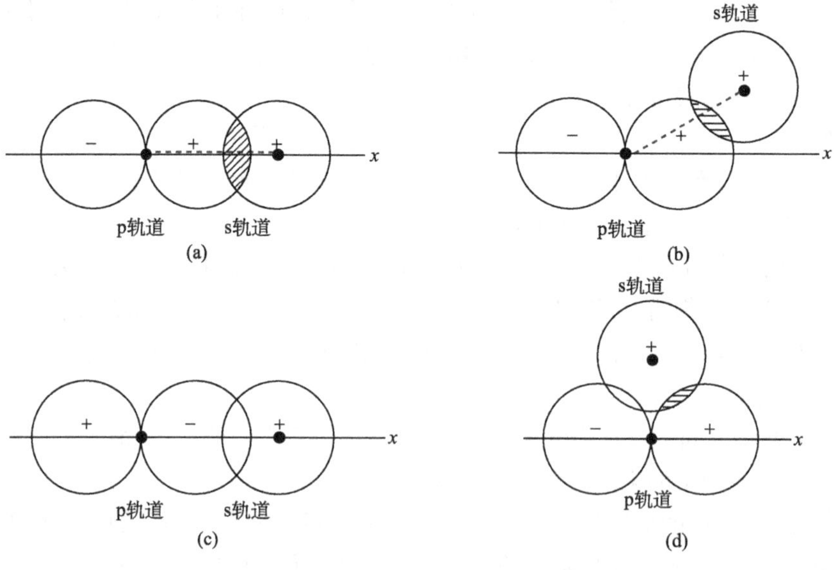

图 6.3　s 轨道与 p 轨道的重叠方向与成键有效性的关系

少，原子间的排斥力增大；(d)是由于同号和异号两部分相互抵消而为零的重叠，原子间的电子云密度没有增大，所以(c)、(d)都不能有效重叠，不能成键。可以看出，HCl 采用(a)的重叠方式成键可使 s 轨道和 p_x 轨道的有效重叠程度最大。共价键的方向性决定了共价化合物分子的空间构型，从而对分子的性质产生了重大的影响。

3. 共价键的类型与特点

根据上述原子轨道的重叠原则，就 s、p 轨道的重叠而言，有两类不同的重叠方式(图 6.4)，即可形成两类重叠方式不同的共价键：原子轨道以“头碰头”的方式重叠形成的共价键称为 **σ 键**，以“肩并肩”的方式重叠形成的共价键称为 **π 键**。σ 键是在两核连线(键轴)方向上沿电子云密度最大的方向进行重叠，所形成的 σ 键的重叠轨道绕键轴对称，π 键则对其通过键轴的节面呈镜面反对称；π 键的重叠并不像 σ 键那样在两核的连线上沿电子云密度最大的方向进行重叠，原子核对 π 电子的束缚力较小，电子运动的自由性较大，所以，一般说来，π 键比 σ 键弱。因此，在形成化学键时，首先形成更稳定的 σ 键，然后才形成成键效果较差的 π 键，因此，断裂化学键时，则首先断裂 π 键。例如，含双键或叁键的有机化合物(如烯、炔等不饱和烃)之所以容易发生加成、氧化等反应，就是因为在这类化合物分子中的 π 键不如 σ 键牢固。

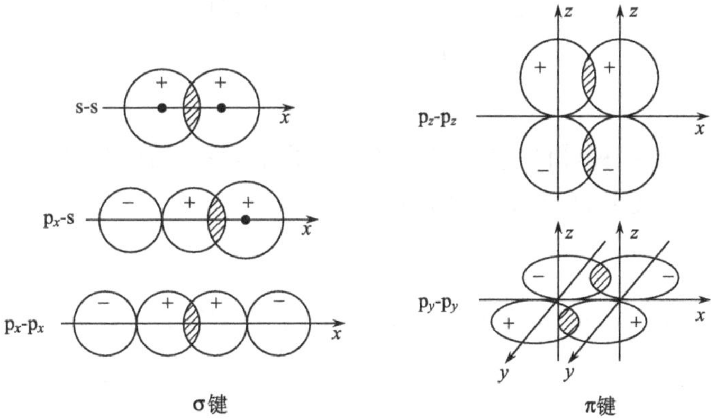

图 6.4　原子轨道的重叠方式与共价键的类型

由于价键理论是把从最简单的 H_2 分子近似研究中所得的思想推广到一般的分子而形成的，所以对于更复杂的系统未免会出现一些不能解释的情况。此后，鲍林等科学家提出了杂化轨道理论，进一步发展了价键理论。

6.1.3　杂化轨道理论和分子的空间构型

1. $HgCl_2$ 分子

实验证明，它是直线形分子 Cl—Hg—Cl，两个键的性质完全一样，在水中几乎99%为 $HgCl_2$ 分子，很难解离（$HgCl_2$ 中的化学键是共价键）。

从价键理论来看，中心原子 Hg 原子的价层电子分布式为 $5d^{10}6s^2$，没有未成对电子，如何成键呢？价键理论认为在成键的过程中，一个电子被激发到 6p 轨道上，成为两个未成对电子，但又无法解释 $HgCl_2$ 的两个共价键完全相同的事实。在此类问题上价键理论出现了不足，而杂化轨道理论给予了很好的解释。下面通过几个实例来简要介绍杂化轨道理论及其处理方法。

杂化轨道理论是从一个新的角度来看成键问题的。它是把一组在数学上几个相互线性独立的波函数组合成同样数目的等价的另一组相互线性独立的波函数。对 $HgCl_2$ 就是把 Hg 原子中能量相近的 6s 轨道与一个 6p 轨道组合成另一组等价的轨道：

$$\Psi_{sp} = \frac{1}{2}\Psi_s + \frac{1}{2}\Psi_p \tag{1}$$

$$\Psi'_{sp} = \frac{1}{2}\Psi_s - \frac{1}{2}\Psi_p \tag{2}$$

还可以变换回去，即(1)+(2)=Ψ_s；(1)−(2)=Ψ_p，即

$$\Psi_s = \Psi_{sp} + \Psi'_{sp} \tag{3}$$

$$\Psi_p = \Psi_{sp} - \Psi'_{sp} \tag{4}$$

由此可见，这仅是一种等价变换，但这样从新的角度看问题，就可以把问题理解得更深入。据此所画出的 Ψ_{sp}、Ψ'_{sp}图形如图 6.5 所示。

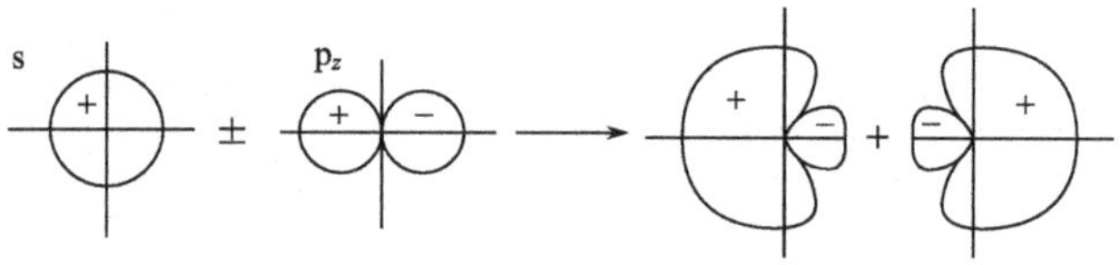

图 6.5　杂化轨道 Ψ_{sp}、Ψ'_{sp}角度分布示意图

这样就得到了一组能量相同、方向相反的两个杂化轨道：Ψ_{sp}、Ψ'_{sp}。在此例中，$HgCl_2$ 形成的两个轨道既不是原来的 s 轨道，也不是原来的 p 轨道，所以称为 sp 杂化轨道。每个 sp 杂化轨道含有$\frac{1}{2}$s 轨道成分和$\frac{1}{2}$p 轨道成分。那么，为什么要进行轨道的杂化呢？这是因为在轨道杂化后，在成键方向上电子出现的概率更大，

有利于形成更强的共价键，符合能量最低原理。当然，电子的填充也应同时满足洪德规则，即在轨道能量相同时，电子尽可能先地排入不同的轨道，且自旋平行。Hg 原子的轨道杂化和 $HgCl_2$ 分子的形成过程如图 6.6 所示。

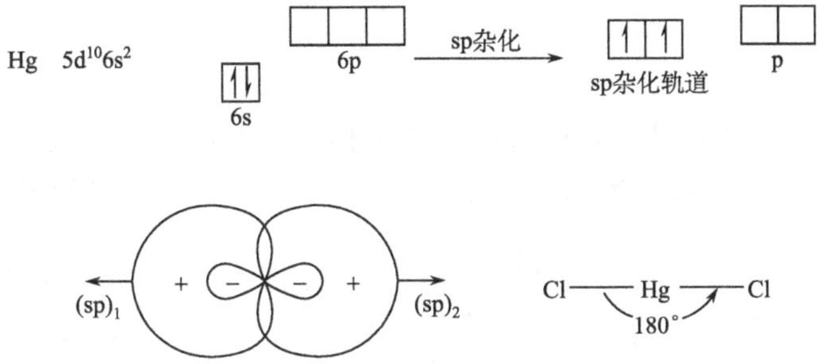

图 6.6　中心原子 Hg 的 s、p 轨道杂化过程与 $HgCl_2$ 分子的成键示意图

根据杂化轨道理论，Hg 原子用两个 sp 杂化轨道上的未成对电子分别与一个 Cl 的未成对电子配对成键，形成键角 180°、性质完全相同的两个共价键的直线形分子。

2. BF_3 分子

它是平面正三角形结构的分子，中心原子是第ⅢA 族的 B($2s^2 2p^1$)，其轨道的杂化方式为 sp^2(一个 s 轨道和两个 p 轨道进行杂化)，具体结果如图 6.7 所示。

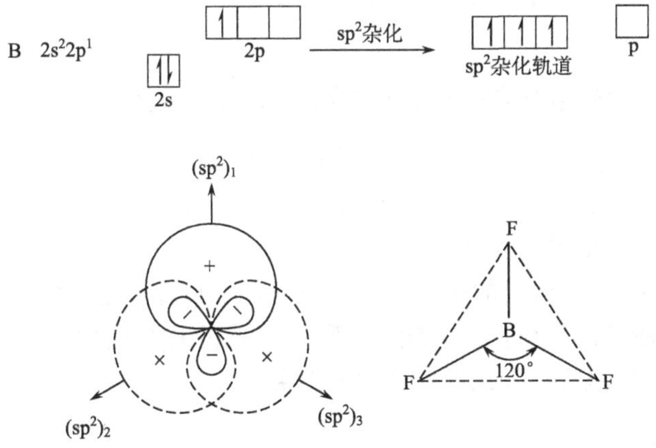

图 6.7　中心原子 B 的 sp^2 杂化过程及 BF_3 分子的成键示意图

因此，每个 sp^2 杂化轨道含有 $\frac{1}{3}$ s 轨道成分和 $\frac{2}{3}$ p 轨道成分。硼原子用 3 个 sp^2 杂化轨道上的未成对电子各与一个 F 的未成对电子配对成键，形成键角 120°、性质完全相同的三个共价键的平面正三角形分子。

3. CH_4 分子

它是正四面体形结构的分子，中心原子是第ⅣA 族的 C($2s^2 2p^2$)。其轨道的杂化方式为 sp^3(一个 s 轨道和三个 p 轨道进行杂化)，具体结果如图 6.8 所示：

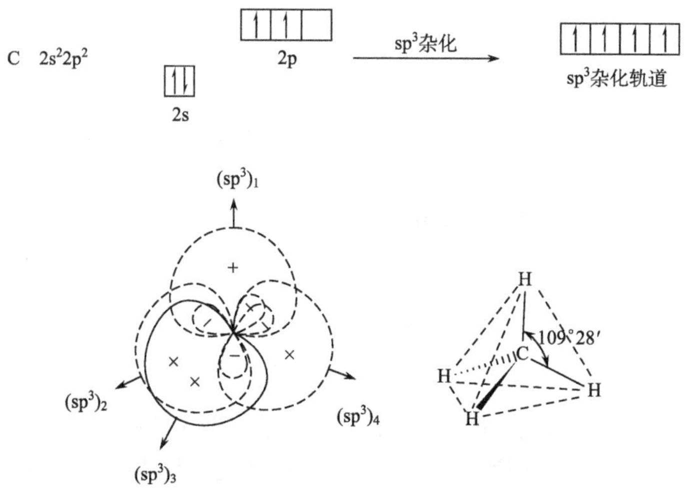

图 6.8　中心原子 C 的 sp^3 杂化及 CH_4 分子的成键示意图

每个 sp^3 杂化轨道含有 $\frac{1}{4}$ s 轨道成分和 $\frac{3}{4}$ p 轨道成分。中心原子 C 用 4 个 sp^3 杂化轨道上的未成对电子各与一个氢原子 1s 的未成对电子配对成键。形成键角 109°28′、性质完全相同的四个共价键的正四面体形分子。

中心原子所采取的杂化轨道特性不但取决于中心原子周围的电子数，也受到与其键合的原子种类、数目的影响。在上面的几个共价型化合物中，中心原子周围的每个电子对所处的环境都是等同的，所以，形成的几个杂化轨道在成键后，其形状和能量方面都完全相同，此现象称为**等性杂化**。

4. NH_3 分子

它是三角锥形结构的分子，中心原子是第ⅤA 族的 N($2s^2 2p^3$)，轨道的杂化方式为 sp^3(一个 s 轨道和三个 p 轨道进行杂化)，具体结果如图 6.9 所示。

氮原子用 3 个 sp^3 杂化轨道上的未成对电子各与一个氢原子 1s 的未成对电

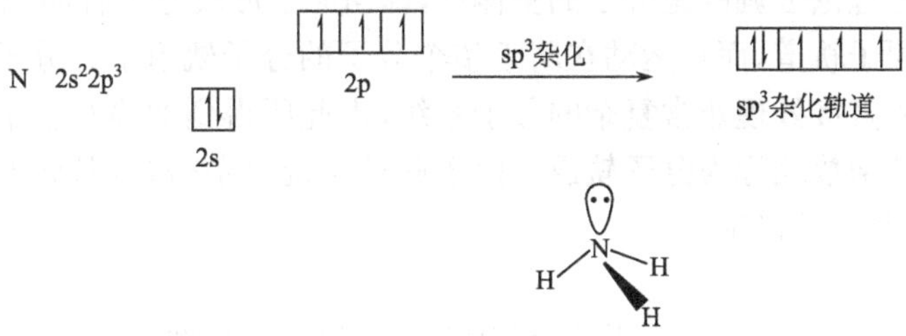

图 6.9　中心原子 N 的 sp^3 不等性杂化及 NH_3 分子的成键示意图

子配对成键，形成键角∠HNH＝107°的三角锥形的分子。

在 NH_3 分子中，中心原子 N 周围的孤对电子所处的环境与其他三个成键电子对所处的环境不同，所以，孤对电子所占据的 sp^3 杂化轨道与其他成键电子对所处的三个 sp^3 杂化轨道在形状和能量上就略有不同，这种现象称为 sp^3 **不等性杂化**。

5. H_2O 分子

它是 V 字形结构的分子，中心原子是第ⅥA 族的 O($2s^2 2p^4$)，其轨道的杂化方式为 sp^3(一个 s 轨道和三个 p 轨道进行杂化)，具体结果如图 6.10 所示。

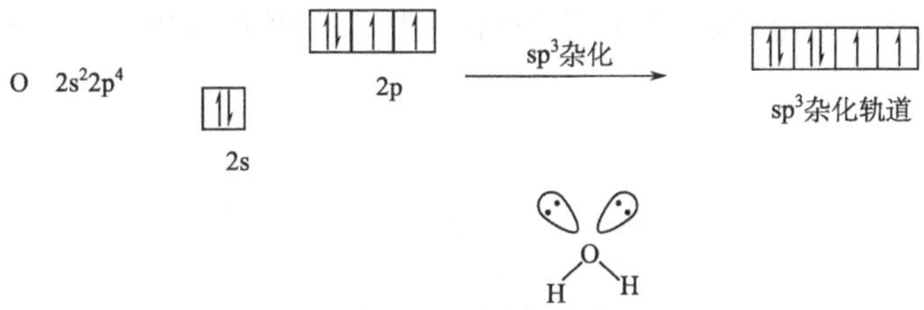

图 6.10　中心原子 O 的 sp^3 不等性杂化及 H_2O 分子的成键示意图

O 原子用 2 个 sp^3 杂化轨道上的未成对电子各与一个氢原子 1s 的未成对电子配对成键，形成键角∠HOH 为 104°40′的 V 字形分子。

在 H_2O 分子中，中心原子 O 周围的两对孤对电子所处的环境与其他两个成键电子对所处的环境不同，孤对电子所占据的两个 sp^3 杂化轨道与其他成键电子对所处的两个 sp^3 杂化轨道环境有所不同，因此，在能量上也略有不同，这种也属于 sp^3 **不等性杂化**。

杂化轨道理论成功地解释了若干共价分子的形成过程，发展了价键理论，而且有助于对分子的几何构型的解释和推断。

随着计算机技术的发展，分子轨道理论已成为目前发展较快的一种共价键理论。分子轨道理论强调的是分子的整体性，即当原子形成分子后，电子不再局限于个别原子的原子轨道，而是运动在属于整个分子的分子轨道上。分子轨道理论是用薛定谔方程直接处理非常复杂的分子系统，由此所得到的描写整个分子中电子运动状态的波函数就称为**分子轨道**。由于此类系统复杂得多，其解的过程也十分复杂，本书对此不予讨论。

6.2 分子间相互作用力和氢键

除了原子或离子之间有作用力——化学键外，分子之间也存在着相互作用力，这种作用力最早为范德华发现，故将分子间力又称为范德华力。由于分子间力与分子的极性密切相关，所以，首先介绍极性分子与非极性分子。

6.2.1 极性分子和非极性分子

总体上讲，由于分子中的核电荷数与电子数相等，分子呈电中性。但可以设想，分子内部总存在着正电荷的“重心”和负电荷的“重心”，根据正、负电荷“重心”的分布情况，可以将分子分为非极性分子和极性分子。

分子 { 非极性分子：正、负电荷“重心”重合的分子
　　　 极性分子：正、负电荷“重心”不重合的分子

设分子中正、负电荷的“重心”所带电量为 q，距离为 l，两者的乘积 μ 称为**电偶极矩**，则

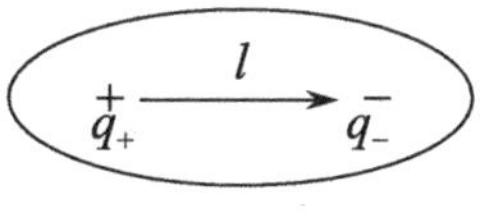

$$\vec{\mu} = q \cdot l$$

分子极性的大小(强弱)是用分子的**电偶极矩** μ 的数值来衡量的。μ 的数值越大，表示分子的极性越大，μ 数值为零的分子即为非极性分子。

对于化学键来说，由于成键电子对的偏移，也会有键的电偶极矩，对于具有极性键的分子，就会出现两种情况。例如，H_2O、CO_2 分子中都有极性键，每一个键(以及孤对电子与核之间)都有自己的电偶极矩，但由于两者的分子空间结构不同，前者为极性分子，后者为非极性分子。

由此可见，分子的极性是由键的极性和分子的空间结构共同决定的。对于双原子分子来说，如果该分子是由不同原子组成的，则键有极性，该分子有极性；如果分子是由相同原子组成的，则键无极性，该分子无极性。对于多原子分子来说，如果其键有极性，该分子是否有极性则由分子空间结构决定。

- 分子
  - 极性分子：一定有极性键
  - 非极性分子
    - 有极性键
    - 无极性键

6.2.2　分子间力

由于分子间力与分子的极性密切相关，因此，不同类型的分子间作用力就不一样。根据形成机理的不同，分子间力可分为色散力、诱导力和取向力三种。

1. 色散力

就非极性分子而言，其正电荷的“重心”与负电荷的“重心”是重合的。从统计学的角度看，似乎非极性分子之间无相互作用力。但是，由于电子不断高速运动及原子核的不断振动，就某一瞬间，由多个电子形成的负电荷“重心”并不与正电荷的“重心”重合，而是出现了某种程度上的偏移，即产生了**瞬时偶极**。由于同极相斥，异极相吸，瞬时偶极之间总是倾向于处于异极相邻的较稳定状态。这种由于瞬时偶极的存在而产生的分子间作用力就称为**色散力**。

从产生的原因来看，由于任何分子中的电子都是在不断地高速运动，核也在振动，因此，色散力存在于任何分子之间。而且，外层电子受核的吸引力越小，越易变形，所产生的瞬时偶极就越大，色散力就越强。例如：

$$HI > HBr > HCl > HF$$

（其中的 HI 在常温下不稳定，因为 $\Delta_f G_m^{\ominus}(HI) = 1.4\ kJ \cdot mol^{-1} > 0$）

又如：

$Ne < Ar < Kr < Xe$（尽管结构相似，但原子半径依次增大，变形性依次增大）

作为一种分子间作用力，色散力的强弱对物质的聚集态、熔点、沸点等性质都会产生一定的影响。例如，在常温下，F_2、Cl_2 均为气态，而 Br_2 为液态，I_2 却为固态，这是因为它们的色散力依次增大所致。此外，就熔点、沸点而言：$CF_4 < CCl_4 < CBr_4 < CI_4$，也是由于其色散力依次增大所致。它们的熔点、沸点数据如下：

	CF_4	CCl_4	CBr_4	CI_4
熔点/℃	−183.7	−22.9	90.1	171d(分解)
沸点/℃	−128.0	76.7	190	—

2. 诱导力

如图 6.11 所示，当任一分子处于外电场中时，由于外电场对分子中的正、负电

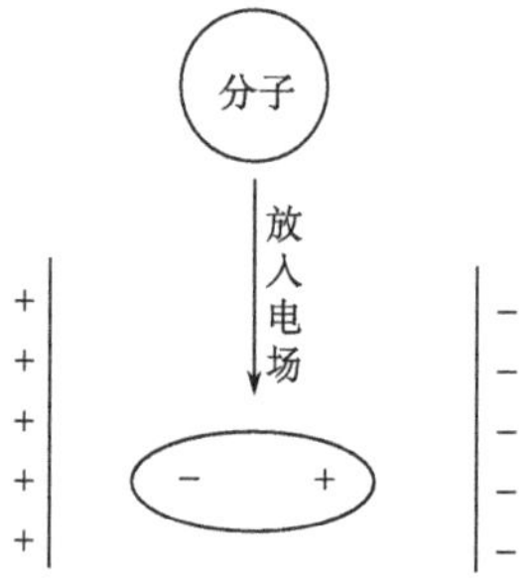

图 6.11　诱导偶极的产生过程示意图

荷的作用力方向相反，导致正、负电荷中心的距离加大，从而产生偶极，这种由于外加电场的影响而产生的偶极称为**诱导偶极**。

同样，当任一分子靠近极性分子时，由于该分子受到极性分子的固有偶极形成的电场的影响，就会产生诱导偶极，由诱导偶极与固有偶极之间产生的分子间作用力称为**诱导力**。

从产生的原因来看，只要相互接近的两个分子中至少有一种分子具有固有偶极，另一分子必然受其影响而产生诱导偶极，这两种分子之间就必然存在诱导力。

诱导力的大小除了与分子间的距离有关外，还与起诱导作用的分子和被诱导的分子有关。起诱导作用的分子的极性越大，体积越小，被诱导分子感受到的电场就越强，诱导力就越大；被诱导分子的变形性越大，诱导力就越大。

例如，在 25 ℃，101.325 kPa 下，在水（极性分子）中的溶解度（用摩尔分数表示），He（氦，0.069×10^{-4}）＜Ne（氖，0.082×10^{-4}）＜Ar（氩，0.25×10^{-4}）＜Kr（氪，0.45×10^{-4}）＜Xe（氙，0.86×10^{-4}）＜Rn（氡，1.63×10^{-4}）。这是由于起诱导作用的极性分子相同，被诱导分子的变形性依次增大，诱导偶极的极性依次增大，从而导致它们与水分子之间的诱导力依次增强。此外，在这个例子中，色散力变化的大小顺序也相同。因此，溶解度依次增大是这两种分子间作用力共同作用的结果。

3. 取向力

极性分子之间除了具有色散力、诱导力外，还由于极性分子本身具有固有偶极（或称永久偶极），当极性分子相互靠近时，它们的固有偶极之间就会发生同极相斥、异极相吸的作用，使得分子采取使系统能量最低的取向（异极相邻）。这种由于极性分子采取有利于能量降低的取向而产生的固有偶极之间的作用力称为**取向力**。

从产生的原因来看，只有极性分子之间才有取向力，而且分子的极性越大，彼此间的距离越小，取向力就越大。

例如，就下列分子而言，由于组成分子的两种元素的原子的电负性的差值依次增大，极性依次增强，取向力的大小的顺序为

$$HI(HI 在常温下不稳定) < HBr < HCl < HF$$

总之，在分子之间总是存在着分子间作用力。在非极性分子之间只存在着色散力；在非极性分子与极性分子之间存在着色散力和诱导力；而在极性分子之间，

既存在着色散力和诱导力，还存在着取向力。**在大多数情况下，色散力是最主要的分子间作用力**，只有在极少数分子极性很大的情况下，取向力才是主要的结合力。例如，在 H_2O 分子之间。具体情况见表 6.1。

表 6.1　分子间的作用能（$kJ \cdot mol^{-1}$，298 K）

分　子	取向作用能	诱导作用能	色散作用能	总作用能
He	0	0	0.17	0.17
Ar	0	0	8.48	8.48
Xe	0	0	18.40	18.40
CO	0.003	0.008	8.79	8.79
HCl	3.34	1.1003	16.72	21.05
HBr	1.09	0.71	28.42	30.22
HI	0.58	0.295	60.47	61.36
NH_3	13.28	1.55	14.72	29.55
H_2O	36.32	1.92	8.98	47.22

由于分子间力产生的作用能很小（一般为 0.2～50 $kJ \cdot mol^{-1}$），与共价键的键能（一般为 100～450 $kJ \cdot mol^{-1}$）比较相差 1～2 个数量级，所以对物质的化学性质影响较小，但对物质的物理性质影响较大。

一般认为，分子间力没有饱和性和方向性。分子间力随着分子之间的接触面的增大而增大，随着分子间距离的增大迅速减弱。例如，气体分子在压力较低的情况下，由于分子间的距离较大，其分子间的作用力就较小。

6.2.3　氢键

除了上述三种分子间力之外，在某些化合物的分子间或分子内还存在着一种与分子间力强弱相近的作用力——氢键。氢键的形成是由于氢原子与电负性较大的原子 X（X＝F、O、N 等）以很强的极性共价键结合后，共用电子对强烈地偏向原子 X，使氢核“裸露”出来，“裸露”出来的部分是质子，对外显正电，由于它的半径很小，电荷非常集中，因此，还能与分子内的或其他分子中的负电荷非常集中的原子 Y（Y＝F、O、N 等）负电荷较集中的部位相互吸引，使电荷的中和程度更高，系统的能量更低。Y 用其孤对电子与这个几乎“裸露”的质子相互吸引，形成了有氢原子参与的特殊形式的氢键。由此也可以看出，氢键的键能与原子 X、Y 的电负性以及原子半径的大小有关。原子 X、Y 的电负性越大，半径越小，它们与氢原子所形成的氢键的键能就越大。Cl 原子虽然有较大的电负性，但因为其半径较大，因而形成的氢键很弱，通常可忽略。C 原子的电负性较小，通常认为不能形成氢键。F 原子的电负性最大，与氢原子所形成的氢键最强。氢键可简单示意如下：

$$X—H\cdots Y—$$

从氢键产生的原因来看，X、Y 的电负性越大，半径越小，氢键越强；氢键的键长越短，氢键越强。应该注意的是，氢键的键长是指从 X 到 Y 之间的距离（X—H···Y）。

氢键具有饱和性和方向性。这两个特点都与几乎“裸露”的氢原子核的体积极小（电荷集中），电荷小有关。带负电的 X 和 Y 在 H 的两边只能沿着有利于降低排斥能的方向进行配位（有方向性），使得配位数只能到 2（有饱和性），键角∠XHY 为 180°。正是由于氢键具有饱和性和方向性，水在从液态变为固态的过程中（从 4 ℃至 0 ℃），具有特殊的温度-体积效应，即在此温度范围内水的体积随着温度的降低而增大。氢键与分子间力属于同一数量级，但属于较强的一种（5～50 kJ · mol^{-1}），因此，常与分子间力一起考虑。

氢键对某些物质的物理性质有较显著的影响。例如，第Ⅶ主族元素的氢化物的沸点分别为 HF(293 K)、HCl(188 K)、HBr(206 K)、HI(238 K)，沸点变化的总的趋势是随着分子变形性的增大，即随着色散力的增大而升高，其中 HF 的沸点反常地高就是由于在 HF 分子之间存在着氢键和较强取向力的缘故（图 6.12）。

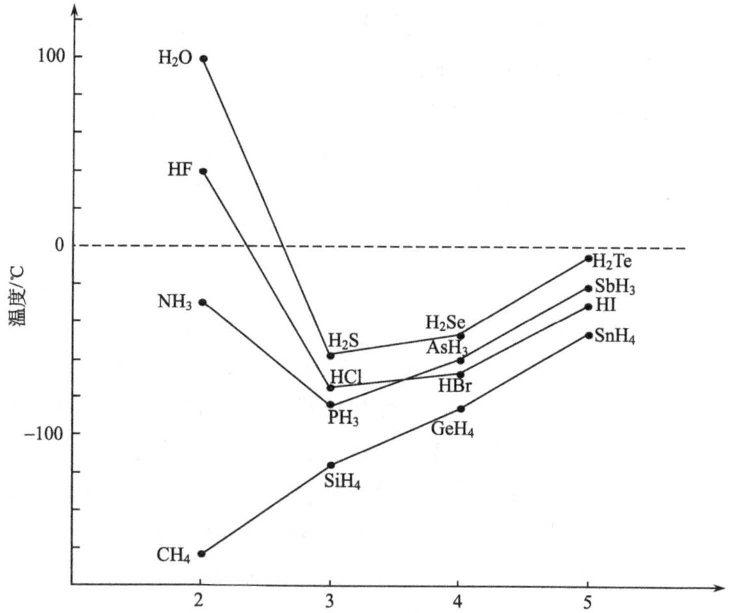

图 6.12 第ⅣA、ⅤA、ⅥA、ⅦA 族元素的氢化物的沸点

HF 分子间氢键的结构如下：

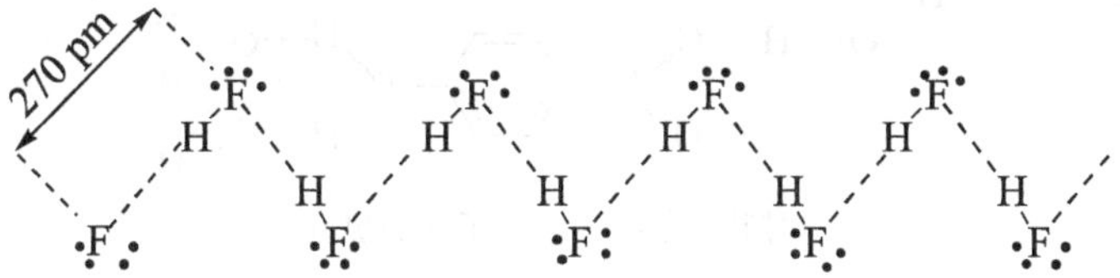

按照杂化轨道理论可以判断，其中的 F 采取的是不等性的 sp^3 杂化轨道，由其中一孤对电子形成氢键，所以才会出现折线形的链状结构。

第Ⅴ主族元素和第Ⅵ主族元素中氢化物的沸点变化也有类似的情况。这是由于在 NH_3 分子之间、H_2O 分子之间也存在着较强的作用力——氢键。另外，就 NH_3、H_2O、HF 的沸点而言，由于 H_2O 分子可以在四个方向同时形成氢键，所以 H_2O 的沸点最高。

一些含氧酸中也存在着氢键。例如，硼酸 H_3BO_3 分子间、硝酸分子内就存在着氢键：

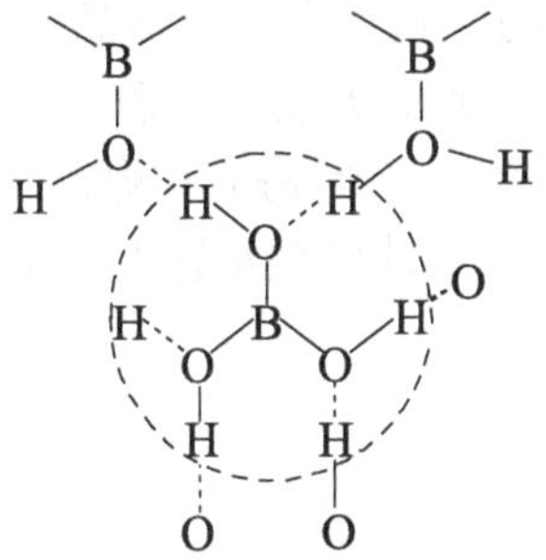

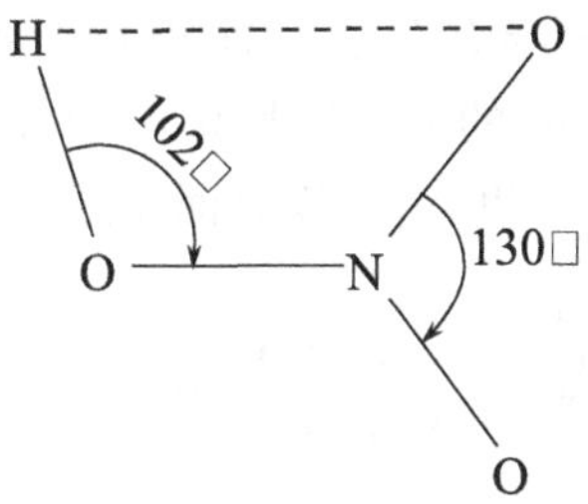

氢键不仅可以在分子之间形成，在分子内也可以形成。例如，对硝基苯酚的熔点为 114 ℃，沸点为 279 ℃，在水中的溶解度较大；邻硝基苯酚的熔点为 44.5 ℃，沸点为 214 ℃，它的熔点、沸点和在水中的溶解度都比对硝基苯酚的小得多。这是由于对硝基苯酚在其分子间形成了氢键，使晶体中的分子间作用力较大，熔、沸点较高；当将对硝基苯酚置于水中时，可以和水分子形成分子间氢键，因此溶解度较大。

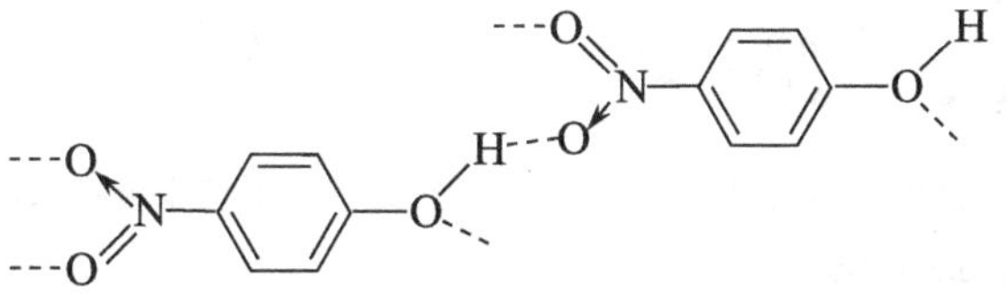

对硝基苯酚分子间的氢键

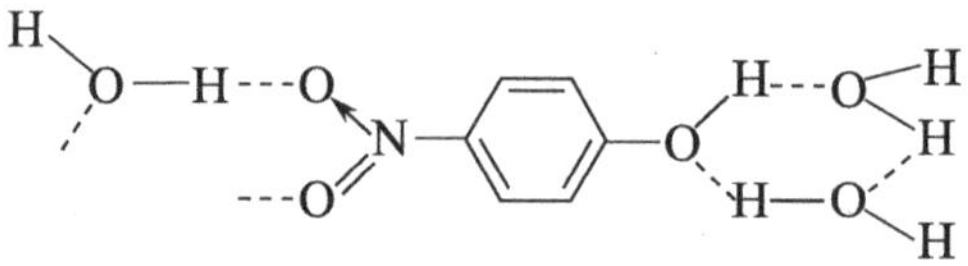

对硝基苯酚与水分子间的氢键

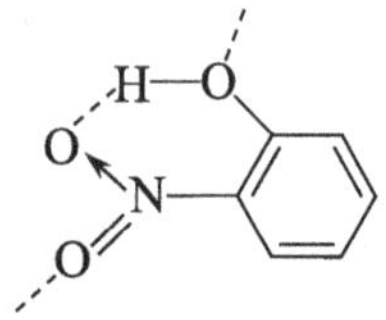

邻硝基苯酚在分子内形成了氢键，减少了与水分子之间形成氢键的机会

邻硝基苯酚在分子内形成了氢键，从而减小了分子间的作用力，使得熔点、沸点较低；在水中时，由于邻硝基苯酚能与水分子形成的分子间氢键较少，因此，它在水中的溶解度较小。

研究结果表明，水分子还能通过氢键形成笼状结构(图 6.13)，包结化合物，此类化合物就称为“笼状化合物”。例如，甲烷水合物(图 6.14)，化学式为 $CH_4 \cdot 8H_2O$，甲烷水合物也称“ 可燃冰”，是甲烷和水分子形成的笼状化合物的结晶，将二者分离就能获得普通的天然气。它有可能成为将来最主要的天然气来源。1 m^3 可燃冰可转化为 164 m^3 的天然气和 0.8 m^3 的水。科学家估计，海底可燃冰分布的范围约 4000 万平方公里，占海洋总面积的 10%，海底可燃冰的储量够人类使用 1000 年！

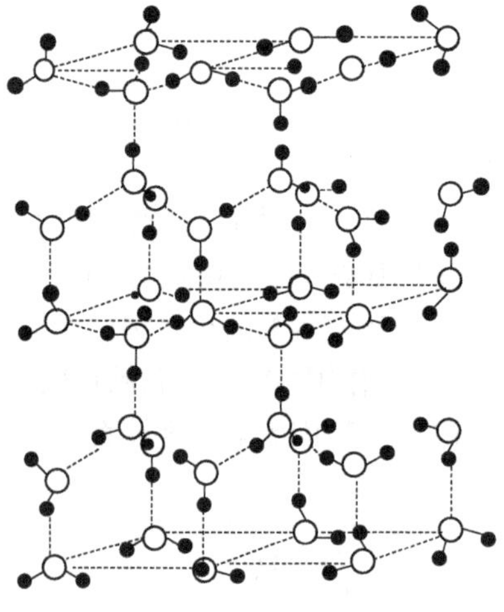

图 6.13　水晶体中的氢键及笼状结构示意图

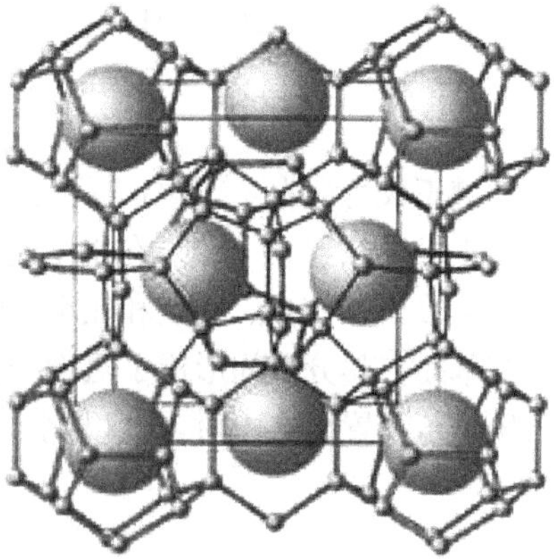

图 6.14　甲烷水合物球棍模型(笼状水合物)

6.3　晶体的类型与性质

6.3.1　晶体的基本类型

按照晶格结点上粒子种类及对应的作用力类型的不同，可以把晶体分为离子晶体、原子晶体、分子晶体和金属晶体四种基本类型。

1. 离子晶体及其性质

在晶格结点上交替地排列着正、负离子，并以离子键结合而形成的晶体称为离子晶体。较典型的离子晶体主要是由低价态的活泼金属元素离子与低价态的活泼非金属元素离子形成。例如，NaCl、KBr 等，NaCl 晶体如图 6.15 所示。

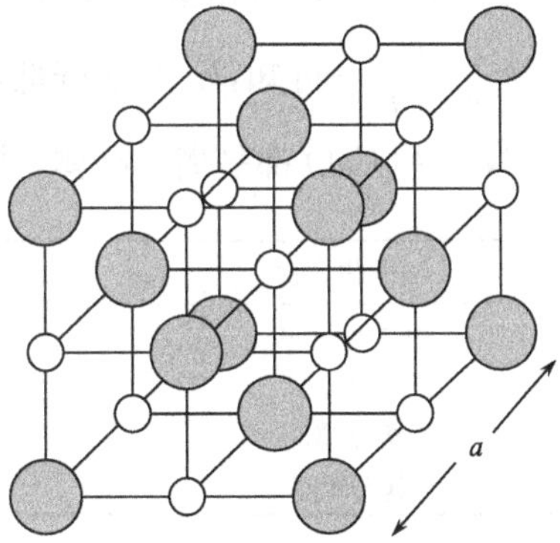

图 6.15　氯化钠晶体示意图

灰色的圆球为 Cl^-，白色的为 Na^+

一般认为，离子键不具有方向性和饱和性。在离子晶体中，带有相反电荷的离子交替排布，紧密接触，使系统尽可能处于最低的能量状态，由于正、负离子往往不是等径圆球的排列，所以离子晶体只有中等至较高的配位数[在晶体中，与晶格结点上的粒子(原子、离子或分子)最近邻的粒子的数目称为配位数]。离子型晶体的配位数通常为 4～8。例如，氯化钠晶体中，每个微粒的配位数为 6。这个数值在几种基本类型的晶体配位数中处于居中的水平。

在典型的离子晶体中，离子键较强，离子型晶体的熔点、沸点较高，硬度较大，但延展性差。

离子晶体的结合力越大，结合能(晶格能)就越大，所以，可以粗略地认为，离子晶体的熔点、沸点、硬度等物理性质与其晶格能的大小有关。晶格能越大(晶格能常为负值，这里指其绝对值越大)，晶体就越稳定，其熔点、沸点就越高，硬度就越大。**晶格能** E_c 通常是指在 100 kPa 和 298.15 K 的条件下，由气态正、负离子形成单位物质的量的晶体时所放出的能量。对于较典型的离子晶体，可以粗略地认为

$$E_c \propto \frac{|z_+ \cdot z_-|}{r_+ + r_-}$$

式中，z_+、z_- 分别表示正、负离子的电荷；r_+、r_- 分别表示正、负离子的半径。

例如，第二主族元素几种氧化物的熔点、硬度等有关数据如下：

离子型氧化物	MgO	CaO	SrO	BaO
$r_+ + r_-$/nm	0.198	0.231	0.244	0.266
熔点/℃	2852	2614	2430	1918
莫氏硬度	5.5～6.5	4.5	3.8	3.3

这些氧化物都为离子型晶体。在这些组成均为1∶1型的离子型晶体中，负离子相同，正离子结构相似、电荷相同，但从左到右，正离子的半径依次增大，根据$E_c \propto \frac{|z_+ \cdot z_-|}{r_+ + r_-}$可知，$E_c$依次降低，所以，熔点、硬度依次降低。

NaF 和 CaO 都是离子晶体，其熔点、硬度等有关数据如下：

离子化合物	NaF	CaO
$r_+ + r_-$/nm	0.23	0.231
$\|z_+ \cdot z_-\|$	1	4
熔点/℃	993	2614
莫氏硬度	3.2	4.5

在这两个离子型晶体中，负离子的结构相似，正离子结构也相似，且正、负离子的半径之和($r_+ + r_-$)相近，但$|z_+ \cdot z_-|$相差较大，根据$E_c \propto \frac{|z_+ \cdot z_-|}{r_+ + r_-}$可知，从左向右，$E_c$依次升高，所以，CaO 的熔点、硬度较高。

2. *原子晶体及其性质*

在原子晶体中，晶格结点上排列的是原子，原子间的作用力为共价键。共价键的强弱与轨道重叠的有效性、轨道能级相近程度、有效核电荷的大小、原子间的距离等因素有关。

在原子晶体中，原子必须在三维方向形成共价键，而且所有原子对于电子的吸引力都较强才能形成共价键，所以，可形成原子晶体的只能是那些能形成两个以上共价键的、电负性较大(但不是越大越好)的元素的原子，即周期表中以第Ⅳ主族碳元素为中心的附近区域的几种元素的原子。正因为如此，属于原子晶体的物质很有限，主要有金刚石型 C(钻石)、单晶硅 Si、锗 Ge、金刚砂(碳化硅，SiC)、氮化硼 BN、氮化铝 AlN、砷化镓 GaAs、方石英 SiO_2 等。考虑到由不同元素的原子形成的原子晶体中的原子带有部分电荷，有时也将这些由不同元素的原子形成的原子晶体称为**类原子晶体**。

在原子晶体中，原子的排列受到共价键具有方向性和饱和性的条件限制，使原子晶体的配位数最小，密度较小；共价键的作用力很大，导致原子晶体的熔点很高，硬度很大。因此，常把它们用作切削金属的刀口材料、耐磨和耐高温材料。尽管属于原子晶体的物质种类不多，但由于其优异的物理力学性质，使它们成为一类重要的特殊材料。最典型的就是金刚石，其中每一个碳原子都以 sp^3 等性杂化方式形成四个 sp^3 杂化轨道，恰好有四个价电子，成键电子数与轨道数最匹配，每个轨道上的一个电子分别与相邻的碳原子形成共价键，能在四个方向形成牢固的 σ 键，共价键的键力十分集中，这就使它的键合能力在各个方向上都很强，使得金刚石的熔点最高，硬度最大。金刚石(C)的晶体结构如图 6.16 所示。

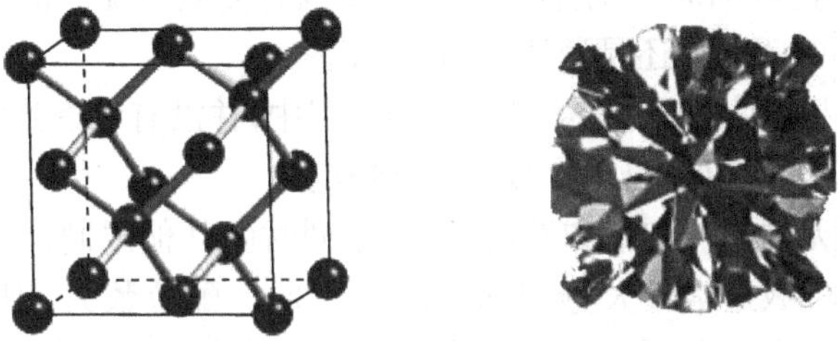

图 6.16　金刚石的晶体结构与钻石饰品

3. 分子晶体及其性质

如果在晶格结点上排列的粒子是分子，则此类晶体称为分子晶体，如干冰(CO_2)、单质 I_2 等。干冰的晶体结构如图 6.17 所示。

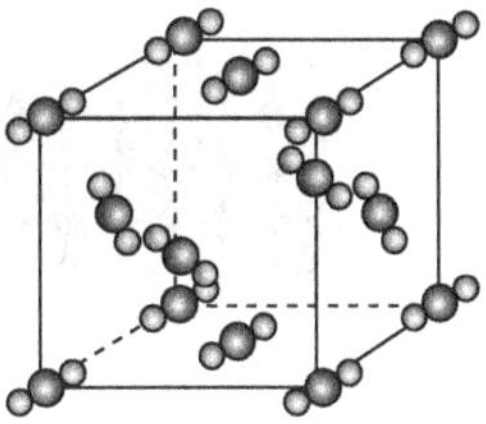

图 6.17　干冰的晶体结构

在分子晶体中，尽管分子内所具有的共价键可能很强，但决定分子晶体物理性质的是晶体中相邻结点上粒子间的结合力——分子间力及氢键。由于分子间力及氢键的作用力都比化学键弱得多，所以，分子晶体的硬度、熔点、沸点一般都较低，分子晶体的熔融导电性也差。

4. 金属晶体及其性质

在金属晶体中，晶格结点上的粒子是金属原子或金属正离子，它们之间的结合力为金属键。在金属晶体中，每个原子本身所带的正、负电荷数相等，但由于外层电子离核较远，并不能完全屏蔽原子核对其他原子上外层电子的吸引力。与此同时，原子的外层电子也会受到其他金属原子核的吸引，由此产生了相互间的吸引力，并通过电子的共用方式成键。由于这种成键方式与共价键有些相似，所以，通常用“改性的共价键理论”或以分子轨道理论为基础得出的“能带理论”来解释金属键。不同的是，各个金属原子对电子的吸引力与分子中的原子对共价键中的电子的吸引力相比弱得多,结果导致了电子的“离域”。所以,金属键是由各个金属原子通过对较自由的共用电子的吸引形成的结合力。原子中可用于成键的电子数和轨道数越多(成键能力越强),原子的(金属)半径越小,有效核电荷强弱适度则有利于形成较强的金属键。一般认为,金属键没有方向性和饱和性。

金属键属于较强的一类作用力,所以,一般认为金属的熔点、沸点较高,硬度较大。金属原子的种类不同,用于成键的电子数和轨道数不同,成键能力相差较大,所以,不同金属的物理性质的差别较大。例如,Hg 的熔点为－38.84 ℃,W 的熔点为 3410 ℃,差值为 3450 ℃左右。其他性质也有类似情况。例如,在常温下,Cr 的硬度达到了 9.0,而 Hg 还是液体,没有硬度。

应该注意的是,在上面讨论熔点变化的过程中,并没有考虑到实际晶体所采取的晶格类型等因素,所以会出现少数的例外情况。

由于金属键无方向性和饱和性,粒子在排列时的其他限制性因素较少,所以,金属中粒子的配位数通常较大(典型值为 8 或 12)。配位数大,则金属较密实,加上在周期表同一族中从上而下相对原子质量增大,金属往往又处在同一族的下方,使得金属成为密度最大的一类物质。正是由于金属键没有方向性和饱和性,所以其延展性良好(图 6.18)。

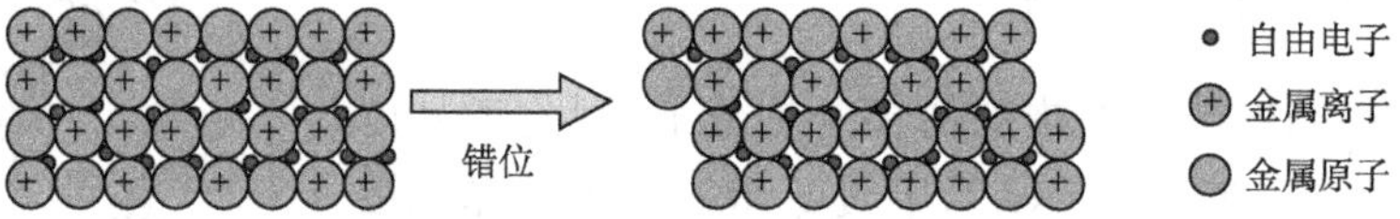

图 6.18　金属键模型及金属的延展性

在电场的作用下,金属晶体中的离域电子能够做定向移动,所以金属是电子导体,有良好的导电性。

上面分别介绍和讨论了离子晶体、原子晶体、分子晶体和金属晶体的类型及其性质。晶体的类型不同,其性质就不同。这些晶体的类型与其典型性质的比较见表 6.2。

表 6.2　晶体的基本类型及相应的典型性质

基本类型	离子晶体	原子晶体	分子晶体	金属晶体
晶格结点上的粒子	正、负离子	原子	分子	金属原子或金属正离子
实例	BaO、NaCl、K_2SO_4	C(金刚石)、SiC、BN、SiO_2(方石英)	干冰(CO_2)、萘、碘	Na、Mg、Cu、Fe
粒子间作用力类型	离子键	共价键	分子间力、氢键	金属键

续表

基本类型	离子晶体	原子晶体	分子晶体	金属晶体
作用力特点	无方向性 无饱和性	有方向性 和饱和性	无方向性 无饱和性	无方向性 无饱和性
配位数	4～8	通常为 4	一般为 4～6 最高为 12	一般为 8～12
密度	较大	较小	较小	大
熔点、沸点	较高	高	低	一般较高，部分较低或很高
硬度	较大	大	较小	一般较大
延展性	差	差	差	良
熔融导电性	良	差	差	良

6.3.2　过渡型晶体

事实上，许多物质的晶体并非简单地属于上述四种基本晶体类型，而是上述几种晶体类型在某种程度上的混合或者过渡。因此，常将这些类型的晶体称为**过渡型晶体**或**混合键型晶体**。

过渡型晶体晶格结点上的粒子间的作用力主要有两类情况：①从三维空间的角度看，其中某一维（或二维）的作用力属于一种类型，另外二维（或一维）的作用力属于另一种类型，即存在几种属于完全不同类型的作用力；②同样从三维空间的角度看，虽然作用力都一样，但它实际上是由上述几种典型作用力混合而成（图 6.19）。

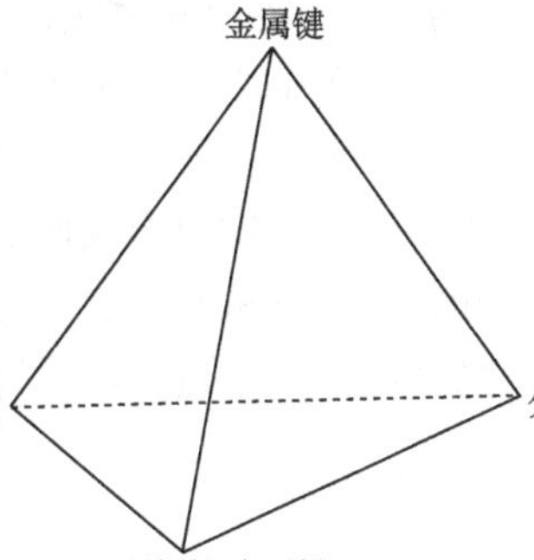

图 6.19　晶体中作用力的成分

图 6.19 中，四面体棱上的作用力表示此作用力包含有两种作用力的成分；在四面体面上的作用力表示此作用力包含有三种作用力的成分；在四面体内的作用力表示此作用力包含有四种作用力的成分。越靠近四面体的某个顶点，作用力就越单纯，相应的晶体就越接近于上述四种基本晶体类型中的一种（但没有百分之百的离子键，即理想的离子键）。在实际存在的晶体中绝大多数属于过渡型晶体。

1. 链状结构的晶体

在天然硅酸盐晶体中，基本结构单位是由 1 个硅原子和 4 个氧原子所组成的硅氧四面体，根据这种四面体的联结方式的不同，可以形成各种不同的硅酸盐结构。若将各个四面体通过其两个顶角的氧原子分别与另外两个四面体中的硅原子以共价键联结，便构成了链状结构的硅酸盐负离子，通式为$(SiO_3)_n^{2n-}$，如图 6.20 所示。图中的直线表示以共价键结合。链与链之间填充着金属正离子，如 Na^+、K^+、Mg^{2+}、Ca^{2+}等，它们与硅酸盐负离子通过离子键相结合。

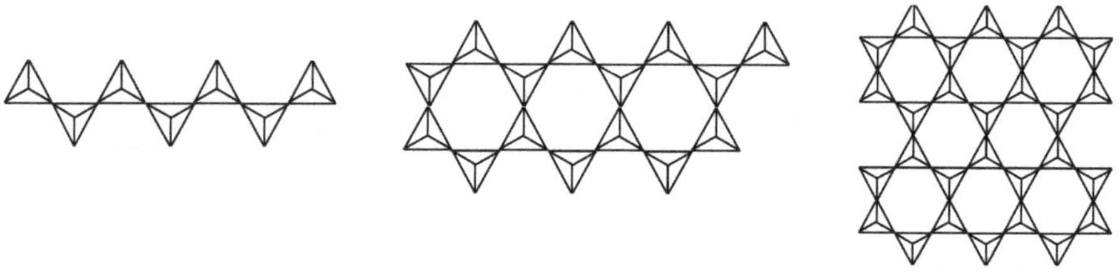

(a) 石棉中含有链状结构的阴□离子链$(SiO_3)_n^{2n-}$　　(b) 石棉中含有一种双阴□离子链$(Si_4O_{11})_n^{6n-}$　　(c) 云母的结构是无限层状□结构$(Si_4O_{10})_n^{4n-}$

图 6.20　硅酸盐骨架示意图

在石棉中，主要有两种结合力，一种是存在于链状结构的硅酸盐负离子$(SiO_3)_n^{2n-}$与正离子之间的离子键，另一种是存在于链内硅、氧之间的共价键。由于离子键较弱，由共价键连接成的长链有一定程度的可曲展性，所以，在外力的作用下，晶体中的离子键更容易断裂，从而形成柱状或链状的纤维。类似地，云母中层状结构的负离子$(Si_4O_{10})_n^{4n-}$通过与正离子之间的离子键结合在一起，在外力的作用下，晶体中的离子键更容易断裂，形成薄片。

2. 层状结构的晶体

石墨是典型的层状结构的晶体(图 6.21)。在同一层中[图 6.21(a)]，每个碳原子都用 sp^2 杂化轨道，在平面内的三个方向与相邻的三个碳原子形成三个 sp^2-sp^2 重叠的 σ 键，键角为 120°，每一个碳原子还剩一个垂直于 sp^2 杂化轨道平面的 2p 轨道和一个 2p 电子。处于同一平面的所有碳原子的相互平行的 p 轨道相互重叠，形成遍及整个平面的离域大 π 键。离域大 π 键中的电子能够在此整个平面内运动，从而在同一层中，石墨有良好的导电性，并是良好的传热介质，具有金属光泽。由于层与层之间靠色散力结合[图 6.21(b)]，此色散力的合力很大，所以，它的熔点、沸点也很高，但与同一层中的导电性相比，层与层之间的导电性就差得多(约差 4 个数量级)。

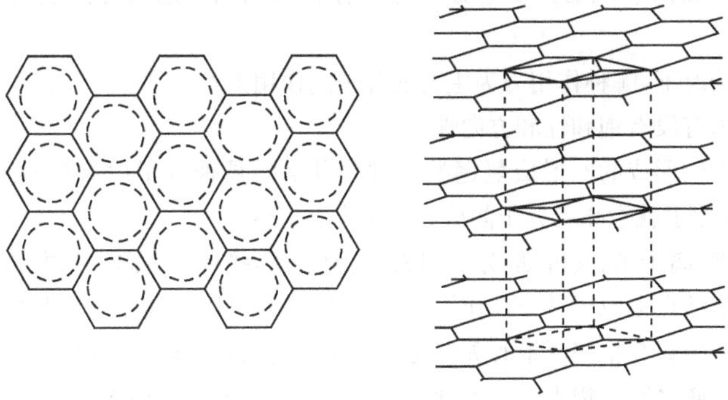

(a)　(b)

图 6.21　石墨的结构

在石墨晶体中，同层碳原子间以共价键结合（距离为 0.142 nm），层间则以色散力结合（碳原子间的距离为 0.335 nm）。在石墨中，层与层之间的作用力没有方向性，尽管熔点很高，但在外力的作用下，石墨容易发生层与层之间的滑动，工业上常把它作为一种固体润滑剂和铅笔芯的原料。

氮化硼(BN)除具有金刚石型的晶体外，也有类似石墨结构的晶体类型，呈白色粉末状，具有类似石墨的性质，有“白色石墨”之称，是一种比石墨更耐高温的固体润滑剂。

思 考 题

1. 化学键有哪几种基本类型？
2. 离子键是怎样形成的？有没有百分之百的离子键？怎样才能形成比较典型的离子键？
3. 共价键是怎样形成的？
4. 价键理论的要点有哪些？
5. 目前广泛应用的共价键理论有哪几种？
6. σ键、π键各有什么特点？
7. 是否可以用价键理论来解释分子的空间构型？应该用什么理论来解释？
8. 轨道的杂化类型与分子的空间几何构型的关系如何？
9. 轨道的等性杂化与不等性杂化有何区别？
10. 极性分子和非极性分子是如何划分的？有极性键的分子是否就一定是极性分子？
11. 色散力是如何形成的？哪些分子之间存在色散力？色散力的强弱主要与哪些因素有关？
12. 诱导力是如何形成的？哪些分子之间存在诱导力？诱导力的强弱主要与哪些因素有关？

13. 取向力是如何形成的？哪些分子之间存在取向力？取向力的强弱主要与哪些因素有关？

14. 大多数情况下，哪种作用力为主要的分子间作用力？

15. 分子间力有没有饱和性和方向性？

16. 氢键是如何形成的？形成氢键的条件是什么？是否分子中有氮原子、氧原子或氟原子，同时又存在氢原子就意味着分子间或分子中存在氢键？

17. 在金属键、离子键、共价键、分子间力、氢键中，哪些具有方向性和饱和性？

18. 按照晶格结点上粒子种类及作用力类型的不同，可以将晶体分为哪几种基本类型？

19. 金属键的强弱与哪些因素有关？是否金属性越强，金属键就越强？

20. 为什么金属之间的物理性质变化范围很大？导致金属的密度较大、延展性、导电性较好的原因何在？

21. 为什么属于原子晶体的物质较少？为什么属于原子晶体的物质的熔点、沸点、硬度等较高，密度、导电性却较小？

22. 离子键的强弱与哪些因素有关？是否键的离子性越强，离子键就越强？怎样判断离子键的强弱？离子型晶体在常温下的导电性如何？

23. 什么是过渡型晶体或混合键型晶体？

习　题

1. 选择题。(将正确答案的标号填入括号内)

(1) 下列化合物不含有双键或叁键的是(　　)。

(a) C_2H_4　(b) HCN　(c) N_2　(d) H_2O

(2) 下列物质的沸点高低次序正确的是(　　)。

(a) $CH_4 < SiH_4 < GeH_4 < SnH_4$　(b) He>Ne>Ar>Kr

(c) HF>HCl>HBr>HI　(d) HF<HCl>HBr<HI

(3) 在形成双原子分子时(　　)。

(a) 首先形成 π 键，再形成 σ 键　(b) 可以不形成 σ 键

(c) 只可以形成 1 个 σ 键　(d) 可以只形成 π 键

(4) 下列各物质的分子间只存在色散力的是(　　)。

(a) CCl_4　(b) CO_2　(c) NH_3　(d) CH_3CH_2OH

(5) 下列各种分子间存在氢键的是(　　)。

(a) HCl　(b) $CHCl_3$　(c) $CH_3—O—CH_3$　(d) H_3BO_3

(6) 下列各种物质的晶体中，同时具有两种基本类型作用力的是(　　)。

(a) 石墨　(b) 石棉　(c) 金刚石

2. σ 键是原子轨道按什么方式进行重叠？π 键是原子轨道按什么方式进行重叠的？

3. 根据杂化轨道理论预测下列分子的空间构型。

(1) CCl_4　(2) $BeCl_2$　(3) BF_3　(4) OF_2　(5) $CHCl_3$

4. 比较并解释 BCl_3 与 NCl_3 分子的空间构型。

5. 指出下列分子中的中心原子所采的杂化类型，并说明分子的几何构型。

(1) H_2O　　(2) CH_4　　(3) $CHCl_3$　　(4) NH_3

6. 填写下表：

化合物	中心原子的杂化轨道类型	分子的空间构型	分子的电偶极矩 μ（是否为零）
H_2S			
$SiCl_4$			
$HgCl_2$			
$CHCl_3$			
NCl_3			

7. 试判断下列各组物质的熔点高低的顺序，并作简单解释。

(1) SiF_4、$SiCl_4$、$SiBr_4$、SiI_4；

(2) F_2、Cl_2、Br_2、I_2；

(3) PF_3、PCl_3、PBr_3、PI_3；

(4) H_2O、H_2S、H_2Se、H_2Te。

8. 乙醇和二甲醚($CH_3—O—CH_3$)的原子组成相同，但前者的沸点为 78.5 ℃，后者的沸点为－23 ℃，为什么？

9. 为什么 H_2O 的沸点比 NH_3 和 HF 高，是否说明 O—H ⋯ O 中的氢键最强？

10. 对硝基苯酚和邻硝基苯酚的原子组成相同，但它们的熔点、沸点和在水中的溶解度相差较大，为什么？

11. 下列物质中哪些易溶于水？哪些难溶于水？试根据分子结构和分子间力的知识作简单的解释。

乙醇，NH_3，　C_2H_6，苯

12. 下列各物质的分子间各存在何种类型的作用力？

(1) H_3BO_3　　(2) HNO_3　　(3) $CH_3—O—CH_3$　　(4) CH_3CH_2OH　　(5) $CHCl_3$

13. 为什么把金属键又称为"改性的共价键"？它与一般所说的共价键有何相似之处和不同之处？

14. 在过渡型晶体中，晶格结点上的粒子间的作用力最多可能是几种作用力的混合？

15. 填空。(填写应具体、完整)

物　质	BaO	SiO_2	干冰	Cu	水
晶体类型					
晶格结点上的粒子					
晶格结点上粒子间的作用力类型					
熔点高低					
熔融导电性					
硬度高低					

16. 将下列物质按性质排序，并说明理由。

(1) SiO_2、CO_2、BaO 的硬度大小；

(2) CaF_2、CaO、$CaCl_2$、MgO 的熔点高低；

(3) SiC、SiF_4、$SiCl_4$、$SiBr_4$ 的熔点高低；

(4) NaF、NaCl、NaBr、NaI 的熔点高低；

(5) HF、HCl、HBr、HI 的沸点高低。

第 7 章　单质与无机化合物

7.1　单质的物理性质和晶体类型

第 6 章中，根据晶格结点上粒子间作用力的不同，把晶体分成了四种基本类型，并讨论了各种作用力与几种物理性质(如熔点、沸点等)之间的关系。但许多物质的晶体并不单纯地属于四种基本类型中的一种，而是属于这四种晶体类型的混合或者过渡。

根据单质的实际晶型，本节讨论单质的几种物理性质在周期表中的递变情况。图 7.1、图 7.2、图 7.3 分别是单质的熔点、沸点和硬度在周期表中的递变情况。

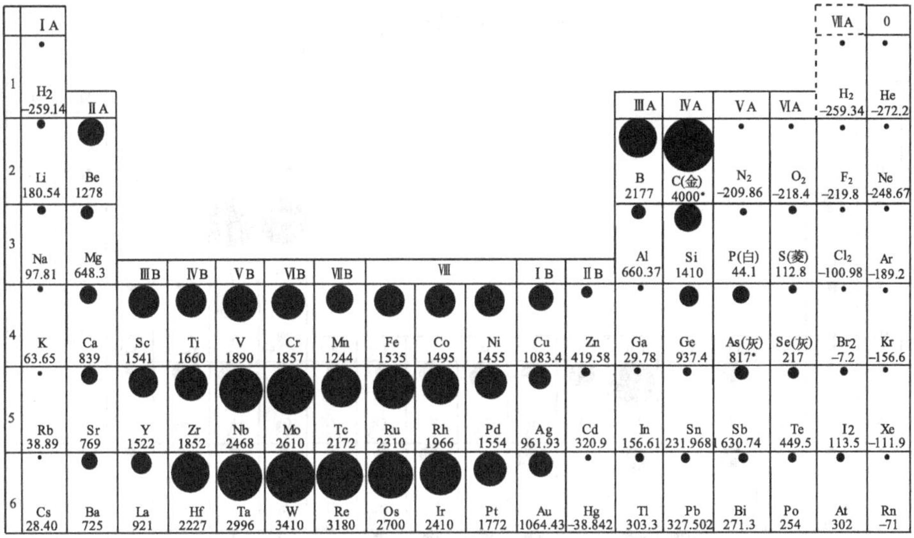

* 表示在63□100 kPa下金刚石的熔点。

图 7.1　单质的熔点(℃)

需要说明的是，同一种单质的晶胞类型可以有几种。例如，Ca 的晶胞类型就有面心立方紧密堆积、六方紧密堆积和体心立方密堆积三种，而且，杂质量的不同、结晶时的条件不同以及测量方法的不同等都会造成同一元素单质的熔点、沸点和硬度的数据不同，甚至会出现较大的出入。

此外，由于单质晶体都是由电负性相同的同种原子构成，因此，就晶格结点上

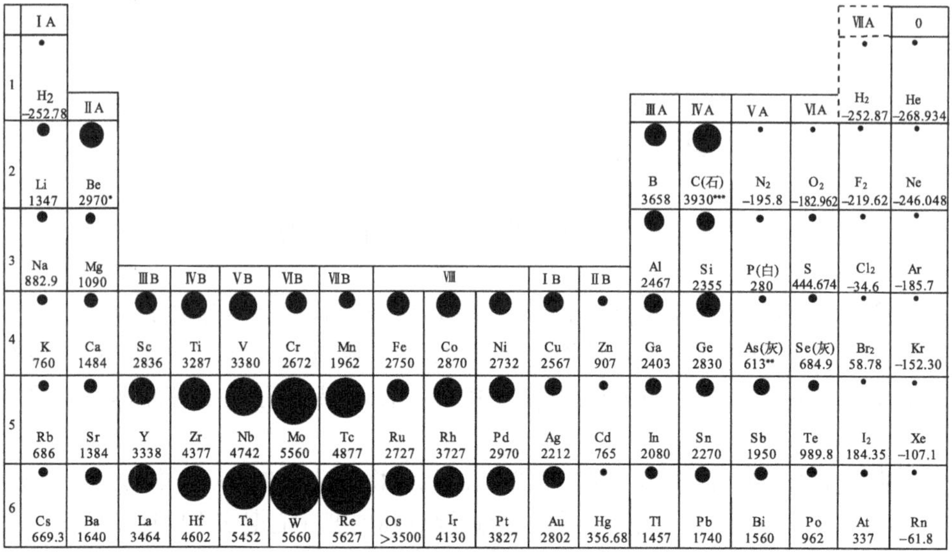

* 表示在减压下; **表示升华; ***金刚石在熔点时已分解，故没有沸点，所以此处所引用的是石墨的沸点数据。

图 7.2 单质的沸点(℃)

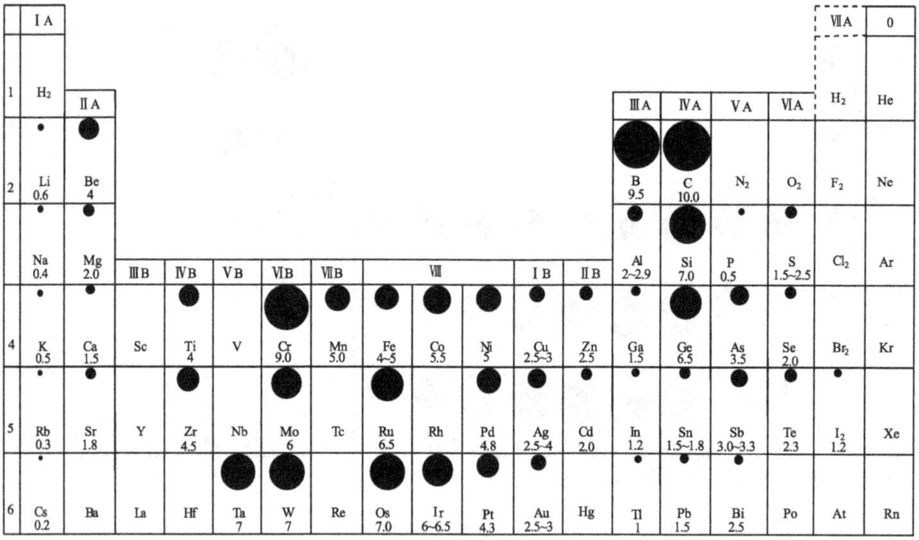

注：以金刚石等于10的十分制莫氏硬度来表示，即按照不同矿物的硬度来区分，硬度大的矿物可以在硬度小的表面刻出刻痕。十个等级是：1.滑石；2.岩盐；3.方解石；4.萤石；5.磷灰石；6.冰晶石；7.石英；8.黄玉；9.刚玉；10.金刚石。

图 7.3 单质的硬度①

① 数据摘自：Robert C Weast. CRC Handbook of Chemistry and Physics. 63rd ed.，1982～1983，F-22等。

粒子间的作用力而言，不同程度地含有共价键、金属键和分子间力（在这里为色散力）的成分，而不含有离子键的成分，如图 7.4 所示。

图 7.4　单质晶格结点上粒子间的作用力成分

如图 7.1 和图 7.2 所示，第一周期只有两个元素的单质 H_2 和 He，从左向右，熔点、沸点依次降低。虽然它们都属于分子晶体，粒子间的作用力为色散力，且两种分子中都含有两个质子和两个电子，但是 H_2 分子中的两个质子是分开的，作用力方向不一致，使负电荷（或者说电子云）较为分散；相反，He 分子中的两个质子是在同一原子核内，作用力方向一致，使负电荷（或者说电子云）较为集中。因此，He 分子间色散力比 H_2 的更弱。

在第二周期，从左向右，单质的熔点逐渐升高，到第ⅣA 族达到最高，然后又急剧降低，至零族降为最低。这是因为在该周期，从 Li、Be、B 到 C（金刚石），由于有效核电荷的增加和成键电子数的递增，晶格结点上粒子间的作用力从金属键递变为共价键，晶体类型从金属晶体递变为原子晶体，因此，熔点依次升高；从 C_{60}、N_2、O_2、F_2 到 Ne，它们都是分子晶体，由于分子的变形性依次减小，色散力依次减弱，熔点依次降低。

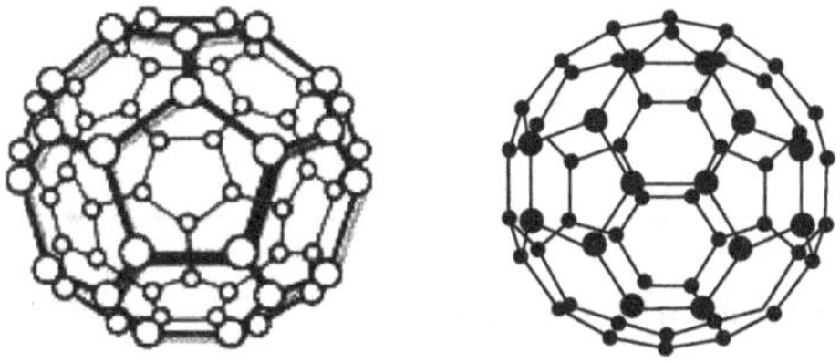

图 7.5　足球烯的结构

需要注意，递变到 C 元素单质的晶体时，C 元素单质本身有三种不同的晶体类型：金刚石（三维成键）、石墨（层状晶体，二维成键）和足球烯（C_{60}，又称为富勒烯，其结构如图 7.5 所示），其本身的递变体现了本周期元素单质晶型的渐变过程——从三维方向形成共价键到二维方向形成共价键，最后递变到随后相对较小的分子。本周期元素单质的晶体类型及熔点高低等递变情况如图 7.6 所示。

第三周期元素单质晶体的熔点递变情况与第二周期类似，具体情况如图 7.7 所示。

在长周期（第四、五、六周期）中，从第ⅠA 族到第ⅤB 族、第ⅥB 族附近，熔点、沸点和硬度依次升高；再从第ⅤB 族、第ⅥB 族到第ⅡB 族，熔点、沸点和硬度变化的总趋势是逐渐降低。由于金属键是一种“改性的共价键”，其实质也是共用电子。用相应的理论可以解释这种递变趋势：在同一周期中，从左向右，电子层数不变，有效核电荷增大，半径减小，ⅠA 族的碱金属元素的原子半径为同周期中最大，有效

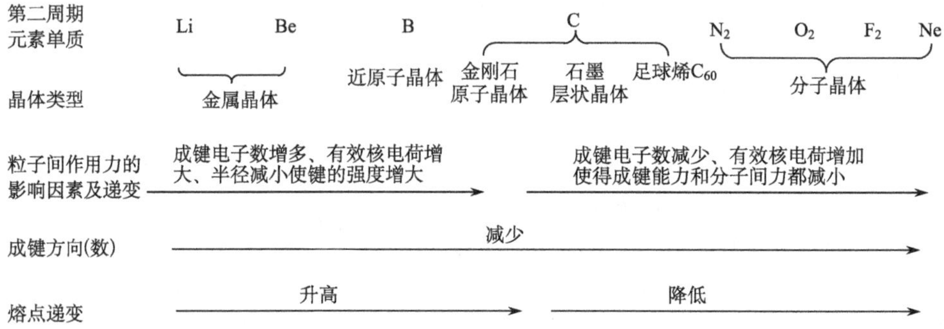

图 7.6 第二周期元素单质的晶型及熔点递变

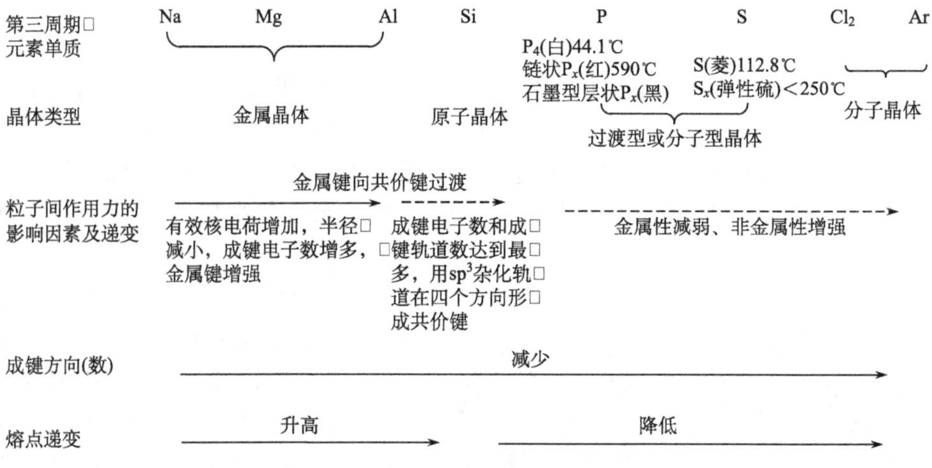

图 7.7 第三周期元素单质的晶型及熔点递变

核电荷最小,可用于成键的价电子数仅 1 个,金属键的键能较小,因而它们的熔点、沸点、硬度、密度也都较小。从第ⅡA 族的碱土金属元素向右,开始进入 d 区,由于有效核电荷逐渐增大,原子半径逐渐减小,可参与成键的电子数[包括 ns 电子和 (n−1)d 电子]逐渐增多,可参与成键的电子数与轨道数越来越匹配,成键能力增强,金属键的键能逐渐增大,因而金属单质的熔点、沸点等逐渐升高。在第ⅥB 族附近,原子中的可参与成键的电子数与轨道数相等,同时达到最多(s 电子数+d 电子数=s 轨道数+d 轨道数=6 个),最为匹配,成键能力最强,所以,在同一周期中,第ⅥB 族附近的金属元素单质的熔点、沸点最高(图 7.1、图 7.2)。第ⅥB 族至第ⅡB 族,尽管价电子数增多,但实际可用于成键的未成对电子数逐渐减少,成键能力逐渐降低,因而金属单质的熔点、沸点、硬度等逐渐降低。进入 p 区后,随着有效核电荷数依次增加，在元素单质的晶体内，相邻结点间的结合力从金属键向共价键过渡，晶体类型也相应发生了过渡，当过渡到第ⅣA 族时，原子中的可参与成键的价电子数与轨道数相等，同时达到最多（s 电子数＋p 电子数＝s 轨道数＋p 轨道数＝4 个），成键能力增强，熔点、沸点和硬度再次升高。此后，随着原子可参与成键的未成对电子数的减少和有效核电荷的增大，熔点、沸点和硬度又逐步降低。在第六周期中，较为特殊的是金属元素 Hg($5d^{10}6s^2$)，由于受到镧系收缩等因素的影响，其成键能力大大减弱，所以其熔点很低。

在整个周期表中，元素单质的熔点递变的趋势如图 7.8 所示，沸点和硬度的递变情况也与此类似。

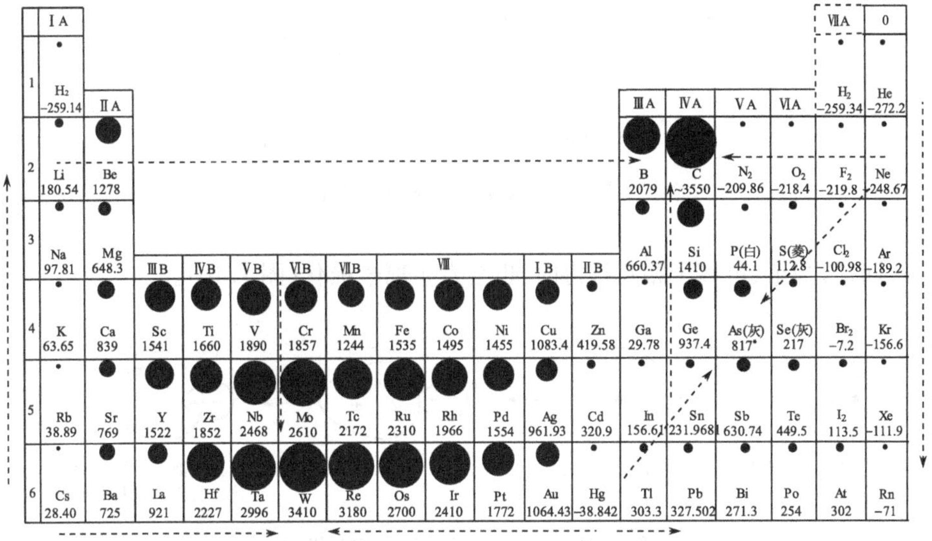

注：数据摘自Robert C Weast.CRC Handbook of Chemistry and Physics. 63rd ed.，1982~1983，B-1~48。
*表示在加压下；- - -➤ 表示熔点升高的大趋势。

图 7.8　单质熔点的递变趋势

根据各元素单质熔点、沸点和硬度在周期表中的递变情况，可以根据不同的需要选材。例如，高熔点金属钨 W 常被用作白炽灯的灯丝材料、电学仪器和光学仪器的材料等；镁 Mg、铝 Al、钛 Ti 是强度较大、密度较小的金属，这些金属及其合金通常被用于宇宙飞船、航空、汽车、化工、电信器材、机械和轻质装饰材料等方面；鉴于汞 Hg 是常温下唯一以液态存在的金属，其熔点低（−38.842 ℃），但沸点较高（356.68 ℃），很适合用作温度计、气压计、汞蒸气灯、电极材料等。

7.2 无机化合物的物理性质

7.2.1 离子极化理论

离子是由带负电荷的电子和带正电荷的原子核组成的，在电场中，组成离子的这两种带电粒子的受力方向相反，使离子的负电荷中心与正电荷中心不再重合，导致离子变形，产生诱导偶极，这种现象称为**离子极化**(图 7.9)。

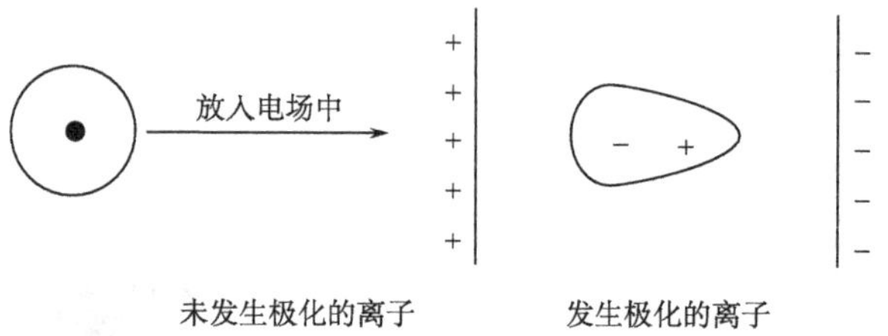

图 7.9 离子在电场中的极化

同样，当正、负离子相互接近时，也会发生离子极化(图 7.10)。

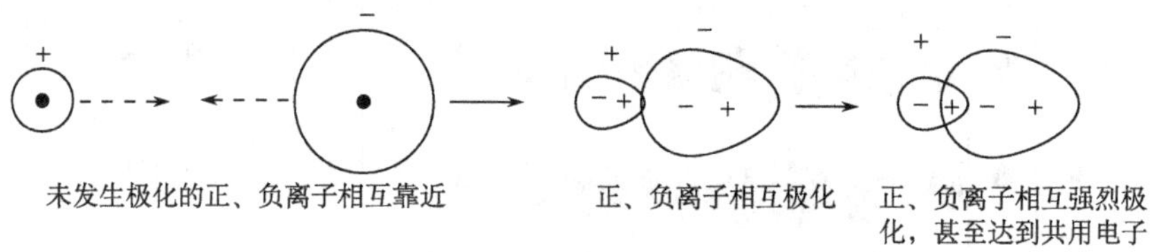

图 7.10 正、负离子之间的相互极化

从上述离子极化的机理可以看出，离子极化的程度取决于离子的极化力和离子的变形性，这就反映了成键电子的偏离程度。离子相互极化的结果总是使负离子的电子云向正离子偏移。

1. 离子的极化力

离子的极化力是指离子通过其电场使其他异号电荷离子极化而发生变形的能力。离子所形成的电场越强，对其他离子的极化力就越强。具体来说，影响离子极化力大小的因素有以下三个方面：

(1) 离子的电荷。离子所显示的电荷数越大，形成的电场就越强，极化力就越强。

(2) 离子的半径。离子的半径越小，电荷就越集中，其极化力就越强。

(3) 离子的外层电子构型。离子的外层电子构型直接影响其原子核对外所显示的有效核电荷的大小。一般来说，有如下的规律：①H^+ 的极化力很强；②外层 8 电子构型的低价态离子的极化力较小；③外层 9～17 电子构型的低价态离子的极化力较强，高价态的离子极化力很强；④外层 18 电子构型或(18＋2)电子构型的低价态离子的极化力较强，高价态的离子的极化力就更强。

由此可见，d 电子对于极化力具有特殊的影响：一方面由于 d 电子比同一主层的 s 亚层、p 亚层的电子离核更远，且处于离子的外层或次外层上，使得 d 电子对其他离子上的电子屏蔽作用较小，其核对于被极化的离子上的电子所显示的有效核电荷较大，所形成的电场较强。因此，对于带有相同电荷的离子来说，d 电子越多，有效核电荷越大，极化力就越强。另一方面，离核较远的 d 电子的电子云的变形性也较大，这样也会进一步增强对被极化离子的极化，即发生**附加极化**。例如，K^+ 和 Au^+ 的半径相近，电荷相同，就极化力而言 $K^+ < Au^+$；Ca^{2+} 和 Hg^{2+} 的半径相近，电荷相同，就极化力而言 $Ca^{2+} < Hg^{2+}$。

2. 离子的变形性

离子的变形性又称**离子的极化率**，是指离子受到外电场的影响被极化变形的程度。离子的变形性越大，被极化的程度就越大。

离子的变形性主要取决于离子本身的核对外层电子的吸引力强弱。影响离子变形性大小的因素有以下三个方面：

(1) 有效核电荷。离子的核对本身外层电子所显示的有效核电荷越大，核对外层电子的吸引力越强，离子的变形性就越小。

(2) 离子的半径。离子的半径越大，核对离子的外层电子的吸引力就越弱，离子的变形性就越大。例如，由于离子的半径增大，变形性为 $F^- < Cl^- < Br^- < I^-$(有效核电荷略微增加)。

(3) 离子的外层电子构型。离子的外层电子构型直接影响离子的变形性。一般的规律是①外层 8 电子构型的高价态正离子的变形性很小，低价态的较小；②外层 9～17 电子构型的低价态正离子的变形性较大，高价态的较小或很小；③外层 18 或(18＋2)电子构型的离子的变形性更大。

由此可见，d 电子对离子的变形性也具有较特殊的影响：d 电子比同一主层的 s 亚层、p 亚层的电子离核更远，且处于离子的外层或次外层上，使得离子的核对 d 电子的吸引力较弱，d 电子更易受外电场的影响，所以变形性较大。

另外，应了解原子在形成正、负离子时，具有不同的变化特点，主要反映在有效核电荷及半径的变化两方面。例如：

	$Na \xrightarrow{-e} Na^+$			$Cl \xrightarrow{+e} Cl^-$	
外层电子构型	$3s^1$	$2s^2 2p^6$	外层电子构型	$3s^2 3p^5$	$3s^2 3p^6$
有效核电荷	1.60	6.63	有效核电荷	5.12	4.81
半径/pm	金属半径 153.9	离子半径 97	半径/pm	共价半径 99.4	离子半径 181

由此可见，在原子变成正离子时，核对其外层电子作用的有效核电荷骤增，半径锐减；相比之下，在原子变成负离子时，核对外层电子作用的有效核电荷稍减，半径剧增，特别是对于相对原子质量较小的原子来说，其半径的变化就更大了。

综上所述，在形成正离子时，正离子的有效核电荷大，半径小，电荷集中，形成的电场强，其极化力较显著，而变形性较小；但在形成负离子时，有效核电荷较小，半径却较大，电荷不集中，形成的电场较弱，其极化力较小，而变形性较显著。正因为如此，在分析离子间的极化作用时，对于正离子，主要考虑其极化力；对于负离子，主要考虑其变形性。

基于上面我们对影响离子极化因素的讨论，就可以进一步了解从离子键到共价键的一些中间的过渡状态，如图 7.11 所示。

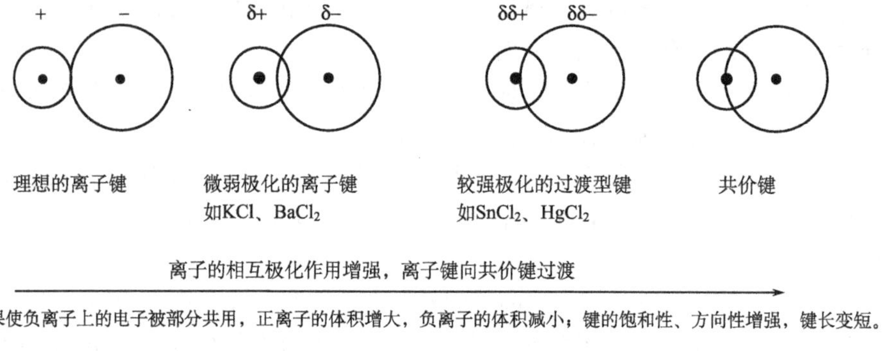

图 7.11 离子极化与键型的转变

从图 7.11 中可以看到，随着相互极化作用的增强，正离子的体积增大，负离子的体积减小。例如，对于碱金属的氢化物来说，从 CsH 到 LiH，随着正离子的极化力增强，负离子 H^- 的半径从 154 pm 变到 126 pm。

应当指出，离子极化理论可以帮助理解键型的转变和相应的晶体类型的转变，以及由此引起的对物质的物理和化学性质的影响。实际上，影响物质的物理和化学性质的因素比较复杂。例如，典型的离子晶体从晶格能 $E_c \propto \frac{|z_+ \cdot z_-|}{r_+ + r_-}$ 考虑，正

离子的半径越小，所带的电荷越大，离子键越强，则熔点、沸点升高，硬度变大；但从极化理论来看，正离子的半径越小，电荷越大，极化作用就越强，使化学键的离子性减弱，共价性增强，导致离子晶体向原子晶体、层状晶体或分子晶体的过渡，熔点、沸点、硬度等性质发生变化。对于此类情况，从目前的研究结果来看，离子极化作用较小的离子晶体，主要从晶格能方面考虑其性质；离子极化作用较强的晶体，则应考虑其极化作用对其性质的影响。

7.2.2　氯化物的物理性质和晶体结构

氯化物是指氯与电负性比氯小的元素形成的一类二元化合物。所以，二元化合物 Cl_2O、ClF 等就不是氯化物，而分别属于氧化物、氟化物。

图 7.12 和图 7.13 分别列出了一些氯化物的熔点和沸点。其中，ClF 虽不是氯化物，但有一定的可比性，也列在其中。

	ⅠA	ⅡA	ⅢB	ⅣB	ⅤB	ⅥB	ⅦB	Ⅷ			ⅠB	ⅡB	ⅢA	ⅣA	ⅤA	ⅥA	ⅦA	0
1	HCl −144.8																HCl −144.8	
2	$LiCl$ 605	$BeCl_2$ 405											BCl_3 −107.3	CCl_4 −22.9	NCl_3 <-40	Cl_2O_7 −218.7	ClF −154	
3	$NaCl$ 801	$MgCl_2$ 714											$AlCl_3$ 190*	$SiCl_4$ −70	PCl_5 0.0s PCl_3 −91	SCl_4 −30	Cl_2 −100	
4	KCl 770	$CaCl_2$ 772	$ScCl_3$ 939	$TiCl_4$ −24.1 $TiCl_2$ 1035	VCl_4 −25.5 VCl_2 1027s	$CrCl_3$ 877 $CrCl_2$ 815	$MnCl_2$ 650	$FeCl_3$ 304 $FeCl_2$ 677	$CoCl_2$ 724	$NiCl_2$ 1030	$CuCl_2$ 620 $CuCl$ 430	$ZnCl_2$ 283	$GaCl_3$ 77.9	$GeCl_4$ −49.5	$AsCl_3$ −8.5	$SeCl_4$ 305s	$BrCl$ −54	
5	$RbCl$ 718	$SrCl_2$ 874	YCl_3 721	$ZrCl_4$ 437*	$NbCl_5$ 204.7	$MoCl_5$ 194					$AgCl$ 455	$CdCl_2$ 568	$InCl_3$ 586	$SnCl_4$ −33 $SnCl_2$ 246	$SbCl_5$ 2.8 $SbCl_3$ 73.4	$TeCl_4$ 224	a-ICl 27.2	
6	$CsCl$ 645	$BaCl_2$ 963	$LaCl_3$ 860	$HfCl_4$ 432	$TaCl_5$ 216.5	WCl_6 275 WCl_5 248					$AuCl_3$ 254d $AuCl$ 170d	$HgCl_2$ 277	$TlCl_3$ 25 $TlCl$ 430	$PbCl_4$ −33 $PbCl_2$ 501	$BiCl_3$ 231			

d 表示分解；* 表示在加压下；s 表示升华。

图 7.12　氯化物的熔点(℃)

从图 7.12 和图 7.13 中可以看出氯化物的熔点、沸点的变化趋势。下面，我们应用离子极化理论对此予以分析、讨论。

从整个周期表来看，总的来说，大致可以分为三种情况：

(1) 活泼金属(主要集中在周期表的左下角)的氯化物(如 $NaCl$、KCl、$BaCl_2$)和低价态(一般低于或等于 +3)的较活泼金属的氯化物(如 $ScCl_3$、$TiCl_2$、$CrCl_2$、$FeCl_2$、$NiCl_2$ 等)，它们的熔点、沸点都较高，其物质的晶体具有较强的离子晶体的特征。

周期	ⅠA	ⅡA	ⅢB	ⅣB	ⅤB	ⅥB	ⅦB	Ⅷ	Ⅷ	Ⅷ	ⅠB	ⅡB	ⅢA	ⅣA	ⅤA	ⅥA	ⅦA	0
1	HCl −84.9																HCl −84.9	
2	LiCl 1342	$BeCl_2$ 520											BCl_3 12.5	CCl_4 76.7	NCl_3 <71	Cl_2O_7 82	ClF −100.8	
3	NaCl 1413	$MgCl_2$ 1412											$AlCl_3$ 177.8s	$SiCl_4$ 57.6	PCl_5 166d PCl_3 75	SCl_4 −15d	Cl_2 −34.6	
4	KCl 1500s	$CaCl_2$ 1940	$ScCl_3$ 825	$TiCl_4$ 136.4 $TiCl_3$ 1026s	VCl_4 152	$CrCl_3$ 947s $CrCl_2$ 1300	$MnCl_2$ 1190	$FeCl_3$ 332 $FeCl_2$ 1024	$CoCl_2$ 1049	$NiCl_2$ 970s	$CuCl_2$ 993d CuCl 1490	$ZnCl_2$ 732	$GaCl_3$ 201.3	$GeCl_4$ 84	$AsCl_3$ 130.2	$SeCl_4$ 288d	BrCl ~−5	
5	RbCl 1390	$SrCl_2$ 2058	YCl_3 1507	$ZrCl_4$ 331s	$NbCl_5$ 254	$MoCl_5$ 268					AgCl 1550	$CdCl_2$ 960	$InCl_3$ 600	$SnCl_4$ 114.1 $SnCl_2$ 652	$SbCl_5$ 79 $SbCl_3$ 283	$TeCl_4$ 380	a-ICl 97.4	
6	CsCl 1290	$BaCl_2$ 1560	$LaCl_3$ >1000	$HfCl_4$ 316s	$TaCl_5$ 234	WCl_6 346.7 WCl_5 275.6	$ReCl_4$ 500				$AuCl_3$ 265s AuCl 289.5	$HgCl_2$ 304	$TlCl_3$ $-Cl_2$,40 TlCl 816	$PbCl_4$ 105d $PbCl_2$ 950	$BiCl_3$ 447			

d 表示分解; s 表示升华; ~ 表示近似。

图 7.13　氯化物的沸点(℃)

(2) 非金属元素的氯化物(如 HCl、CCl_4)和高价态的金属元素的氯化物(如 $TiCl_4$、$PbCl_4$)的熔点、沸点都很低。这类物质的晶体具有较强的分子晶体的特征。

(3) 位于周期表中部和右下部的较高价态(通常大于+3)的金属元素的氯化物的熔、沸点较低,这类物质的晶体类型和性质介于前面两种类型之间。

1. 同一主族元素氯化物的熔、沸点变化

在第ⅠA 族元素所形成的氯化物的序列中,HCl 为分子晶体,晶格结点间的作用力是分子间力,与化学键相比,分子间力明显弱得多,所以,其熔点、沸点就低得多;而从 LiCl 到 CsCl 都是以离子键为主,但其中的 Li^+ 半径很小,极化力较强,使晶体类型向分子晶体过渡,所以,其熔点比该族其他金属元素的氯化物的都低;而同族其他金属元素的氯化物都为比较典型的离子晶体,根据 $E_c \propto \frac{|z_+ \cdot z_-|}{r_+ + r_-}$ 可以看出,它们的熔点、沸点(KCl 的沸点除外)依次降低。

第ⅡA 族元素所形成的氯化物中,其正离子半径比同周期的第ⅠA 族元素所形成的氯化物中的正离子半径小得多,电荷也大一倍,使极化力显著增加,所以,化学键中共价键的成分也大得多。从上到下,$BeCl_2$ 形成链状的分子晶体,$MgCl_2$ 形成层状的过渡型晶体,$BaCl_2$ 则为较典型的离子型晶体,因此,它们的熔点依次升高。它们的沸点变化也有着类似的趋势。

第ⅢA 族元素氯化物的熔点变化情况与第ⅠA 族的情况类似,但其沸点的变

化却与第ⅡA 族的情况类似。其中，$TlCl_3$ 的熔、沸点低于 $InCl_3$，这可能与镧系收缩使得 Tl^{3+} 的有效核电荷增加导致其极化力增大有关。

第ⅣA 族元素氯化物的熔点、沸点变化与第ⅢA 族元素的氯化物的情况类似，如 $SnCl_4$ 的熔点、沸点比 $PbCl_4$ 的高。但是也有例外情况，如 CCl_4 的熔点、沸点就比 $SiCl_4$ 的高。

2. 同周期元素氯化物的熔点、沸点变化

在第三周期中，NaCl、$MgCl_2$、$AlCl_3$、$SiCl_4$ 具有较好的可比性。正离子的电子构型相似，所带电荷依次增大，半径依次减小，极化力依次增强，晶体类型由比较典型的离子晶体逐渐地递变到典型的分子晶体。它们的熔点、沸点和导电性等性质也随着发生相应的递变依次降低(表 7.1)。

表 7.1　第三周期元素的部分氯化物的几个物理性质的递变

氯化物	NaCl	$MgCl_2$	$AlCl_3$	$SiCl_4$
正离子	Na^+	Mg^{2+}	Al^{3+}	Si^{4+}
r_+/nm	0.102	0.072	0.0535	0.040
正离子极化力	电荷相同，电子构型相似，半径减小，极化力依次增强→			
晶体类型	离子晶体	层状晶体	层状晶体	分子晶体
熔点/℃	801	714	190(加压)	−70
沸点/℃	1413	1412	177.8(升华)	57.57
摩尔电导率(熔融时)	大	较大	很小	零

在第二周期中，LiCl、$BeCl_2$、BCl_3 和 CCl_4 性质递变的情况与第三周期中的情况类似。

3. 同一元素的不同价态的氯化物

根据离子极化理论，正离子的价态越高，半径越小，其极化力就越强，尤其是具有 18 电子构型或(18+2)电子构型的金属正离子的极化力就更强。由这些高价态正离子所形成的氯化物的离子型晶体向分子型晶体过渡的程度越大，熔点、沸点降低越多。例如，熔点、沸点：$TlCl_3 < TlCl$、$PbCl_4 < PbCl_2$、$SnCl_4 < SnCl_2$、$SbCl_5 < SbCl_3$ 等。

4. 不同元素的氯化物

不同元素的氯化物的性质常可以进行比较，但是在比较时要具有可比性，即在负离子相同的情况下，其中的正离子的极化力要具有可比性。例如，KCl 和 AuCl，虽然它们正离子的价态相同，半径也相近，但是，由于电子构型不同导致了极化力不同，就可对其有关性质进行比较，有关数据如下：

氯化物	KCl	AuCl
正离子半径/nm	0.138	0.137
正离子电荷	+1	+1
正离子的电子构型	8	18
极化力强弱	弱	强
熔点/℃	770	170 d(分解)
沸点/℃	1500 s	289.5 d

上例是在影响正离子的极化力的三个因素(半径、电荷、电子构型)中的两个相同或接近的情况下来比较的。类似的还有 $CaCl_2$ 与 $HgCl_2$，后者的熔点和沸点都较低。也可以在一个因素相同的情况下进行比较。例如，对于 $BaCl_2$ 与 $ZnCl_2$，两者中的正离子的电荷相同，但后者中正离子的电子构型(18 电子构型)及半径小使其极化力更强，所以，后者的熔点和沸点较低。在某些情况下，即使三个因素都不相同，也可以比较。例如，CsCl 与 $ZnCl_2$，后者中的正离子不管从哪一方面考虑，其极化力都强于前者中的正离子，所以，后者的熔点和沸点都较低。由此可见，极化力是用于判断氯化物熔点、沸点高低的重要依据。

氟化物、溴化物、碘化物的熔点、沸点等性质以及晶体结构在周期系中的变化规律与氯化物的基本相似，判断的依据及方法也相同，此处不再赘述。

了解卤化物的物理性质的变化规律，对于我们在实践中选择材料具有一定的指导意义。例如，在金属热处理工艺中，若将钢铁工件在空气中直接加热到高温，就会发生氧化和脱碳现象(钢铁中的碳与氧作用使钢铁中碳成分减少)，升温较慢。因此，常在盐浴中进行加热。由于较典型的离子型氯化物晶体的熔点、沸点较高，化学稳定性好，可用作高温时的加热介质——盐浴剂。考虑对盐浴剂的技术要求：低熔点、高沸点，在配制盐浴剂时，还应用了溶液凝固点下降的原理，盐浴剂通常是由几种盐的混合物组成，使熔点下降到所需要的温度范围。例如，将熔点为 963 ℃的 $BaCl_2$ 77.5 份与熔点为 801 ℃的 NaCl 22.5 份混合后，此混合物的熔点就会下降到 630 ℃左右。

7.2.3 氧化物的物理性质和晶体结构

氧化物是指氧与电负性比氧小的元素所形成的一类二元化合物。所以，OF_2 就不是氧化物，而称为氟化物。图 7.14 列出了部分氧化物的熔点。

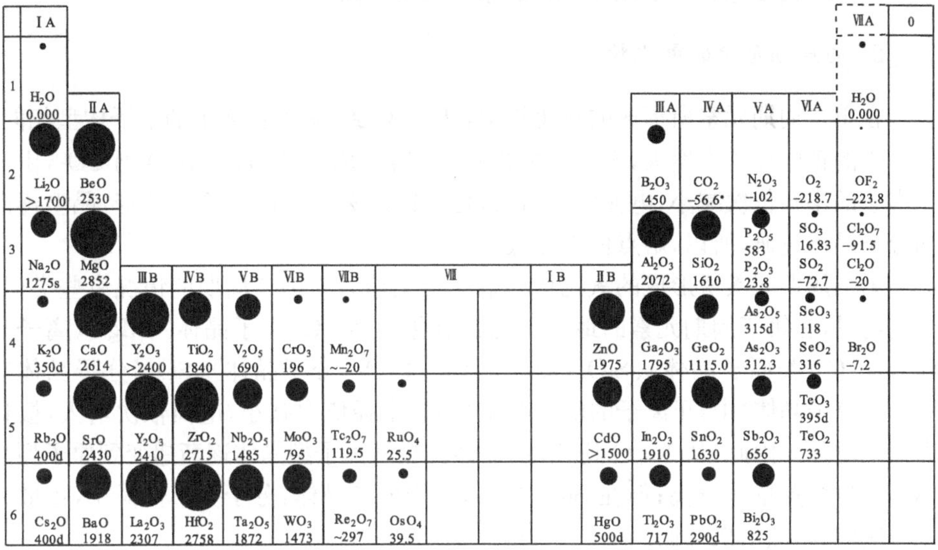

d 表示分解; * 表示在加压下; ~ 表示近似。

图 7.14　氧化物的熔点(℃)

从图 7.14 可以看出一些氧化物熔点的变化趋势。为了便于理解，下面应用离子键理论和离子极化理论对此予以分析、讨论。

1. 同族元素的氧化物

在第ⅠA 族元素所形成的氧化物的序列中，H_2O 形成的是分子晶体，晶格结点间的作用力有色散力、诱导力、取向力和氢键，但总的结合力与化学键相比要弱得多，因此，水的熔点很低。从 Li_2O 到 Cs_2O，晶格结点间的作用力都是以离子键为主，由于它们的正离子半径依次增大，离子键的强度减弱，所以，熔点降低。

在第ⅡA 族元素所形成的氧化物中，从 BaO 到 MgO，正离子所带的电荷相同、结构相似，它们都是以离子键为主(尽管化学键的离子性在减弱、共价性在增强)，但正离子的半径依次减小，所以，它们的熔点依次升高；从 MgO 到 BeO，正离子半径减小，极化力增强，化学键的离子性减弱，共价性的增强使得熔点略有下降。

第ⅢA、ⅣA 族中的情况与在第ⅡA 族中的情况类似。

在第ⅤA 族元素所形成的＋3 价的氧化物 N_2O_3、P_2O_3、As_2O_3、Sb_2O_3、Bi_2O_3 中，化学键的共价性依次减弱，离子性依次增强，对应的晶体类型从分子型向离子型过渡，所以，熔点依次升高。

第ⅦA 族元素 F、Cl、Br 分别与氧形成的 X_2O 型的化合物都为分子型晶体，其晶格结点间的主要作用力是色散力，而色散力的强弱主要取决于分子的变形性，由于 F、Cl、Br 的变形性依次增大，所以，熔点依次升高。

2. 同周期元素的氧化物

在第二周期元素所形成的氧化物中，从 Li_2O 到 BeO，正离子的电子构型相同，但所带的正电荷依次增大，离子键依次增强，熔点依次升高；从 BeO 到 CO_2，由于正离子的半径依次减小，电荷依次增大，化学键从离子键向共价键转变，晶型逐渐向分子晶体过渡，所以，熔点依次降低。

第三周期元素所形成的氧化物的熔点变化趋势与第二周期的情况有些类似。不同的是，在第三周期元素的最高价态的氧化物 Na_2O（离子晶体）、MgO（离子晶体）、Al_2O_3（类原子晶体）、SiO_2（原子晶体）、P_2O_5（分子晶体）、SO_3（分子晶体）、Cl_2O_7（分子晶体）中，正离子的电子构型相同，半径依次减小，电荷依次增大，极化力依次增强。因此，从 Na_2O 到 SiO_2，晶体类型从离子型晶体逐渐递变到原子型晶体，所以，熔点依次升高；但在 SiO_2 之后，都为分子晶体，分子变形性减小，色散力依次减弱，熔点依次降低。

同样，在第六周期中，从 Cs_2O 到 OsO_4，也出现了类似情况，熔点依次先升高，后又降低。

3. 同一元素的不同价态的氧化物

例如，锰的氧化物及其熔点的变化规律如下：

	MnO、		Mn_3O_4、		Mn_2O_3、		MnO_2、		MnO_3、		Mn_2O_7
熔点/℃	1785	>	1564	>	940 d	>	530 d	>	d(分解)	>	−20

随着锰的价态升高，半径的减小，极化力依次增大，它们的晶体类型从离子型晶体(MnO)逐渐过渡(Mn_3O_4、Mn_2O_3、MnO_2)到分子型晶体(MnO_3、Mn_2O_7)。

类似的还有：

	Cr_2O_3、		CrO_2、		CrO_3
熔点/℃	2330	>	300(分解)	>	198

顺便指出，相同价态的同种金属正离子 M^{n+} 的氧化物的熔点通常比相应的氯化物的熔点要高。其主要原因在于氧元素的电负性数值较大，且 O^{2-} 的负电荷更集中。

7.3 常见化合物的化学性质

7.3.1 氯化物的水解

水解作用是物质与水作用，使水解离成 H^+ 和 OH^- 的作用。水本身存在着解离平衡：$H_2O \rightleftharpoons H^+ + OH^-$，若把某种能与 H_2O 分子中的 H^+ 或 OH^- 甚至 O^{2-} 作用的物质放入水中，都会使上述水的解离平衡发生移动，就会发生水解。

那么，氯化物的水解是如何发生的？首先，需要分析氯化物中的哪一部分与水发生作用。若以 $R^{x+}Cl_x^-$ 表示氯化物，当把氯化物 $R^{x+}Cl_x^-$ 放入水中时，水分子会以其负电端取向于 R^{x+}，正电端取向于 Cl^-，$R^{x+}Cl_x^-$ 则在水的作用下发生解离和水解：

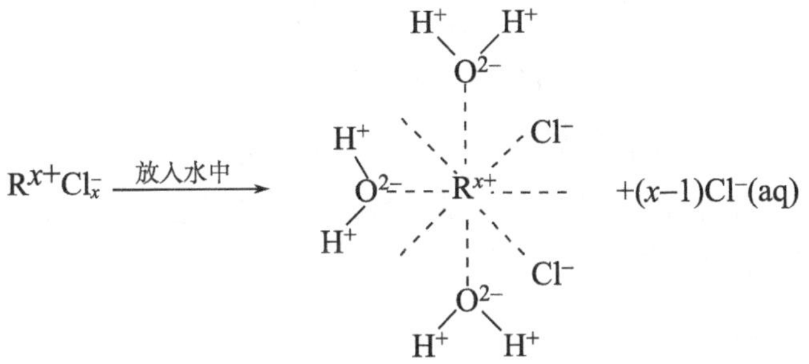

部分解离

或

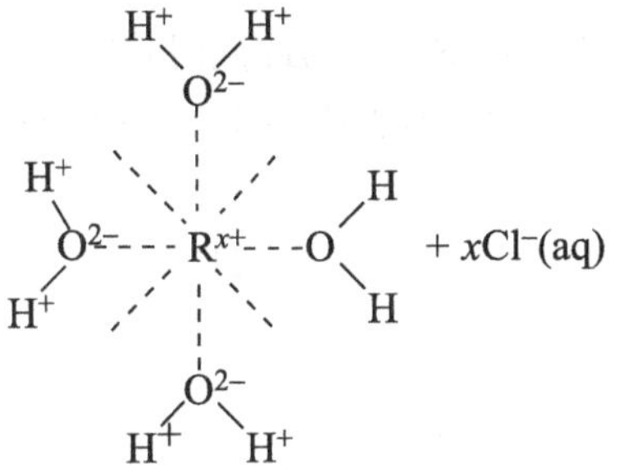

完全解离

我们知道，氯化氢在水中会由于水合而完全解离：

$$HCl \rightleftharpoons H^+(aq) + Cl^-(aq)$$

也就是说 $H^+(aq)$ 与 $Cl^-(aq)$ 在水中的结合能力很差（HCl 是强酸），因此，氯化物中的 $Cl^-(aq)$ 不可能发生水解，即氯化物若能发生水解，则一定是发生在 R^{x+} 与 H_2O 之间。

下面，我们应用离子极化理论来分析 R^{x+} 的各种性质对于其水解作用的影响。

为了叙述方便，把 $R^{x+}Cl_x^-$ 中的 R^{x+} 看成是离子，把 H_2O 也看成是由两个 H^+ 和一个 O^{2-} 组成。那么，在它们之间，就必然存在 R^{x+} 与 O^{2-} 之间的吸引力、R^{x+} 与 H^+ 之间的排斥力，以及 O^{2-} 与 H^+ 之间的吸引力。正是由于这三种力的相对大小影响着 $R^{x+}Cl_x^-$ 水解发生的程度和结果。

1. 不发生水解

如果 R^{x+} 对外显示的有效核电荷很小，半径较大（如当 R^{x+} 为 Na^+ 时），那么，

R^{x+}对于H_2O分子的影响就可以忽略，在此情况下，只是H_2O对R^{x+}进行取向，生成水合离子，而不发生水解：

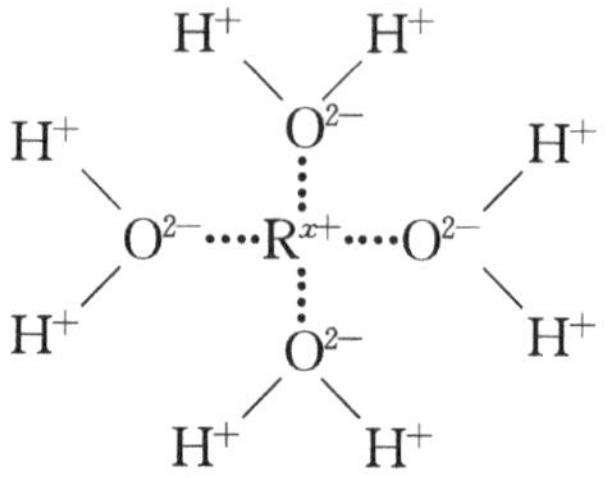

例如：
$$NaCl \xrightarrow{在水中} Na^+(aq)+Cl^-(aq)$$

此类氯化物不发生水解，其R^{x+}的氢氧化物或氧化物为强碱，并且是较典型的离子型晶体，在水中完全水合解离、溶解。

2. 发生部分水解的情况

如果R^{x+}的有效核电荷增大，半径减小，其极化力就会增强，对O^{2-}的吸引力就会增强，O^{2-}进一步靠近R^{x+}。与此同时，R^{x+}对于H_2O分子中的H^+的排斥作用增强，以至于部分参与水合的H_2O分子中的H^+被R^{x+}排斥掉一个，结果导致OH^-与R^{x+}成键：

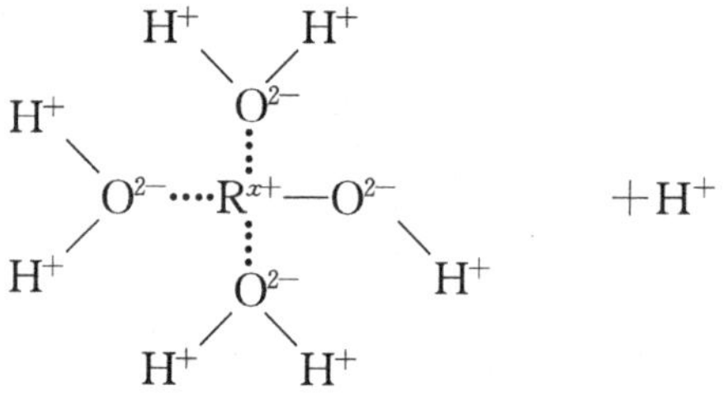

例如：
$$MgCl_2+H_2O \xrightarrow{水解} Mg(OH)Cl(碱式盐)\downarrow+HCl$$

利用此反应，可以制得镁氧水泥，用在某些建筑材料、磨刀石、砂轮等。具体过程为，把在 860 ℃下加热过的氧化镁和 30%的氯化镁混合，再掺入一些磨料，反应如下：

$$MgCl_2(l)+MgO(s)+H_2O \longrightarrow 2Mg(OH)Cl(s)$$

产物逐渐硬化，凝结成白色坚硬的固体——镁氧水泥。

此类氯化物发生部分水解，其R^{x+}的氢氧化物或氧化物为中强碱，其晶体的离子性已明显减弱，在水中不能完全解离，溶解度降低。

3. 发生较强烈水解的情况

如果R^{x+}的有效核电荷进一步增大，半径进一步减小，其极化力进一步增强，

对 O^{2-} 的吸引力就会更强，此时，由于 R^{x+} 对 H_2O 分子中的 O^{2-} 的吸引力更大，对 H^+ 的排斥力也更强，进一步弱化了 $O^{2-}—H^+$ 键，更多的 H^+ 被排斥，从而发生了较强的水解作用，致使其产物显两性。例如：

$$AlCl_3 + 3H_2O \xrightarrow{\text{水解}} Al(OH)_3 + 3HCl$$

水解产物 $Al(OH)_3$ 在水中显两性。

(1)在酸性水溶液中，$Al(OH)_3$ 结合 H^+，显碱性。

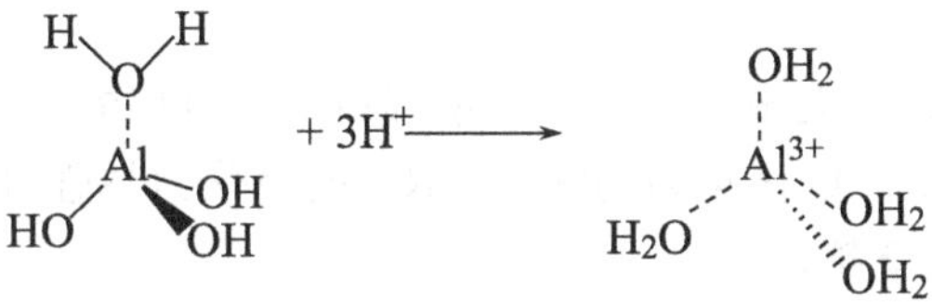

结合了 H^+ 的 OH^- 作为一个整体，离中心原子 Al^{3+} 更远了，此时，Al^{3+} 实际上就成为一个溶剂化的离子，即 $Al^{3+}(aq)$。

(2)在碱性水溶液中，$Al(OH)_3$ 给出 H^+，显酸性。

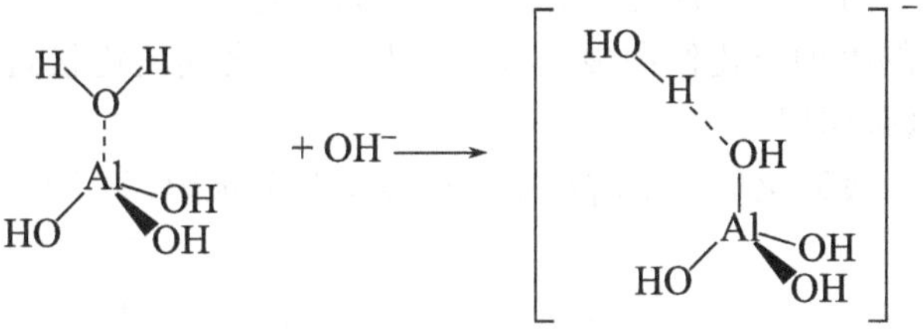

实际上，$AlCl_3$ 的水解程度很剧烈，以至于在空气中，若将它与含少量水的可燃性有机物接触，就有可能发生燃烧，甚至爆炸。

如前所述，在发生较强烈水解的情况下，此类氯化物的 R^{x+} 的氢氧化物或氧化物为两性，而且，溶解度也很小。

4. 发生强烈水解的情况

如果 R^{x+} 的有效核电荷很大，半径很小，其极化力就很强(如 R^{x+} 为 Si^{4+}、P^{5+})。在这种情况下，由于 R^{x+} 对 O^{2-} 的吸引力很大，对 H^+ 的排斥力也很强，必然发生更强烈的水解作用，其产物显酸性。而且，随着 R^{x+} 的体积减少，水分子更容易脱去。例如，对于 $SiCl_4$：

$$SiCl_4 + 4H_2O \xrightarrow{\text{水解}} Si(OH)_4 + 4HCl$$

$$\downarrow -H_2O$$

$$H_2SiO_3 \xrightarrow{-H_2O} SiO_2(s)$$

此时，Si^{4+}的对应的氢氧化物或氧化物为弱酸性，在水中解离度很小，溶解度也很小。对于 PCl_5：

$$PCl_5 + 5H_2O \xrightarrow{\text{水解}} [P(OH)_5 + 5HCl] \xrightarrow{-H_2O} H_3PO_4$$

P^{5+}的对应的氢氧化物或氧化物为酸性。随着酸性的增强，在水中的解离度增大，溶解度也明显增大。

上面分析和讨论了大多数氯化物的水解情况。可以看出，氯化物的水解程度及其产物取决于其 R^{x+} 的极化力的强弱。R^{x+} 的极化力越强，$R^{x+}Cl_x^-$ 的水解程度就越大，产物的酸性就越强。

对于 CuCl、AgCl、AuCl、Hg_2Cl_2、TlCl、$PbCl_2$ 等氯化物来说，它们的溶解度很小，也没有明显的水解作用。其原因在于，Cu^+、Ag^+、Au^+ 属于 18 电子构型，Hg_2^{2+}、Tl^+、Pb^{2+} 属于(18＋2)电子构型[其中的 Hg_2^{2+} 比较特殊，可以看成是(18＋1)电子构型的两个 Hg^+ 共用一对电子，因此，每个 Hg_2^{2+} 中的两个 Hg^+ 都达到了(18＋2)电子构型]，具有此类电子构型的离子，极化力较强，变形性也较大，与 Cl^- 负离子之间的附加极化作用很强，使它们与 Cl^- 之间的键接近于共价键，故不能发生解离和水解作用。

此外，还有少数氯化物在水溶液中可以发生部分水解，并产生沉淀。

例如：

$$SnCl_2 + H_2O = Sn(OH)Cl\downarrow + HCl$$

$$SbCl_3 + 2H_2O = Sb(OH)_2Cl + 2HCl$$

$$\downarrow$$

$$SbOCl\downarrow(\text{氯氧化锑}) + H_2O$$

$$BiCl_3 + 2H_2O = Bi(OH)_2Cl(\text{不稳定}) + 2HCl$$

$$\downarrow$$

$$BiOCl\downarrow(\text{氯氧化铋}) + H_2O$$

所以，在配制这类氯化物的水溶液时，为了防止水解，都是先将此类氯化物溶入浓盐酸中，再加水稀释。对于 $SnCl_2$ 溶液的配制，还需加入 Sn 粒，使已氧化的 Sn^{4+} 还原为 Sn^{2+}。

这些氯化物在周期表中的相对位置如下所示：

碘化物、溴化物、氟化物、广义地讲还有氧化物等的水解情况都与氯化物的水解情况类似。

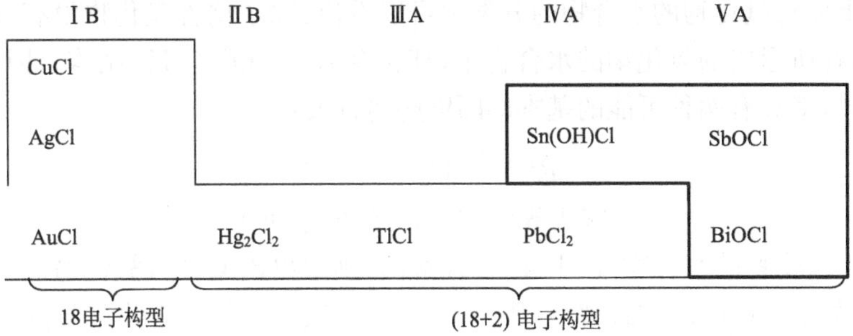

7.3.2　氧化物及其水合物的酸碱性

前面讨论了氯化物的水解，广义地讲，氧化物的水解情况与氯化物是类似的，所以，这里不再分析、讨论氧化物的水解情况。

下面应用离子极化理论分析、讨论氧化物及其水合物的酸碱性递变规律。

在通常条件下，当水的 pH＝7 时，为中性；当水溶液的 pH＜7 时，为酸性；当 pH＞7 时，为碱性。根据氧化物及其水合物的酸碱性及其强弱的情况，可以把氧化物及其水合物分类如下：

氧化物及其水合物

- 惰性氧化物又称不成盐氧化物（与水或酸、碱都不反应），如 NO、CO、N_2O。
- 非惰性氧化物
  - **酸性氧化物**：这类氧化物水合后生成的酸性水合物的通式为 $H_x^+ R^{x+} O_x^{2-}$，或脱去 n 个水后为 $H_{x-2n}^+ R^{x+} O_{x-n}^{2-}$。例如，$SiO_2$ 的水合物 $Si(OH)_4$，脱一分子 H_2O 为 H_2SiO_3。对应的氧化物特点是中心离子 R^{x+} 与氧负离子 O^{2-} 间的键为共价键。
  - **两性氧化物**：这类氧化物水合后生成的两性水合物的通式可以写为酸式 $H_x^+ R^{x+} O_x^{2-}$，或脱去 n 个水后为 $H_{x-2n}^+ R^{x+} O_{x-n}^{2-}$；也可以写为碱式 $R^{x+}(OH)_x$，或脱去 n 个水分子后为 $R^{x+}O_n(OH)_{x-2n}$。例如，氢氧化铝的水合物可以写成酸式 $HAlO_2$ 或碱式 $Al(OH)_3$，或脱一分子 H_2O 为 $AlO(OH)$。对应的氧化物特点是中心离子 R^{x+} 与氧负离子 O^{2-} 之间的键处于共价键与离子键之间的过渡状态。
  - **碱性氧化物**：水合后生成的碱性水合物的通式为 $R^{x+}(OH)_x$ 或脱去 n 个水分子后为 $R^{x+}O_n(OH)_{x-2n}$。例如，氧化钡的水合物写成 $Ba(OH)_2$。对应的氧化物特点是中心离子 R^{x+} 与氧负离子 O^{2-} 间的键为离子键。

从上面对氧化物的水合物的分类中可以看出：除了惰性氧化物没有对应的水合物外，在所形成的氧化物的水合物中，都含有 $R^{x+}—O^{2-}—H^{+}$ 结构。因此，在这个结构中，就会有两种可能的基本的断键解离方式：

$$R^{x+} \vdots — O^{2-} — \vdots H^{+}$$

碱式解离（Ⅰ） 酸式解离（Ⅱ）

如果氧化物的水合物按（Ⅰ）的方式解离，则解离出 OH^-，氧化物的水合物就显碱性；如果按（Ⅱ）的方式解离，则解离出 H^+，氧化物的水合物就显酸性。如果氧化物的水合物既可以按（Ⅰ）的方式解离，又可以按（Ⅱ）的方式解离，则氧化物的水合物为两性。至于按哪种方式解离，则完全取决于 R^{x+} 所形成的电场对 $R^{x+}—O^{2-}—H^{+}$ 中的两个键的影响，即取决于 R^{x+} 的极化力对 $R^{x+}—O^{2-}—H^{+}$ 中的两个键的影响。根据 R^{x+} 的极化力的强弱，可以将氧化物的水合物的酸碱性大致分为三种情况（对应的氧化物的酸碱性递变的规律也相同）。

(1) 若 R^{x+} 的极化力很弱（如 R^{x+} 的半径很大，对 O^{2-} 上电子所显示的有效核电荷很小），则 $R^{x+}—O^{2-}$ 键的离子性就很强，$O^{2-}—H^{+}$ 键的共价性就很强，氧化物的水合物就很容易按（Ⅰ）的方式发生解离，碱性就强。例如，就碱性强弱而言：

$$KOH > Ca(OH)_2 > Sc(OH)_3$$

(2) 若 R^{x+} 的极化力很强（如 R^{x+} 的半径很小，对 O^{2-} 上电子所显示的有效核电荷很大），则 $R^{x+}—O^{2-}$ 键的共价性就很强，$O^{2-}—H^{+}$ 键的离子性就增强，按（Ⅱ）的方式解离就容易发生，氧化物的水合物的酸性就强。例如，就酸性强弱而言：

$$H_2SiO_3 < H_3PO_4 < H_2SO_4 < HClO_4$$

(3) 若 R^{x+} 的极化力居中，即与 H^+ 极化力相近，则氧化物的水合物既有可能按（Ⅰ）的方式解离而显碱性，也有可能按（Ⅱ）的方式解离而显酸性，即氧化物的水合物显两性。在这种情况下，具体按哪一种方式解离就取决于所处的介质条件，即水溶液的 pH。例如：

$$Al(OH)_3 \xlongequal{\quad} HAlO_2 + H_2O$$

碱式　　　　酸式（偏铝酸）

① 在酸性水溶液介质中，$Al(OH)_3$ 可以结合 OH^-，显碱性；

② 在强碱性水溶液介质中，$Al(OH)_3$ 可以给出 H^+，显酸性。

下面，通过一些具体的实例来了解一些氧化物及其水合物的酸碱性递变规律。

(1) 在同一周期中氧化物及其水合物的酸碱性递变规律。例如，在周期表的第三周期中，从左向右，各元素原子的最高价氧化物及其水合物的酸碱性递变情况见表 7.2。

表 7.2 第三周期元素最高价态氧化物及其水合物的酸碱性的递变情况

电子构型同为 $2s^22p^6$ 的离子 R^{x+}	Na^+	Mg^{2+}	Al^{3+}	Si^{4+}	P^{5+}	S^{6+}	Cl^{7+}
R^{x+} 半径	0.97	0.66	0.51	0.42	0.35	0.30	0.27
R^{x+}	1	2	3	4	5	6	7
氧化物	Na_2O	MgO	Al_2O_3	SiO_2	P_2O_5	SO_3	Cl_2O_7
氧化物的水合物	$NaOH$	$Mg(OH)_2$	$Al(OH)_3$	H_2SiO_3	H_3PO_4	H_2SO_4	$HClO_4$
酸、碱性递变情况	强碱	中强碱	两性	弱酸	中强酸	强酸	极强酸
原因分析	R^{x+} 的外层电子构型相同，半径依次递减，电荷依次递增，极化力依次增强 → $R^{x+}—O^{2-}$ 键的离子性减弱、共价性增强，$O^{2-}—H^+$ 键的离子性增强，共价性减弱						

注：表中数据为离子半径(Å)。

其他周期主族元素最高价态氧化物的水合物的酸碱性递变规律与第三周期中的情况类似，见表 7.3。

表 7.3 周期表中主族元素最高价态氧化物的水合物的酸碱性递变情况

ⅠA	ⅡA	ⅢA	ⅣA	ⅤA	ⅥA	ⅦA
LiOH 中强碱	$Be(OH)_2$ 两性	H_3BO_3 弱酸	H_2CO_3 弱酸	HNO_3 强酸		
NaOH 强碱	$Mg(OH)_2$ 中强碱	$Al(OH)_3$ 两性	H_2SiO_3 弱酸	H_3PO_4 中强酸	H_2SO_4 强酸	$HClO_4$ 极强酸
KOH 强碱	$Ca(OH)_2$ 中强碱	$Ga(OH)_3$ 两性	$Ge(OH)_4$ 两性	H_3AsO_4 中强酸	H_2SeO_4 强酸	$HBrO_4$ 强酸
RbOH 强碱	$Sr(OH)_2$ 中强碱	$In(OH)_3$ 两性	$Sn(OH)_4$ 两性	$H[Sb(OH)_6]$ 弱酸	H_6TeO_6 弱酸	H_5IO_6 强酸
CsOH 强碱	$Ba(OH)_2$ 强碱	$Tl(OH)_3$ 弱碱	$Pb(OH)_4$ 两性			

碱性减弱，酸性增强（→）；碱性增强，酸性减弱（←）；碱性增强（↓）；酸性增强（↑）

注：表中的两条斜虚线大体上为两性氢氧化物所在的区域。

(2) 在同一族中氧化物及其水合物的酸碱性递变规律。在同一主族中，最高价态的氧化物的水合物的酸碱性的递变情况见表 7.3。在同一副族中，部分元素最高价态的氧化物的水合物的酸碱性递变情况见表 7.4。

表 7.4 部分副族元素最高价态氧化物的水合物的酸碱性递变情况

碱性减弱，酸性增强 →

ⅢB	ⅣB	ⅤB	ⅥB	ⅦB
$Sc(OH)_3$ 弱碱性	$Ti(OH)_4$ 两性	HVO_3 酸性	H_2CrO_4 强酸性	$HMnO_4$ 强酸性
$Y(OH)_3$ 中强碱	$Zr(OH)_4$ 两性偏碱	$Nb(OH)_5$ 两性	H_2MoO_4 弱酸性	$HTcO_4$ 酸性
$La(OH)_3$ 强碱性	$Hf(OH)_4$ 两性偏碱	$Ta(OH)_5$ 两性	H_2WO_4 弱酸性	$HReO_4$ 弱酸性
$Ac(OH)_3$ 强碱性				

碱性增强（↓，左侧）；酸性增强（↑，右侧）

← 碱性增强，酸性减弱

注：表中的两条斜虚线大体上为两性氢氧化物所在的区域。

这些副族元素的氧化物的水合物的酸碱性的递变规律也可以通过其极化力的递变情况看出(表 7.5)。

表 7.5 部分副族元素最高价态离子极化力的递变情况

ⅢB	ⅣB	ⅤB	ⅥB	ⅦB
Sc^{3+} 0.81	Ti^{4+} 0.68	V^{5+} 0.59	Cr^{6+} 0.52	Mn^{7+} 0.46
Y^{3+} 0.93	Zr^{4+} 0.8	Nb^{5+} 0.7	Mo^{6+} 0.6	Tc^{7+} □
La^{3+} 1.15	Hf^{4+} 0.81	Ta^{5+} 0.7	W^{6+} 0.65	Re^{7+} 0.56

外层电子构型相同，半径减小，电荷增大，极化力增强 →

电荷相同，电子构型相似，半径减小，极化力增强（↑，右侧）

注：表中数据为离子半径(Å)。

(3) 同一种元素不同价态的氧化物及其水合物酸碱性的递变情况。

高价态氧化物及其水合物较之其低价态的氧化物及其水合物的酸性更强。例如：

$HClO$	$HClO_2$	$HClO_3$	$HClO_4$
弱酸	中强酸	强酸	极强酸

R^{x+}的半径减小，电荷增大，极化力增强，酸性增强

$Mn(OH)_2$	$Mn(OH)_3$	$Mn(OH)_4$	H_2MnO_4	$HMnO_4$
碱性	弱碱	两性	弱酸	强酸

R^{x+}的半径依次减小，电荷依次增大，极化力增强，酸性增强

CrO　　Cr_2O_3　　CrO_3

R^{x+}的半径减小，电荷增大，极化力增强，酸性增强

从周期表来看，元素的氧化物及其水合物的酸碱性与 $R^{x+}—O^{2-}$ 的键型有关，在周期表中存在粗略的平行关系：

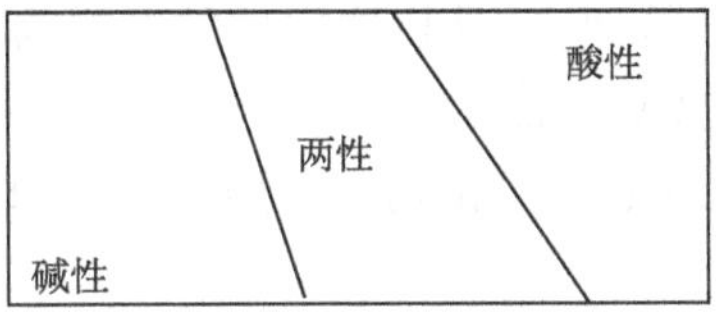

(a) 氧化物及其水合物酸碱性

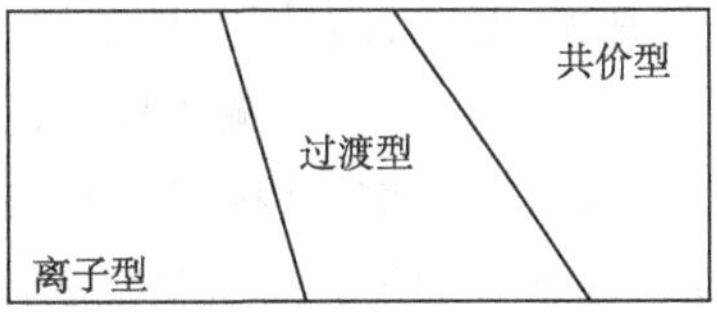

(b) $R^{x+}—O^{2-}$的键型

7.3.3　含氧酸盐的热稳定性

从热力学原理来看，化合物在热分解时，是从配位数较高的化合物转变到配位数较低的化合物，在这种过程中，化合物断键需要吸收能量(热量)，分子数目增多，即 $\Delta_r H_m(T)>0$，$\Delta_r S_m(T)>0$。根据 $\Delta_r G_m(T)=\Delta_r H_m(T)-T\Delta_r S_m(T)$可知，升高温度有利于 $\Delta_r G_m(T)<0$，因此，化合物的分解通常是在较高温度下进行的。

下面以碳酸盐为例，讨论、分析含氧酸盐的热稳定性。

碳酸盐有酸式盐、正盐和碱式盐三类。通常所说的碳酸盐多是指碳酸的正盐。表 7.6 中列出了一些碳酸盐在其分解产物 CO_2 的压力达到 101.325 kPa 时的热分解温度。

表 7.6　一些碳酸盐的热分解温度(p_{CO_2}=101.325 kPa)

碳酸盐	Li_2CO_3	Na_2CO_3	$BeCO_3$	$MgCO_3$	$CaCO_3$	$SrCO_3$
热分解温度/℃	～1100	～1800	25	540	910	1289
正离子的半径/nm	0.076	0.102	0.045	0.072	0.1	0.118
正离子的电子构型	2	8	2	8	8	8

续表

碳酸盐	$BaCO_3$	$FeCO_3$	$ZnCO_3$	$CdCO_3$	$PbCO_3$	$(NH_4)_2CO_3$
热分解温度/℃	1360	282	350	360	300	58
正离子的半径/nm	0.135	0.078	0.074	0.095	0.119	0.143
正离子的电子构型	8	9～17	18	18	18+2	—

值得注意的是，$(NH_4)_2CO_3$ 似乎应该像 Na_2CO_3 一样具有较高的热分解温度，但它实际上却非常低。这是因为其热分解反应为

$$(NH_4)_2CO_3(s) \xlongequal{\triangle} 2NH_3(g)+CO_2(g)+H_2O(g)$$

$$\Delta_r G_m^{\ominus}(T) \approx \Delta_r H_m^{\ominus}(298.15\ K) - T\Delta_r S_m^{\ominus}(298.15\ K)$$

平衡时 $\Delta_r G_m^{\ominus}(T)=0$，有

$$T_{转变} \approx \frac{\Delta_r H_m^{\ominus}(298.15\ K)}{\Delta_r S_m^{\ominus}(298.15\ K)}$$

由于 $(NH_4)_2CO_3$ 在分解时产生大量的气体，使得 $\Delta_r S_m^{\ominus}(298.15\ K)$ 很大，所以 $(NH_4)_2CO_3$ 的热分解平衡温度很低。

一般来说，对于含有同一种正离子的碳酸盐而言，其热稳定性的顺序为

碱式盐＞正盐＞酸式盐＞碳酸

例如，碱式碳酸铜（又称二羟基碳酸铜）$CuCO_3 \cdot Cu(OH)_2$ 的分解温度为 200 ℃，而在常温下，$CuCO_3$ 就不能稳定存在。

又如，在标准条件下，当产物 CO_2 的压力达到 101.325 kPa 时，钙和钠的有关碳酸盐的热分解平衡温度数据如下：

	$CaCO_3$	＞	$Ca(HCO_3)_2$	＞	H_2CO_3
热分解平衡温度/℃	约 910		沸煮分解为 $CaCO_3+H_2O+CO_2$		室温时即分解
	Na_2CO_3	＞	$NaHCO_3$	＞	H_2CO_3
热分解平衡温度/℃	约 1800		270 ℃分解为 $Na_2CO_3+H_2O+CO_2$		室温时即分解

下面我们用离子极化理论对此予以分析、讨论。碳酸盐中含有下列结构形式：

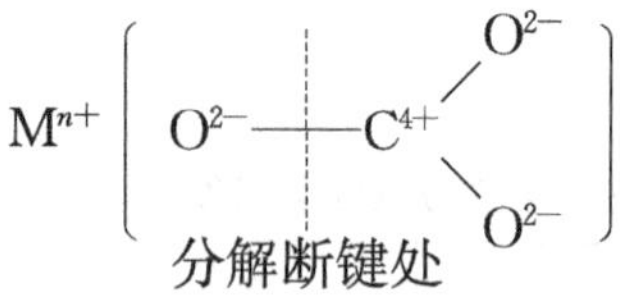

因此，对于碳酸盐的分解，可以从 $M^{n+}—O^{2-}—C^{4+}$ 来考虑。

从反应的部位来看，碳酸盐以及碳酸的分解均发生在不太稳定的碳酸根处。而碳酸根的稳定性既与中心离子 C^{4+} 有关，也与 M^{n+} 和 H^+ 有关。

1. 氢离子对热稳定性的影响

H^+是一个无外层电子的质子，由于它的体积极小，能钻入碳酸根[图 7.15(a)]中的 O^{2-} 的电子云中(形成了 OH^-，它的体积比 O^{2-} 还小)，从而降低了 O^{2-} 的负电荷和变形性，成为酸式碳酸根[图 7.15(b)]。在这里，H^+ 对 O^{2-} 的这种极化作用与中心离子 C^{4+} 对 O^{2-} 的极化作用相反，称为**反极化作用**。因此，在酸式碳酸根中，这个 H^+ 的反极化作用大大地削弱了 O^{2-} 与中心离子 C^{4+} 之间的键，致使相应的酸式盐的稳定性随之降低。如果再有一个 H^+ 钻入 O^{2-} 的电子云中，反极

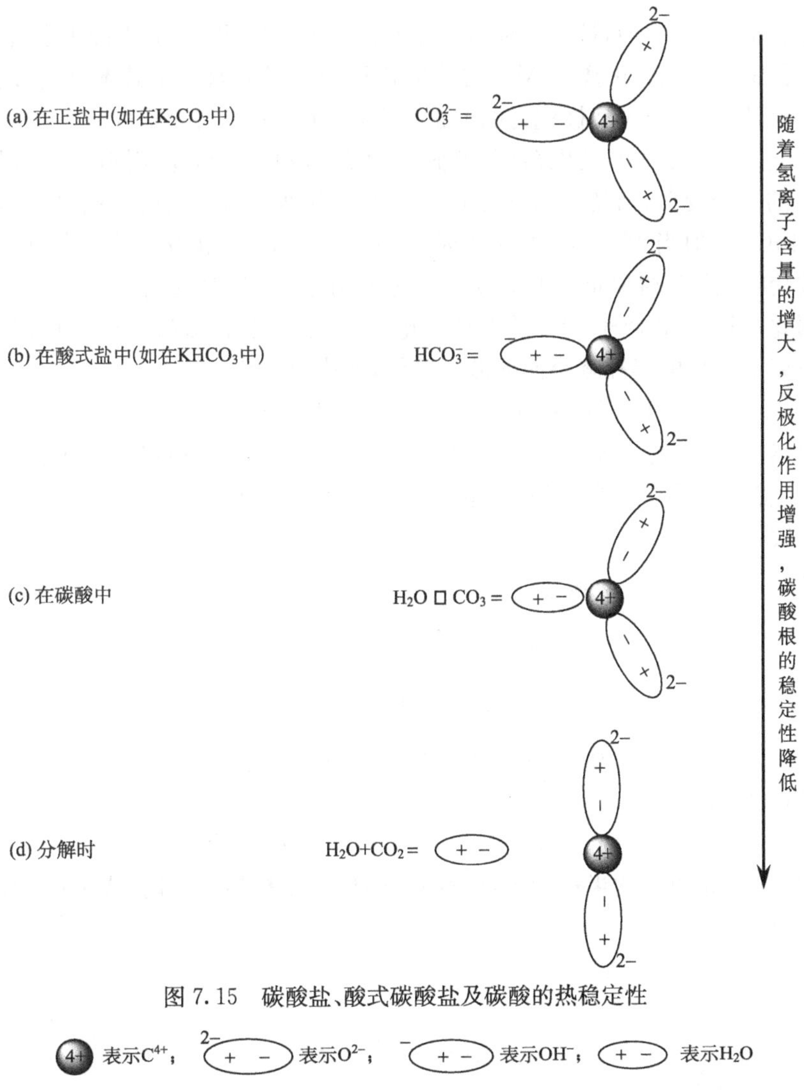

图 7.15　碳酸盐、酸式碳酸盐及碳酸的热稳定性

化作用就会更强,就形成了 H_2O[图 7.15(c)],使得碳酸的稳定性更低,以至于在室温下,就容易分解成 H_2O 和 CO_2[图 7.15(d)]。

应该注意到,H^+ 的反极化作用大于一般典型金属离子(如 H^+ 的强极化作用使得氯化氢 HCl 在固体结晶状态时为分子型晶体,其熔点、沸点较低),但小于某些过渡金属的离子,所以一些高价态过渡金属离子的碳酸盐就不能在常温下存在,或者只能以碱式盐的形式存在。因此,一般来说,就碳酸盐的热稳定性而言:

正盐>碳酸氢盐>碳酸

2. 金属正离子 M^{n+} 对碳酸盐热稳定性的影响

金属正离子 M^{n+} 对抗 C^{4+} 对 O^{2-} 极化的反极化作用的强弱直接决定着其碳酸盐的热稳定性。金属正离子 M^{n+} 的反极化作用的强弱取决于其本身的极化力强弱,影响金属正离子 M^{n+} 极化力的因素有电荷、半径和外层电子构型。

当金属正离子 M^{n+} 的电荷(此处假定为 2+)和电子构型相同时,若金属正离子 M^{n+} 的半径较大,则其极化力很小,反极化作用很弱,碳酸盐的热稳定性就较高[图 7.16(a)];但当 M^{n+} 的半径很小时,其极化力增强,反极化作用就很强,必然导致碳酸盐的热稳定性降低[图 7.16(b)],甚至分解[图 7.16(c)]。

因此,当金属正离子 M^{n+} 的电荷和电子构型相同时,碳酸盐的热稳定性随着金属正离子 M^{n+} 的半径减小而降低。例如,就热稳定性:

$$BaCO_3 > SrCO_3 > CaCO_3 > MgCO_3 > BeCO_3$$

当然,金属正离子 M^{n+} 的电荷、电子构型对碳酸盐的热稳定性也有影响。

(1) 金属正离子的半径相近、电子构型相似,但电荷不同时,碳酸盐的热稳定性的比较:

离子	Na^+	Ca^{2+}
半径/pm	97	99

电荷增大,极化力增强 →

生成的正盐或酸式盐热稳定性降低

因此,热稳定性:

$$Na_2CO_3 > CaCO_3 \qquad NaHCO_3 > Ca(HCO_3)_2$$

(2) 金属正离子的半径相近,电荷相同,但电子构型不同时,碳酸盐的热稳定性的比较:

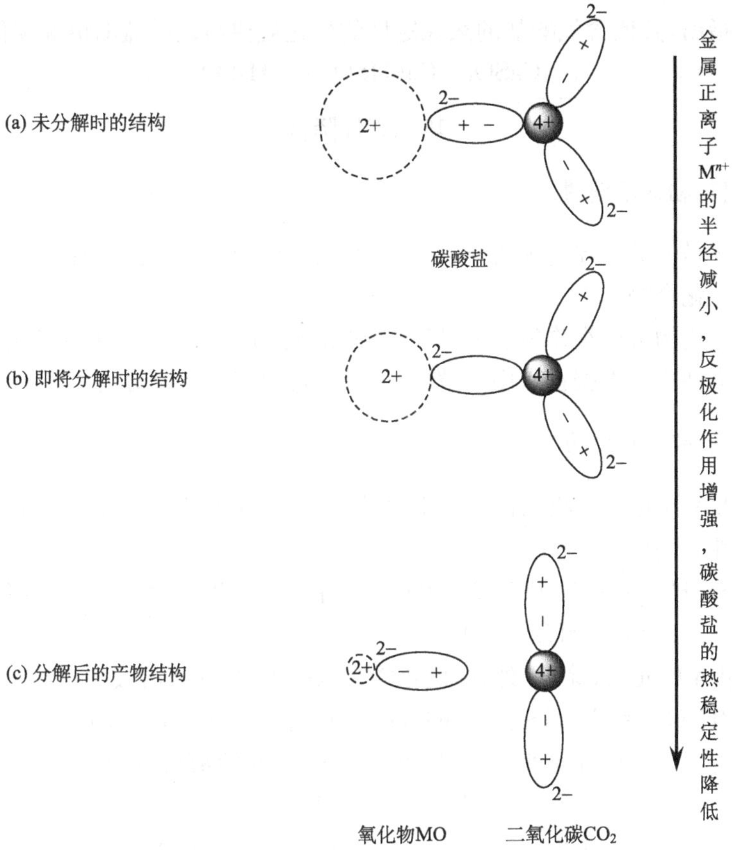

图 7.16　M^{n+} 的反极化作用对其碳酸盐热稳定性的影响

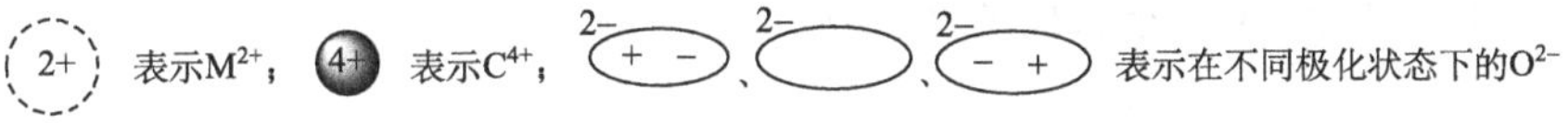

离子	Ca^{2+}	Cd^{2+}
半径/pm	99	97
电子构型	8	18
正盐分解温度/℃	910	360

$$\xrightarrow[\text{热稳定性降低}]{\text{电子构型不同，极化力增强}}$$

这是因为正离子的极化力：

8 电子构型＜9～17 电子构型＜18、(18＋2)电子构型

总之，随着金属正离子的极化力的增强，碳酸盐的热稳定性降低，甚至不能以

碳酸盐的形式存在。

顺便指出，其他含氧酸盐的热稳定性的变化规律与碳酸盐的情况类似。例如：

$$\xrightarrow[\text{热稳定性降低}]{CaSO_4 \quad Ca(HSO_4)_2 \quad H_2SO_4}$$

7.3.4 硫化物的溶解性

硫化物是一类重要的无机化合物。硫化物是指硫元素与电负性比硫小的元素形成的二元化合物。

金属硫化物可以视作氢硫酸（H_2S 的水溶液）的正盐，在水中的溶解性是其较重要的一类性质。根据在水中溶解度的不同，可以将硫化物分为三类。

1. 溶于水的硫化物

(1) ⅠA 族元素的硫化物和硫化铵易溶于水，其中的 S^{2-} 强烈水解，使其水溶液显强碱性。例如：

$$Na_2S + H_2O \rightleftharpoons NaHS + NaOH \quad \text{（其中的 NaHS、NaOH 都可溶于水）}$$

或
$$S^{2-} + H_2O \rightleftharpoons HS^- + OH^-$$

(2) ⅡA 族元素（除 Be 外）的硫化物在水中水解，其水溶液显碱性。例如：

$$CaS + 2H_2O \rightleftharpoons Ca(HS)_2 + Ca(OH)_2 \quad \text{（可溶，溶解度较小，浓度大时沉淀）}$$

(3) Cr_2S_3、Al_2S_3 完全水解，生成沉淀及 H_2S，水溶液接近于中性。例如：

$$Cr_2S_3 + 6H_2O \rightleftharpoons 2Cr(OH)_3\downarrow + 3H_2S\uparrow$$

$$Al_2S_3 + 6H_2O \rightleftharpoons 2Al(OH)_3\downarrow + 3H_2S\uparrow$$

因此，Cr_2S_3、Al_2S_3 等金属硫化物是不可能从水溶液中进行制备的。

2. 难溶于水，但溶于稀酸的硫化物

稀酸通常是指 $c(H^+) \leqslant 0.3\ mol \cdot dm^{-3}$ 的酸，此处只考虑 H^+ 与 S^{2-} 结合的作用，不考虑所加入的酸的酸根的氧化性和络合性等。

难溶于水，但溶于稀酸的硫化物主要是一些副族金属元素所形成的硫化物，如 MnS、ZnS、FeS、CoS、NiS 等。

根据溶度积规则，当离子积（反应商）$Q <$ 溶度积常数 K_{sp} 时，溶液处于不饱和状态，沉淀溶解。

在未加入稀酸之前，金属硫化物在水中存在下列沉淀-溶解平衡：

$$M_xS_y(s) \rightleftharpoons xM^{+\frac{2y}{x}}(aq) + yS^{2-}(aq)$$

在一定的温度下，达到平衡时，满足溶度积规则，即

$$K_{sp}(M_xS_y) = [c^{eq}(M^{+\frac{2y}{x}})]^x \cdot [c^{eq}(S^{2-})]^y$$

加入稀酸后，H^+与溶液中的S^{2-}发生反应，使得下面两个平衡向右移动：

$$S^{2-}+H^+ \rightleftharpoons HS^-$$

$$HS^-+H^+ \rightleftharpoons H_2S\uparrow$$

反应生成H_2S，从而降低了$c(S^{2-})$，使难溶硫化物在水中的沉淀-溶解平衡向溶解的方向移动，从而导致了这些硫化物沉淀的溶解。

下面通过实例来说明具体的计算方法。

例 7.1　试通过计算，分析并说明在常温下 MnS(s)在稀酸$c(H^+)=0.3\ mol\cdot dm^{-3}$中的溶解情况。已知：$K_{sp}(MnS)=4.65\times10^{-14}$，$K_{a_1}\cdot K_{a_2}(H_2S)=1.00\times10^{-19}$，常温下$H_2S$在水中的溶解度为$0.1\ mol\cdot dm^{-3}$。

解　MnS(s)在稀酸中的溶解的总反应为

$$MnS(s)+2H^+(aq) \rightleftharpoons Mn^{2+}(aq)+H_2S(g)\uparrow$$

其平衡常数的表达式(由于$c^\ominus=1\ mol\cdot dm^{-3}$，为了简便起见，在下式中未列出)为

$$K^\ominus=\frac{c^{eq}(Mn^{2+})\cdot c^{eq}(H_2S)}{[c^{eq}(H^+)]^2}$$

$$=\frac{c^{eq}(Mn^{2+})\cdot c^{eq}(H_2S)}{[c^{eq}(H^+)]^2}\cdot\frac{c^{eq}(S^{2-})}{c^{eq}(S^{2-})}=\frac{K_{sp}(MnS)}{K_{a_1}\cdot K_{a_2}(H_2S)}$$

$$=\frac{4.65\times10^{-14}}{1.00\times10^{-19}}=4.65\times10^5$$

若 MnS(s)在稀酸中可以溶解，达到平衡时，则有

$$K^\ominus=\frac{c^{eq}(Mn^{2+})\cdot c^{eq}(H_2S)}{[c^{eq}(H^+)]^2}=4.65\times10^5$$

将常温下H_2S的饱和溶解度为$0.1\ mol\cdot dm^{-3}$，稀酸的浓度$c(H^+)=0.3\ mol\cdot dm^{-3}$代入上式，得

$$K^\ominus=\frac{c^{eq}(Mn^{2+})\cdot c^{eq}(H_2S)}{[c^{eq}(H^+)]^2}=\frac{c^{eq}(Mn^{2+})\times0.1}{0.3^2}=4.65\times10^5$$

$$c^{eq}(Mn^{2+})=4.19\times10^5(mol\cdot dm^{-3})$$

由于体积的限制，实际的$c^{eq}(Mn^{2+})$再大也不可能达到这么大的平衡浓度$c^{eq}(Mn^{2+})$，换句话说，在稀酸中，$c(Mn^{2+})$在达到浓度$c^{eq}(Mn^{2+})$以前，MnS(s)就已经完全溶解。所以，原反应式中的“$\rightleftharpoons$”应为“$=\!=\!=$”更为合适，常表示为

$$MnS(s)+2H^+(aq)=\!=\!=Mn^{2+}(aq)+H_2S(g)\uparrow$$

但是，用稀酸并不能溶解所有的硫化物，如 CuS(s)[$K_{sp}(CuS)=1.27\times10^{-36}$]。用同样的方法可以计算出 CuS(s)在达到沉淀-溶解平衡时，$c^{eq}(Cu^{2+})=1.14\times10^{-17}\ mol\cdot dm^{-3}$。这个平衡浓度的数值实在太小，可以忽略不计，也就是说，可以认为 CuS(s)在稀酸中不溶解。所以，原反应常表示为

$$CuS(s)+2H^+(aq)\neq Cu^{2+}(aq)+H_2S$$

3. 既不溶于水，也不溶于稀酸的硫化物

此类硫化物包括 CuS、Ag_2S、PbS、HgS 等，它们只能在硝酸或王水中溶解。

(1) 溶于氧化性酸 HNO_3 的硫化物，如 CuS(s)。由于 CuS(s)在 HNO_3 中发生了如下反应：

$$3CuS(s)+8HNO_3 \xlongequal{} 3Cu(NO_3)_2+3S(s)+2NO(g)\uparrow+4H_2O$$

使得 $c(S^{2-})$大幅降低，$c(Cu^{2+})\cdot c(S^{2-})<K_{sp}(CuS)$，从而导致 CuS(s)在 HNO_3 中溶解。

(2) 溶于王水(浓硝酸 1 份+浓盐酸 3 份)的硫化物，如 HgS(s)。

即使使用 HNO_3 也不能溶解某些硫化物，如 HgS(s)$[K_{sp}(HgS)=6.44\times 10^{-53}]$，但可以用王水溶解 HgS(s)。这是因为，一方面，浓 HNO_3 可以氧化其中的 S^{2-}，使 $c(S^{2-})$大幅度降低；另一方面，Cl^- 能与 Hg^{2+} 生成配离子：$Hg^{2+}+4Cl^- \rightleftharpoons [HgCl_4]^{2-}$，由于 $K^{\ominus}_{稳}$较大，故$[HgCl_4]^{2-}$很稳定，它的生成使 $c(Hg^{2+})$也大幅度降低。这两方面的共同作用导致了 HgS(s)在王水中的溶解。

综上所述，要使金属硫化物溶解，必须设法降低其硫离子浓度或金属离子浓度，甚至同时降低两者的浓度，以使其离子积小于溶度积常数。

顺便指出，溶解硫化物所采用的方法也同样适用于其他种类的难溶物的溶解。

思考题

1. 元素单质的熔点、沸点和硬度在周期表中的递变规律如何？这些性质的变化与晶体类型的变化有什么关系？举例说明。

2. 在单质的晶体中，有哪些基本的晶体类型？过渡型的单质晶体的晶格结点间包括哪些作用力？

3. 为什么在长周期中，到了第ⅤB族～ⅥB族附近，元素单质的熔点、沸点和硬度最高？

4. 在周期表的主族元素中，为什么金刚石型的 C 单质的熔点和硬度最高？

5. 为什么同一元素单质的熔点、沸点和硬度的数据在不同的资料中会有所不同？在引用文献数据时应注意哪些问题？

6. 离子极化理论的基本要点有哪些？离子极化理论主要有哪些应用？

7. 为什么在讨论离子极化时，对于正离子主要考虑离子极化力、对于负离子主要考虑其变形性？为什么对于过渡元素的正离子，有时也要考虑其变形性？

8. 影响离子极化力的主要因素有哪些？影响离子变形性的主要因素有哪些？

9. 为什么具有 18 或(18+2)电子构型的正离子的极化力和变形性都较大？

10. 正离子的外层电子构型直接影响到正离子的极化力，有哪些基本规律？

11. 氯化物是指哪一类化合物？

12. 在同一族中的氯化物的熔、沸点等性质的变化趋势如何？各族中的情况有哪些相同与

不同之处？

13. 在同一周期中的氯化物的熔点、沸点等性质的变化趋势如何？与晶体类型的递变有何关系？

14. 怎样判断同一元素的不同价态的氯化物的熔、沸点高低？

15. 怎样比较不同元素的氯化物的熔、沸点高低？

16. 是否可以用离子极化理论来解释或理解氟化物、溴化物、碘化物的熔点、沸点等性质以及晶体类型在周期系中的变化规律？

17. 氧化物指的是哪一类化合物？

18. 在周期表中，同族元素的氧化物的熔点变化趋势如何？

19. 在同一周期中，氧化物的熔点变化趋势如何？

20. 怎样判断同一元素的不同价态的氧化物的熔点、沸点高低？

21. 怎样比较不同元素的氧化物的熔点、沸点高低？

22. 为什么具有相同价态的同一种金属正离子 M^{n+} 的氧化物的熔点通常比氯化物的熔点高？

23. 从离子极化理论来看，氯化物的水解程度与正离子的哪些性质有关？

24. 有人认为："水解是中和反应的逆反应。因此，水解的产物必然是酸和碱"。这种看法对吗？为什么？

25. 为什么有的氯化物不能发生水解？

26. 本章是用什么理论解释氧化物及其水合物酸碱性递变规律的？

27. 在同一周期中，从左到右，主族元素原子的最高价态氧化物及其水合物的酸碱性递变规律如何？

28. 在同一族中，氧化物的水合物的酸碱性递变规律如何？

29. 同一种元素不同价态的氧化物及其水合物的酸碱性递变规律如何？

30. 试从热力学的角度说明升高温度通常有利于热分解反应的自发进行。

31. 试从热力学的角度说明 $(NH_4)_2CO_3$ 的热分解温度比 Na_2CO_3 的低得多。

32. 同一金属离子的各种碳酸盐的热稳定性规律如何？

33. 本章是用什么理论解释碳酸盐热稳定性变化规律的？

34. 什么是反极化作用？

35. 有些碳酸盐为什么不能在常温下存在？

36. 碳酸盐中的 H^+ 是怎样影响碳酸盐的热稳定性的？

37. 溶解硫化物的方法有哪些？

习　题

1. 判断题。(正确的打"√"，错误的打"×")

(1) 就单质的熔点来说，大致有这样的趋势：在短周期的ⅣA 族、长周期的ⅣB～ⅦB 族附近，单质的熔点最高，而左右两边单质的熔点较低。　(　)

(2) 铝是较活泼的金属元素，氯是很活泼的非金属元素，因此，两者之间能通过较典型的离

子键生成离子型晶体。 (　　)

(3) 碱性氧化物是指金属元素的氧化物，酸性氧化物是指非金属元素的氧化物。 (　　)

(4) 水解是中和反应的逆反应。因此，水解的产物必然是酸和碱。 (　　)

2. 比较下列各组物质的指定性质并简单说明理由。

(1) $BaCl_2$，CCl_4，$AlCl_3$，$FeCl_2$ 的熔点高低；

(2) SiO_2，CO_2(干冰)，BaO 的硬度大小；

(3) CaF_2，CaO，$CaCl_2$，MgO 的熔点高低；

(4) SiC，SiF_4，$SiCl_4$，$SiBr_4$ 的熔点高低；

(5) NaF，NaCl，NaBr，NaI 的熔点高低；

(6) HF，HCl，HBr，HI 的沸点高低；

(7) BCl_3，$BaCl_2$，$AlCl_3$ 的水解性大小；

(8) MgO，CrO_3，TiO_2，BaO 的酸碱性强弱(由强碱性到强酸性排列)；

(9) $MgCO_3$，H_2CO_3，$Mg(HCO_3)_2$ 的热稳定性。

第 8 章　高分子材料与化学

高分子材料是由高分子化合物组成，在生活、生产及工程中是一类重要的材料，很早就被人类利用。随着高分子化学工业的发展，新的合成高分子化合物以及高分子材料的不断出现，它们所具有的独特性质使其在工程应用中占有的比例越来越大，作用越来越显著。

8.1　高分子化合物概述

8.1.1　高分子化合物的基本概念

1. 基本概念

高分子化合物通常情况下指的是有机高分子化合物，其分子比低分子化合物的分子要大得多。一般的有机化合物每个分子中只有几个到几十个原子，相对分子质量在 1000 以下，而高分子化合物的相对分子质量却是数以万计，有的可以达到几百万。构成的原子数多达 10^3～10^5，如聚氯乙烯的相对分子质量为 5～15 万，丁苯橡胶为 15～20 万。所以，高分子也称为大分子。

一般把相对分子质量低于 1000 的有机化合物称为低分子化合物，相对分子质量在 10000 以上的有机化合物称为高分子化合物，但这一区分也不是绝对的。例如，单宁的相对分子质量约 1000，是典型的低分子化合物，而具有相同相对分子质量的烷烃则已具有高分子化合物的一些特点。

2. 链节，聚合度，单体

高分子化合物相对分子质量虽然很大，但其组成及结构并不复杂，它们的分子往往是由许多相同的、简单的特定结构单元通过共价键重复连接而成，因此高分子又称为高聚物。这也是其分子大的原因，如聚氯乙烯分子是由许多氯乙烯结构单元重复连接而成。

$$\sim CH_2\underset{\displaystyle Cl}{\underset{|}{C}}HCH_2\underset{\displaystyle Cl}{\underset{|}{C}}HCH_2\underset{\displaystyle Cl}{\underset{|}{C}}HCH_2\underset{\displaystyle Cl}{\underset{|}{C}}H\sim \text{ 简写为 } \left[CH_2\underset{\displaystyle Cl}{\underset{|}{C}}H\right]_n$$

分子中 $-CH_2\underset{\displaystyle Cl}{\underset{|}{C}}H-$ 为重复的特定结构单元，称为**链节**。链节重复的次数

(n)为链节数，又称聚合度，这是衡量高分子大小的一个指标。能够形成结构单元的小分子化合物(或合成高分子化合物的低分子化合物)称为单体。由此可见，高分子化合物实质上是由许多链节结构相同而聚合度不同的化合物所组成的“混合物”。高分子化合物的相对分子质量和聚合度实际上都是平均值。

3. 高分子化合物的基本特征

(1) 高分子化合物的分子大、相对分子质量大，这是高分子化合物的最基本特征。高分子化合物具有的许多特殊性能都是由其相对分子质量大这一基本特征所决定的。例如，在常温下，高分子化合物常为固态，有机械强度，比较难溶于溶剂(甚至不溶)，而且溶解过程往往要经过溶胀阶段，甚至溶液的黏度等都与低分子化合物不同，其原因都与其相对分子质量大有密切关系。

(2) 高分子化合物相对分子质量的多分散性。组成与结构一定的低分子化合物，它们的相对分子质量是相同的。然而在高分子化合物中，相对分子质量的概念却与之不同，因为即使是一种“纯粹”的聚合物，实际上都是由化学组成相同、特定结构单元相同而聚合度不等的大分子所组成的混合物，它们的相对分子质量必定是不等的、分散的。所测得的相对分子质量都是平均值。不仅如此，高分子化合物的分散性还表现在即使平均相对分子质量相同的两个同一高分子化合物，由于相对分子质量相同的各部分所占比例不一，它们的相对分子质量分布也就不同。这一点可以从相对分子质量分布(图 8.1)看出。

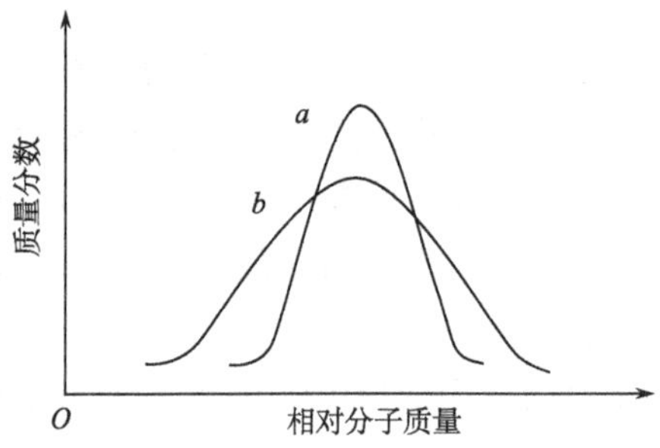

图 8.1　相对分子质量分布示意图

图 8.1 表示一种高分子化合物的两种相对分子质量分布情况。曲线 a 表示高分子化合物相对分子质量较集中的分布在某一范围内，即分布较窄；曲线 b 表示高分子化合物的相对分子质量分布较为分散，即分布较宽。不同的相对分子质量对高分子性能的影响不同，相对分子质量低的部分会使材料强度降低，相对分子质量过高的部分又会使加工成型困难。各种用途的高分子材料均应有合适的相对分子质量和分布。例如，合成纤维要求相对分子质量应尽可能均一，即分布较窄；而用作吹塑成型的塑料制品分子则要求相对分子质量的分布较宽。

(3) 高分子链的几何形状复杂。高分子化合物分子链的几何形状(链的结构形态)有线型、支链型和体型三种(图 8.2)。

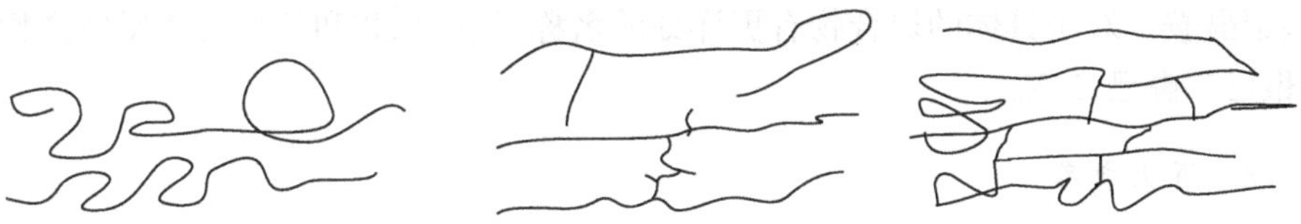

图 8.2　高分子化合物分子链的几何形状

线型高分子链呈线状，且比较卷曲，如未硫化的天然橡胶和一些树脂(如聚丙烯、涤纶、尼龙等)基本上都属于这一类；支链型高分子链上带有侧枝，支链的长短和数量可以不同，有的支链上还有支链；体型高分子化合物是由许多线型或支链大分子通过化学键连接而成的网状结构，如硫化橡胶、离子交换树脂等。高分子材料的性能与其几何形状有密切关系。例如，支链型高聚物的溶解度较线型小一些，体型的则不能溶解，也不能熔融。

8.1.2　高分子化合物的命名

高分子化合物的命名方法很多，一种高聚物可能有几个名称，这些名称又常由习惯而定，IUPAC 曾提出以结构为基础的系统命名法，但至今仍未被广泛使用。目前常用的命名方法有以下几种：

1. *以聚合物的原料单体命名*

这种命名法是以聚合物的分子链中所含有的单体结构单元的名称来进行命名，即在所用单体或假想单体名称前面加一“聚”字。例如，氯乙烯的聚合物称为聚氯乙烯，大多数烯类单体的聚合物均按此命名。聚乙烯醇则假想是单体乙烯醇的聚合物。

有一些高聚物命名时在其单体名称后附“树脂”二字(或简单地从单体名称中取一两个字作简称)。例如，苯酚和甲醛、尿素和甲醛的缩聚产物分别称为酚醛树脂、尿醛树脂。这些产物类似于天然树脂，常通称为合成树脂。

另有一些高聚物命名时在其单体名称后附“橡胶”二字。例如，顺-丁橡胶、氯丁橡胶、丁苯橡胶等。

2. *以聚合物的化学结构特征命名*

这种命名法是以化学结构为基础，根据聚合物链节的化学组成和结构特征来命名的。

按聚合物链节的结构特征命名时需要指出链中的特性基团。例如，在高聚物的分子链中有“酯”($-\overset{\overset{\displaystyle O}{\|}}{C}-O-$)、“酰胺”($-\overset{\overset{\displaystyle O}{\|}}{C}-NH-$)基团，这一类化合物称为聚

酯、聚酰胺。对于具体的聚合物有更详细的名称，如已二胺和已二酸的反应产物称为聚已二酰已二胺。

3. 商业命名

商品名称是为了使用方便、简化命名、出现的一些习惯命名。例如，商业上把酰胺类聚合物称为尼龙，如聚已二酰已二胺商品名称为尼龙-66，尼龙后的第一个数字表示二元胺的碳原子数，第二个数字表示二元酸的碳原子数。这样，聚癸二酰已二胺就称为尼龙-610。

我国习惯以"纶"字作为合成纤维商品的后缀字，如锦纶（尼龙-6）、涤纶（聚对苯二甲酸乙酯）、氯纶（聚氯乙烯）、丙纶（聚丙烯）、腈纶（聚丙烯腈）、维尼纶（聚乙烯醇缩甲醛）等。

这种商业名称简单，易为人们接受，但在科学上并不严格，有时还会引起混乱。如同一聚合物在不同的国家有不同的商品名称，即使在同一国家，不同厂家和研制单位，名称也不完全相同，尽管如此，目前仍在普遍使用。

此外，为了解决聚合物名称冗长，读写不便，对一些聚合物常采用国际通用的英文缩写符号来表示，如聚苯乙烯为 PS。聚氯乙烯为 PVC、聚丙烯腈-丁二烯-苯乙烯为 ABS 等。

8.1.3 高分子化合物的分类

高分子化合物的种类繁多，而且仍在不断增加。为了便于研究和应用已有多种分类方法，常用的有以下几种：

1. 按性能和用途分类

高分子化合物在来源上有天然高分子化合物和合成高分子化合物，对于合成高分子化合物除合成橡胶外，通常均称为合成树脂。由于高分子化合物主要用作材料，根据材料的性能和用途，高聚物可以分为塑料、橡胶和纤维三类。现在又衍生出黏合剂、涂料、离子交换树脂等。

2. 按照主链结构分类

高分子化合物按主链结构可以分为碳链、杂链和元素高分子三类。

(1) 碳链高分子（又称碳链聚合物）。这一类高聚物主链完全是由碳原子构成。绝大多数烯类和二烯类高聚物都属于这一类，如聚氯乙烯、聚丁二烯等。

(2) 杂链高分子（又称杂链聚合物）。这一类高聚物主链中除了碳原子以外，还含有氧、氮、硫等杂原子。缩聚产物多属于这一类，如聚醚、聚酰胺、聚酯等。

(3) 元素高分子（又称元素有机聚合物）。这一类高聚物主链中无碳原子，而

是由硅、硼、氧、铝、硫、磷等原子组成，但侧链是由甲基、乙基、乙烯基、芳基等有机基团组成，如有机硅橡胶（聚二甲基硅氧烷）$\left[\begin{matrix} CH_3 \\ | \\ -Si-O- \\ | \\ CH_3 \end{matrix}\right]_n$。如果主链和侧链上均无碳原子，则称为无机高分子化合物。

3. 按照应用功能分类

高分子化合物按其应用功能可以分为通用高分子、特殊高分子、功能高分子、仿生高分子、医用高分子、高分子药物、高分子试剂、高分子催化剂及生物高分子等。

通用高分子是一类量大面广的高分子。例如，塑料中的“四烯”（聚乙烯、聚丙烯、聚氯乙烯、聚苯乙烯）、纤维中的“四纶”（涤纶、锦纶、腈纶和维纶）和橡胶中的“四胶”（丁苯橡胶、顺-丁橡胶、异戊橡胶和乙丙橡胶）都是主要的通用高分子材料。

工程塑料及特种耐高温高分子是具有优良机械强度和耐热性能的高分子，如聚甲醛、聚碳酸酯、聚砜、聚酰亚胺和含氟高分子，已广泛应用于工程材料中。

8.1.4　高分子化合物的合成

由低分子化合物（单体）合成高分子化合物（高聚物）的反应称为聚合反应。通常按单体结构的不同，聚合反应分为加成聚合（简称加聚）反应和缩合聚合（简称缩聚）反应两类。

1. 加聚反应

由一种或多种单体通过加成反应，相互结合为高分子化合物的反应称为加聚反应。在加聚反应的过程中，没有其他副产物生成，合成的聚合物的化学组成与单体基本相同。

加聚反应中的单体，必须具有不饱和键或具有环状结构。例如，烯类单体：

$$CH_2=CH_2 \qquad \underset{\displaystyle X}{CH_2=\underset{|}{CH}}$$（X 为取代基，可以是$-CH_3$、$-Cl$、$-CN$等）

在光或热的作用下发生加聚反应：

$$nCH_2=CH_2 \xrightarrow{\text{光或热}} \left(CH_2-CH_2\right)_n$$

$$nCH_2=\underset{\underset{\displaystyle X}{|}}{CH} \xrightarrow{\text{光或热}} \left(CH_2-\underset{\underset{\displaystyle X}{|}}{CH}\right)_n$$

环状单体的开环聚合也是加聚反应：

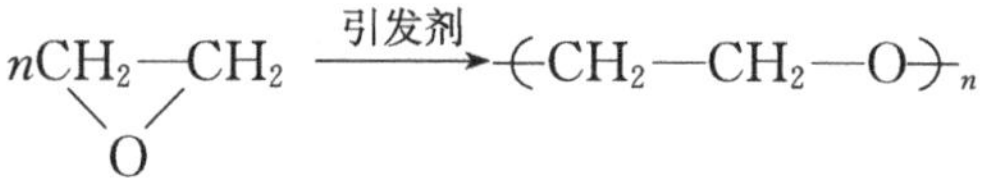

能够发生加聚反应的单体，在反应过程中必然存在旧的化学键断裂和新的化学键生成，共价键的断裂有两种形式：

$$A:B \longrightarrow A\cdot + B\cdot$$

$$A:B \longrightarrow A^{+} + :B^{-}$$

前一种方式，键是均匀断裂，断裂后的 A 和 B 各带有一个电子，这种断裂方式称为均裂，均裂的结果是生成两个自由基(或游离基)A· 和 B·。后一种方式，键是不均匀断裂，断裂后一对电子全部被 B 带走，这种断裂方式称为异裂。异裂的结果是生成 A^{+} 和 B^{-}。

因此，加聚反应只可能有这两种类型，前者是自由基反应，后者是离子型反应。自由基加聚反应在生产中应用较广，而且其过程总是经历着链引发、链增长和链终止三个阶段。

现以下例来说明自由基加聚反应机理。

1) 链的引发

链的引发又称为链的开始，这一阶段的反应分为两步：先形成活性中心(初级自由基)；进而初级自由基引发单体形成活性单体。

(1) 初级自由基的产生——活性中心形成。

工业上广泛采用的引发剂是过氧化二苯甲酰、偶氮二异丁腈等，它们受热后均裂产生自由基，形成了活性中心(又称为初级自由基)。反应如下：

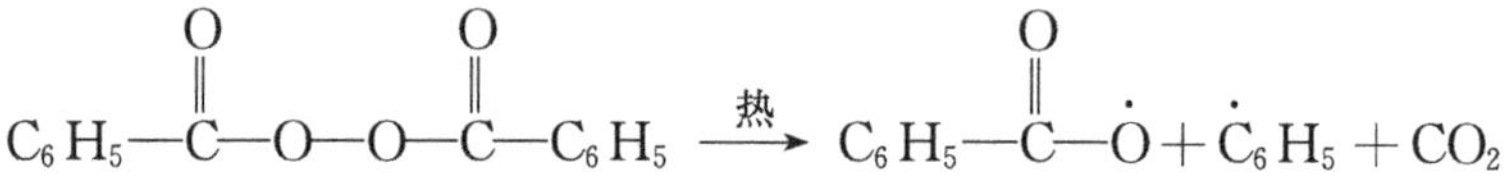

过氧化二苯甲酰

(2) 形成活性单体。初级自由基 R·(如 $\cdot C_6H_5$)与烯类单体反应，使单体变成自由基(活性单体)，开始了链的引发。

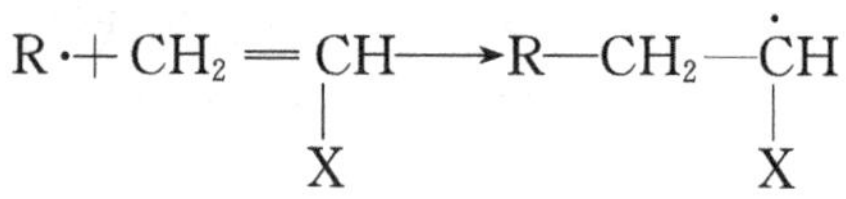

2) 链的增长

链的增长是链引发阶段形成的活性单体反复地和单体分子迅速加成，形成大分子自由基的过程。它是分子长大的主要反应。

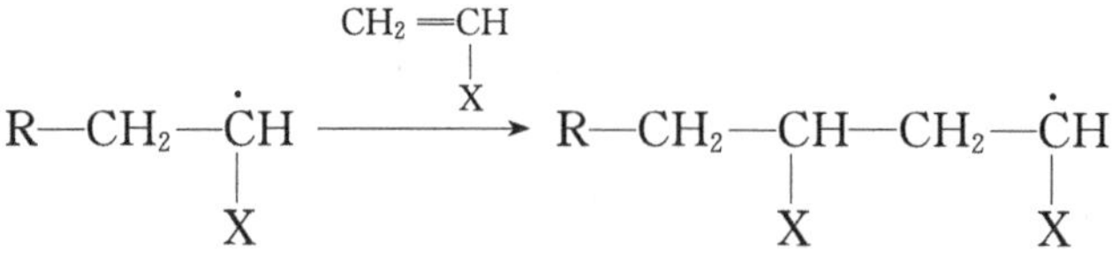

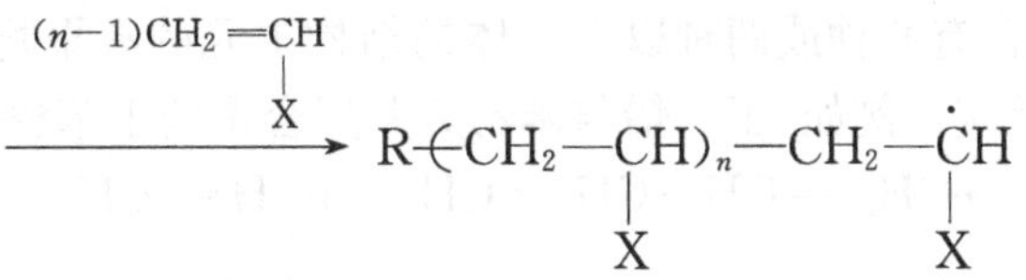

在链的增长过程中，每个增长着的分子链都具有活性自由基，称为活性链。

3）链的终止

活性链增长到一定程度，就会因失去活性中心而终止。终止方式有以下两种。

（1）偶合终止。两个活性链互相结合使活性消失：

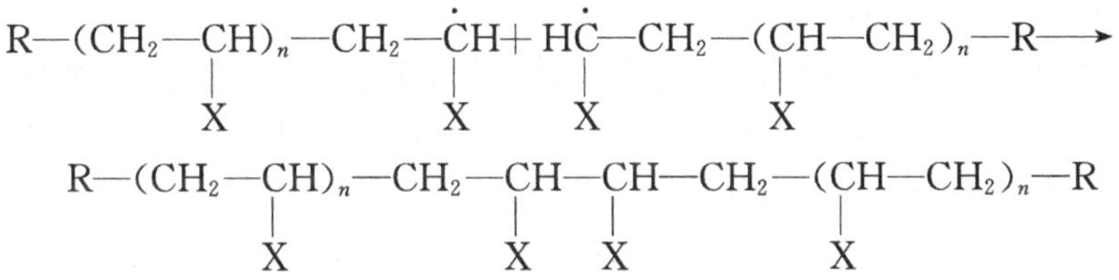

（2）歧化终止。两个活性链相互作用，发生氢原子转移。一个活性链失去一个氢原子变为端基不饱和的链而失去活性，另一个则得到一个氢原子变为端基饱和的链而失去活性。

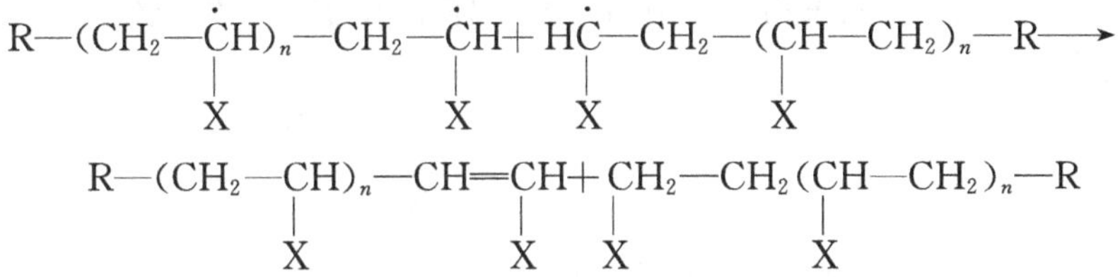

偶合终止所得到聚合物的分子链较长，每个分子链两端连有引发剂的裂片（R）。歧化终止所得到聚合物的分子链较短，每个分子链只有一端连有引发剂裂片，同时产物之一含有双键。

在聚合反应中，究竟哪种终止方式占优势取决于单体种类和反应温度。例如，苯乙烯主要是偶合终止，甲基丙烯酸甲酯两种终止方式都有。偶合终止不受温度的影响，而歧化终止由于有氢原子转移，需要能量，因此，与温度有关：温度升高，歧化终止的比例增加。

上面所述的链引发、链增长和链终止三个反应步骤，彼此之间并非孤立，而是互相联系，互相竞争的，只要根据反应机理，有效地控制聚合条件，就可以调节聚合物的相对分子质量。

离子型聚合反应机理和自由基聚合反应相似，都属于连锁聚合反应，所不同的是反应活性中心不同，一个是带正、负电荷的离子，一个是电中性的自由基。

如果高分子化合物是由一种单体聚合而成，聚合过程为均聚反应，聚合产物为均聚物（单体结构不对称时序列结构会有差异）；如果由两种或两种以上的单体同时进行聚合，生成含有两种或两种以上单体的结构单元的高聚物，称为共聚物，聚合过程称为共聚反应。例如，丁二烯与苯乙烯共聚合得到丁苯橡胶。

$$nCH_2=CH-CH=CH_2+n\underset{\displaystyle C_6H_5}{\underset{|}{CH}}=CH_2$$

$$\longrightarrow \left[CH_2-CH=CH-CH_2-\underset{\displaystyle C_6H_5}{\underset{|}{CH}}-CH_2\right]_n$$

共聚产物是相当复杂的。不同单体聚合的序列可以有多种，以二元共聚物为例，其共聚物有以下几种：

(1) 无规共聚物。共聚物分子中的单体(以 A、B 表示)排列是无规则的。

—A—B—B—A—B—A—A—B—B—A—

(2) 交替共聚物。共聚物分子中单体单元有规则的交替排列。

—A—B—A—B—A—B—A—B—

(3) 嵌段共聚物。共聚物分子由一种单体构成的链段与另一单体构成的链段相间组成。

—A—A—A—A—B—B—B—A—A—A—A—B—B—B—B—

(4) 接枝共聚物。共聚物分子中由一种单体单元构成主链，支链由另一种单体单元构成。

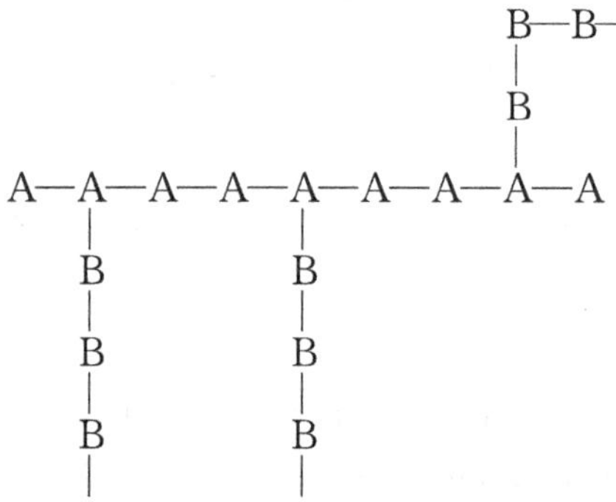

共聚物的性能取决于其结构，由于上述四类共聚物的结构不同，因此其性能也不相同。无规共聚物和交替共聚物呈均相，嵌段和接枝共聚物往往呈非均相。因此在实际应用中可以采用不同的单体，利用不同的共聚方法，来达到改善高聚物性能的目的。例如，聚苯乙烯塑料性脆、不耐冲击，如果用丙烯腈、丁二烯及苯乙烯单体共聚合形成三元共聚物(ABS)，既保持了聚苯乙烯优良的电性能和加工成型性，又增加了弹性和强度、耐热性和抗腐蚀性，成为广泛应用的工程塑料。其他如丁苯橡胶、乙丙橡胶、丁腈橡胶等皆是利用共聚方法合成的。

2. 缩聚反应

由一种或多种单体互相缩合形成高聚物，同时析出水、氨、醇、酚、卤化氢等低分子化合物的反应，称为缩聚反应，产物称为缩聚物。缩聚物的成分与单体不同。缩聚反应可简单表示如下：

$$naAa+nbBb \rightleftharpoons a(AB)_n b+(2n-1)ab$$

式中，aAa、bBb 为低分子化合物；a、b 为官能团；ab 为低分子产物。

从上式可以看出参加缩聚反应的每个单体至少应具有两个能够相互作用的官能团，否则不能形成高聚物。例如，由己二酸和己二胺合成尼龙-66，因为己二酸分子两端都有羧基（—COOH），己二胺分子两端都有氨基（$-NH_2$），当羧基与氨基缩合脱水时，就生成酰胺键（$-\underset{\underset{O}{\|}}{C}-\underset{\underset{H}{|}}{N}-$）。

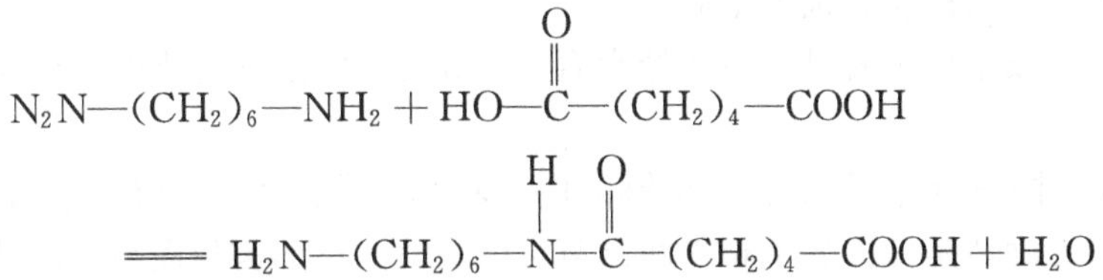

式中所生成的中间产物两端的官能团还可与己二酸、己二胺继续反应，逐步形成高聚物聚酰胺$\text{⁅}NH-(CH_2)_6-NH-CO-(CH_2)_4-CO\text{⁆}_n$。此聚合物是线型结构。大部分缩聚产物是杂链聚合物。

要生成交联的体型高聚物，单体必须含有两个以上官能团。

缩聚反应在高分子合成工艺中占有重要地位。常见的醛基树脂、不饱和聚酯树脂、聚酰胺、聚酯以及一些性能要求特殊且严格的产物，如聚碳酸酯、聚砜、聚酰亚胺等聚合物，都是通过缩聚反应合成的。

8.1.5　高分子化合物的结构与性能

高分子化合物具有的许多特性，如塑性、弹性、机械性能、电绝缘性以及化学稳定性等，都和它的结构有着密切的关系。

1. 高分子化合物的结构

高分子化合物与低分子化合物的区别除了相对分子质量外还有结构的差异，它比低分子化合物复杂得多，这是由于高分子化合物分子较大，从而带来了分子结构、形态、聚集状态等方面的差异。通过各种手段研究得知，高分子化合物的结构是多重的，通常可以分为三级结构。

(1) 一级结构，是指高分子链的化学结构，即分子中与结构单元有关的结构，包括结构单元本身的结构，单元在空间排列的立体异构等，这是高分子化合物最基本的结构。

结构单元的结构主要取决于单体结构，是影响聚合物性能的基础。

序列结构指结构单元的连接顺序。高分子内结构单元间的连接，可能有多种排列组合方式。例如，聚氯乙烯中的氯乙烯单元有按头尾次序连接的规则高分子；有头尾、头头、尾尾连接的无规高分子；还存在着有规连接与无规连接同时存在的间规高分子。由于序列结构不同，将会带来高分子性质的某些差异。

构型结构主要是指立体异构现象。例如，丁二烯聚合时，除了 1,4 加成产物外，还可能有 1,2 加成；1,4 加成高分子中还有顺式与反式之分；1,2 加成中的乙烯侧基的分布也有类似序列结构的等规、间规、无规等情况。这些结构上的差异，也影响着高分子化合物的性质。

根据高分子构型的特征，可以将高分子的空间构型分为三种结构，分别为线型、支链型、体型。其性质有很大不同。

高聚物的一级结构主要是由单体经聚合反应确定，改变一级结构必须通过化学反应完成。

(2) 二级结构，是指高分子链上单键的内旋转和链段的热运动而产生的各种形态。单键的内旋转是指大分子相邻两链节可以保持一定的键角而自由旋转的性质。内旋转是高分子热运动的一种形式，在热或外力作用下，由于分子链节的内旋转，从而使高分子从一种构象变为另一种构象(构象与构型不同，构象改变可以通过单键内旋转完成；而构型需要通过化学反应来实现)，使分子出现伸直链无规线团、折叠链、螺旋链等形态。

(3) 三级结构，是指许多高分子链聚集在一起的聚集态结构。这是高分子在做整体热运动——位置移动(滑动)时，所形成的各种聚集方式。其链段之间的相对空间位置有紧密与疏松、规整和凌乱之分，链段之间的相互作用力有大小之别。按照聚集态的紧密和规整程度、高聚物可以分为无定形、介晶(包括液晶)和结晶三类。

高聚物的各级结构综合决定其各种物理状态及物理性质，一级结构由化学反应确定，二、三级结构主要受外界物理因素的影响，如温度、压力及成型加工过程的条件不同而改变；一级结构是二、三级结构的基础，反过来，二、三级结构也会影响一级结构的化学反应的难易，彼此相互制约，决定着整个高聚物的性能。

高聚物的结构层次多，情况复杂，给聚合物性能带来调节和改善的机会。例如，在合成时可以设法改变大分子的组成、结构；对于已经制得的聚合物，又可以在加工时通过配料、加工条件等来调节其组织结构，一种聚合物最初只有一个品种，用在某一方面，后来则品种越来越多，用途也越来越广。

2. 高分子化合物的柔顺性和弹性

一些高分子化合物具有弹性，另一些高分子化合物具有柔性，这与它们的大分子链的结构有关。对于线型高聚物而言，除了分子链可以运动以外，分子主链中的碳原子相互以共价 σ 单键相连时，σ 电子云为圆柱形，呈轴向对称分布，在保持键长和键角不变时，每个 C—C 单键按一定的键角自由旋转，如图 8.3 所示 。因此，对一个含有成千上万个 C—C 键的高分子长链来说，其变化的方式是非常多的，会有众多的空间形态。其中，呈线状的极少，绝大部分是以卷曲状形式存在，这种由于单键自由旋转而导致高分子链具有强烈卷曲的性能称为高分子链的柔顺性。高分子链的旋转越容易，分子就越柔顺。线型高聚物的柔顺性比体型高聚物的好。若将线型橡胶硫化形成交联，当交联程度较低时，尚未妨碍分子中的自由旋转，所以硫化程度低的橡胶仍能保持相当好的柔顺性，当交联程度较大并成为体型结构时，就会失去柔顺性，所以硫化程度大的橡胶显得十分僵硬。

有一些高分子化合物在外力作用下会产生很大的可逆性形变，而当外力消除后又恢复原状，这种性质称为弹性，如橡胶就具有很高的弹性，其原因是橡胶中的高分子链通常处于蜷曲状态，高分子互相纠缠在一起，在一定温度范围内高分子整体的热运动不能发生，而只有部分链段或链节具有热运动的能力。因此，当受到外力作用时，蜷曲着的高分子部分链段通过链的内旋转引起分子链形态的改变，同时引起物体外形的改变，外力消除后，由于高分子链节的热运动及内旋转而恢复其原有形态，表现出其“弹性”。

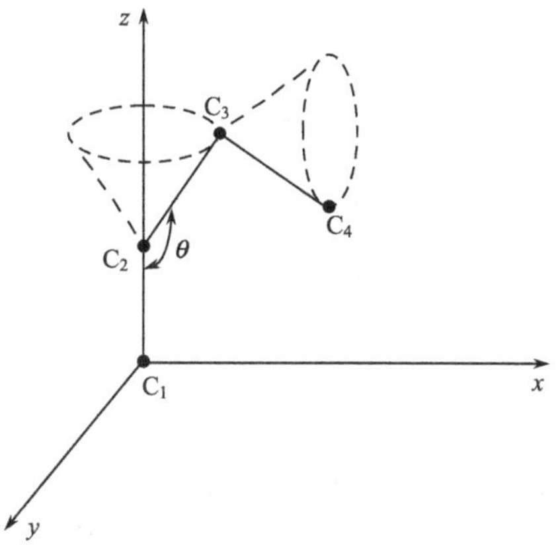

图 8.3　单键旋转示意图

3. 高分子化合物的物理状态

高分子化合物中，有些聚合物处于完全无定形状态；有些聚合物高度结晶，但结晶度不能达到 100%；还有一些聚合物可以处于无定形或部分结晶状态，随外界条件而定。聚合物的结晶能力与高分子结构规整性、分子间力、分子链柔性等有关，结晶程度还受拉力、温度等外界条件的影响。

线型聚合物分子结构简单规整，分子链柔顺，容易紧密排列形成结晶，而支链型的聚合物结晶度就小得多。例如，低压聚乙烯结晶度高达 90%，而带支链的高压聚乙烯结晶度仅为 55%～60%。

高分子中若含有强极性基团,则有利于分子间的相互作用力提高,有利于结晶,但前提是分子结构也应规整。拉伸也有利于有序排列,可以使结晶度提高。

高分子链上如果带有较大的侧基或刚性侧基,将使高分子链刚性增加,不利于结晶。

高分子链过于柔顺,也不利于结晶。例如,当温度适当,橡胶经拉伸后分子链可规则排列;但拉力去除后,规则排列并不能维持,将恢复到原来的完全无定形状态。

高分子的结构将影响聚合物的物理状态,进一步影响其性能,这些均与温度有很大关系。

1) 线型无定形高分子化合物

线型无定形高分子化合物也称为线型非晶态高聚物,此类高聚物随着温度的不同,常以玻璃态、高弹态、黏流态三种不同的力学状态存在,其关系可以用热-形变曲线(图 8.4)表示。

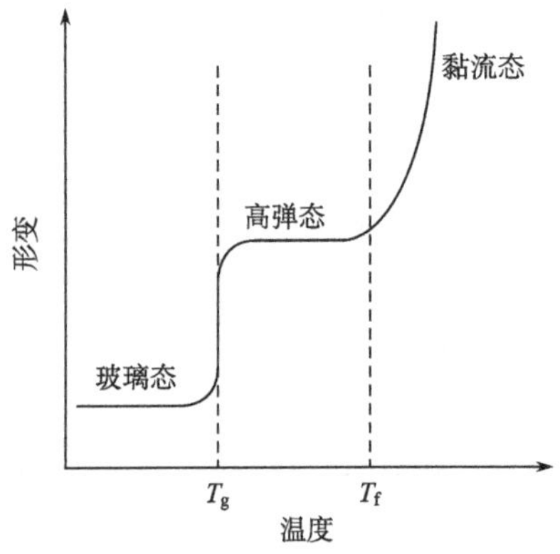

图 8.4　高分子化合物温度-形变曲线图

当温度较低时(低于 T_g, T_g 称为玻璃化温度),线型无定形高聚物不能流动,质硬无弹性,受外力作用时,形变很小,当外力去除后立即恢复原有形状,服从胡克定律,在常温下塑料就是处于这种形态。

当温度升高超过玻璃化温度时,逐渐转变为高弹态,质软有弹性,受外力作用时发生形变,甚至形变相当大,当外力去除后,逐渐恢复原状。在常温下的橡胶就是处于这种形态。

玻璃态和高弹态均属于固态。

当温度继续升高,超过黏流化温度(T_f),就逐步转变为黏流态,这时高聚物成为能流动的黏态,温度越高,黏度越小,流动性则越大,温度过高达到热分解温度时,高分子链便会断裂(或伴随热交联及分解一同进行)。在常温下流动树脂就处于这种状态。

为什么线型非晶态高聚物的物理状态随着温度而转变呢? 这可以从其分子运动机理得到解释。

根据分子运动学说,在玻璃态时,高聚物固体中的分子或原子总是处于最低能量位置上,以一定的平均距离进行各种形式的运动,如振动、转动、移动等。当受有外力时,这一平衡将打破,原子的平衡位置将发生改变,表现为有一定的形变,当外力除去,原子又立即恢复到原来的平衡位置,形变恢复。由于这一形变是与原子振幅的变化有关,而与整个分子无关,因此形变量是不大的。

当温度升高到玻璃化温度时,高聚物得到一定的能量,虽然整个高分子链还不能够移动，但高分子链中包含几个或几十个链节的链段却可以自由运动，这时在不大的外力作用下，可产生相当大的可塑性形变，这就是高弹态形变，它仅与链段有关，而与整个分子无关。而链段运动为高分子所独有，低分子由于不存在链段和链段运动，因而也就没有高弹态了。

当温度继续升高到黏流化温度（T_f）时，分子动能大大增加，不仅分子链中链段运动增强，甚至整个分子链都可以自由运动，而成为能流动的黏液。所以黏流态主要运动形式就是整个分子链的位移。黏流的性质（如黏度）主要是整个分子链的运动，与链长无关。

不同的高聚物具有不同的 T_g 和 T_f。人们习惯于把 T_g 在室温以上的许多高聚物称为塑料，把 T_g 在室温以下的许多高聚物称为橡胶。作为一种树脂或塑料，要求在室温下保持固定的形状，因此 T_g 要高，且 T_g 与 T_f 之差不要大，可是作为橡胶，要求能保持高度的弹性，因此要求 T_g 越低越好，而 T_f 则要高。几种无定形高聚物的 T_g 和 T_f 值可参见表 8.1。

表 8.1　几种无定形高聚物的 T_g 与 T_f 值

高聚物	T_g/K	T_f/K
聚氯乙烯	384	448
聚苯乙烯	363	408
天然橡胶	200	395
硅橡胶	164	523

需要指出，T_g 不是不可能改变的，人们通过共聚、加入增塑剂或采用定向聚合等措施，可改变原来高聚物的 T_g，从而提高其耐寒性或耐热性。例如，普通的聚苯乙烯 T_g 约为 363 K，而定向聚苯乙烯由于分子排列整齐，T_g 可达约 513 K，耐热性大为提高。

T_f 的高低对于高聚物的加工有着十分重要的意义。一般对加工来说，T_f 越低越好；对耐热性能说，T_f 越高越好。对于橡胶来说，T_g 与 T_f 之间温度的差值越大，其耐寒耐热性能越好，性能越优越。

2）结晶性高分子化合物

高度结晶的高聚物，由于高分子链受晶格能的束缚，链段难于自由移动，故常温下为固态。类似于其他结晶化合物，当温度升高时，有转变温度即熔点 T_m。但是高聚物往往结晶不完全，存在缺陷，并且有相对分子质量分布问题，因此熔点并不是确定的某个温度，而是一个熔融温度范围。当温度升高到熔点附近或更高时，大分子热运动突破晶格结构的限制，便软化、熔融至流动态，故熔点温度是结晶聚合物的使用上限温度。但也有一些结晶性高聚物相对分子质量极大，到达熔点时，先转变为无定形的高弹态，只有温度再上升达到黏流化温度时，才能变为黏流态，平均相对分子质量越大，黏流化温度越高。例如，聚乙烯的平均相对分子质量在10～15万，其熔点及黏流化温度为298～408 K；而超高相对分子质量聚乙烯，其平均分子质量在100万以上，熔点是412 K，黏流化温度为463 K。

4. 机械性能

高分子化合物的机械性能主要指抗拉、抗压、抗冲击、抗弯等性能。机械性能主要取决于高分子之间的相互作用力，而高分子之间的相互作用力与其平均相对分子质量(或平均聚合度)，相对分子质量的分散度、结晶度、取代基的性质等有关。

在一定范围内，高聚物的平均聚合度(或平均相对分子质量)越大，分子间的相互作用力越大，高聚物的机械性能就越强，但是当聚合度增加到400以上时，这种关系就不显著了，这是因为此时的机械性能在更大程度上受其他因素的影响。

除了平均聚合度(或平均相对分子质量)以外，相对分子质量的分散度(分布)也是影响高聚物机械性能的重要因素。当分散度较宽时，相对分子质量低的部分将使其强度降低，而相对分子质量高的部分又使其加工困难，因此不同的高聚物应有合适的相对分子质量分布。合成纤维的相对分子质量分布宜窄，而合成橡胶的相对分子质量分布宜稍宽。

高聚物结晶的程度越大，分子排列越整齐，分子之间的相互作用力越大，机械性能越好。例如，丁苯橡胶的相对分子质量(40000～50000)比天然橡胶相对分子质量(200000)低，且无结晶能力，因此其抗张强度比天然橡胶差。氯丁橡胶的相对分子质量约在110000，分子间排列整齐，结晶度高，所以它的抗张强度比丁苯橡胶好。纤维的强度和刚性通常比塑料、橡胶都要好，其原因就在于制造纤维的高聚物，特别是经过拉伸处理后，结晶度高造成的。

高聚物中的极性基团能够增强分子间的作用力。如果极性基团之间能够形成氢键，也会使分子之间的相互作用力大大增加，显著地提高机械性能。如果向高分子化合物中引入极性基团，如—CN、—OH、—Cl等，能生成氢键的基团如酰胺基$\left(如\ -\overset{\displaystyle O}{\overset{\|}{C}}-\overset{\displaystyle H}{\overset{|}{N}}-\right)$、稠环基团(如 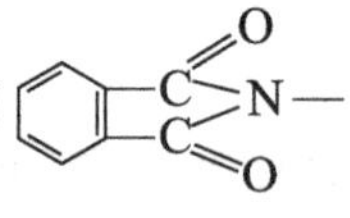)及环状基团(如 )等，都可以增加大分子链间的作用力，提高机械性能。例如，聚酰胺纤维分子链中含有极性基团，链排列整齐，有利于定向排列，是链较直的线型结构，分子间作用力大。另外，酰胺基之间还可以通过所含有的氢键的相互吸引，使分子间的作用力大大增强。如下所示：

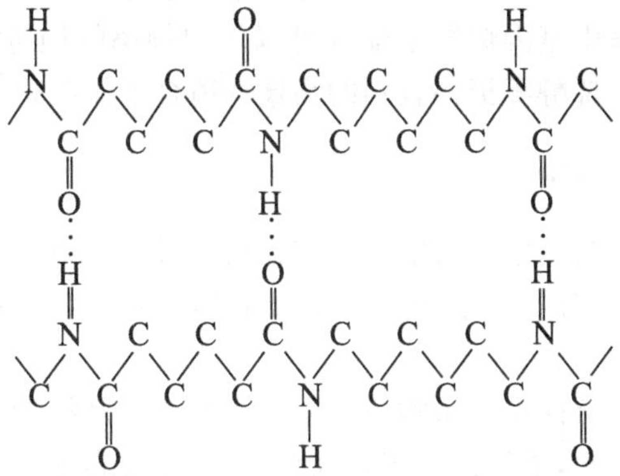

这就保证了纤维的强度。另一方面，分子链上的次甲基$\leftarrow CH_2 \rightarrow$不像涤纶上的苯环那样僵硬，因此，锦纶的分子链较易转动，使纤维柔软而富有弹性。如果侧链有较大的基团，妨碍大分子链靠近和旋转就减小强度，增加脆性。例如，聚苯乙烯脆性较大，就与它的侧链上的苯基体积较大有关。

如果将线型高聚物通过化学变化使大分子间形成适当的交联结构，也可以增大高聚物的机械强度。例如，橡胶的硫化就是最常见的一种交联作用。链间生成“硫桥”(一般含硫量在 5%以下)，使机械强度及弹性明显增加，但过高的交联，僵硬性太大，也会造成加工成型困难，还会带来脆性。

5. 高分子化合物的绝缘性能

高分子化合物的分子是由许多原子通过共价键相互连接起来的，在高分子内部没有自由电子，也没有可以流动的自由离子(除了高分子电解质含有离子以外)。因此，对直流电来讲，高分子化合物是优良的绝缘体。但是对交流电来讲，如果高分子化合物中含有极性基团，这种极性基团或极性链节会随着交变电场的方向发生周期性的取向而具有一定导电性，这就是说高分子化合物的电绝缘性与其极性有关，即极性越小，电绝缘性越好。根据分子极性的不同，可以将高分子化合物分为下列几种情况：

(1) 分子链中除含有碳和氢外，链节结构对称且无极性基团的高聚物对直流电、交流电都绝缘，可以用作高频绝缘材料，如聚乙烯、聚丁二烯、聚四氟乙烯等。聚乙烯和聚丁二烯的分子结构对称，无极性基团，所以是非极性分子，聚四氟乙烯分子中虽然 C—F 键有相当大的极性，但由于整个链节的结构对称，键的极性相互抵消，所以聚四氟乙烯是非极性分子。

(2) 分子链中除含有碳和氢外，虽然没有极性基团但结构不对称的高分子化合物，如聚苯乙烯、天然橡胶、聚异丁烯等，可以作为中频率的绝缘材料。

(3) 分子链中除了有碳和氢外，链节结构不对称且有极性基团的高分子化合物，可以根据极性的大小，用作中频率或低频率的绝缘材料。例如，聚氯乙烯、聚乙酸乙烯酯、聚酰胺、聚甲基丙烯酸甲酯等可以作中频率的绝缘材料。而酚醛树脂、尿醛树脂、聚酯、聚乙烯醇等极性较强的高聚物适合于作低频率的绝缘材料。

6. 高分子化合物的溶解性

高分子化合物在溶剂中的溶解情况与低分子化合物相比有许多不同和特点。除了化学组成以外，高分子的结构形态，链的长短，柔顺性、结晶性等均对溶解性有影响。

高分子结构对溶解性是有影响的。通常线型、支链型分子可以溶解，其溶解过程与低分子化合物不同，常先经过溶胀，而后缓慢分散溶解。这是由于高聚物分子大扩散能力较差所致。可以想象，将一块聚合物投入溶剂中，溶剂分子很快扩散进入聚合物中，而聚合物分子因分子大，运动困难，不能及时向溶剂分散，高聚物慢慢地胀大起来，这种现象称为溶胀，经过一段时间后，胀大的高聚物才逐渐地消失于溶剂中，经溶剂化溶解成均匀的溶液。所以说溶胀是高聚物溶解的必经阶段。

对于体型高聚物如硫化橡胶，由于网络结构的束缚，只能溶胀，不能溶解。体型分子的溶胀程度与网络结构密度有关，密度越大，溶剂分子越不易进入，溶胀程度越小。而且根据这一原理还可借溶胀体积来测定体型聚合物的交联程度。

聚合物分子链的长短(相对分子质量大小)对溶解性也有影响。相对分子质量越大，分子自身间的作用力也就越大，聚合物的溶解度必然小。根据这个原理可使大小不同的聚合物分子分离出来。

高分子链的柔顺性对链的运动是有影响的。柔性的分子链易于运动、扩散，有利于溶解。例如，聚乙烯醇与纤维素分子和水的亲和性相差不多，但前者溶于水，而后者不溶，就是因为前者链柔顺而后者刚硬的缘故。

晶态高聚物由于分子受晶格束缚，难以溶解，一般需要加热使其变为熔融态之后才能与溶剂混合。因此，非极性晶态高聚物在常温下是难溶解的。例如，聚乙烯在常温下不溶于任何溶剂，只有在加热下，才溶于苯、甲苯等烃类中。而极性强的晶态高聚物用强极性溶剂在常温下可以溶解。这是因为它能与溶剂发生较强烈的溶剂化作用，且放出大量的热，使晶格破坏促进溶解。例如，聚酰胺在常温下溶解于甲酚及二甲基甲酰胺等极性溶剂中就是依赖这种作用。晶态高聚物的溶解度不但与平均相对分子质量有关，还与结晶度有关。

在高分子材料的使用和合成中，人们经常遇到的问题是如何选择溶剂，有哪些规律。根据物质溶解性能的一般规律，有“相似相溶”规则。极性大的高聚物应选用极性大的溶剂，极性小的高聚物应选用极性小的溶剂，非极性高聚物应选用非极性溶剂。例如，未硫化的天然橡胶是弱极性的，可溶于汽油、苯、甲苯等非极性溶剂中；聚苯乙烯也是弱极性的，可溶于苯、甲苯、乙苯等非极性或弱极性溶剂中。有机玻璃是极性的，可溶于极性的丙酮中，聚乙烯醇极性相当大，可溶于水、乙醇中；聚丙烯腈极性也相当大，能溶于极性相当大的酚或二甲基甲酰胺 $HCON(CH_3)_2$ 中。具有很多氢键的聚酰胺-6，聚酰胺-66 能溶于极性相当大的酚或甲醇中。

也有人用“溶解度参数相近”原则来选择溶剂。“溶解度参数”是从热力学导出，可定义为单位体积的汽化能（或内聚能，符号 ΔE）的开方。“溶解度参数相近”原则就是溶剂的溶解度参数和高聚物的溶解度参数越相近，越易溶解。表 8.2 中列出几种常用的溶剂和高聚物的溶解度参数，但使用时常要注意高聚物的溶解性并不完全服从“溶解度参数相近”原则。

表 8.2　常用的一些溶剂和高聚物的溶解度参数

溶剂	溶解度参数/$(J\cdot cm^{-3})^{1/2}$	高聚物	溶解度参数/$(J\cdot cm^{-3})^{1/2}$	
			理论值	实验值
矿质松节油	14.1	聚四氟乙烯	12.7	—
正辛烷	15.46	聚二甲基硅氧烷	14.9	15.3～15.5
乙醚	15.7	聚丙烯	16.2	16.0～16.4
环乙烷	16.73	聚乙烯	16.6	16.2
乙酸(正)戊酯	17.0	天然橡胶	16.67	16.2～16.6
四氯化碳	17.6	聚丁二烯-苯乙烯	(85/15) 17.34	17.4
甲苯	18.2		(75/25) 17.46	17.2～17.6
乙酸乙酯	18.6		(60/40) 17.6	17.4～17.8
苯	18.71	氯丁橡胶		18.5
三氯甲烷	19.2	聚苯乙烯	18.65	18.6
氯苯	19.4	聚甲基丙烯酸甲酯	18.92	18.4～19.4
丙酮	20.0	聚氯乙烯	19.6	19.4
二硫化碳	20.5	环氧树脂	19.73	19.8～22.3
乙酸	25.8	酚醛树脂		21.5～23.5
乙醇	26.0	硝酸纤维素		21.7～23.5
乙二醇	29.0	聚甲醛(均聚)	22.9	22.5
苯酚	29.7	尼龙类		26.0～27.8
水	47.87	聚丙烯腈	26.07	31.5

7. 高分子化合物的老化及防止

高分子化合物中由于含有 C—C、C—H、C—O 等牢固的共价键，活泼的基团较少，所以一般情况下化学性质较为稳定，许多高分子化合物可以制成耐热、耐酸、碱或耐其他化学试剂的器皿、设备、器材等。聚四氟乙烯称为“塑料王”，具有对任何酸、碱、王水、溶剂的高度耐蚀性。因此，高分子化合物有非常好的化学稳定性。尽管如此，高分子化合物在储存和使用过程中，由于受环境某些因素的影响，会发生变化，使性能逐渐变差，以致于最后丧失使用价值，这种现象称为“老化”。

老化是高分子化合物固有的性质，几乎所有高分子材料都会发生老化（不同的高分子化合物老化条件、速度等有所不同）。老化是不可避免的，因为高分子化合物在一定的物理的（热、光、电、机械能和辐射能等）、化学的（氧、臭氧、水、酸、碱等）、生物的（霉菌等）环境因素作用下，发生化学变化，使大分子发生断链或交联。断链的结果使高聚物的聚合度降低、发黏、变软、丧失机械强度，交联反应的结果使大分子与大分子相连产生体型结构，从而使高聚物进一步变硬、变脆而丧失弹性。这两种情况往往会同时发生。

在引起高分子化合物老化的诸因素中，以氧、热、光最为重要。通常以发生氧化降解的情况为主，且往往是在光、热等因素影响和促进下发生的。

1）氧化反应

（1）光氧老化。高分子材料在光的照射下，是否发生裂解，即分子链是否发生断裂，取决于光（光子）的能量与聚合物的键能。光的能量与波长有关，波长越短，能量越高。波长为 200～400 nm（紫外线）时，其能量为 250～580 $kJ \cdot mol^{-1}$，若波长为 1000 nm 以上时（红外线），其能量小于 125 $kJ \cdot mol^{-1}$。各种键的解离能为 167～586 $kJ \cdot mol^{-1}$。由此可见，紫外线对聚合物的危害是严重的。虽然照射到地球上的紫外线不多，但将材料直接暴露在阳光下，还是有害的，应尽量避免高分子材料与紫外线接触。

虽然可见光波长一般在 400 nm 以上，对多数高分子化合物分子尚不能直接解离，但可使其处于激发状态。如果在有氧气存在时，则促进高分子化合物解离。

氧化过程是高分子化合物（R—H）在光的作用下，使 C—H 键处于激发状态（$R—H^*$），氧与之作用，把氢拉出来，产生自由基和形成氢过氧化物。

$$\text{R—H} \xrightarrow{h\nu} \text{R—H}^* \xrightarrow{O_2} \text{R}\cdot + \cdot\text{O—OH}$$

自由基和氧进一步反应：

$$\text{R}\cdot + O_2 \longrightarrow \text{R—O—O}\cdot \xrightarrow{\text{RH}} \text{R—O—O—H} + \text{R}\cdot$$

或

$$\text{R—O—O}\cdot + \gt\text{C=C}\lt \longrightarrow \text{—}\overset{|}{\underset{|}{\text{C}}}\text{—}\overset{|}{\underset{|}{\text{C}}}\text{—O—O—R}$$

在反应中所形成的自由基 R· 和过氧化物 R—O—O—H 很不稳定，经过一系列的反应最后变成酸、CO_2 和 H_2O 等。

若在高分子链中含有易被氧化的基团，如双键、羟基、醛基等，更易发生老化，若高聚物含有微量金属元素（过渡金属），也能加速高聚物光氧老化，而且温度对光氧老化也有影响的，温度升高，老化加快。

(2) 热氧老化。热氧老化是热和氧的综合作用的结果，与光氧老化相似。氧化过程首先形成自由基和氢过氧化物，氢过氧化物进一步分解而产生活性中心，一旦形成自由基后，其链式反应的特征将表现出来。

分子中引入一些苯环、杂环使其具有网状体形结构，或用氟代替氢或杂链的高分子化合物，都有较高的热氧稳定性。

2) 化学试剂作用下的老化

聚乙烯、聚丙烯及其他乙烯类碳链高分子化合物，除了在光、热、氧作用下的老化外，一般对化学试剂是比较稳定的，但其杂链高分子化合物(如聚酯、聚酰胺、聚缩醛、多糖和聚甲醛等)对化学试剂是较不稳定的，它们都能与水作用而发生老化反应，如果有酸存在，则更易发生老化。例如，聚酰胺的水解作用可表示如下：

$$\cdots NH-(CH_2)_m-NH \vdots CO-(CH_2)_n-CO\cdots$$
$$+ \quad H \vdots OH$$
$$\longrightarrow \cdots NH-(CH_2)_m-NH_2+HOOC-(CH_2)_n-CO\cdots$$

以羧酸代替水裂解高分子称为酸解作用。此时羧酸中的“酰基”便相当于水中的氢原子。

$$+ \cdots NH-(CH_2)_m-NH \vdots CO-(CH_2)_n-CO\cdots$$
$$+RCO \vdots OH$$
$$\longrightarrow \cdots NH-(CH_2)_m-NHCOR+HOOC-(CH_2)_n-CO\cdots$$

因此，高分子材料在使用过程中应避免与其能起化学反应的试剂接触，当然，也不能与相溶的有机溶剂接触。

由于一些高分子化合物对化学试剂的不稳定性，化学试剂往往会给高分子化合物带来破坏作用。例如，有些新型杂链高分子化合物，由于经受不了自然的水解作用而被淘汰。但也有一些高分子材料，正是因为利用其容易水解这一特性而获得了特殊的应用价值。

3) 高聚物老化的防止

根据高聚物的老化机理，可以采用以下几种方法来减缓或防止老化：

(1) 在高聚物中添加各种稳定剂(如紫外线吸收剂、光屏蔽剂、能量转移剂等光稳定剂和抗氧剂)，以延长高分子使用寿命。

(2) 进行物理防护，如进行表面涂层处理和加做表面保护膜。

(3) 改进高聚物的使用方法，避免不必要的阳光曝晒、烘烤及改进洗涤方法，正确使用洗涤剂等。

(4) 改进加工成型工艺，如降低加工温度和缩短受热时间等。

(5) 改进聚合条件、聚合工艺和后处理工艺，减少高分子中的不饱和结构和残留的催化剂等。

(6) 进行聚合物的改性，如共聚、共混、交联。

8.2 高分子化合物的改性

高分子化合物作为材料应用时具有很多优点，如质轻、比强度高(按单位质量计算的强度)、耐化学腐蚀、电绝缘性优良、隔热保温、防水、防潮湿，易于加工等，是一类应用广泛且很有发展前景的材料。但是高分子材料在使用中还存在不足之处，如一些高分子材料强度低、耐久性差、价格高等。而对已有材料进行适当改性，不仅可以改变材料的结构、组成及性能，而且增加了材料的品种，也更经济、有效。这是目前应用高分子材料领域中一个重要方向。

通常采用的改性方法有共聚、共混、复合、交联补强等，大体上可以分为物理方法和化学方法。

1. 共混及复合

共混是将两种或两种以上不同的高分子化合物通过一定工艺混合成为共混物，这样就克服了单一材料的某些弱点，提高了综合性能，工艺上也简便易行，所形成的共混物称为高分子合金。共混物主要有橡胶与橡胶共混，橡胶与塑料共混。例如，车用轮胎就常用天然橡胶与丁苯橡胶共混而制成。天然橡胶若与氯丁橡胶共混，可以提高耐老化性能及抗撕裂能力。天然橡胶与丁腈橡胶共混，可以提高天然橡胶的耐油性与耐热性。采用橡胶与塑料共混应用更广、意义更大。例如，氯丁橡胶与聚氯乙烯共混可以提高氯丁橡胶的耐油性，改善加工性能。在工程塑料中采用橡胶进行共混改性可以提高塑料制品的抗开裂能力，增加弹性，提高抗冲击能力。

复合是指不同性质的材料组合后，得到一种新材料的过程。复合是一个比较广泛的概念，在复合中一类组成为基体材料，起黏结作用，另一类为增强体，起增强作用。所以复合材料可以认为是一种多相材料，它的某些性能比构成它的单一材料的性能都好。复合改性的材料范围较广，除了高分子材料以外，还包括了无机非金属材料、金属材料，这与共混改性不同(共混改性仅限于高分子材料)。

人类很早就仿效自然界，利用复合的原理在生产及生活中创造了许多种复合材料。例如，在泥浆中掺入麦秸，这是原始的建筑复合材料。另外，像纸筋石灰、钢筋混凝土、胶合板等均为复合材料。轮胎是纤维和橡胶的复合体。

近代科学技术的发展，特别是宇航、导弹、火箭、原子能等工业对材料的强度、刚度、耐热、耐疲劳等性能提出了越来越高的要求，促进了复合材料的快速发展。20 世纪 50 年代发展了玻璃纤维增强塑料(玻璃钢)，60 年代研制出了许多高性能的碳、硼增强纤维，基体从树脂材料扩展到了金属甚至某些陶瓷。目前玻璃钢已在汽车、造船、压力容器罩壳、管、泵、传动件等许多方面应用。随着复合理论的研究深入，生产工艺水平的提高和成本的逐渐下降，复合材料的应用会越来越广泛。

复合材料范围十分广泛，本节仅介绍纤维增强合成树脂类的复合材料，简称纤维增强塑料。这一类复合材料以其轻质高强的特点得到了广泛的应用，在这一类复合材料中，纤维是材料的骨架，其作用是承受荷载、增加强度，它基本上决定了复合材料的强度和刚性。常用的纤维材料有玻璃纤维、碳纤维、石墨纤维、硼纤维以及耐高温或强度较高的合成纤维(如尼龙)等。基体材料的主要作用是使纤维黏合成型，且对承受的外力起着传导和分散作用。合成树脂基体材料除常用的酚醛、环氧、不饱和聚酯以及有机硅等热固性树脂外，也有用热塑性树脂的。

玻璃纤维增强塑料俗称玻璃钢。它是用酚醛树脂、环氧树脂、不饱和聚酯等合成树脂为胶结材料(基体)，以玻璃纤维(玻璃丝、玻璃布、玻璃布带及短切玻璃纤维等)为增强材料，再加以其他辅助材料(固化剂、稀释剂、填充剂、增塑剂等)而制成的复合材料。同其他常用的材料相比，它的主要优点是质轻，只有钢材的 1/4～1/5；电绝缘性能极好，不受电磁作用的影响，不反射无线电波，微波透过性能良好；还有很好的耐磨、耐腐蚀性和一定的耐热性能。它成型简单，可以充分发挥人的设计和控制作用，已在汽车、船舶、铁路运输、桥梁、宇宙航天、建筑、日用品、家具、机电、化工、石油等部门广泛应用。

各种塑料与纤维复合而成的复合材料具有以下共同的特点：

1) 具有较高的强度和弹性模量

在多数情况下，聚合物都不是单独使用，而是添加一些其他的物质，以达到降低成本，改善性能和增加强度的目的。目前应用广泛的玻璃钢就是用纤维填料制得的一种纤维增强塑料，它质量轻，只有钢铁的 1/3～1/4，而抗拉强度约比钢铁高 3～4 倍。近年来又出现碳纤维、硼纤维的增强塑料，它们具有更高的抗拉强度和弹性模量，引起了各方面的注意，尤其是对于非常注意质量的宇宙航天部门来说是有重要价值的。

2) 抗疲劳性能好

疲劳破坏是指材料在交变负荷作用下，逐渐形成裂缝，并不断扩大而引起的低应力破坏。金属材料的疲劳破坏是由里往外突然发展的，事前并没有任何预兆，而纤维增强复合材料却不同。如果它由于疲劳而产生裂纹时，因纤维和基体的界面能阻止裂纹的扩展，并且由于疲劳破坏总是从承载能力比较薄弱的纤维处开始的，逐渐扩展到结合面上，所以破坏前有明显的预兆。金属材料的疲劳极限为其抗拉强度的 40%～50%，而碳纤维增强塑料可达到 70%～80%。

3) 减振性能好

较高的自振频率会避免工作状态下引起的早期破坏，而结构的自振频率除了与结构本身的质量、形状有关外，还与材料的弹性模量大小有关。在纤维增强复合材料中，纤维与基体界面具有吸振的能力，其振动阻尼很高，减振效果很好。

4）高温性能好

玻璃纤维增强复合材料的耐热性是相当好的，所以适宜作消蚀材料。消蚀材料是指材料在高温时表面发生分解，引起汽化，与此同时吸收热量，达到冷却的目的，随着材料的逐渐消耗，表面出现很高的吸热率。例如，酚醛玻璃钢就是一种消蚀材料，消蚀温度可达 1923 K。

5）安全性好

纤维增强复合材料中有大量的独立纤维，每平方厘米的增强复合材料表面上有几千根，甚至上万根纤维分布着，当材料超载时，即使有少量纤维断裂，但其载荷会重新分配到未断裂的纤维上，在短期内不至于使整个构件失去承载的能力。因此，它的安全性好。

6）成型工艺简单

纤维增强复合材料适合整体成型，可用模具制造出各种制品。由于纤维增强复合材料是一次成型，从而减小了加工时的零部件、紧固件和接头的数目，使结构更加简化。

但是目前这类纤维增强复合材料还存在一些不足的地方，如断裂伸长率小、抗冲击强度差、横向强度和层间剪切强度低；另外，虽然成型工艺简单，但手工劳动多，质量不够稳定，成本较高，这些均有待于进一步改进。

2. 掺和改性（填充改性）

掺合改性是指在聚合物基体中添加与基体材料在组成和结构上不同的固体添加物，这样的添加物称为填充剂，也称为填料。聚合物掺合改性有的是为了降低成本，有的是为了补强或改善加工性能，还有一些填料具有阻燃或抗静电等作用。掺合改性中除了填料以外，还有其他一些添加剂，如增塑剂、防老剂（抗氧剂、热稳定剂、紫外光稳定剂）、着色剂、发泡剂、阻燃剂等。

掺合改性中最主要的是填料，通常掺入量占材料总质量的 40%～70%。常用的填料种类繁多，可按多种方法分类。按化学成分，可分为有机填料和无机填料，实际应用中无机填料居多。无机填料进一步划分有碳酸盐类（如碳酸钙、碳酸镁、碳酸钡，硫酸盐类有硫酸钡、硫酸钙等），金属氧化物（如钛白粉，氧化锌、氧化铝、氧化镁等），金属粉类（如铜粉、铝粉等），金属氢氧化物（如氢氧化铝），含硅化合物（如白炭黑、滑石粉、陶土、硅藻土、云母粉等），碳素类（如炭黑）。此外还有有机填充剂（如木粉、果壳粉等），按形状划分填料有粉状、粒状、片状、纤维状等。

填料可以改善有机高分子材料的机械性能、耐热性、电性能以及加工性能等，同时还可降低成本。通常用填料与高聚物形成化学键，或降低高聚物分子链的柔顺性，对材料可产生增强作用。例如，橡胶中常用炭黑作填料，有时也用二氧化硅（又称为白炭黑）作填料，它们主要对橡胶起增强作用。对炭黑这类粉状填料而言，填料往往分散得越细，增强效果越好。

除橡胶外，塑料与胶黏材料中也常掺有填料。例如，酚醛树脂中加入木粉作填料，利用木粉能吸收部分冲击能量，从而改善了酚醛树脂的耐冲击性能。又如，采用金属粉末作填料，可赋予塑料良好的导电性和导热性。再如，胶黏材料中加入填料后，除可提高胶黏材料的耐热性外，还可防止胶黏材料在固化时因收缩而降低强度。

应当指出，填料的作用比较复杂，不是所有的填料都能增加强度，有些填料仅仅只是降低了材料的成本，如惰性填料。

掺合改性中除了填料以外还有其他添加剂。添加剂的使用量虽小，但效果明显，如为了改善材料的脆性需要加入少量增塑剂。增塑剂是一些熔点较低、挥发性小、沸点高的有机分子。在使用中，增塑剂能够进入高分子链中，使高分子溶胀，扩大了高分子之间的距离，从而减弱分子间的作用力，破坏了高分子的有序排列，提高了高分子各个链节相对运动的自由度，因此降低了高聚物的抗张强度、硬度及脆性，增加了高聚物柔韧性、熔融流动性和延展性。此外，还有其他不同用途的添加剂，在此不再一一列举。

3. 交联改性

交联改性是在线型高分子中加入交联剂，通过化学反应使之形成网状结构或体型结构，从而改善高分子材料性能的一种方法。通过交联改性，提高了高分子材料的机械强度、耐溶剂性、耐热性等性质。例如，橡胶的硫化即是典型的交联实例。未经硫化的橡胶，分子链之间容易产生滑动，受力产生形变后不能恢复原状，弹性小，强度低，不耐溶剂。而采用硫磺对线型橡胶分子硫化，通过“硫桥”适度交联，形成体型结构，增强了抗张强度和耐磨性，增加了弹性、耐溶剂性。因此橡胶作为材料使用大多需要进行硫化。此外，一些高聚物在使用中也采用适度交联，如聚乙烯在一些应用中采用了过氧化物作为引发剂进行交联，以改善其性能。

4. 共聚反应

这是由不同的单体通过聚合反应生成共聚物，以改进材料力学性能的一种方法。例如，聚苯乙烯脆性较大，不耐冲击，引入15％～20％的丙烯腈进行共聚，所得产物具有较强的抗冲击能力。另外，ABS（丙烯腈-丁二烯-苯乙烯）工程塑料就是典型的共聚反应的结果。这一方法是改进高聚物性能的常用方法。

共聚反应中，接枝与嵌段共聚合是另一种意义上的改性方法。如采用共混改性方法改善高聚物性能时，往往共混材料会因材料之间相容性较差而存在相界面分离的情况，相界面成为薄弱环节，这样难以获得满意的结果。而采用接枝共聚或嵌段共聚的方法则可以使相容性较差的两相通过化学键相结合，消除因相容性而带来的一系列问题，从而充分发挥两种不同材料各自的性能优势。因此，这种共聚合更有实际意义。

8.3 高分子化合物的应用

高分子化合物从来源上可以分为天然高分子化合物和人工合成高分子化合物，本节中所讨论的均为作为材料应用的人工合成高分子化合物的性能和应用。

1. 塑料

塑料是指在加热、加压或其他特定条件能够塑造成型，而在使用条件(一般为常温、常压)能够保持固定形状的一类材料。塑料的主要成分为合成树脂(占总质量的 40%～100%)，它是决定塑料性能的主要成分。在合成树脂中加入添加剂后可以获得不同的塑料品种，添加剂的种类、数量也对性能有很大影响。常用的添加剂种类很多，如填料、固化剂、增塑剂、润滑剂、稳定剂、着色剂、发泡剂等。

塑料中所用的合成树脂可以根据其受热后性能的不同分为热塑性树脂和热固性树脂。因而塑料也可分为热塑性塑料和热固性塑料两大类。前者为线型(或支化)聚合物，如聚乙烯、聚氯乙烯等，受热时，能软化和流动，可以多次反复塑化成型。后者为体型聚合物，如酚醛树脂、脲醛树脂等，一经成型后，便固化不能再加热塑化反复成型。

最初的塑料以酚醛这类热固性塑料为主，20 世纪 50 年代后，逐渐转向以热塑性塑料为主，而热塑性塑料又以乙烯类塑料发展最快。到了 20 世纪 60 年代，由于科学技术发展对新材料的需要，出现了一类机械强度好，可以代替金属用作工程材料的工程塑料，如聚酰胺、聚碳酸酯、聚甲醛、聚二甲基苯醚、聚砜等塑料。此外，一些原有塑料，通过改性也扩大了应用范围。

1) 聚乙烯

聚乙烯(PE)是应用较晚但发展迅速的塑料。它性质坚韧，在低温下仍能保持柔性，化学稳定性好，耐潮，耐腐蚀，绝缘性好。

聚乙烯的合成方法有三种：①高压；②中压；③低压。现以高压聚合法为主，高压聚乙烯与中低压聚乙烯的消费量之比为 3∶1 ～2∶1，在世界合成树脂总产量中聚乙烯的产量最高。

由于聚乙烯有优良的性能，因此，它具有广泛的用途，主要用于电气工业中的绝缘材料(如水底电缆的绝缘层)、化工结构材料(如管道)以及包装材料(如薄膜制品)等。

2）聚丙烯

聚丙烯(PP)是以丙烯为原料聚合而获得的，是国际上公认性质优良的新塑料，是发展速度最快的品种，聚丙烯纤维常称为“理想的纤维”，受到各国的重视。

聚丙烯具有优良的物理和化学性能。例如，聚丙烯化学稳定性好，防湿性好，无味无臭，耐热性高，机械性能好(抗张强度高、坚韧、耐磨、耐震、弹性好和表面硬度大)，可以制成薄膜，可以纺丝，纺丝后强度与钢铁相似。

聚丙烯可用作机械零件(如用于汽车上、自行车上、泵叶轮上)、各种管道及化工容器和其他设备的衬里、表面涂料、医疗机械、电工器材等，聚丙烯薄膜可制作包装袋、纺织带，适宜用于耐撕裂强度大的各种重荷包装上。

3）聚苯乙烯和 ABS 树脂

(1) 聚苯乙烯(PS)。聚苯乙烯是由苯乙烯聚合得到的产物，聚合工艺简便。它具有透明、价廉、刚性、绝缘性好、易着色等优点。一般应用在轻工市场和一般工业的装饰、照明指示、灯罩、仪表外壳、光学仪器零件、透明模型、玩具、日用品等，在电气方面更是良好的绝缘材料和绝热保温材料。

由于聚苯乙烯价廉、原料来源广、制造方便、应用广泛等原因，使它成为世界上第三个大的塑料品种。

但聚苯乙烯有强度小(脆性)、耐热性低的缺点。为了改善它的性能，通常采取与其他不同的单体共聚而形成共聚物，ABS 塑料就是其中的一种。

(2) ABS 树脂。ABS 是丙烯腈(acrylonitrile)、丁二烯(butadiene)、苯乙烯(styrene)三种原料共聚而获得的共聚物(ABS 树脂)。其结构式为

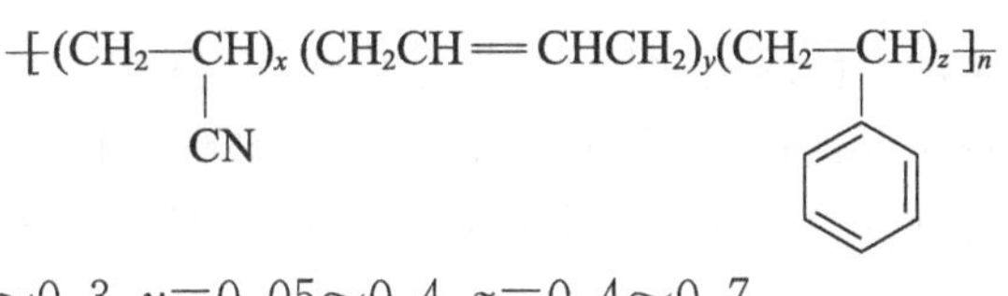

通常 $x=0.2\sim0.3$，$y=0.05\sim0.4$，$z=0.4\sim0.7$。

ABS 树脂既保持了聚苯乙烯优良的电绝缘性能、加工成型性和染色性能；又由于引进了丁二烯而提高弹性和抗冲击强度，丙烯腈又增加其耐热和耐腐蚀性能，使 ABS 树脂兼有“韧、硬、刚”特性，成为具有广泛用途的工程塑料，主要用在机械、电气、纺织、汽车和造船等工业上。

由于丁二烯使 ABS 树脂的链节中含有双键，耐气候性较差。为了改善 ABS 树脂的耐气候性能，用丙烯酸丁酯(butyl acrylate，以 A 表示)代替丁二烯，则得到 AAS 树脂，它的耐气候性比 ABS 提高了 10 倍，同时耐热性和熔融流动性都很好，加工性能更佳。若将丙烯腈和苯乙烯接枝到氯化聚乙烯(chlorinated polyethylene，以 C 表示)主链上，得到 ACS 树脂，由于分子链中没有双键，它的耐气候性比 ABS 优越得多，甚至比 AAS 也要好，抗冲击强度也相应提高。

4）聚酰胺

聚酰胺（尼龙，nylon）是一类主链上含有许多重复酰胺基团的高分子化合物，它首先是作为最重要的合成纤维原料，其后才用作塑料制品，是应用最多的一种热塑性工程塑料。以尼龙-6、尼龙-66、尼龙-610三种最为重要。尼龙-6是用ε-己内酰胺来制造，尼龙-66、尼龙-610则是由二元胺与二元酸缩聚而成。

尼龙一般具有韧性、耐磨、自润滑、无毒、耐腐蚀、耐油、耐虫害和抗霉等优点，因此，尼龙除了用作合成纤维外，还广泛地在工业上用作制作各种机械、化学和电气零件。例如，轴承、齿轮、滑轮、涡轮、阀座、衬套、输油管、储油容器、砂轮黏合剂、电器线圈、电缆和接头等电气零件。不同的尼龙，性质也有差异，各有其特点。例如，尼龙-66的抗拉强度特别大，胜过尼龙-6和尼龙-610；尼龙-610的尺寸稳定性较好，可用于制作尺寸要求精确的制品，而尼龙-6又有易于加工的特点。

尼龙-1010是我国利用农产品蓖麻籽作原料制取的一种尼龙。它的吸水性较小，耐油性好，主要用于制作机械、纺织等机械零件，目前已用尼龙-1010代替铜和其他金属，如尼龙-1010在机床液压系统代替紫铜油管。填充石墨的尼龙-1010可制各种机械的齿轮和滑轮。用玻璃纤维增强的尼龙-1010制作水泵叶轮和叶片等。

5）聚碳酸酯

聚碳酸酯（PC）是一种新型热塑性高聚物，其结构式可表示如下：

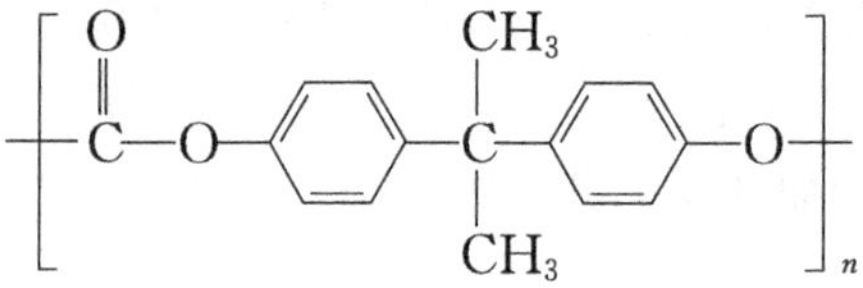

PC是浅黄色至琥珀色的透明固体，具有热塑性；由于结构中引入了苯环，提高了耐热性，不但软化点较高，且能耐低温，坚韧性和硬度也有显著改善。聚碳酸酯的延展性和耐老化性都好，具有特殊的抗冲击性，成型精度很高。此外还具有一定的耐化学腐蚀性。

聚碳酸酯用途极为广泛，可用于制造机械零件和齿轮、汽车外壳、电气仪表零件等，还可以作防弹玻璃、电容器、照明灯罩、飞机挡风罩等结构材料。

6）酚醛树脂

以酚类化合物与醛类化合物缩聚而得的树脂统称为酚醛树脂（PF），是一种热固性树脂，其中以苯酚与甲醛缩聚而得到的酚醛树脂最为重要，也最为古老，早在1872年就将它用作涂料，在20世纪初成为塑料工业中的重要原料。

酚醛树脂价廉、机械强度高、电绝缘性好、耐热、耐湿、化学稳定性好、广泛地应用在电气工业上，在日常用品、机械设备、交通工具等方面，都离不开它。但它也存在性脆、色深、熟化速率慢、在压制时所需压力大以及线型树脂储藏温度低和储藏期短等缺点，尽管如此，它仍是现代应用广泛的塑料之一。

7）环氧树脂

环氧树脂(ER)是一种热固性树脂，是一类在分子结构中有环氧基 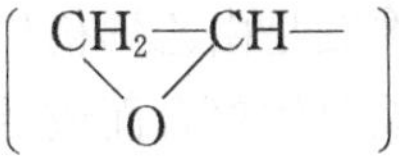 的高聚物。

通常用的环氧树脂是由双酚 A(二酚基丙烷)和环氧氯丙烷在碱的作用下缩聚而成的，它的线型分子链的两端有活泼的环氧基，所以称为环氧树脂。

环氧树脂在使用时，必须加入固化剂，使它由线型结构交联成体型结构，常用的固化剂有胺类和酸酐类，现以乙二胺与环氧树脂形成交联反应表示如下：

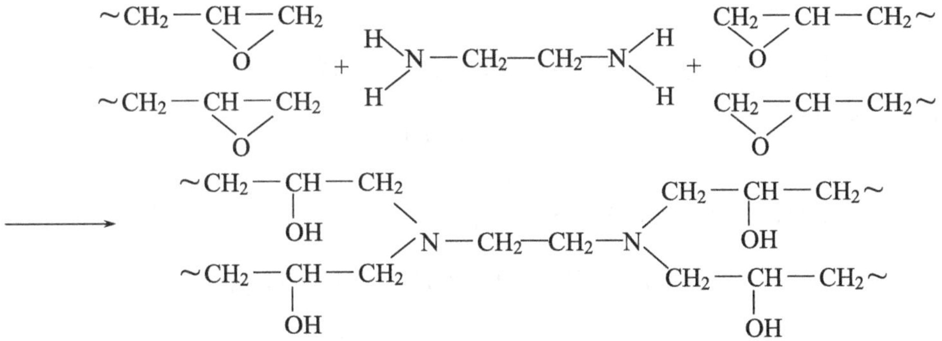

环氧树脂的黏结能力特别强，人们常称为“万能胶”，电绝缘性和化学稳定性也很好。它在工业生产中得到广泛的应用，具体有①增强塑料(如果用环氧树脂浸渍玻璃纤维并压制成板材，由于强度高，俗称玻璃钢)；②泡沫塑料；③浇铸成型塑料；④黏结剂；⑤涂料等。

8）聚四氟乙烯

聚四氟乙烯是性能优越、用途很广的一种工程塑料，是由四氟乙烯通过加聚反应合成得到。在聚四氟乙烯分子中 C—F 键的键能高，链节结构高度对称，结晶度高。聚四氟乙烯具有耐热、耐寒的特性，可在 −200～250 ℃温度范围内使用，并具有耐酸、耐碱(与王水也不起作用)、耐溶剂的性能，称为“塑料王”。此外，它的电绝缘性优越，可作高频率交流电的绝缘材料。聚四氟乙烯的摩擦系数很小，有自润滑性，用碳纤维改性后补强，可制造无油轴承、齿轮、高压泵和液压系统的密封装置等。

2. 合成橡胶

橡胶是具有高弹性的轻度交联的线型高分子化合物，它们在很宽的温度范围内(一般在 233～353 K)处于高弹态，某些特种橡胶在 173～473 K 保持有高弹性。它还有优良的伸缩性，良好的耐磨、隔音、绝缘等性能，广泛用于制作密封件、减振件、传动件、轮胎和电线等制品。

一方面，合成橡胶主要是二烯型的高聚物，在化学结构上，它们与天然橡胶有共同之处，即在主链上均具有双键，因此，它们的性能与天然橡胶很相似；另一方面又可以采用共聚合的方法获得具有特殊性能的合成橡胶，使合成橡胶的性能在某些方面大大超过天然橡胶，扩大了橡胶的应用范围，还有些合成橡胶是由乙烯衍生物聚合而成的，它的性能与天然橡胶差别较大。当然，也有从其他单体聚合而成的合成橡胶，如硅橡胶等。现举例说明如下：

(1) 顺-丁橡胶。它是用 1，3-丁二烯在催化剂作用下通过 1，4 加成聚合得到的。

$$nCH_2=CH-CH=CH_2 \longrightarrow \lbrack CH_2-CH=CH-CH_2 \rbrack_n$$

顺-丁橡胶的弹性虽好，但它的抗拉强度和塑性都不如天然橡胶，所以产量不大。

(2) 丁苯橡胶。它是由丁二烯和苯乙烯共聚生成的。在共聚物中，苯乙烯的含量约占 25%。

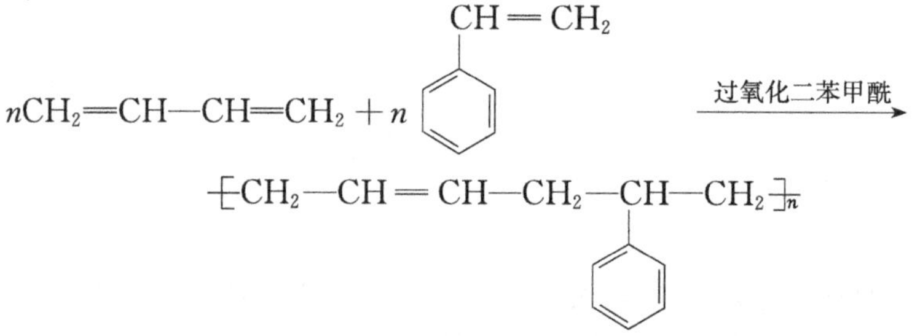

丁苯橡胶的机械强度、弹性及耐磨性都接近于天然橡胶，绝缘性能好，耐水性比天然橡胶高，用于制造轮胎、胶鞋、皮带、电缆等，但它的耐油性较差。

(3) 丁腈橡胶。它是由丁二烯和丙烯腈共聚而成的。一般说来，共聚物中丙烯腈含量在 25%～40%。若欲制耐油性更好的制品，则丙烯腈含量可更高些，共聚反应如下：

$$nCH_2=CH-CH=CH_2 + nCH_2=CH-CN \longrightarrow$$
$$\lbrack CH_2-CH=CH-CH_2-CH_2-\underset{\displaystyle CN}{\underset{|}{CH}} \rbrack_n$$

丁腈橡胶主要优点是耐油性特别好，抗张强度比丁苯橡胶好，耐磨性、耐热性比天然橡胶好，但塑性低，加工困难，主要用作机械上的垫圈以及飞机、汽车上耐热、耐油的零件。

(4) 氯丁橡胶。它是由 2-氯丁二烯聚合而成。聚合物都是由 1，4 加成得到的，其反应式如下：

$$nCH_2=\underset{\displaystyle Cl}{\underset{|}{C}}-CH=CH_2 \longrightarrow \lbrack CH_2-\underset{\displaystyle Cl}{\underset{|}{C}}=CH-CH_2 \rbrack_n$$

氯丁橡胶的硫化很特殊，不用硫磺，而是用氧化镁。硫化后的氯丁橡胶具有高强度和高弹性，又不易被氧化，耐油、耐热及耐化学药品性能都很好，适用于包电缆、汽车轮胎、运输带、输油管等。

(5) 硅氧橡胶。它是一种最新型的弹性材料，具有很高的耐热性。它是用二甲基二氯硅烷经水解后缩聚而成的。其反应式如下：

$$(CH_3)_2SiCl_2 + 2H_2O \longrightarrow (CH_3)_2Si(OH)_2 + 2HCl$$

二甲基二氯硅烷　　　　二甲基硅二醇

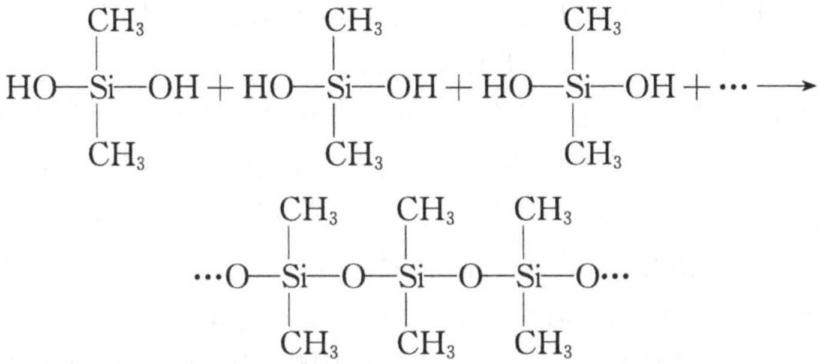

硅氧橡胶是线型结构，聚合度可达 2000 以上。这种橡胶可用过氧化物(如过氧化二苯甲酰)与其作用，使分子链间产生交联，以提高弹性和强度，降低溶解度。

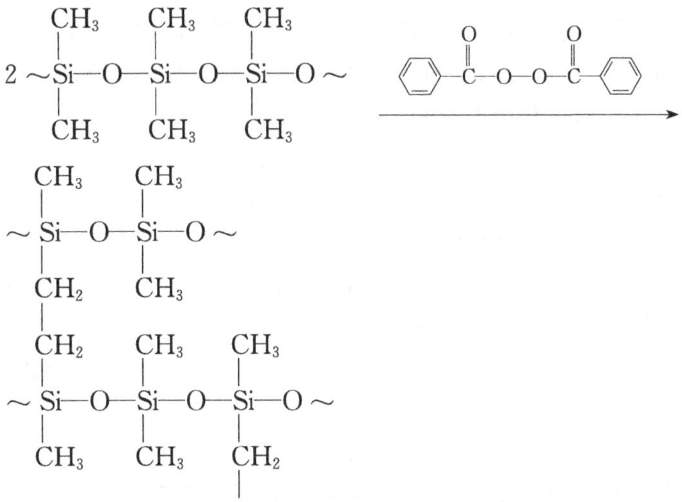

硅氧橡胶的主链是硅氧链，其耐热性很好。它的特点是既耐低温又耐高温，能在 208～523 K 保持弹性，耐油、防水、不易老化、绝缘性能好；缺点是机械性能较差，易磨损和断裂。它可用作高温、高压、冷冻机上的衬垫、垫圈、油管衬里、火箭、导弹的零件和绝缘材料等。

3. 胶黏剂

胶黏剂是指能把各种材料紧密地胶接在一起的物质，又称黏合剂、黏结剂，简称胶。

用胶黏剂将各种材料进行连接的工艺称为胶接技术，简称胶接，被胶接的材料为“被黏物”，胶黏剂与被粘物形成的连接部分称为“胶接接头”。

早在几千年前人们就用骨胶、皮胶、糊精等天然胶进行胶接，但胶黏强度不高，耐热、耐水、耐老化性能差。因此，胶接技术的应用受到了很大限制。近几十年来，由于合成高分子化合物不断出现，用它们配制的合成胶黏剂满足了多方面的性能要求。因此，胶接技术的应用日益广泛，使胶接技术发展成为可与焊接、铆接、螺接等传统连接技术相媲美的一种新的连接方法。

胶黏剂的种类繁多，从化学成分上，可以将其分为无机胶黏剂（如水玻璃胶）和有机胶黏剂两类。有机胶黏剂又可分天然的和合成的。在现代工业应用中，以有机合成的化学反应固化胶黏剂占主要地位。这类胶黏剂品种也很多，如酚醛树脂胶黏剂、环氧树脂胶黏剂、聚氨酯胶黏剂、聚丙烯酸酯胶黏剂、有机硅树脂胶黏剂及杂环树脂胶黏剂等。这类胶黏剂可以用作结构黏结剂，它们在黏结后能承受较大负荷。另外，这类胶黏剂通常需通过化学反应固化，为热固性的胶黏剂。另外还有一些合成的只能用作黏结承受较小负荷的非结构胶黏剂。

为了满足多方面的要求，胶黏剂是由多种组分构成的，其重要的组分有黏结料、固化剂、增韧剂、稀释剂、填料等。在各种不同用途的胶黏剂中，组分的数量、种类、比例有所不同，但黏结料是最基本的，它决定了黏结剂的黏结性能，其分子链结构，相对分子质量对黏结强度有很大影响。

黏结作用或原理有多种理论解释，其中主要的理论有吸附理论、静电理论、扩散理论、化学键理论、机械结合理论、弱界面层理论和流变学理论等。虽然这些理论能够解释胶接过程中的许多现象，但由于胶接接头是个复杂系统，以及形成过程复杂等各种原因，胶接原理至今尚未有统一的严密阐述，有待于今后研究解决。尽管如此，胶结技术必须考虑以下几方面的问题：

（1）胶黏剂和被黏物要能紧密地黏附在一起，并具有足够强度的先决条件是胶黏剂能浸润被黏物表面，浸润能力越好，在被黏物表面铺展越好，越易满足胶接要求。

（2）黏附的结合力。它包括①界面分子间力即范德华力（色散力、诱导力和取向力）；②氢键；③界面原子间形成的化学键，其中以化学键结合的最牢固，分子间力要弱一些。

（3）胶黏剂本身的化学结构、空间结构、交联度、相对分子质量和玻璃化温度等。

（4）胶黏剂的黏度、厚度、被黏物的清洁度、表面粗糙度和内应力等。

根据上述方面选择适当的黏结剂，保持良好的胶接条件，才能获得较好的胶接效果。

*** 聚氨酯胶黏剂**

聚氨酯胶黏剂是一种用途很广的热固性胶黏剂。其优点为黏结力强，胶层耐磨性好，低温胶黏强度优异，胶层坚韧且具有弹性，能与多种树脂复配，耐振动、耐疲劳，适合于不同材料的黏结，能够承受反复荷载的作用。

氨聚酯主要由多异氰酸酯与多元醇加成聚合而成。改变多元醇或多异氰酸酯的种类可以获得不同性能的胶黏剂，通常选用的多异氰酸酯为甲苯二异氰酸酯(TDI)。

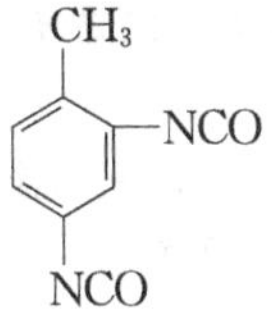

2,4-TDI

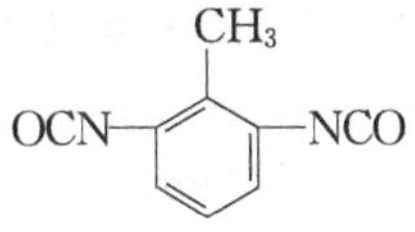

2,6-TDI

异氰酸酯与多元醇的反应为

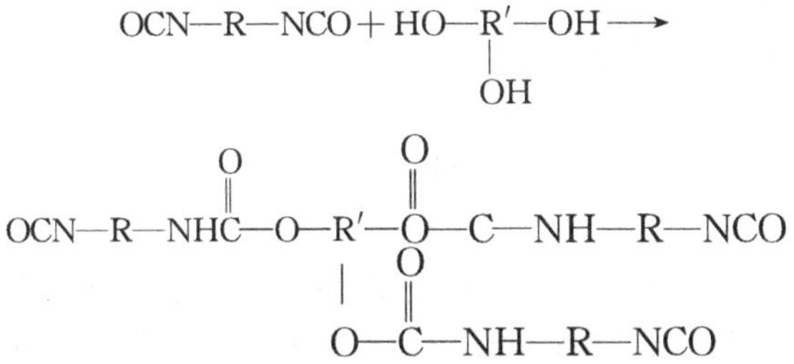

链端的活性单体可以继续反应形成体型结构，如果多元醇为二元醇，则形成线型结构。正因为可以改变多元醇分子链的长度和结构，所以可以得到不同性能的聚氨酯胶接层。

4. 涂料

涂料是一种含有颜料或不含颜料的以树脂或油为主要成分制成的化工产品。将其涂在物体表面上，能结成一层牢固的薄膜(涂膜)，使被涂物的表面与大气隔绝，起保护作用和装饰作用。

涂料的主要组成材料为成膜物质(基料)、颜料、填料、溶剂等，有时根据需要加入辅助材料，如催干剂、增塑剂、硬化剂、流平剂、消泡剂等。成膜物质是涂料的主要部分，它不仅决定着涂膜自身的力学性质，也起着把颜料、填料黏附在一起，并牢固黏结在物体表面上的作用。颜料、填料不仅起着调整色泽的作用，而且还起着增加强度，增进黏附力的作用。溶剂则起着稀释，并使颜料等均匀分散，提高流动性便于涂布的作用。

涂料干燥后的成膜树脂一般总是高分子化合物，但在未干固前，它也可以是一些相对分子质量并不太大的，具有进一步反应能力的化学物质，它们可以在成膜过程中通过化学反应而最终形成干固的高分子化合物。为了使涂膜起到应有作用，成膜树脂应具有附着力强的特点，而且还要有一定的硬度、韧性和耐气候性。

思 考 题

1. 解释下列各名词。

(1) 单体、链节、聚合度；(2)加聚和缩聚，均聚和共聚；(3)玻璃态、高弹态和黏流态；(4)橡胶和塑料；(5)热塑性和热固性；弹性与塑性。

2. 高分子化合物的弹性、塑性与分子链的柔顺性、分子链间的作用力大小有何关系？

3. 高分子化合物的电绝缘性与高聚物所含基团有什么关系？

4. 影响高分子化合物溶解性能的因素有哪些？它与低分子化合物的溶解有什么区别？

5. 影响高分子化合物老化的因素有哪些？防止老化的方法有哪些？

6. 高分子化合物有哪些特征？

7. 试述高分子化合物的结构。

习 题

1. 写出合成下列高分子化合物的反应方程式，并指出合成反应的类型。

(1)聚苯乙烯 (2)聚甲基丙烯酸甲酯 (3)丁苯橡胶 (4)尼龙-1010

2. 写出下列单体形成聚合物的反应式。

(1) $CH_2{=}CHCOOCH_3$

(2) $H_2N—(CH_2)_6—NH_2 + HOOC(CH_2)COOH$

3. 下列单体合成高分子化合物，哪些能发生加聚反应？哪些能发生缩聚反应？哪些不能发生聚合反应？

(1)C_2H_6 (2)C_2F_4 (3)CH_3CH_2OH (4)$HO—CH_2—CH_2—OH$

(5)$H_2NCH_2CH_2CH_2COOH$ (6) $CH_2{=}CH$

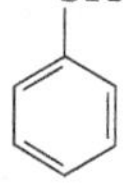

4. 如果要溶解石蜡，选择下列何种溶剂最合适，简述理由。

(1)H_2O (2)CH_3OCH_3 (3)$C_2H_5OC_2H_5$ (4)$CH_3CH_2CH_2CH_2CH_2CH_3$

5. 举例说明 T_g 和 T_f 涵义，指出下表中各非晶态高分子化合物在室温下处于什么物理状态？可作什么材料使用？

高分子化合物	T_g/K	T_f/K	(T_f-T_g)/K
聚苯乙烯	363	408	45
尼龙-66	321	538	217
天然橡胶	200	395	195
聚异乙烯	199	473	274

参考文献

布朗 D L,勒梅 H E,伯斯坦 B E. 2003. 化学——中心科学 . 北京:机械工业出版社

曹瑞军 . 2005. 大学化学 . 北京:高等教育出版社

大连理工大学无机化学教研室 . 2006. 无机化学 . 5 版 . 北京:高等教育出版社

哈尔滨工业大学化学教研室 . 1992. 普通化学 . 哈尔滨:哈尔滨工业大学出版社

何培之,王世驹,曹瑞军 . 2002. 大学化学精要与典型题解 . 西安:西安交通大学出版社

华彤文,陈景祖等 . 2005. 普通化学原理 . 3 版 . 北京:北京大学出版社

吉林大学等 . 1979. 物理化学 . 北京:人民教育出版社

李保山 . 2009. 基础化学 . 2 版 . 北京:科学出版社

刘国璞,白广美,廖松生 . 1985. 大学化学 . 北京:清华大学出版社

祁嘉义 . 2001. 新基础化学学习指导 . 南京:东南大学出版社

天津大学普通化学教研室 . 1983. 无机化学 . 北京:高等教育出版社

同济大学普通化学及无机化学教研室 . 1997. 普通化学 . 2 版 . 上海:同济大学出版社

西安交通大学基础化学教研室 . 1987. 普通化学 . 北京:高等教育出版社

杨德壬,朱福森,赵弘等 . 1983. 无机化学(上、中、下). 上海:上海科学技术出版社

姚能富,夏修辞,邓安清 . 1994. 工程化学基础 . 西安:陕西人民教育出版社

印永嘉,奚正楷,李大珍 . 1992. 物理化学简明教程 . 3 版 . 北京:高等教育出版社

曾政权,甘孟瑜,刘咏秋等 . 1999. 大学化学 . 重庆:重庆大学出版社

浙江大学普通化学教研组 . 2002. 普通化学 . 5 版 . 北京:高等教育出版社

Dean J A. 1985. Lang's Handbook of Chemistry. 13th ed. New York:McGraw-Hill Book Company

Lide D R,1990—1991. CRC Handbook of Chemistry and Physics. 71st ed. Cleveland:CRC Press, Inc.

Masterton W L,Slowinski E J. 1980. 化学原理 . 华彤文,方锡义等译 . 北京:北京大学出版社

Wagman D D 等 . 1998. NBS 化学热力学性质表 . 刘天和,赵梦月译 . 北京:中国标准出版社

附　　录

附录 1　一些基本物理常数

物理量	符　号	数　值
光速(真空中)	c	2.9979250×10^{8} m·s^{-1}
电子电荷	e	1.60217733×10^{-19} C
质子质量	m_p	1.6726231×10^{-27} kg
电子质量	m_e	9.1093897×10^{-31} kg
摩尔气体常量	R	8.314510 J·mol^{-1}·K^{-1}
阿伏伽德罗常量	N_A	6.0221367×10^{23} mol^{-1}
普朗克常量	h	6.626755×10^{-34} J·s
法拉第常量	F	9.6485309×10^{4} C·mol^{-1}
玻耳兹曼常量	k	1.380658×10^{-23} J·K^{-1}
电子伏特	eV	1.60217733×10^{-19} J
原子质量单位	u	1.6605402×10^{-27} kg$=\frac{1}{12}\cdot{}^{12}$C 原子质量

附录 2　标准热力学函数($p^{\ominus}=100$ kPa, $T=298.15$ K)

物质(状态)	$\frac{\Delta_f H_m^{\ominus}}{kJ\cdot mol^{-1}}$	$\frac{\Delta_f G_m^{\ominus}}{kJ\cdot mol^{-1}}$	$\frac{S_m^{\ominus}}{J\cdot mol^{-1}\cdot K^{-1}}$
$Ag(s)$	0	0	42.55
$Ag^{+}(aq)$	105.579	77.107	72.68
$AgBr(s)$	−100.37	−96.90	170.1
$AgCl(s)$	−127.068	−109.789	96.2
$AgI(s)$	−61.68	−66.19	115.5
$Ag_2O(s)$	−30.05	−11.20	121.3
$Ag_2CO_3(s)$	−505.8	−436.8	167.4
$Al^{3+}(aq)$	−531	−485	−321.7
$AlCl_3(s)$	−704.2	−628.8	110.67
Al_2O_3(s,α-,刚玉)	−1675.7	−1582.3	50.92
$AlO_2^{-}(aq)$	−918.8	−823.0	−21

续表

物质(状态)	$\frac{\Delta_f H_m^\ominus}{kJ \cdot mol^{-1}}$	$\frac{\Delta_f G_m^\ominus}{kJ \cdot mol^{-1}}$	$\frac{S_m^\ominus}{J \cdot mol^{-1} \cdot K^{-1}}$
Ba^{2+}(aq)	−537.64	−560.77	9.6
$BaCO_3$(s)	−1216.3	−1137.6	112.1
BaO(s)	−553.5	−525.1	70.42
$BaTiO_3$(s)	−1659.8	−1572.3	107.9
Br_2(l)	0	0	152.231
Br_2(g)	30.907	3.110	245.463
Br^-(aq)	−121.55	−103.96	82.4
C(s,石墨)	0	0	5.740
C(s,金刚石)	1.8966	2.8995	2.377
CCl_4(l)	−135.44	−65.21	216.40
CO(g)	−110.525	−137.168	197.674
CO_2(g)	−393.509	−394.359	213.74
CO_3^{2-}(aq)	−677.14	−527.81	−56.9
HCO_3^-(aq)	−691.99	−586.77	91.2
Ca(s)	0	0	41.42
Ca^{2+}(aq)	−542.83	−553.58	−53.1
$CaCO_3$(s,方解石)	−1206.92	−1128.79	92.9
CaO(s)	−635.09	−604.03	39.75
$Ca(OH)_2$(s)	−986.09	−898.49	83.39
$CaSO_4$(s,不溶解的)	−1434.11	−1321.79	106.7
$CaSO_4 \cdot 2H_2O$(s,石膏)	−2022.63	−1797.28	194.1
Cl_2(g)	0	0	223.006
Cl^-(aq)	−167.16	−131.26	56.5
Co(s,α-)	0	0	30.04
$CoCl_2$(s)	−312.5	−269.8	109.16
Cr(s)	0	0	23.77
Cr^{3+}(aq)	−1999.1	—	—
Cr_2O_3(s)	−1139.7	−1058.1	81.2
$Cr_2O_7^{2-}$(aq)	−1490.3	−1301.1	261.9
Cu(s)	0	0	33.150
Cu^{2+}(aq)	64.77	65.249	−99.6
$CuCl_2$(s)	−220.1	−175.7	108.07
CuO(s)	−157.3	−129.7	42.63
Cu_2O(s)	−168.6	−146.0	93.14
CuS(s)	−53.1	−53.6	66.5
F_2(g)	0	0	202.78
Fe(s,α-)	0	0	27.28

续表

物质(状态)	$\frac{\Delta_f H_m^\ominus}{kJ\cdot mol^{-1}}$	$\frac{\Delta_f G_m^\ominus}{kJ\cdot mol^{-1}}$	$\frac{S_m^\ominus}{J\cdot mol^{-1}\cdot K^{-1}}$
Fe^{2+}(aq)	−89.1	−78.90	−137.7
Fe^{3+}(aq)	−48.5	−4.7	−315.9
$Fe_{0.947}O$(s,方铁矿)	−266.27	−245.12	57.49
FeO(s)	−272.0	—	—
Fe_2O_3(s,赤铁矿)	−824.2	−742.2	87.40
Fe_3O_4(s,磁铁矿)	−1118.4	−1015.4	146.4
$Fe(OH)_2$(s)	−569.0	−486.5	88
$Fe(OH)_3$(s)	−823.0	−696.5	106.7
H_2(g)	0	0	130.684
H^+(aq)	0	0	0
H_2CO_3(aq)	−699.65	−623.16	187.4
HCl(g)	−92.307	−95.299	186.80
HF(g)	−271.1	−273.2	173.79
HNO_3(l)	−174.10	−80.79	155.60
H_2O(g)	−241.818	−228.572	188.825
H_2O(l)	−285.83	−237.129	69.91
H_2O_2(l)	−187.78	−120.35	109.6
H_2O_2(aq)	−191.17	−134.03	143.9
H_2S(g)	−20.63	−33.56	205.79
HS^-(aq)	−17.6	12.08	62.8
S^{2-}(aq)	33.1	85.8	−14.6
Hg(g)	61.317	31.820	174.96
Hg(l)	0	0	76.02
HgO(s,红)	−90.83	−58.539	70.29
I_2(g)	62.438	19.327	260.65
I_2(s)	0	0	116.135
I^-(aq)	−55.19	−51.59	111.3
K(s)	0	0	64.18
K^+(aq)	−252.38	−283.27	102.5
KCl(s)	−436.747	−409.14	82.59
Mg(s)	0	0	32.68
Mg^{2+}(aq)	−466.85	−454.8	−138.1
$MgCl_2$(s)	−641.32	−591.79	89.62
MgO(s,粗粒的)	−601.70	−569.44	26.94
$Mg(OH)_2$(s)	−924.54	−833.51	63.18
Mn(s,α-)	0	0	32.01
Mn^{2+}(aq)	−220.75	−228.1	−73.6

续表

物质(状态)	$\frac{\Delta_f H_m^\ominus}{kJ \cdot mol^{-1}}$	$\frac{\Delta_f G_m^\ominus}{kJ \cdot mol^{-1}}$	$\frac{S_m^\ominus}{J \cdot mol^{-1} \cdot K^{-1}}$
MnO(s)	−385.22	−362.90	59.71
N_2(g)	0	0	191.50
NH_3(g)	−46.11	−16.45	192.45
NH_3(aq)	−80.29	−26.50	111.3
NH_4^+(aq)	−132.43	−79.31	113.4
N_2H_4(l)	50.63	149.34	121.21
NH_4Cl(s)	−314.43	−202.87	94.6
NO(g)	90.25	86.55	210.761
NO_2(g)	33.18	51.31	240.06
N_2O_4(g)	9.16	304.29	97.89
NO_3^-(aq)	−205.0	−108.74	146.4
Na(s)	0	0	51.21
Na^+(aq)	−240.12	−261.95	59.0
NaCl(s)	−411.15	−384.15	72.13
Na_2O(s)	−414.22	−375.47	75.06
NaOH(s)	−425.609	−379.516	64.45
Ni(s)	0	0	29.87
NiO(s)	−239.7	−211.7	37.99
O_2(g)	0	0	205.138
O_3(g)	142.7	163.2	238.93
OH^-(aq)	−229.994	−157.244	−10.75
P(s,白)	0	0	41.09
Pb(s)	0	0	64.81
Pb^{2+}(aq)	−1.7	−24.43	10.5
$PbCl_2$(s)	−359.41	−314.1	136.0
PbO(s,黄)	−217.32	−187.89	68.70
S(s,正交)	0	0	31.80
SO_2(g)	−296.83	−300.19	248.22
SO_3(g)	−395.72	−371.06	256.76
SO_4^{2-}(aq)	909.27	−744.53	20.1
Si(s)	0	0	18.83
SiO_2(s,α-,石英)	−910.94	−856.64	41.84
Sn(s,白)	0	0	51.55
SnO_2(s)	−580.7	−519.7	52.3
Ti(s)	0	0	30.63
$TiCl_4$(l)	−804.2	−737.2	252.34
$TiCl_4$(g)	−763.2	−726.7	354.9

续表

物质(状态)	$\Delta_f H_m^\ominus$ / $kJ \cdot mol^{-1}$	$\Delta_f G_m^\ominus$ / $kJ \cdot mol^{-1}$	$S_m^\ominus$ / $J \cdot mol^{-1} \cdot K^{-1}$
TiN(s)	−722.2	—	—
TiO_2(s,金红石)	−944.7	−889.5	50.33
Zn(s)	0	0	41.63
Zn^{2+}(aq)	−153.89	−147.06	−112.1
CH_4(g)	−74.81	−50.72	186.264
C_2H_2(g)	226.73	209.20	200.94
C_2H_4(g)	52.26	68.15	219.56
C_2H_6(g)	−84.68	−32.82	229.60
C_6H_6(g)	82.93	129.66	269.20
C_6H_6(l)	48.99	124.35	173.26
CH_3OH(l)	−238.66	−166.27	126.8
CH_3CH_2OH(l)	−277.69	−174.78	160.07
CH_3COOH(l)	−484.5	−389.9	159.8
C_6H_5COOH(s)	−385.05	−245.27	167.57
$C_{12}H_{22}O_{11}$(s)	−2225.5	−1544.6	360.2

附录 3　一些共轭酸碱的解离常数

酸	K_a	碱	K_b
HNO_2	4.6×10^{-4}	NO_2^-	2.2×10^{-11}
HF	3.35×10^{-4}	F^-	2.83×10^{-11}
CH_3COOH 或 HAc	1.76×10^{-5}	CH_3COO^- 或 Ac^-	5.68×10^{-10}
H_2CO_3	4.3×10^{-7}	HCO_3^-	2.3×10^{-8}
HCO_3^-	5.61×10^{-11}	CO_3^{2-}	1.78×10^{-4}
H_2S	9.1×10^{-8}	HS^-	1.1×10^{-7}
HS^-	1.1×10^{-12}	S^{2-}	9.1×10^{-3}
H_3PO_4	7.52×10^{-3}	$H_2PO_4^-$	1.33×10^{-12}
$H_2PO_4^-$	6.23×10^{-8}	HPO_4^{2-}	1.61×10^{-7}
HPO_4^{2-}	2.2×10^{-12}	PO_4^{3-}	4.5×10^{-2}
HCN	4.93×10^{-10}	CN^-	2.03×10^{-5}

注:离子酸、离子碱的数据系根据 $K_a \cdot K_b = K_w$ 计算得到。

附录 4　一些弱电解质在水中的解离常数

酸	温度/℃	K_a	pK_a
亚硫酸 H_2SO_3	18	$(K_{a_1})1.54\times10^{-2}$	1.81
	18	$(K_{a_2})1.02\times10^{-7}$	6.91
磷酸 H_3PO_4	25	$(K_{a_1})7.52\times10^{-3}$	2.12
	25	$(K_{a_2})6.23\times10^{-8}$	7.21
	18	$(K_{a_3})2.2\times10^{-13}$	12.67
亚硝酸 HNO_2	12.5	4.6×10^{-4}	3.37
氢氟酸 HF	25	3.53×10^{-4}	3.45
甲酸 HCOOH	20	1.77×10^{-4}	3.75
乙酸 CH_3COOH	25	1.76×10^{-5}	4.75
碳酸 H_2CO_3	25	$(K_{a_1})4.3\times10^{-7}$	6.37
	25	$(K_{a_2})5.61\times10^{-11}$	10.25
氢硫酸 H_2S	18	$(K_{a_1})9.1\times10^{-8}$	7.04
	18	$(K_{a_2})1.1\times10^{-12}$	11.96
次氯酸 HClO	18	2.95×10^{-8}	7.53
硼酸 H_3BO_3	20	$(K_{a_1})7.3\times10^{-10}$	9.14
氢氰酸 HCN	25	4.93×10^{-10}	9.31
碱	温度/℃	K_b	pK_b
氨 NH_3	25	1.77×10^{-5}	4.75

附录 5　一些配离子的稳定常数 $K_稳$ 和不稳定常数 $K_不$

配离子	$K_稳$	$\lg K_稳$	$K_不$	$\lg K_不$
$[AgBr_2]^-$	2.14×10^{-7}	7.33	4.67×10^{-8}	−7.33
$[Ag(CN)_2]^-$	1.26×10^{21}	21.1	7.94×10^{-22}	−21
$[AgCl_2]^-$	1.10×10^{5}	5.04	9.09×10^{-6}	−5.04
$[AgI_2]^-$	5.5×10^{11}	11.74	1.82×10^{-12}	−11.74
$[Ag(NH_3)_3]^+$	1.12×10^{7}	7.05	8.93×10^{-8}	−7.05
$[Ag(S_2O_3)_3]^{3-}$	2.89×10^{13}	13.46	3.46×10^{-14}	−13.46
$[Co(NH_3)_6]^{2+}$	1.29×10^{5}	5.11	7.75×10^{-6}	−5.11
$[Cu(CN)_2]^-$	1×10^{24}	24.0	1×10^{-24}	−24.0
$[Cu(NH_3)_2]^+$	7.24×10^{10}	10.86	1.38×10^{-11}	−10.86
$[Cu(NH_3)_4]^{2+}$	2.09×10^{13}	13.32	4.78×10^{-14}	−13.32
$[Cu(P_2O_7)_2]^{6-}$	1×10^{9}	9.0	1×10^{-9}	−9.0
$[Cu(SCN)_2]^-$	1.52×10^{5}	5.18	6.58×10^{-6}	−5.18

续表

配离子	$K_{稳}$	$\lg K_{稳}$	$K_{不}$	$\lg K_{不}$
$[Fe(CN)_6]^{3-}$	1×10^{42}	42.0	1×10^{-42}	−42.0
$[HgBr_4]^{2-}$	1×10^{21}	21.0	1×10^{-21}	−21
$[Hg(CN)_4]^{2-}$	2.51×10^{41}	41.4	3.98×10^{-42}	−41.4
$[HgCl_4]^{2-}$	1.17×10^{15}	15.07	8.55×10^{-16}	−15.07
$[HgI_4]^{2-}$	6.76×10^{29}	29.83	1.48×10^{-30}	−29.83
$[Ni(NH_3)_6]^{2+}$	5.50×10^{8}	8.74	1.82×10^{-9}	−8.74
$[Ni(en)_3]^{2+}$	2.14×10^{18}	18.33	4.67×10^{-19}	−18.33
$[Zn(CN)_4]^{2-}$	5.0×10^{16}	16.7	2.0×10^{-17}	−16.7
$[Zn(NH_3)_4]^{2+}$	2.87×10^{9}	9.46	3.48×10^{-10}	−9.46
$[Zn(en)_2]^{2+}$	6.76×10^{10}	10.83	1.48×10^{-11}	−10.83

注：温度一般为 20～25 ℃，$K_{稳}$、$K_{不}$、$\lg K_{不}$ 的数据系根据上述 $\lg K_{稳}$ 的数据换算而得。

附录 6　一些物质的溶度积常数 K_{sp}(25 ℃)

难溶电解质	K_{sp}	难溶电解质	K_{sp}
AgBr	5.35×10^{-13}	CuS	1.27×10^{-36}
AgCl	1.77×10^{-10}	$Fe(OH)_2$	4.87×10^{-17}
Ag_2CrO_4	1.12×10^{-12}	$Fe(OH)_3$	2.64×10^{-39}
AgI	8.51×10^{-17}	FeS	1.59×10^{-19}
Ag_2S	6.69×10^{-50}(α 型) 1.09×10^{-49}(β 型)	HgS	6.44×10^{-53}(黑) 2.00×10^{-53}(红)
Ag_2SO_4	1.20×10^{-5}	$MgCO_3$	6.82×10^{-6}
$Al(OH)_3$	2×10^{-33}	$Mg(OH)_2$	5.61×10^{-12}
$BaCO_3$	2.58×10^{-9}	$Mn(OH)_2$	2.06×10^{-13}
$BaSO_4$	1.07×10^{-10}	MnS	4.65×10^{-14}
$BaCrO_4$	1.17×10^{-10}	$PbCO_3$	1.46×10^{-13}
CaF_2	1.46×10^{-10}	$PbCl_2$	1.17×10^{-5}
$CaCO_3$	4.96×10^{-9}	PbI_2	8.49×10^{-9}
$Ca_3(PO_4)_2$	2.07×10^{-33}	PbS	9.04×10^{-29}
$CaSO_4$	7.10×10^{-5}	$PbCO_3$	1.82×10^{-8}
CdS	1.40×10^{-29}	$ZnCO_3$	1.19×10^{-10}
$Cd(OH)_2$	5.27×10^{-15}	ZnS	2.93×10^{-25}

附录 7　标准电极电势 $\varphi^{\ominus}$(氧化态/还原态)(25 ℃)

电对 (氧化态/还原态)	电极反应 (氧化态＋ne ⇌ 还原态)	$\varphi^{\ominus}$/V
Li^+/Li	$Li^+(aq)+e \rightleftharpoons Li(s)$	－3.0401
K^+/K	$K^+(aq)+e \rightleftharpoons K(s)$	－2.931
Ca^{2+}/Ca	$Ca^{2+}(aq)+2e \rightleftharpoons Ca(s)$	－2.868
Na^+/Na	$Na^+(aq)+e \rightleftharpoons Na(s)$	－2.71
Mg^{2+}/Mg	$Mg^{2+}(aq)+2e \rightleftharpoons Mg(s)$	－2.732
Al^{3+}/Al	$Al^{3+}(aq)+3e \rightleftharpoons Al(s)$ $(0.1\ mol \cdot dm^{-3}\ NaOH)$	－1.662
Mn^{2+}/Mn	$Mn^{2+}(aq)+2e \rightleftharpoons Mn(s)$	－1.185
Zn^{2+}/Zn	$Zn^{2+}(aq)+2e \rightleftharpoons Zn(s)$	－0.7618
Fe^{2+}/Fe	$Fe^{2+}(aq)+2e \rightleftharpoons Fe(s)$	－0.447
Cd^{2+}/Cd	$Cd^{2+}(aq)+2e \rightleftharpoons Cd(s)$	－0.4030
Co^{2+}/Co	$Co^{2+}(aq)+2e \rightleftharpoons Co(s)$	－0.28
Ni^{2+}/Ni	$Ni^{2+}(aq)+2e \rightleftharpoons Ni(s)$	－0.257
Sn^{2+}/Sn	$Sn^{2+}(aq)+2e \rightleftharpoons Sn(s)$	－0.1375
Pb^{2+}/Pb	$Pb^{2+}(aq)+2e \rightleftharpoons Pb(s)$	－0.1262
H^+/H_2	$H^+(aq)+2e \rightleftharpoons \frac{1}{2}H_2(g)$	0
$S_4O_6^{2-}/S_2O_3^{2-}$	$S_4O_6^{2-}(aq)+2e \rightleftharpoons S_2O_3^{2-}(aq)$	＋0.08
S/H_2S	$S+2H^+(aq)+2e \rightleftharpoons H_2S(aq)$	＋0.142
Sn^{4+}/Sn^{2+}	$Sn^{4+}(aq)+2e \rightleftharpoons Sn^{2+}(aq)$	＋0.151
SO_4^{2-}/H_2SO_3	$SO_4^{2-}(aq)+4H^+(aq)+2e \rightleftharpoons H_2SO_3(aq)+H_2O$	＋0.172
Cu^{2+}/Cu	$Cu^{2+}(aq)+2e \rightleftharpoons Cu(s)$	＋0.3419
O_2/OH^-	$O_2(g)+2H_2O+4e \rightleftharpoons 4OH^-(aq)$	＋0.401
Cu^+/Cu	$Cu^+(aq)+2e \rightleftharpoons Cu(s)$	＋0.521
I_2/I^-	$I_2(s)+2e \rightleftharpoons 2I^-(aq)$	＋0.5355
O_2/H_2O_2	$O_2(g)+2H^+(aq)+2e \rightleftharpoons H_2O_2(aq)$	＋0.695
Fe^{3+}/Fe^{2+}	$Fe^{3+}(aq)+e \rightleftharpoons Fe^{2+}(aq)$	＋0.771
Hg_2^{2+}/Hg	$Hg_2^{2+}(aq)+2e \rightleftharpoons 2Hg(l)$	＋0.7973
Ag^+/Ag	$Ag^+(aq)+e \rightleftharpoons Ag(s)$	＋0.7990
Hg^{2+}/Hg	$Hg^{2+}(aq)+2e \rightleftharpoons Hg(l)$	＋0.851

续表

电对 （氧化态/还原态）	电极反应 （氧化态＋ne⇌还原态）	$\varphi^{\ominus}$/V
NO_3^-/NO	$NO_3^-(aq)+4H^+(aq)+3e \rightleftharpoons NO(g)+2H_2O$	+0.957
HNO_2/NO	$HNO_2(aq)+H^+(aq)+e \rightleftharpoons NO(g)+H_2O$	+0.983
Br_2/Br^-	$Br_2(l)+2e \rightleftharpoons 2Br^-(aq)$	+1.066
MnO_2/Mn^{2+}	$MnO_2(s)+4H^+(aq)+2e \rightleftharpoons Mn^{2+}(aq)+2H_2O$	+1.224
O_2/H_2O	$O_2(g)+4H^+(aq)+4e \rightleftharpoons 2H_2O$	+1.229
$Cr_2O_7^{2-}/Cr^{3+}$	$Cr_2O_7^{2-}(aq)+14H^+(aq)+6e \rightleftharpoons 2Cr^{3+}(aq)+7H_2O$	+1.232
Cl_2/Cl^-	$Cl_2(g)+2e \rightleftharpoons 2Cl^-(aq)$	+1.35827
MnO_4^-/Mn^{2+}	$MnO_4^-(aq)+8H^+(aq)+5e \rightleftharpoons Mn^{2+}(aq)+4H_2O$	+1.507
H_2O_2/H_2O	$H_2O_2(aq)+2H^+(aq)+2e \rightleftharpoons 2H_2O$	+1.776
$S_2O_8^{2-}/SO_4^{2-}$	$S_2O_8^{2-}(aq)+2e \rightleftharpoons 2SO_4^{2-}(aq)$	+2.010
F_2/F^-	$F_2(g)+2e \rightleftharpoons 2F^-(aq)$	+2.866